學習與教學新趨勢

張新仁
策畫主編

張新仁・邱上真・張酒雄・方吉正・莊麗娟
簡妙娟・鄭博真・吳慧珠・潘世尊・李長燦
合　著

作者簡介

張新仁（策畫主編，第一、八、九章）

美國德州大學奧斯丁校區課程與教學博士

國立台北教育大學教授兼校長

張酒雄（第二章）

美國復旦大學博士

國立高雄師範大學教育學系教授退休

邱上真（第三、四、七章）

美國伊利諾大學特殊教育博士

國立高雄師範大學特殊教育學系教授退休

吳慧珠（第五章）

國立高雄師範大學教育研究所博士

高雄市油廠國小校長

李長燦（第六章）

國立高雄師範大學教育研究所博士

美和科技大學社會工作系助理教授

方吉正（第十、十二章）
國立高雄師範大學教育研究所博士

潘世尊（第十一章）
國立高雄師範大學教育研究所博士
弘光科技大學幼兒保育系教授

簡妙娟（第十三章）
國立高雄師範大學教育研究所博士
國立嘉義女中教師、國立嘉義大學兼任助理教授

莊麗娟（第十四章）
國立高雄師範大學教育研究所博士
國立屏東大學幼兒教育學系教授

鄭博真（第十五章）
國立高雄師範大學教育研究所博士
中華醫事科技大學幼兒保育系副教授

（以上簡介依章節順序排列）

策畫主編序

　　教學並無獨立的理論體系，它往往植基於學習理論。也就是說，專家學者往往先提出學習的觀點，包括：什麼是學習？學習是如何產生的？知識是如何獲得的？或者，認知是如何發展的？然後，再進一步衍生出：何謂教學？如何進行教學？如何促進認知發展？教師的角色為何？學生的角色為何？因此，學習理論是教學理論和策略的基礎，兩者之間相互呼應。對學習持不同觀點者，對教學的主張便有差異。而想要在教室情境中成為一位稱職的教師，必須學習理論與教學實務兼備。

　　基於上述若干理念，本書即介紹十四家不同派別的學習理論和教學應用，包括：早期所發展但目前仍適用於教室情境的制約學習理論與教學應用、Piaget 認知發展理論與教學應用、Bandura 社會學習理論與教學應用、Bruner 發現式學習理論與教學應用、Ausubel 有意義學習理論與教學應用、Gagné 學習條件理論與教學應用。此外，也網羅了新近發展或熱門的學習理論和教學應用，包括：後 Piaget 認知發展理論與教學應用、Vygotsky 學習理論與教學應用、訊息處理學習理論與教學應用、建構主義學習理論與教學應用、合作式學習理論與教學應用、情境認知學習理論與教學應用、動態評量理論與教學應用、多元智能學習理論與教學應用。

　　以往不同派別的學習理論與教學應用時有互斥性，而教師在課堂上教學時，也傾向於選擇某一種經實證研究支持有效的學習或教學理論與策略。事實上，單一的學習理論和教學策略未必能滿足一堂課、單一學科領域、特定的學習對象所需。因此，目前教育改革的最新趨勢強調統整「多元」而「適配」的學習理論和教學策略。本書在介紹各家理論後，嘗試以持平角度評論其優缺點，或是說明該理論和策略適用的情境，部分用意即在於此。

本書作者除兩位正在撰寫學習與教學方面的博士論文外，其餘八位作者均獲有教育心理學或是課程與教學方面的博士學位；此外，多數任教於大學院校，少數持續擔任小學之教學或行政工作，但均具有中小學任教經驗。因此，不僅理論基礎深厚，教學實務經驗亦豐富。以如此學養和經驗撰寫本書，相信對於新進或資深教師的教學專業知能會有相當之助益。

　　本書雖為八人合寫，但經多次小組開會研議細節和修改，全書體例和文筆用語，甚至譯名均力求一致。此外，本書特色尚包括：各章首頁均以大綱清楚條列重點內容，章末並附有教學實例。由於出書時間較為短促，疏漏及不及之處在所難免，尚望學者先進不吝賜正。

張新仁　謹識
中華民國九十一年十二月三日
於國立高雄師範大學

目　次

第 *1* 章

緒　　論

❖ **學習是什麼**

❖ **學習心理學的發展史**
早期哲學的影響
心理學脫離哲學後的一九〇〇～一九三〇年
一九三〇～一九五〇年
一九五〇～一九七五年
一九七五～一九八五年
一九八五年至今

❖ **重要學習理論簡述**

本章學習目標

看完本章後，讀者應能達成下述目標：

1. 能敍述學習的定義。
2. 能說明學習心理學不同發展階段中的特色。
3. 能比較行為學派和認知學派學習理論的特色。
4. 能簡述「制約學習理論」、「認知發展理論」、「發現式學習理論」、「有意義學習理論」、「學習條件學習理論」以及「社會學習理論」、「社會發展理論」、「訊息處理理論」、「後 Piaget 發展理論」、「建構主義理論」、「情境認知理論」、「合作學習理論」、「動態評量理論」、「多元智能理論」的代表人物和主要論點。

學校是協助學生學習的重要環境，在這環境中，教師要如何運用有限的時間讓學生獲得最有效的學習，已成為大家最關心的課題。因此，教師就不得不對「學習」這個主題深加思索。通常，在教師決定「教些什麼」和「如何教」之前，必須要先了解學生是「如何學習」的，才能事半功倍。相反的，如果教師對「學習」沒有充分的認識，那麼勢必會浪費許多時間嘗試錯誤後，才能發現較為理想的教學方法（邱上真，民 70）。這也說明了教師有必要研究「學習」。事實上，許多教師在教學經驗中，或多或少會形成自己的學習理念，只是這種理念未必有條理，不一定能清楚陳述其道理。如果能參酌學習心理學中的各種主張，一方面有助於肯定或修正原先的理念，另方面可綜合不同的觀點，據以設計有效的教學活動。

本章緒論，首先為「學習」下一定義，接著敘述學習心理學的發展概況，然後比較行為學派與認知學派的學習觀點，最後則簡要說明本書所介紹的重要學習理論。

一、學習是什麼

「學習」（learning）是大家耳熟能詳的名詞，但是要對它下一個明確的定義，並非易事。心理學家彼此間的看法也不盡相同，其中以 Kimble（1967）所下的界定較為普遍採行。他認為「學習乃由於增強練習的結果，而在行為潛能上產生相當持久性的改變」（learning as a relatively permanent change in behavior potentiality which occurs as a result of reinforced practice）。這個定義須作以下四點說明（張春興、林清山，民 70；朱敬先，民 75）：

1. 改變必須是持久的（permanent）：任何因疾病、疲勞或藥物所導致的暫時性改變，不能歸為學習。

2. 只有經由練習（practice）產生的改變，才稱之為學習：行為並非都是學來的，許多行為是出於反射作用，如手碰到火會立即縮回；有的屬於天生具有的本能，如動物有築巢、遷移和冬眠的行為；也有的是出自於生

理上的成熟，如兒童到一歲便會開始站立、走路；而生理上的疾病或意外
事件也會導致行為改變。然而這些行為均非經由練習而來，因此不能稱之
為學習。

3.行為潛能（behavior potentiality）不同於行為表現（perfor-ma-
nce）：學習涉及行為潛能的改變，而實際表現則是將潛能化為行為。例
如：師範生念完教學專業科目，可說是已具有教學的潛能，但是要一直到
試教和正式教學，潛能才會化為實際的教學行為。

4.「增強」（reinforcement）是否是學習的必要條件？學習後改變的
究竟是行為？潛能？還是知識？在這些問題上學者們各持己見，爭論不
休，因而形成不同的派別。

二、學習心理學的發展史

㈠早期哲學的影響

心理學和其他學科最初皆起源於哲學，並深受哲學的影響。身為心理
學分支之一的學習心理學也不例外，它主要受到哲學中「認識論」（epis-
temology）的影響。認識論是在探討知識的本質，所關心的主題包括：「知
識是什麼？」「知識的起源為何？」「知的意義為何？」等。針對這些問
題，哲學家提出兩派不同的看法。一派是經驗主義（empiricism），另一派
是理性主義（rationalism）。大多數的學習理論不是淵源於前者，便是受到
後者的啟示。

1.經驗主義

經驗主義學者的主要觀點如下：⑴感官經驗（sensory experience）是
知識的主要來源；⑵人類所有的簡單觀念，皆來自於感覺印象的「拷貝」
（copy）；⑶所有複雜的觀念，皆由相接近的一組簡單觀念連結而成；⑷

觀念與觀念之間可透過時空的相互接近，而產生聯想或連結在一起；(5)人類的心靈，是由若干基本的單位或元素所組成（鄭昭明，民 71）。

　　主張經驗主義的哲學家可遠溯至 Aristotle、Lock 和 Hume 等人。他們的觀點，尤其是觀念連結的主張，對行為學派的學習理論影響頗大（邱上真，民 70）。

2. 理性主義

　　理性主義學者主張「推理」（reason）才是知識的主要來源。感官所提供的，只是一些未經組織的原始材料，而這些原始材料必須透過心靈的詮釋，才可了解其意義與彼此之間的關係，進而成為知識（鄭昭明，民 71）。

　　理性主義的代表人物是 Descartes、Leibnitz 和 Kant。他們的觀點影響到完形心理學（Gestalt Psychology）、認知心理學、心理語言學（Psycholinguistics）和訊息處理（information processing）等的學習理論（邱上真，民 70）。

㈡心理學脫離哲學後的一九○○～一九三○年

　　十九世紀末葉，部分神經生理學（neurophysiology）的學者，一方面企圖從神經生理的角度解釋學習，另一方面嘗試以設計嚴謹的實驗和控制進行研究，帶動了科學驗證（scientific empirism）的觀念。此外，Darwin 在一八五九年提出了「進化論」，強調生存乃人類對環境的適應。這些看法與作法使心理學得以脫離臆測的哲學，轉而成為一門實驗的科學。一九○○至一九三○年間，因勢而起的早期心理學理論計有：結構學派（Structuralism）、功能學派（Functionalism）、行為學派（Behavioralism）和完形心理學（Gestalt Psychology）。

1. 結構學派

　　結構學派的創始者是德國人 Wundt，他於一八七四年出版《生理的心

理學》，並於一八七九年在萊比錫大學成立第一個心理實驗室，而被稱為「實驗心理學之父」。他認為人類的意識和化學物質一樣，可分析其結構；於是潛心研究「意識的成分和結構」，並以「內省法」作為主要的分析工具。所謂「內省法」是指當個人經驗某樣東西或情境時，能說出他的直接經驗。Titchenner 是 Wundt 的弟子，承襲了他的觀點。結構論由於觀點狹窄，支持者不多，因此，隨著 Titchenner 的去世而消匿。

2. 功能學派

功能學派是由美國心理學家 James 所創立，其他重要的學者包括 Dewey 和 Angell。功能論者深受 Darwin 進化論的影響，反對將「意識」作為獨立的現象分析其結構，而主張應探討「意識對個體適應環境的功能」，換句話說，應研究個體適應環境的心理和行為歷程。這個學派是美國第一支心理學派，但由於研究題材過於廣泛、分歧、缺乏體系，逐漸為其他觀點所取代。

3. 行為學派

結構論和功能論由於無法清楚界定研究的題材、建立明確的研究方法，因而促成了改革的契機。美國心理學者 Watson 創立了行為學派。他於一九三一年出版《心理學——行為主義論者的觀點》（*Psychology as the Behaviorist Views It*）一書，反對採用內省法研究意識，因為內省法是主觀不可靠的工具，而意識則無法被客觀觀察和記錄。他認為要使心理學成為一門客觀、可驗證的自然科學，研究的主題必須是可觀察、可測量的。基於此，他強調「行為」才是研究的主題，學者稱此為「沒有心」的心理學。

行為主義興起後，逐漸成為一九二〇至一九三〇年代間心理學界的主流。其間蘇聯學者 Pavlov 的「古典制約學習」（Classical Conditioning）和美國學者 Thorndike 的「工具制約學習」（Instrumental Conditioning）對行為主義的發展功不可沒。Pavlov 與 Thorndike 均主張：學習是刺激與反應之間的連結，不同的是他們對連結的對象與程序的看法。

　　在 Pavlov 的「古典制約」中，任意一個刺激，若一再和一個可引發某種「反射性反應」的刺激配對出現，這個隨意的刺激本身就能引發原先的「反射性反應」，例如：肉會引起狗分泌唾液，如果把鈴聲和肉一再地一起出現，後來只用鈴聲就能使狗分泌唾液。

　　至於 Thorndike 的「工具制約」，主要是透過「嘗試錯誤」學習，讓「特殊反應」和某種刺激情境產生連結。他的實驗通常是要動物打開迷籠的門閂或其他設置，以便走出來取得籠外的食物。他發現經由嘗試錯誤，動物正確的脫逃反應逐漸與刺激情境形成連結，且嘗試次數愈多，正確反應愈受到增強，亦即開門所需的時間愈短。由於選擇正確的反應是獲得酬賞（即食物）的工具，因此稱之為「工具制約」。Thorndike 並經由實驗結果，主張連結的強弱受到下列三項學習定律所支配，即效果律（law of effect）、練習律（law of exercise）和準備律（law of readiness）。

4. 完形理論

　　這個時期的主要代表人物為 Wertheimer、Koffka 和 Köhler。他們不贊成用刺激與反應間的機械連結來解釋學習，認為這種學習理論忽略了學習者對環境刺激的「知覺」和「領悟」。

　　以 Köhler 的黑猩猩實驗為例，黑猩猩被關在籠內，籠外有牠愛吃的香蕉，雖然籠內有短竿卻勾不到香蕉，而籠外有一根長竿，距離在黑猩猩手不能及之處，但可用短竿勾到。面臨這個問題情境，黑猩猩最後用籠內的短竿勾到籠外的長竿，然後以長竿勾到香蕉吃。Köhler 認為黑猩猩在問題情境中，經由認知領悟到短竿、長竿和香蕉三者的關係，才得以解決問題。因此，依照完形論的觀點，學習係指經由知覺組織與領悟等內在認知歷程，得以解決問題。他們的觀點，被視為認知心理學的濫觴。

㈢一九三〇～一九五〇年

　　這段期間仍以行為學派和完形心理學為主要勢力。各派依據各自的觀點，從事更進一步的實驗研究，以期改進並充實其學習觀點，是這個時期

的特色。在此同時，歐洲的另一股勢力——瑞士心理學家 Piaget 的認知發展理論（cognitive development theory）以及蘇聯心理學家 Vygotsky 的社會認知發展理論（social cognitive development）也開始提出，不過當時尚未引起美國學界的重視。

1. 行為主義

　　這個時期出現了三個理論，分別是 Hall 的「行為系統」（Behavior System）、Guthrie 的「時近論」（Contiguity Theory）和 Skinner 的「操作制約」（Operant Conditioning）。這些理論都屬於刺激—反應理論（即 S-R 理論），因為他們把學習界定為某一特殊刺激和某一特殊反應之間的連結。然而他們所強調的要素並不相同。這三位學者與前期行為學派的觀點有別，因而被稱為「新行為主義」（Neo-Behaviorism）。

　　Hall 的「行為系統理論」重視有機體與刺激反應之間的關係。他受到進化論的影響，認為行為的功能在於滿足有機體的「生理需求」，以確保其生存。他把飢餓、口渴、睡眠、免於痛苦……等需求稱為「驅力」（drive），而把與基本驅力形成連結的刺激稱為「驅力刺激」（drive stimula; SD），他主張這些刺激是引發有機體行為的主要動力。舉例來說，老師經常責罵某生，導致某生痛苦不堪，而這種痛苦可能引發其逃課的行為。根據 Hall 的觀點，一旦生理需求獲得滿足，便能增強驅力刺激與反應間的連結。就前例來說，一旦逃學能解脫遭斥責的痛苦，便會增強逃學的行為。

　　Guthrie 提出的「時近律」，主張刺激與反應之間在「時間」上的接近關係，是形成連結的重要關鍵。此外，他對於如何破除刺激與反應間的連結，也提出了具體的作法。

　　Skinner 在此時期提出「操作制約學習」和「增強理論」（見第二章），取代了 Hall 的系統論，並成為美國心理學界的主流。在他的實驗中，白老鼠關在籠內，籠內裝有槓桿，與食物相連，白老鼠必須要「主動操作」刺激物，產生「自發性」的行為反應（亦即壓槓桿），才能獲得食物，而獲食的愉快感會增強原先的自發性操作行為（即不斷壓槓桿），新

的行為就此形成，這就是操作制約學習。此外，Skinner的「增強理論」是以Thorndike的「效果律」為基礎，將「酬賞」重新定義為「增強」（reinforcement）。他並進一步分析各種性質不同的增強原理，以探討增強的安排方式對行為養成的效果。

2. 完形論

　　這個時期的完形論，仍然不斷進行「問題解決」方面的研究，以 Tolman 和 Lewin 為主要代表人物。

　　Tolman 提出「目標行為論」（purposive behaviorism）和「訊號學習」（sign learning）的觀點。他以小老鼠跑迷津的實驗，說明行為不是盲目的行動，而是具有目標導向。這個目標則是源自於對問題情境中各種「訊號」意義的領悟。他把行為學派所說的刺激（如鈴聲、槓桿）視為一種訊號，能引發某種酬賞期待，如壓桿之後可獲得食物，這種期待好比是一個認知地圖（cognitive map），能引導個體走向目的地，例如走出迷津找到食物。因此，根據 Tolman 的觀點，個體在問題情境中學到的不是反應，而是領悟訊號的意義和期待。所以「訊號學習」又被稱為「領悟學習」。

　　Lewin 提出「場地論」（field theory），他認為個體的行為反應不單是某項刺激所引起，而為當時整個情境所決定。也就是說人類的行為，是受當時「個人」與「環境」雙方面所形成的「心理生活空間」所影響；如下列函數公式所示：行為=f（個人×環境），意即行為是個人與環境的函數關係。他並以此發展出雙趨、雙避和趨避三種衝突的情境。他的學說成為後來「團體動力學」的先驅（Hergenhahn, 1988）。

3. Piaget 的認知發展理論

　　瑞士心理學家 Piaget，是從生理的觀點描述認知發展的歷程（見第四章）。他認為智力的發展（亦即知識的獲得）是個人與環境之間不斷互動的結果，而主要互動的方式是透過「同化」（assimilation）和「調整」（accommodation）兩種方式，互動的結果則是改變了個體原有的「認知結構」〔即基模（schema）〕。此外，他的理論對於一個人自出生到成年所

歷經的認知發展階段，有著清楚的描述。由於語文翻譯的關係，他的觀點直到一九六〇年才被引介到美國，獲得重視。

4. Vygotsky 的社會認知發展理論

蘇聯心理學家 Vygotsky，試圖從社會、文化的角度探討人類的認知。他認為人類之所以異於動物之處，在於人類擁有高層次的認知功能，而人類認知功能的發展主要受到社會文化環境的影響，包括社會互動、社會結構制度、語言文化等，因而被稱為「社會認知發展理論」（social cognitive development theory）。此外，他提出「最近發展區」（zone of proximal development）理念，主張透過社會互動（social interaction）或社會分享活動（social shared activities），可協助學童發展其潛能。「鷹架」（scaffolding）和「相互教學法」（reciprocal teaching）等教學策略，以及「動態性評量」（dynamic assessment）便是依據該理念發展而成。

㈣一九五〇～一九七五年

在這段期間，行為學派的 Skinner 繼續擴充他的理論，此外，一項新的領域——教學心理學（Instructional Psychology）受到了廣泛的重視，而訊息處理理論（Information-processing Theory）也開始嶄露頭角。整體而言，這個時期的主要趨勢開始由行為學派轉移至認知取向，而另一個特色是，學習理論的研究形態逐漸由「實驗室研究」轉移到實際的「班級教學」，亦即強調理論的實用價值。

1. Skinner 的行為主義

Skinner 在此時期發展出「教學機」（teaching machine）和「編序教學」（programmed instruction）理論（見第二章），對於後來的「電腦輔助教學」和課程設計均頗有影響。另外，Skinner 以增強理論為基礎，發展出「行為改變技術」（behavior modification）技術，該技術主要是借助增強物的設計與安排，以改變不當的行為。目前已廣泛應用於教室和企業界。

2. 教學心理學

　　二次大戰期間，不少心理學家受徵召前往軍事單位，負責軍事人員的訓練工作。他們面臨的挑戰是，要在短時間之內教會軍事人員如何操作複雜的設備，如駕駛轟炸機、操作雷達等。於是乎，他們致力於將學習理論和研究發現應用於實際的教學。當大戰結束再回到大學任教後，他們仍繼續從事有效教學的研究。除了前述軍事的需要外，一九五七年蘇俄成功地發射了人造衛星，促使美國對教育進行反省，並激發課程改革運動和教學研究的重視。這些因素促使學習理論的焦點從探討「學習是如何產生的？」主題，轉向探討「教學活動應如何促進學生學習？」，教學心理學乃於一九六九年應運而生。主要代表人物為 Ausubel、Bruner、Gagné 和 Bandura。他們的學習觀點和教學主張摘要如表 1-1 所示。

表 1-1　教學心理學的代表人物和主張

學　者	學習觀點	教學主張
Ausubel	有意義的學習 接受式學習 前導架構	講解式教學
Bruner	認知發展階段 知識結構 發現式學習	發現式教學
Gagné	學習條件 訊息處理模式 學習階層	教學活動設計
Bandura	觀察學習	示範教學

3. 訊息處理理論

　　由於受到電腦資訊快速發展的影響，自一九五〇年代末期開始，認知

心理學家嘗試以電腦的作業流程來模擬人腦的心智運作，並把個人視為一個訊息處理系統，能主動選擇來自環境的訊息，並經由內在心智活動加以處理和貯存，以備需要時檢索回憶。

一九五〇到一九七五年這段時期，是訊息處理理論的萌芽期。學者Newell和Simon首先應用電腦模擬人腦的問題解決技巧（稱之為人工智慧），並將人類視為訊息傳遞與處理的系統。Sperling 發現感覺訊息的保留只能維持相當短暫的時間。Broadbent 探討注意（attention）的機制，發現感官接受的訊息只有被注意到，才能進一步處理與保留。Waugh 和 Norman 提出記憶二元論，包括初級記憶（primary memory）和二級記憶（secondary memory）。Atkinson 和 Shiffrin 則主張人類的記憶是一個多階段的處理器，包括感覺登錄（sensory register）、短期記憶（short-term memory），和長期記憶（long-term memory）三個階段，每個階段的功能不一。訊息處理理論到了一九七五年後，進一步發展成為學習理論的主流。

㈤一九七五～一九八五年

從一九七五年開始，愈來愈多和學習有關的研究顯示出訊息處理的取向，而將認知心理學的研究方向帶入了一個新的紀元。他們的研究興趣在於了解人類學習時所涉及的內在認知歷程和策略，包括了訊息的獲得、保留與回憶等。探討主題的多元化，是這個時期的另一項特色，包括學習策略（又稱認知策略）、後設認知（meta-cognition）、基模理論（schema theory）和各科學習歷程分析（包括閱讀、作文、數學和自然科）等。

㈥一九八五年至今

近期的學習理論具有多元發展的趨勢，包括建構學習理論（constructivism theory）、後 Piaget 認知發展理論（post-Piaget cognitive development theory）、情境認知理論（situated cognitive theory）、合作學習理論（co-operative theory）、動態評量理論（dynamic assessment theory），以及多元

智能理論（multiple intelligence theory）。這些理論均圍繞認知主題，雖然觀點各異，但彼此之間未必互斥，反而具有相容的特色。

1. 建構學習理論

建構論（constructivism）主要關心：「什麼是知識？」、「知識是如何產生的？」、「認知的主體是如何了解其環境的？」等課題。建構論有許多派別，彼此間的主張互有差異。就教育上的建構論而言，主要可分為兩大派別：「個人建構論」（personal constructivism）和「社會建構論」（social constructivism）。

「個人建構論」主要是以根本建構論（radical constructivism）的奧地利學者 Von Glasersfeld 為代表，他一方面承襲 Piaget 認知發展觀點，認為知識的成長是學習者在與環境的互動中，透過同化、調整原有認知結構（即基模）的歷程發展而成；另一方面強調知識是由個體主動建構而來，且所建構的知識只是個人經驗的合理化，而非發現真理。「社會建構論」是以蘇聯學者 Vygotsky 為代表。他主張知識的形成是個體在社會互動的過程中，將外在的社會互動結構內化（internalize）到個人的心智基模；他尤其強調社會文化及語言對學習的影響。這兩個派別在學習主張和教學設計的重點上，同中有異，異中有同。

2. 後 Piaget 認知發展理論

後 Piaget 認知發展理論的主要代表人物有 Donaldson、Inagaki、Hatano、Walsh、Haste 等人。他們基本上接受 Piaget 的建構觀點，也就是個體建構知識的主動性；但是他們批判和修改 Piaget 的認知發展階段性觀點，主張個人的認知發展也就是個人知識建構的歷程，會受到內在因素如先天結構和領域知識，以及外在因素如社會和文化的影響。因此，教師進行教學要能把握這些內在和外在的影響因素來幫助學生建構知識。

3. 情境認知理論

不論是 Brown、Collins 和 Duguid 從認知觀點提出的「情境認知」

（situated cognition）理論，或是 Lave 和 Wenger 從人類學觀點提出的「情境學習」（situated learning）理論，均主張學習應在真實情境中進行，不能與情境脈絡分離，才具有意義與應用價值。此外，他們主張個體在學習情境中需要提供引導，學習專家從事其專業活動的實際認知過程，經由逐步參與和負擔較重要的工作與責任，進而學會該項工作的知識和能力。該理論本身並未直接論述教學觀點，然而一些學者據此學習理論發展出適用的教學法，其中較知名的是「錨式教學法」（anchored instruction）和「認知學徒制」（cognitive apprenticeship）。

4.合作學習理論

　　合作學習理論不同於先前的學習理論，它所關注的是如何協助學童獲得知識的方法。他們主張將學生組成學習小組，經由同儕互動以精熟學習材料或是建構知識。主要的代表人物為 Johnson 兄弟、Sharan、Slavin 和 Aronson，他們各自提出不同形態的合作學習方式，以達成不同的教學目標。

5.動態評量理論

　　動態評量理論是植基於社會認知發展理論的「潛能發展區」觀點，探討另類的學習評量方式。傳統測驗偏向靜態評量學童能獨立完成的能力，也就是「實際發展水準」；潛能發展區理論則強調評量尚應包含了解學童在不同協助程度下能完成的能力，也就是「潛在發展水準」。這種評量技術有助於準確評估學童的學習潛能，並提供更為彈性的評量方式，稱之為「動態性評量」（dynamic assessment）。近二十年來，各學者發展出來不同的動態評量模式，知名的代表人物包括 Budoff、Feuerstein、Carlson 和 Wiedl、Campione 和 Brown、Embretson 及 Burns 等學者。

6.多元智能理論

　　多元智能理論係由哈佛大學教授 Gardner 所倡導，旨在顛覆傳統的單一智力觀點，主張每個人具有至少八種智能，雖強弱程度不一，但皆可教導和提升。一般教師在教室內傾向選取適合多數學生的單一有效教學策略

（one size for all），然而，多元智慧取向的教學策略，旨在設計各類智慧多樣化的學習活動，使具有不同心智特性的學生都能接受到個別化及適性化的發展。這正符合目前全方位學習（design for all）的理念。

茲將上述學習心理學的發展階段和代表人物列於表 1-2（參考邱上真，民 70；Boring, 1950; Hergenhahn, 1988）。

表 1-2　心理學的發展概況

一、1900 年的哲學影響
　　1. 經驗主義（Empiricism）
　　　代表人物：Aristotle、Lock、Hume
　　2. 理性主義（Rationalism）
　　　代表人物：Descartes、Leibnitz、Kant
二、1900～1930 年的早期學習心理學
　　1. 結構學派（Structuralism）
　　　代表人物：Wundt、Titchenner
　　2. 功能學派（Functionalism）
　　　代表人物：James、Dewey、Angell
　　3. 行為學派（Behavioralism）
　　　代表人物：Watson、Pavlov、Thorndike
　　4. 完形學派（Gestalt Psychology）
　　　代表人物：Wertheimer、Koffka、Köhler
三、1930～1950 年
　　1. 新行為學派（Neo-Behaviorism）
　　　代表人物：Hall、Guthrie、Skinner
　　2. 完形論（Gestalt Psychology）
　　　代表人物：Tolman、Lewin
　　3. 認知發展（Cognitive Development）
　　　(1) Piaget 認知發展理論
　　　　代表人物：Piaget
　　　(2) 社會認知發展（Social Cognitive Development）
　　　　代表人物：Vygotsky

續表 1-2　心理學的發展概況

四、1950～1975 年

　　1. 行為主義（Behavioralism）
　　　代表人物：Skinner
　　2. 教學心理學（Instructional Psychology）
　　　代表人物：Ausubel、Bruner、Gagné、Bandura
　　3. 訊息處理理論（Information-processing Theory）
　　　代表人物：Newell & Simon、Sperling、Broadbent、Waugh & Norman、
　　　　　　　　Atkinson & Shiffrin

五、1975～1985 年

　　1. 訊息處理理論（Information-processing Theory）
　　　(1)學習策略（Learning Strategy）
　　　　代表人物：Weinstein、Mayer、Dansereau
　　　(2)後設認知（Meta-cognition）
　　　　代表人物：Flavell、Paris、Brown
　　　(3)基模理論（Schema Theory）
　　　　代表人物：Anderson
　　　(4)特定學科學習歷程分析
　　　　代表人物：略

六、1985 年至今

　　1. 建構主義理論（Constructivism Theory）
　　　代表人物：Von Glaserfeld
　　2. 後 Piaget 認知發展理論（Post-Piaget Cognitive Development Theory）
　　　代表人物：Donaldson、Inagaki、Hatano、Walsh、Haste
　　3. 情境認知理論（Situated Cognition Theory）
　　　代表人物：Lave & Wenger、Rogoff、Brown、Collins & Duguid
　　4. 合作學習理論（Cooperative Learning Theory）
　　　代表人物：Johnson & Johnson、Sharan、Slavin、Aronson
　　5. 動態評量理論（Dynamic Assessment Theory）
　　　代表人物：Budoff、Feuerstein、Carlson & Wiedl、Campione & Brown、
　　　　　　　　Embretson、Burns
　　6. 多元智能理論（Multiple Intelligence Theory）
　　　代表人物：Gardner

三、重要學習理論簡述

　　單一的學習理論無法解釋人類學習的全貌，本書乃分章介紹行為學派的「制約學習理論」（包括古典制約和操作制約）、Bandura 的「觀察學習理論」、Piaget 的「認知發展理論」、Vygotsky 的「社會認知發展理論」、Ausubel 的「有意義學習理論」、Bruner 的「發現式學習理論」、Gagné的「學習條件學習理論」、後 Piaget 認知發展理論、訊息處理理論、建構主義理論、情境認知理論、合作學習理論、動態評量理論、多元智能理論。限於篇幅，本書並未涵蓋目前所有的學習理論，我們的選擇是基於下列的原則：不僅要能解釋「學習如何發生」，還要能說明「如何實際應用於教學」，以便能協助學校教師設計有效的班級教學。

　　表 1-3 列出本書介紹的十四家重要學習理論的主要論點。行為學派強調刺激與反應間的連結，重視外在環境（尤其是增強）對行為改變的影響。Ausubel 與 Bruner 同屬認知學習，對大腦「認知結構」的看法相同，但卻持完全不同的學習觀點和教學主張；其中 Ausubel 主張「接受式學習」，也就是由教師組織教材呈現給學生，Bruner 則堅持「發現式學習」，由學生自行發現教材的結構。

　　Piaget 的發展理論雖屬認知觀點，但他並未說明學習是如何獲得，而是著重在描述個人由出生到成年所歷經的認知發展階段。Vygotsky 強調社會文化環境對於個人認知發展的重要影響，因而被稱為社會認知發展理論。後 Piaget 認知發展理論學者則主張，個人的認知發展受限於內在和外在影響因素；前者包括先天結構和領域知識，後者包括社會和文化。

　　Gagné 的理論則融合行為與認知的觀點。他以「訊息處理模式」描述人類的內在學習歷程，反映出認知學派的觀點，但是他又主張透過「外在學習條件」的安排，以促進學習，這又帶有行為主義的色彩。

　　Bandura 的「社會學習論」也同時兼有行為與認知的特色。他認為當

個體觀察到別人的行為受到獎勵時，就會模仿學習這些行為，如果看到他人的行為受到懲罰，就不敢學習仿效。這種學習過程便是「增強原理」的應用。然而觀察學習涉及到當事者的知覺、內在想法、認同和判斷，這些在在受到認知歷程的引導，而不是盲目的刺激與反應連結。

訊息處理理論藉由模擬電腦訊息運作，分析人類認知運作的結構與歷程，著重探討個體如何接收與處理外在環境的訊息。個體在訊息接收和處理過程中所採用的注意力、編碼，以及訊息提取等學習策略會影響其學習成效，因此，學習策略在個體學習過程中扮演著重要的角色。然而，訊息處理理論探討焦點放在個人訊息的處理，甚少觸及學習環境中人際間互動或是社會文化層面。情境認知學習論者則主張社會與文化環境對於個體認知學習的重要性，尤其強調環境的真實性。

根本建構主義學者從生物適應環境的角度，探討人們「如何獲得知識」。主張知識的個體性與主觀性（知識是個體主觀的建構）、能存活性（建構出來的知識必須能夠適應目前的環境），以及暫時性（知識並非普遍的真理）。社會建構論者則著重在知識的共識性（知識是個人與社會互動過程中形成的共識），尤其強調社會文化及語言對學習的影響。

訊息處理理論和建構論二者，均認同人類在學習過程中扮演主動而非被動的腳色，不同的是對於主動的界定和程度有別。前者主張個體是主動的訊息接收與處理者，後者則認為訊息的接收仍為被動，而主張個體係主動地建構知識。

合作學習理論主張將學生組成學習小組，透過同儕社會互動方式，以精熟學習材料或是建構知識。這種合作學習方式，不僅有助於認知學習且有助於情意學習。該學習理論重點在提出不同形態的合作學習方式，以達成不同的教學目標。由於合作學習強調社會互動過程，它和社會認知發展理論、社會建構論、情境認知論等相互呼應，並且融入其教學應用中。

動態評量理論雖著重在探討學習評量，但其理論基礎和社會認知發展理論密切相關。該理論主張個體的認知發展是在與他人互動和提供協助的情境中，不斷地改變和建構。

表 1-3　重要學習理論的主要論點

學習理論	理論取向	主要論點
1. 行為學派的制約學習理論	行為學派	刺激與反應間的連結、增強原理重視增強對行為改變的影響
2. Bandura 的社會學習理論	兼容行為與認知	觀察學習
3. Piaget 的認知發展理論	認知發展	敘述嬰兒至成年的認知發展特色
4. Vygotsky 的社會認知發展理論	認知發展	社會文化環境對於個人認知發展的重要影響、最近發展區理念
5. Bruner 的發現式學習理論	認知學習	發現式學習
6. Ausubel 的有意義學習理論	認知學習	接受式學習、有意義的學習
7. Gagné 的學習條件理論	兼容行為與認知	訊息處理模式、學習條件
8. 後 Piaget 認知發展理論	認知發展	認知發展受限於內在影響因素（先天結構和領域知識）和外在影響因素（社會和文化）
9. 訊息處理理論	認知學習	人類為訊息傳遞與處理的系統
10. 建構主義理論	認知學習	個體在適應環境的過程中主動建構知識
11. 情境認知理論	認知學習	學習要在真實的情境中進行
12. 合作學習理論	認知與情意學習	學生組成學習小組以精熟學習教材或自行建構知識
13. 動態評量理論	認知發展與學習	個體的認知發展是在與他人互動和提供協助的情境中不斷改變和建構
14. 多元智能理論	認知發展與學習	每個人具有至少八種智能，強弱程度不一，但皆可教導和提升

　　多元智能理論係顛覆傳統的單一智力主張。該理論主張每個人具有至少八種智能，雖強弱程度不一，但皆可教導和提升。

　　學習理論演進至近期，有發展多元的趨勢，然而，新進發展的學習理論彼此之間未必互斥，反而具有相容統整的特色。

　　本書各章對學習理論的探討，都是由理論到實際，首先分析學習觀點，然後探討教學主張，並舉出應用的實例。

　　誠如前述，每一個學習理論探討和解釋的觀點不同，適用的情境也各有異。從事教學的我們，不妨選取某一或某些人的學習理論作為教學基礎，或者綜合各種不同的學習理論，視實際需要靈活運用。

本章參考書目

王克先（民 78）：**學習心理學**。台北：桂冠圖書公司。

朱敬先（民 75）：**學習心理學**。台北：千華圖書公司。

邱上真（民 70）：學習理論的新趨勢及其在特殊教育上的意義。**教育論集**。彰化：台灣省立教育學院。

張春興、林清山（民 70）：**教育心理學**。台北：東華書局。

鄭昭明（民 70）：心理學的哲學基礎：從行為主義到認知心理學。**中央研究院三民主義研究所叢刊**，39-54。

鄭昭明（民 82）：**認知心理學**。台北：桂冠圖書公司。

Atkinson, R. C., & Shiffrin, R. M.(1968).Human memory: A proposed system and its control process. In K. W. Spence & J. T. Spence (Eds.), *The psychology of learning and motivation: Advances in research and theory* (Vol.2, pp. 89-195). New York: Academic Press.

Boring, E. G.(1950). *A history of experimental psychology* (2nd ed.). New York: Appleton.

Broadbent, D. E.(1958). *Perception and communication.* London: Pergamon Press.

Hergenhahn, B. R.(1988). *An introduction to the history of psychology*(3th ed.). Belmont, CA: Wadsworth.

Kimble, G. A.(1967). *Foundations of conditioning and learning.* New York: Appleton.

Lefrancois, G. R.(1985). *Psychology for learning* (5th ed.). Belmont, California: Wadsworth.

Newell, A. & Simon, H. A.(1956).The logic theory machine: A complex information processing system. IRE Transactions on Infomation Theory, *IT*, 2 (3),61-79.

Newell, A. & Simon, H. A.(1963). GPS, a program that stimulates human thought. In E.A.Feigenbaum & J. Feldman (Eds.), *Computers and thought*. New

York: McGraw-Hill.

Newell, A. & Simon, H. A.(1972). *Human problem-solving*. Englewood Cliffs, NJ: Prentice-Hall.

Waugh, N. C. & Norman, P. A.(1965), Primary memory. *Psychological Review*, *72*, 89-104.

第 2 章

行為學派的制約學習理論
與教學應用

❖**古典制約學習的性質、歷程與應用**

　古典制約學習的性質與歷程

　古典制約學習的基本現象

　古典制約學習在教學上的應用

❖**操作制約學習的性質、歷程與應用**

　操作制約學習的性質與歷程

　操作制約學習的基本現象

　行為塑成與行為連鎖

　增強作用

　操作制約學習在教學上的應用

本章學習目標

看完本章後，讀者應能達成下述目標：

1. 能說明古典制約學習的性質、歷程與其所產生的學習現象。
2. 能將古典制約學習的理論實際應用於教學上。
3. 能說明操作制約學習的性質、歷程及其所產生的學習現象。
4. 能將操作制約學習的理論實際應用於教學上。

　　本章探討行為學派學習理論中的制約學習（conditioning）。制約學習一般又稱刺激─反應論（S-R Theory）或行為論（Behaviorism），可大別為二類：古典制約（Classical Conditioning）與操作制約（Operant Conditioning）。

　　古典制約學習，或稱反射制約（Reflex Conditioning; Respondent Conditioning），是由俄國生理學家 Ivan P. Pavlov（1849-1936）所創。Pavlov 在實驗室內制約狗聽到鈴聲後會流口水，其過程就是把肉丸與鈴聲配對呈現，經多次練習後，狗聞鈴聲就會流口水。這種實驗情形就叫古典制約學習。又因狗流口水的行為是一種反射行為，所以又叫反射制約。在古典制約學習過程中，Pavlov 發現有「消弱」（或譯消止、消除）（extinction）、「自然恢復」（或譯自發恢復）（spontaneous recovery）、「制約刺激與制約反應的類化」（generalization）、「制約刺激的辨識」（或譯分化）（discrimination; differentiation），以及「高層次制約作用」（higher-order conditioning）等五種基本學習現象。

　　古典制約學習的原理主要是靠連結作用（或譯聯想，association），也就是兩個刺激經常配對出現，久而久之，自然會使人由其中一個刺激聯想到另外一個刺激，因而能做出適當的反應。其在教學上的應用就是要老師能把教室、學校、教學等情境與學習者的學習做最恰當的匹配，以便學生能喜愛學習。本章列舉多項實例供作教學上的參考。

　　操作制約學習又稱工具制約學習（instrumental conditioning），是由美國心理學家 B. F. Skinner（1904-1990）所創。Skinner 所設計的實驗儀器稱 Skinner 箱。其實驗過程是把一段時間未進食的老鼠放進箱中，這隻老鼠無意中壓到箱內的槓桿而有食物送出。老鼠因享用食物而學得壓槓桿的行為，這就稱作操作制約學習。操作制約學習，正如古典制約學習一般，也具有消弱、自然恢復、制約刺激與反應的類化、刺激的辨識，以及高層次制約作用。

　　操作制約學習之所以能成立，是因老鼠壓桿後可獲得食物，食物能增進老鼠的壓桿行為，因而被稱為增強物（reinforcer）。由於食物的增強作

用（reinforcement），而使老鼠的壓桿反應固定下來。增強可以依照不同的觀點而有不同的分類：正增強與負增強，原級（初級）增強物與次級增強物，連續增強與部分增強，立即增強與延宕增強。根據操作制約學習的原理，本章列舉可供教學上應用的許多參考實例。

一、古典制約學習的性質、歷程與應用

(一)古典制約學習的性質與歷程

　　古典制約學習的創始人是俄國的生理學家 Pavlov。實驗的對象是狗，狗的頸部唾液腺的地方開過刀並接上導管。在狗吃東西時，唾液腺所分泌的唾液由該導管流出，經計量器可測量流出的唾液量。實驗開始時，先響

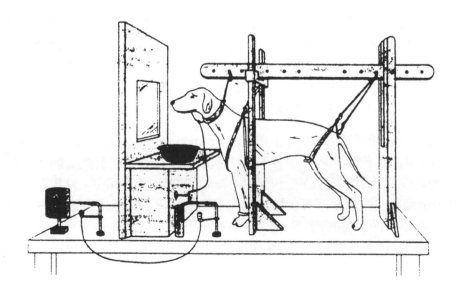

圖 2-1　古典制約學習實驗裝置

鈴聲，隨即由自動裝置送出肉丸到狗口中。被綁在實驗桌上的狗吃到食物後，唾液腺自然分泌唾液來消化食物。但是，狗所分泌的唾液，事實上是經由導管而流入計量器。因此，實驗人員可測量出狗唾液的分泌量。如此，鈴聲響後，跟著食物就出現，經多次練習，直到響鈴聲不再伴隨食物，狗聽到鈴聲也會流口水。古典制約學習即算完成。

　　古典制約學習的實驗歷程以簡表表示如下：

制約前　　鈴聲 → 無反應或與流涎無關之反應
　　　　　（CS）
　　　　　食物 → 流涎
　　　　　（US）（UR）
制約中　　鈴聲 ＋ 食物 → 流涎
　　　　　（CS）（US）　　（UR）
制約完成　鈴聲 → 流涎
　　　　　（CS）（CR）（朱敬先，民 87）
US：非制約刺激　UR：非制約反應
CS：制約刺激　　CR：制約反應

　　古典制約學習的原理是利用一個本來就能引發個體反應的刺激作為中介，而使本來不會引發個體反應的刺激（稱為中性刺激）到制約完成後，也能使個體對這個中性刺激產生反應。原來就會使個體產生反應的刺激，如食物，叫「非制約刺激」（unconditioned stimulus; US），由非制約刺激所產生的反應，如流涎，稱為「非制約反應」（unconditioned response; UR）；與原來就會使個體產生反應的刺激配對的刺激，如鈴聲，叫「制約刺激」（conditioned stimulus; CS），由制約刺激所引發的反應，如流涎，稱「制約反應」（conditioned response; CR）。古典制約學習可以界定為：制約刺激與非制約刺激配對呈現，經多次練習後，單獨出現制約刺激也可引發個體的制約反應，此即稱為古典制約學習。本來引起個體流涎的是食物，後來則由鈴聲取代食物而使個體產生流涎的反應，也就是，鈴聲取代食物引發個體反應，所以古典制約又被稱為「刺激取代」（stimulus substitution）的學習。個體由於食物的刺激而分泌唾液，唾液的分泌是一種反射行為，所以古典制約學習可被稱為「反射制約」學習。操作制約學習創始人 Skinner 又把古典制約學習稱為「反應制約」（respondent conditioning）。

㈡古典制約學習的基本現象

在古典制約學習的過程中，Pavlov 發現了五種基本的學習現象。以下便是這五種學習現象的說明：

1. 消弱（或譯消除、消止）（extinction）

在制約學習完成後，如繼續對個體呈現制約刺激而不伴隨非制約刺激，則個體產生制約反應的強度會愈來愈弱，以致不再對制約刺激產生制約反應，這種情形即是消弱。在 Pavlov 的實驗中，狗學會對鈴聲流口水後，如一再出現鈴聲而不給予食物，狗對鈴聲就不會再流口水。有句話說「只聞樓梯響，不見人下來」，如果經常如此，以後樓梯再響，我們就不會覺得有人要下來了。

2. 自然恢復（或譯自發恢復）（spontaneous recovery）

個體在對制約刺激消弱後，經一段時間的休息，如再呈現制約刺激，個體又會出現制約反應，此即稱為自然恢復。在古典制約實驗中，狗已不再對鈴聲流口水，但是間隔一段時間後，如再呈現鈴聲，狗又會流口水。有句成語叫「故態復萌」，這種情形就是「自然恢復」。

3. 制約刺激與制約反應的類化（generalization）

個體在制約反應形成後，對於與原制約刺激類似的刺激也會引發制約反應，此即稱為刺激類化。例如，狗聽到與鈴聲相近的聲音也會流口水，一般所謂「一朝被蛇咬，十年怕井繩」，就是一種刺激類化的現象。對同樣的制約刺激，引發個體先前制約反應類似的反應，即稱為反應類化。例如，學生學會以舉右手來回答老師的問題，有時有些學生可能以舉左手或

起立來回答老師的問題（溫世頌，民 86）。

4. 制約刺激的辨識（或譯分化）（discrimination; differentiation）

　　與類化相反，個體只對某一特定的刺激作反應，而對其他刺激不作反應，這種情形就是辨識。例如，狗只對鈴聲流口水，而對鈴聲以外的聲音不流口水。又如，幼兒學會叫「媽媽」後，把「姑媽」、「姨媽」全都叫成「媽媽」，這也是類化現象，等到他能分辨「姑媽」、「姨媽」，而分別能叫出「姑媽」、「姨媽」的時候，他就具有「辨識」的能力了。

5. 高層次制約作用（higher-order conditioning）

　　制約學習完成後，個體會對制約刺激產生制約反應。如果再以另一種新的刺激與原制約刺激配對，經多次重複後，新加入的刺激可以再引發個體的制約反應，這一種現象就是高層次制約作用，或稱「第三級制約」（third order conditioning）（王文科，民 78）。在狗對鈴聲流口水的實驗中，狗已學會對鈴聲流口水，此時，在響鈴聲前，再呈現另一種新刺激，如一張卡片，經多次呈現後，狗也學會對卡片流口水。不過，這種實驗都是在消弱過程中進行的，所以高層次制約作用成立的可能性較低。

㈢古典制約學習在教學上的應用

　　由以上古典制約理論的說明，我們了解經由制約刺激與非制約刺激的連結，終會使制約刺激引發個體的制約反應。換句話說，只要適當的安排兩個刺激間的連結，大概任何刺激都極有可能引發個體的反應。因此，在教學上，如何安排適當的情境，以便使學生產生理想的反應行為，應是老師要考慮到的事項。

　　應用原則 1：老師必須隨時保持和顏悅色，同時營造安全友善的教室氣氛。
　　老師自己本身必須和藹可親，並能在學生之間營造一種友善親切的氣

氛。和藹的老師、友善的同學可以說是非制約的刺激，其目的在引起學生喜歡學校，進而愛好學習的制約反應。反之，不和藹的老師、冷漠的同學則可能引發學生逃避學校、不願學習的反應。

應用原則 2：老師選擇的教材必須難易適中、印刷精美；教學時，教法必須活潑生動。

教材必須印刷精美，內容難易適中，教法必須生動活潑有趣。這些都是非制約刺激，目的在誘發學生喜歡上學、愛好學習的制約反應。反之，教材印刷粗劣，內容艱澀難懂，教法呆板不變，學生必定不願上學、厭惡學習。其間的連結配對原理參閱表 2-1。

應用原則 3：老師必須提供優美的學習環境，以使學生喜愛學習。

校園必須美化，整體學習環境必須優美，如此，才能吸引學生到學校，進入教室上課並熱愛學習；反之，校園雜亂、教室骯髒、桌椅老舊、廁所惡臭，必定引發學生遠離學校、不願到校、厭惡學習的反應。其間配對連結原理也請參考表 2-1。

表 2-1　古典制約原理配對連結應用摘要表

積極制約	非制約刺激	老師和藹可親同學友善親切	非制約反應	產生愉快、喜歡接近的情感
	制約刺激	學校	制約反應	喜歡到學校，愛好學習
消極制約	非制約刺激	老師不和藹同學冷漠	非制約反應	產生厭惡、要逃避的情感
	制約刺激	學校	制約反應	逃避學校，厭惡學習

應用原則 4：老師必須熟諳古典制約的配對連結原理，以便制約學生正確的行為習慣。

老師必須熟諳古典制約學習的連結原理，以便其所做的任何一種連結

都是正確的，而能養成學生正當的行為習慣。例如，學生看見老師皺眉頭或眨眼睛，就能知道自我收斂，看見其他同學面顯憂戚，就能知道自律言笑並能給予安慰。老師切勿做不當連結而造成學生偏差的行為習慣，例如，以增加家庭作業或打掃清潔作為懲罰，都是錯誤的連結，容易造成學生不正確的行為習慣，使學生誤以為做家庭作業或打掃清潔是在受懲罰時才做的，否則平常不必做這些（溫世頌，民 86）。

　　應用原則 5：老師要耳提面命，並說到做到，才能消除學生不良的言行習慣。

　　制約學習完成後有消弱與自然恢復的現象存在，這些現象給予老師在教育上的啟示是：如果老師要禁止學生某些非理想行為的出現，必須要經常耳提面命或是在「聲色俱厲」的禁制後，隨即也要有所行動，否則只是「雷聲大雨點小」，甚至毫無行動，都可能使該項非理想行為「故態復萌」或難於消止。例如，老師說不按時繳交作業要扣分或受到處罰，但是事實上，老師只是說說而已，從未認真執行，則學生不按時繳交作業的情形很難改善。

　　應用原則 6：老師要以「教什麼考什麼」來評量學生，以便學生能在學習上產生最大正向遷移。

　　制約學習完成後有類化現象存在。適當的類化現象是學習的一種正向遷移，也就是說，學生能舉一反三或是觸類旁通。如果是過度的類化則會造成負向遷移，也就是混淆不清、指鹿為馬，把「神童」給予類化為「神女」，則兩者相差十萬八千里，意義截然不同。根據已有的研究顯示，在學習情境與測驗情境愈相似時，有了類化作用後，才愈可能產生相同的反應（王文科，民 78）。是故，老師舉行測驗時，應盡可能以他在課堂上所教的（學習情境）來考學生（測驗情境），這樣才有可能使學生產生較大的類化（正向遷移）；否則考非所學（測驗情境不是根據學習情境而來），學生不僅不能類化，甚至可能厭惡學習，逃避學習。

　　應用原則 7：老師必須教導學生的情緒要適合情境。

　　制約學習完成後另有辨識（分化）的現象存在。辨識就是針對刺激來作適當的反應，這就是告訴老師要教導學生有些時候必須針對某種特定的

刺激來作反應，絕不可以產生刺激的類化作用。例如，情緒行為就是要能合乎情境，學生的喜怒哀樂等情緒必須視不同的情境作不同的表現。適合場合或情境的情緒表現，被視為是健全人格的重要指標。學生能否針對情境而適當地控制其情緒反應，就要看老師是否曾經正確地教導學生辨識情境而定。老師應用辨識現象來教導學生正確的情緒反應，也是一種重要的應用原則。

二、操作制約學習的性質、歷程與應用

㈠操作制約學習的性質與歷程

操作制約學習（operant conditioning）的創始人是美國心理學家 Burrhus Frederic Skinner。操作制約學習的實驗儀器叫 Skinner 箱，由 Skinner 本人所設計，實驗的對象是老鼠（或以鴿子啄鍵盤來做實驗）。一段時間未進食（或未喝水）的老鼠，因飢餓（或口渴）自然產生尋求食物（或飲水）的行為。飢餓的老鼠被放進 Skinner 箱中，箱內設有槓桿，槓桿被壓動時會有聲音並有食物自動送出，老鼠得以取食。經多次無意中的嘗試，老鼠終於學得壓槓桿以獲取食物的行為。這種老鼠壓槓桿取食的實驗就是操作制約學習。

操作制約學習的歷程可以以下表表示：

制約前：槓桿 → 主動的探索行為（不一定與壓桿有關）
　　　　（CS）

制約中：槓桿 → 壓桿 → 食物 → 進食（吃）（無意中壓桿而獲食）
　　　　（CS）　（CR）　（US）　（UR）

制約完成：槓桿 → 壓桿（因食物的作用而固定壓桿行為）
　　　　　（CS）　（CR）

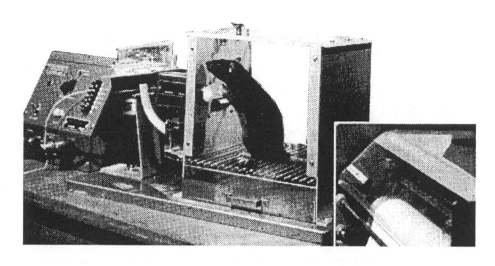

圖 2-2　典型的 Skinner 操作制約學習實驗儀器（Skinner 箱）

　　在操作制約學習實驗中，我們觀察到個體主動出現一種反應，而這種反應帶給個體滿意的結果，因而被固定下來變成行為的一部分。例如，老鼠偶爾觸碰槓桿而帶來食物，食物可以滿足老鼠飢餓的需求，所以帶給老鼠滿意的結果，促使老鼠看到槓桿就會壓桿取得食物。老鼠的壓桿行為叫作「制約反應」，一開始，槓桿並不能使老鼠一看到槓桿就會產生觸壓的反應，所以槓桿叫作「制約刺激」。食物丸是「非制約刺激」，進食（吃）的反應就是「非制約反應」。操作制約學習與古典制約學習不同，操作制約學習是個體先出現制約反應（壓槓桿）獲得食物丸（非制約刺激）的學習歷程，是一種 R-S 的學習模式，非古典制約學習的 S-S 模式（朱敬先，民 87）。個體主動去壓槓桿是獲取食物的一種手段，所以操作制約學習又可稱為「工具制約學習」（instrumental conditioning），又因食物具有酬賞（reward）作用，操作制約學習因而可稱作「酬賞制約學習」（reward conditioning）。食物可以強化老鼠壓槓桿的行為，也可被稱為增強物（reinforcer），其強化老鼠壓桿的作用即為「增強」（reinforcement）。

(二)操作制約學習的基本現象

如同古典制約學習一樣，操作制約學習也具有消弱、自然恢復、刺激與反應的類化、刺激的辨識，以及高層次制約作用等現象。操作行為習得後，不再給予增強，操作行為不再產生即為消弱。老鼠壓桿後不再有食物，壓桿行為就會消弱。操作行為消弱後，隔一段時間，個體再進入實驗情境又會再出現操作行為，即為自然恢復。老鼠不再壓桿，隔一段時間後再放入 Skinner 箱內又會再壓桿以取食。如果在操作制約情境中再加入燈光，使老鼠在燈亮時壓桿得食，而燈熄不得食。則老鼠學會燈亮時壓桿，燈熄不壓桿即為制約辨識（王文科，民 78），其中燈光引發老鼠的壓桿行為即為高層次制約作用。在鴿子啄鍵盤實驗中，鴿子會啄其訓練時相類似的鍵盤即是類化現象（路君約等，民 64）。

(三)行為塑成（shaping）與行為連鎖（behavior chains）

操作制約學習實驗中，無論是老鼠壓桿的行為，或是鴿子啄鍵盤的行為，都須經探索嘗試，而非一蹴可成。是否有可能不必讓個體經嘗試，而讓每一個反應都是為達到最後行為（目標行為）的前一個行為呢？答案是肯定的。我們可以先確定目標行為（稱終點行為），再由目標行為往前分析到起點行為（最開始的行為或行為的第一步）。而後，由起點行為開始，逐步增強行為，最後達成終點行為。這種訓練方式稱為行為塑成，又稱漸進制約法（method of successive approximation）。今以訓練鴿子打桌球為例，先增強其啄球行為，次增強其啄球過網的行為，再次增強其迎啄反擊球的行為，最後增強其打完一趟桌球的行為（溫世頌，民 86）。如此，兩隻訓練有素的鴿子可對打桌球一如桌球選手對打一般。

行為連鎖指一連串的行為互相連結在一起，終至該一行為單元（behavior unit）或行為序列（behavior serial）結束，即前一個行為成為下一個行為的刺激，如此連鎖下去，直到該行為單元（行為系列）結束為止。在日

常生活中,譬如背一首詩,由第一句開始到全詩背完為止;又如開車到校上課,從坐上駕駛座發動引擎到進入教室上課等一連串的行為,這些都是一種連鎖行為。

㈣增強作用

在古典制約實驗中,鈴聲伴隨食物出現,由於食物的作用而使狗聞鈴聲會流涎。在操作制約實驗中,老鼠壓桿可獲食物,也由於食物的作用,而使老鼠看到槓桿會引發壓桿的反應。可見由於食物的作用而使個體流涎或壓桿的行為會重複出現。像食物這種刺激稱為增強物,增強物具有增加行為出現的可能性的作用,稱為增強作用(或譯正增強)。因此增強可被界定為一個措施,由於該一措施的安排,而增加了個體行為出現的可能性(溫世頌,民 86)。以下進一步說明增強的類別。

1. 正增強 (positive reinforcement) 與負增強 (negative reinforcement)

理想操作行為出現後使個體感到滿足、愉快或興奮的任何措施,例如,讚美、給獎等即為正增強;而如果是移去令個體感到痛苦或不快的事物或刺激,以增加理想操作行為出現的可能性,這種以排除痛苦或不快而增強行為的作法,即為負增強,例如,學生頭痛無法念書,經服藥後能除頭痛而專心念書,是為負增強(溫世頌,民 86)。值得注意的是負增強與懲罰不同。依據溫世頌(民 86)的見解,「懲罰在使個體受苦或不快,以減少或停止行為者的不良行為。反之,增強不分正負,均在使理想行為出現的機率增加。可見懲罰並非負增強,懲罰給予受罰者痛苦的經驗;負增強排除受苦者的痛苦經驗……」。至於在教育方面的應用將在下面的部分加以申述。

*2.*初級增強物（primary reinforcer）與次級增強物（secondary reinforcer）

　　事物本身即具有增強行為作用者稱為初級增強物（溫世頌，民86），可為滿足生理性的事物，如食物等，也可為滿足心理性的事物，如能滿足好奇心、成就欲等類的事物。而事物本身原不能引起增強作用，但是經由個體的學習，例如，將此等事物與初級增強物關聯或配對，因而也能產生增加作用，即為次級增強物（溫世頌，民86）。次級增強物可以是社會性的，如微笑、社會接納；也可以是代酬（token）性的，如金錢、分數、獎狀等；或是活動性的，如可隨自己喜愛做自己喜歡的活動等。

*3.*連續增強（continuous reinforcement）與部分（間歇）增強（partial reinforcement; intermittent reinforcement）

　　依據個體每一次行為反應後是否能獲得增強物，增強可被劃分為連續增強與部分增強兩種。所謂連續增強是指行為者的每一次行為反應都能獲得增強物；相對地，所謂部分增強，是指行為者在每一次行為反應之後，不一定都有增強物的增強方式。部分增強再依據反應的次數與時間，可再細分為定時增強、不定時增強、定次增強、不定次增強四種。

　　⑴定時增強（fixed-interval schedule; FI）
　　不計個體的反應次數，只要其在間隔一段特定的時間出現理想的操作行為，就能獲得增強物，這種增強方式叫定時增強。在操作制約實驗中，不論鴿子啄鍵盤多少次，如未到增強的時間，譬如每隔一分鐘增強一次，就不能獲得增強物，要啄到一分鐘時增強物才會呈現。在日常生活中，有如老師之按月領薪或學生之週考、月考等方式。定時增強雖然是最制式最普遍，但是易使行為者只在獲得增強或接近增強時，行為效率才會提高，平常會顯得怠慢、鬆懈。

　　⑵不定時增強（variable-interval schedule; VI）
　　由標題即可得知，這種增強方式的增強時間是不固定的，也許間隔一分鐘增強一次，下次可能間隔二分鐘再增強一次。與定時增強一樣，這種

方式也是不計個體的反應次數,也就是說,不論個體反應多少次,未到增強時間即不能獲得增強。但因時間不固定,個體難於臆測何時會獲得增強物,因而個體行為效率相對提高,而且行為也能保持較長久的時間(可抗拒消弱)。在操作制約學習實驗中,我們可以設定以不同的時間來增強鴿子啄鍵盤的行為。例如,在一分鐘內依不同的秒數來增強鴿子啄鍵盤,一分鐘過後不給增強物,結果我們可觀察到鴿子繼續不停地啄鍵盤,希冀能再獲得增強物,其啄鍵盤的次數高達七千多次,時間可長達三個多小時。在學校情境中,老師不定時的查勤或不定時的給學生獎勵,都可使學生的理想操作行為相當穩定與持續,如出席、表現好行為。

(3)**定次增強**(fixed-ratio schedule; FR)

個體固定反應幾次就能獲得增強物的增強方式叫定次增強。這種增強方式是以反應次數而非以反應時間作為增強的依據。例如,在鴿子啄鍵盤的實驗中,鴿子每啄五次就能獲得增強物。定次增強比定時增強更能提高行為效率,這是因為個體如未達到設定的反應次數,就不能得到增強物,所以個體必須不停地反應。這也可以說明一般管理上常以「按件計酬」、「論功行賞」來作為提高行為效率的一種方式。但這種方式也有其重大缺點,即易於產生消弱現象。個體在幾次不獲得增強的行為反應後,可能就不會再繼續反應下去。

(4)**不定次增強**(variable-ratio schedule; VR)

個體不能臆測在哪一次行為反應時能獲得增強物的增強安排,稱為不定次增強。例如,在鴿子啄鍵盤實驗中,鴿子啄鍵盤以取得穀粒,有時定在反應三次後,有時定在反應五次後⋯⋯,鴿子不能「猜測」哪一次啄鍵盤會獲得食物。不定次增強有兩大優點:行為效率較高且較能抗拒消弱。個體因不知在哪一次反應中可以獲得增強物,為求能獲得增強物,因而必須不停反應,總是抱著「一券在手,希望無窮」的心理,冀望終有一次啄鍵盤能獲得增強物。這也可以使我們了解那些具有「賭博性」的活動,如獎券、到賭場下注,人們會每期必買或走得很勤,且又難於禁絕或戒絕的原因。

4.立即增強（immediate reinforcement）與延宕增強（delay reinforcement）

立即增強，顧名思義，即個體在行為反應後，立刻可獲得增強物的增強方式，而延宕增強即是個體在行為反應後，沒有立刻獲得增強物，延遲一段時間才獲得增強物的增強方式。一般而言，立即增強在行為養成方面較延宕增強有效。可是，晚近認知心理學的研究證明，延宕增強具有延長保留效應（delay retention effec；DRE），即有助於學得的訊息保留較長久的時間，所以二者在教學及行為上的應用應有不同，以下會加以說明。

(五)操作制約學習在教學上的應用

1. 應用於行為改變

操作制約學習的主要原理，是行為者在某一情境（刺激）中主動出現某種行為（反應），該一行為帶給行為者滿意的結果，因此，使得該種情境再度呈現時，行為者就非常可能再出現該項行為。久而久之，該項行為即成為行為者的習慣。這種行為者感到滿意的結果就叫增強。反之，該項行為若未帶給行為者滿意或愉快的結果，該種情境再出現時，行為者再出現該項行為的可能性會很低，甚至不再出現，則該項行為不可能成為行為者的習慣。這種行為的後果未能帶給行為者滿意的情境，即表示行為者的行為未獲得增強。簡單地說，行為的結果對行為者本身具有「回饋」的作用。所謂「回饋」，即指行為者的行為結果可以增強或消弱其下次類似情境的行為反應。依據 Skinner 的觀點，我們現在已有的行為表現都是以前曾受到過增強的，未曾受到過增強的行為早已不存在了。控制行為的後果就可以塑造行為者的行為，亦即，掌握增強物就能影響行為者的行為。這一個原理在行為塑造、行為改變及教學上大有用處，是老師從事教學或輔導時可大大發揮的技術。

應用原則⑴：老師應堅持善有善報、惡有惡報，且立即就報。

　　老師在教導學生行為時，要確實遵守「善有善報、惡有惡報，而且要立即就報」的原則。學生表現了老師要他們表現的行為，例如，按時繳交作業，老師應立即給予增強；若學生表現了老師不要他們表現的行為，例如，上課吵鬧，則老師絕不可給予增強，至於是否要給予「惡報」，留待下一個應用原則再詳細說明。應用這項原則時，絕對要前後一致，而不要有前後不一致的情形出現，例如，偶有「善有惡報」或「惡有善報」，都可能造成學生對「善惡」行為分辨上的混淆不清，而降低塑造理想操作行為的可能性。至於「好行為」出現後，以何種方式來增強，也是值得探究的一件事。一般說來，讚美、給予獎勵等，都可以加以掌握，以便作為增強物來增強學生。學生喜愛何種事物就要靠老師平常細心的觀察。最後，還要請老師注意到「立即就報」的立即增強原則。學生上學期行善，到下學期才被記功，則學生有可能不知為何被記功，此種記功已失去其增強意義。平常我們說「善有善報，惡有惡報，不是不報，時候未到」，後面的「時候未到」反而易把「善有善報，惡有惡報」的增強作用抵消，失去其影響行為、塑造行為的功用。所以請老師們一定要善用立即增強的原則。

應用原則⑵：老師應該多用獎勵，少用懲罰，甚至最好不用懲罰。

　　在我們的文化環境中，學生出現老師認為「好」的行為，這是應該的；可是，如果學生出現了老師認為「不好」的行為，受到懲罰的可能性會很高。這種吝於獎勵而勤於懲罰的作法是不對的。老師應該改變這種傳統的作法，要「多用獎勵，少用懲罰，最好是不用懲罰」，這樣才能教導學生表現更多老師要他們表現的「好」行為。為什麼要這樣改變呢？依據Skinner的增強原則：行為者出現「好」的行為時，給予增強；行為者出現「不好」的行為時，給予忽略，則受到增強的行為會繼續保存下去，受到忽略的行為會消弱。例如，學生因用心打掃而受到讚賞，則打掃的行為會繼續下去；學生因口出粗話而引起老師的關切，若老師的關切正是學生所期盼的，則關切變成一種增強，難以消止學生「口出粗話」的行為，較好的處理方式是老師要「聽而不聞」，不予理會，較有可能消弱該項行為。獎勵使學生感到愉快，愉快的情境使其願意趨近；懲罰使學生感到不愉

快，不愉快的情境令其逃避。這可以說明動不動就處罰學生的老師令學生害怕不敢接近，而經常鼓勵學生的老師會令學生感到愉快而樂於親近。

　　Skinner反對使用懲罰來防止「不好行為」的發生，懲罰只能短暫抑制行為，在不受到懲罰威脅時，行為又會死灰復燃，所以懲罰最後仍然是無效的。最好不用懲罰來消弱行為，尚有其他論點（王文科主譯，民 78，117-118 頁）：

　　a.懲罰會引起不幸的情緒副作用：受罰者會產生恐懼的情緒，這種恐懼的情緒會類化與該懲罰一起出現的相關刺激。

　　b.懲罰只能告知受罰者不該做什麼，而不能告訴受罰者該做什麼。獎賞能給予行為者行為正確的訊息，讓行為者知道何者有效該做，而懲罰則不具有類似訊息，因而需要額外的學習才能找出有效的反應。

　　c.懲罰正當化了加在別人身上的痛苦：兒童屁股挨打時，他們唯一學到的是，在某些情況下把痛苦加在別人身上是正當的。

　　d.在某種情況下，先前受到懲罰的行為因為不會有被懲罰的憂慮，使得兒童乘機又做出相同的行為：兒童可能罵人，打破窗戶，對年長的人不敬，推擠幼童，這些行為可能受到處罰，因而兒童會予以抑制，但當懲罰的媒介體不在時，他們就覺得沒有不做這些行為的理由。

　　e.懲罰會引發對施懲者和他人的挑釁敵意：懲罰會使受懲者充滿敵意，而這種敵意可能引起其他問題。例如，老師體罰學生可能造成學生的敵意而反抗老師。

　　f.懲罰常會造成一種結果，即以另一個不理想的行為來代替原先那個不理想的行為。例如，一個小孩因將家裡弄得一團糟而被打屁股，他可能大哭大鬧，使得情況更不可收拾。

　　由此可見，以懲罰來教導行為實為下下之策。懲罰，尤其是體罰，有可能造成法律上的問題，老師不可不慎。所以要特別提醒老師，在老師自己最生氣的時候，也是最不應實施懲罰的時候，特別是體罰更是絕對要避免。請老師多實施獎賞，以塑造愉快的學習氣氛，讓師生的學習活動是件令人愉快的樂事。

應用原則(3)：老師宜多用非實物增強來代替實物增強。

實物性的增強，一般說來，與初級增強物關聯較大，主要大都為滿足基本需求的事物，對於年齡較為幼小的學童效果較大。非實物性的增強一般與次級增強物較近似，社會性增強物如微笑、社會接納，便是其中一種，第二種為具有代酬性質者，如分數、等第、獎狀、金錢等；第三種為可自由從事自己喜愛的活動，如聽音樂、看電影等。這種非實物性的增強對年紀較大的學童作用較強。老師對於年紀較小的學童宜多應用實物性的增強物，而後隨學童年齡漸長，應由實物性增強物逐漸改為非實物性增強物。

應用原則(4)：老師應先以連續增強建立學生的理想操作行為，再以部分增強方式中的不定時次增強來維續該理想操作行為。

由前面增強分類的說明中得知，連續增強的優點在於能很快建立制約行為，因此，遇有學生主動表現了某種理想的操作行為時，例如，撿拾紙屑、打掃教室等工作，老師應即刻給予增強（獎勵）。每次學生維護清潔的行為若都能獲得老師的讚許，其維護清潔的行為很快就會建立起來。一旦學生的行為建立後，就要由連續增強逐漸變成不定時次的增強。由於不定時次的增強運用，學生很難猜測什麼時間或是哪一次的清潔行為會獲得老師的稱許，為了贏得老師的贊許，因此，必須經常表現維護清潔的行為，才有獲得老師贊許的最大可能性。學生維持清潔的行為可能就會繼續下去，最後成為習慣，一生奉行不渝。

應用原則(5)：老師對學生主動表現的「善行」，要給予立即而連續的增強；對於「知識的習得」要立即增強和延宕增強靈活運用。

前面應用原則(1)已說明老師對學生的「善行」要「善有善報，且立即就報」，每次學生主動表現好行為後，應立即給予增強，這種立即而連續的增強，最能快速有效地建立學生的好行為，至於「知識的習得」是否要立即增強或延宕增強，須看學生的個別差異而定。在學生考完試後，老師立即給予回饋（訂正），如果有效的話，不妨給予立即增強；若立即回饋無效的話，老師不妨試試賣個關子，不要立即給學生答案，而要學生自己

動動腦或動動手去想一想或查一查相關資料，隔一段時間（當然不能間隔太久忘了所學），再給予回饋，或許這種延宕增強可以增進學生的記憶。而能把學得的知識記得較久一點，正如古典章回小說或電視連續劇每到快結束時，都會來一段「欲知結局如何？請聽（看）下回分解」，如此，讀者或觀眾印象會更加深刻。

應用原則(6)：運用增強原則以塑造理想操作行為時，老師也不可忽略激發學生的自律行為。

依據操作制約學習而衍發的增強應用，固然有其科學實徵的優點，但是也有一些引起爭論的地方。其中一項爭論就是這些增強是外來的，掌握在別人手中，易於使行為者的行為動力變為外在的，而非自發的。事實上，操作制約又稱工具制約，「工具」二字的英文 instrument 即含有手段的意思，意即為取得某種誘因（incentive）而出現的行為。一旦誘因得到，為取得該誘因的手段自然就沒有存在的必要。論者以為運用增強以塑造行為，即有可能以增強收買學童以表現某種行為之嫌（溫世頌，民 86）。老師在運用增強時，最好亦考慮到學童有好奇、求知欲及自我實現的需求，激發這些需求以引起行為的內在自我增強，也是非常重要的。

應用原則(7)：老師可運用行為改變技術來改正學生「不好」的言行和習慣。

老師遇有學生行為「不良」時，如上課常亂講話，可以使用「行為改變技術」（或譯行為修正術）（behavioral modification），來改善學生此種不良的上課行為。老師可以透過下列五個步驟（林幸台、宋湘鈴、鄭熙彥，民 74；溫世頌，民 86），來協助學生建立良好的上課行為。

a.分析起點行為：老師可以查閱學生的個別記錄、詢問其他授課老師、施行診斷性測驗，進行一段時間的實地觀察，例如，以時間取樣的方式連續一週的上課時間為準，以建立學生不良言行習慣的基準線。以學生上課講話為例，老師可以在其上課的一週內不固定時段觀察並記錄該生講話的次數，設若每節平均講話五次，此即為行為改變的基準點。這就是所謂分析起點行為。以此為起點再運用行為改變技術，若經一段時間以後，學生上課不經老師允許的講話行為減少到每節只有二次，或甚至完全不再講話

而能專心聽講，這就表示行為改變運用成功。

b.確定終點行為：行為修正的第一步是分析起點行為，接著就是確定終點行為。終點行為也就是最後要達到的行為目標。這種終點行為一定要訂得非常具體明確，一方面在改變時可以有明確可行的步驟，另一方面在評量行為結果時，也可以有具體明確的標準可依循，以決定目標是否達成。在上例中，學生上課未經允許的亂講話行為經建立基準線，即每節課平均有五次後，老師可明確的確定終點行為，如經三週後，學生上課不經允許的講話行為減少三次只剩二次。這種減少三次只剩二次的情形，就是具體明確的終點行為。

c.選擇適當的增強物：行為修正是否能成功，增強物的選擇非常重要。西方有句俗語：「一個人的美味可能是另外一個人的毒藥。」（One man's meat may be another man's poison.）職是之故，對某一個人具有增強作用者，對另外一個人不一定具有增強作用。行為修正的第三步就是要能掌握學生所需要、適合而又有效的增強物。掌握增強物才能啟導學生的行為，而達到改變其行為的目的，至於增強的運用可根據前面所說的原則來發揮。

d.採用漸進的方式來改善行為：第四步驟即是把漸進制約的學習原理加以運用來改善行為。老師應該明瞭今日學生在上課不經允許而隨便亂講話的行為，是以前累積下來的，行為的形成不是一朝一夕的，而是逐日累積而來，所以其改善也不是可一蹴而成。一定要把起點行為與終點行為之間分成幾個段落或幾個步驟，在每達成一個段落或一個步驟時就給予增強，如此，一步一步，持之以恆，不良的行為──上課亂講話──才會逐漸減少，好行為──上課不會亂講話──也會相對增加，而終至消弱上課亂講話的行為。

e.隨時評核並分析行為改變的情形：行為改變技術的最後一個步驟，就是要對行為改變的情形依據前面所訂的段落或步驟加以評估並分析，看看是否依照原定計畫進行。這種分析不僅在確定行為改變是否按部就班進行，也可評量已改變的行為是否穩固，不會再故態復萌。如果評量結果是肯定的，即按部就班進行，則可繼續下去，直到完全棄除不良行為為止。如果評量結果是否定的，並未分析出有任何改善的可能，則須考慮前面的

步驟是否有不當的地方，例如，起點行為分析不正確、終點行為訂得太高不易達成、增強選擇不當未能吸引當事人等等。總之，可檢討出未能達成終點行為的原因，再針對原因來改善，務必完成終點行為為止。

(8)行為改變技術的評論

一般說來，比較單純的行為問題，如上課不守規矩，應用行為改變技術來加以改善，其修正效果較易顯現，而較為複雜的問題，如逃學、逃家，其修正效果比較不容易顯現。但從教育的觀點來看，行為改變技術仍然有其非常實用的層面，可以協助教師不僅具有愛心，而且也懂得如何改善學生言行習慣的技術。依據溫世頌（民86）的見解，行為改變技術的爭論有下列四點：

a.行為的「好」與「不好」涉及主觀且又相對。一個人堅持己見，到底是「擇善固執」或是「剛愎自用」，這是見仁見智的看法。

b.誰有權決定何種行為是良好或是不良的？二次大戰期間，法西斯與軍國主義的作法證明害多益少。

c.行為改變效果短暫，且易傾向功利。實徵資料顯示停止增強後，故態很可能復萌；學童改變行為很可能亦因為取得增強物而來，造成功利傾向。

d.常使用實物或金錢以增強學童行為，也不免讓人覺得有以增強物收買改變兒童行為之嫌，使兒童形成討價還價的副作用，而不把好行為視為理所當然而去做。

老師如能對以上的爭論加以注意，在應用行為改變技術時能考慮到下列二點，則在此技術的運用上必能更為圓滿：

a.向學生說明行為改變的措施，並獲其同意，也就是學生本身也要能「知其所以然」。老師須尊重學生的意願，甚至也要讓家長能了解並同意。師生簽訂「成就合約」，然後照合約履行，就是一種改進的措施。

b.行為的改變應該是由外在賞罰逐漸進步到自我成就感的激發，即由他律到自律。這是德育的最高層次，也是前述第五項原則所強調的。

2. 應用於教學

依據行為論操作制約學習的原理而發展出來的教學法有多種，有些甚至與認知論的學習原理相結合，而成為認知—行為的教學法或輔導技術，例如，發現式編序教學（discovery programs）和認知行為改變技術。本章簡介較為基本而常見的三種教學法：編序教學（programmed instruction; PI），Keller 個人化教學（Keller's Personalized System of Instruction; PSI）和 Bloom 的精熟學習（Bloom's mastery learning）。這些教學法應用到的操作制約學習的原理計有：連續漸進制約（行為塑造）、立即增強、連續增強、辨別、消弱等。在編製教材時，老師對其所任教的科目，經由「工作分析」（task analysis），分析出學生最後要學到的知識是什麼（學習目標），再由這一最後的學習目標往前分析，一直分析到最開始必須要具備的知識（起點行為），而編訂出編序教材。教學時，就是由這一步最簡單、最容易、最淺顯、最基礎的開始教起。學生對於這一步知識必定一學就會（立即增強），而這一步又是下一步的基礎，這一步學會，下一步也必定學會（連續增強），如此循序漸進，一步一步，到最後必定能教會預定要學會的知識（行為塑造，連續漸進制約）。在這個學習過程中，正確答案因受到增強而固定，錯誤答案未受到增強而消弱，學生因而學會辨識正誤而能得到學習效果。這種學習過程涵蓋了 Skinner 操作制約學習的「由易而難，由簡而繁，由淺而深」、漸進制約、立即增強、連續增強，以及消弱、辨識等等的學習原理。

行為論雖然已不再是心理學的主流理論，但是對於老師的有效教學而言，仍然有其教學上的價值存在。首先，對於學習信心較低、學習能力較不高的學生，這種循序漸進的學習，可以提高他們的學習樂趣，增進他們的學習信心，進而提高他們的學習成效。其次，有一些基本知能的教學，例如，安全操作原則、程序性知能，也必須按部就班、反覆練習，直到精熟，才能有自動化的表現。最後，這種學習，可以按照學生自己的學習速度來學習，學得快的人可以繼續學習下去，學得慢的人可以慢慢來，最後大家都能精通所要學習的課程。這就是可以適應個別差異的個別化教學設計。

⑴**編序教學法**（programmed instruction; PI）

依據上述原理，編序教學的教材可按照已分析好的步驟，把教材劃分為小單元或結構。「每一結構有一段敘述與一個問題。問題可採多選一題，填充題，或是是非題。最主要的是，所提問題並不是一段敘述，而是敘述的延伸。」（溫世頌，民 86）例如：手電筒的主要部分為電池與燈泡。開燈時，我們按電筒鈕，使電池與＿＿接觸（答案為「燈泡」）（溫世頌，民 86）。由此例可知，編序教材的編訂方式是先給予一段完整的敘述以說明問題的重點，然後再提出問題，只要學習者能了解該敘述的意義，即能答出後面的問題。再下一個敘述便是以這一個敘述為基礎而擬訂的，這一個敘述會回答，便能很容易又答出下一個敘述後的問題。如果學習者不能答出下一個敘述，很可能是老師在這二個敘述之間並未分析得很完整。換句話說，這二個敘述之間可能可再分析出一個敘述。在研擬編序材料時，務必把握前一個敘述是下一個敘述的基礎。學習者會做前一個敘述的問題，就一定要會做下一個敘述的問題，這樣才算是分析完整的編序教材。

編序教材有兩種不同的編製形式：線形程式（linear programs）與分支程式（branching programs）（溫世頌，民 86）。所謂線形程式，是指把全部教材結構依先後次序編定後，如直線方式向後推進，一直到全部教材學會為止，而不必分歧繞道。所謂分支程式，就是把教材結構做彈性安排，使某一結構有幾個不同的次結構可以分支轉接。學生回答得正確無誤時，可依某一結構直線進行；如有錯誤，經由次結構的補救後，可回到原結構重新再開始。這些編序教材也可寫成程式而輸入電腦，此即電腦輔助教學（computer assisted instruction; CAI）。

依據 Skinner 的觀點，編序教材的優點（溫世頌，民 86）有：

a.由易而難，循序漸進，積少成多的教學過程，有利於教學目的的達成。

b.學習者可立即獲知答案對錯的結果，符合立即增強的原理。

c.正確答案由立即回饋而增強，錯誤答案由於未獲增強而淡忘，這是為學習正確知識而學習的典範。

d.學習時間的安排與進度可由學習者自己決定，合乎個別差異的學習原則。

e.頻頻使用正增強符合連續增強的原則，這與傳統教學上以威脅、懲罰來減少學習錯誤大為不同。

雖然 Skinner 氏認為編序教學方式有上述這些優點，但是仍然有以下爭論存在：

a.編序教學的學習理論由實驗室控制情境下的動物實驗而來，不一定適合人類複雜的行為及學習方式。

b.編序教學依已編定的程式按部就班學習，有統制人的思維、並限制學習者創造力發展之嫌。

c.編序教學要求學習者答對所有問題，因此使學習者不分輕重緩急。

d.編序教學以教材為主，若與電腦或其他教學科技結合，有可能以教材與機械取代老師與同儕之互動，於人際交往及情意培養上，實有重大不足之處。

(2) Keller 個人化教學法（Keller's Personalized System of Instruction; PSI）

這是美國心理學者 F. S. Keller 與其同僚所發展的一種教學法。老師若實施這種教學法，他在學期開始前，必須把學生要學習的教材編序為一個一個的小單元，這些小單元再製作成為一張一張的學習單。一旦學期開始，老師就按編好序的單元教材分發給學生依序進行學習。學生自認學習已精熟，就可請求參與評量。評量通過，可繼續學習下一個單元；若未通過，則由老師本人或助教指正錯誤，再繼續學習同一單元直到評量全部通過，才能再學習下一個單元。如此，繼續把該科全部單元學習完成並全都通過評量。其教學設計及過程如下（林生傳，民 91）：

a.建立具體可評量的教學目標。

b.把整個科目的教材細分成小單元。

c.老師說明學習概略，指導學習方法，並激勵學習動機和興趣。

d.學習時間、地點不固定，學生可自由選擇，老師只提供自學的教材，

其中含有學習指引、評量試題、指定閱讀的教科書及作業。

e.學生自認已熟練單元教材，即可在已約定的上課時間，要求參加形成性評量（formative evaluation）。

f.評量若已通過預定熟練標準的學生，可繼續下一個單元學習，或從事其他活動；未通過的學生，經校正後，繼續學習原單元，直到通過評量，才能學習下一個單元。

g.學期末，全體學生參加期末總結性評量（summative evaluation），以決定學期成績。

(3) Bloom 的精熟學習（Bloom's mastery learning）

這種教學法是由美國心理學者 B. S. Bloom 所發展出來的。Bloom（1976）在其所著《人類特質與學校學習》（*Human Charactics and School Learning*）一書中，曾提到他初入教育界時，他的同事把學生分類成學習能力高和學習能力低的兩類學生。前者凡事可學，後者隱含不具有學習能力。後來他覺得教育界改變了這種分類，而把學生分類為學得快的學生和學得慢的學生。另外他再根據 Carroll（1963）的主張：學生的學習是他所花的時間（time spent）和他所需的時間（time needed）之比的函數，即學習＝ f（所花的時間／所需時間），而提出精熟學習的教學法。每個學生都能學習，只是有個別差異，所需要的學習時間各人不一樣。只要給予每個學生所需要的足夠時間，每個學生應該都能精通學校要他們學習的課程。以下說明精熟學習的重要步驟，事實上這種學習法和 Keller 個人化教學法大同小異。

a.設定明確可評量的教學目標：使全部學生或絕大多數（百分之九十五以上）學生精熟全部或百分之九十的教材內容。當然，目標的設定要視不同的學科而定。

b.老師準備二份範圍和難度相同的測驗：一份叫無錯誤測驗（no-fault quiz）作為形成性評量之用；另一份期末測驗作為總結性測驗，以決定學期成績。

c.老師另要準備導正性教學（corrective instruction）和充實性活動（enrichment activities）。前者專為未達精熟目標的學生而設；後者專為學習快

速的學生而設。

Keller 個人化學習和 Bloom 的精熟學習的優點如下：

a.學生可按照自己的學習速度來進行學習，即學生可自我控速（self pacing）。

b.學完一單元後，可立即知道學習結果，即可立即獲得回饋。

c.按編序教材單元循序漸進，有充分時間學習。

d.可精熟教材，學生必須達到已定之精熟標準，才能進行下一個單元。

e.適應個別差異。

這二種教學法也有一些限制，其限制如下：

a.適用學科的限制：比較適用於人文及社會學科，而較不適用於自然學科及藝能學科。

b.偏重考試及教材學習。

c.學生的創發能力未能受到充分的激勵。

本章主要在說明制約學習理論在教學及行為輔導上的應用。當然，制約學習理論只是很多學習理論中的一項而已。老師從事教育工作，應該以開闊的心胸接受各種學習理論，嘗試各種學習理論，然後在自己的教室內加以驗證，找出最適合自己學生、使其最能產生學習效果的學習方式。

本章參考書目

王文科主譯（民 78）：**學習心理學——學習理論導論**。台北：五南圖書公司。

王文科校閱，邵瑞珍、皮連生主編（民 80）：**教育心理學**。台北：五南圖書公司。

王明傑、陳玉玲譯（民 91），Slavin, R. E.原著：**教育心理學——理論與實務**。台北：學富出版社。

朱敬先（民 87）：**教學心理學**。台北：五南圖書公司。

周甘逢、劉冠麟合譯（民 91），Sternberg, R. J. & Williams, W. M. 原著：**教育心理學**。台北：華騰出版社。

李德高（民 77）：**教育心理學**。台北：五南圖書公司。

林生傳主編（民 91）：**教育心理學**。台北：五南圖書公司。

林幸台、宋湘鈴、鄭熙彥（民 74）：**學校輔導工作的理論與實施**。高雄：復文圖書出版社。

張春興（民 90）：**教育心理學**。台北：東華書局。

溫世頌（民 86）：**教育心理學**。台北：三民書局。

路君約等（民 64）：**心理學**。台北：中國行為科學社。

歐用生校閱，盧雪梅編譯（民 80）：**教學理論——學習心理學的取向**。台北：心理出版社。

Bloom, B. S.(1976). *Human characteristics and school learning.* New York: McGraw-Hill.

Borich, G. D. & Tombari, M. L.(1997). *Educational Psychology: A contemporary approach.*(2nd ed). New York: Longman.

Carroll, J. B.(1963). A model of school learning. *Teachers College Record, 64,* 721-733.

Joyce, B. & Weil, M.(1986). *Models of teaching (3rd ed.).* Englewood Cliffs, New Jersey: Prentice-Hall.

Lefrancois, G. R.(2000). *Psychology for teaching (10th ed.).* Belmont, CA: Wadsworth.

Ormrod, J. E.(1998). *Educational psychology: Developing learners*(2nd ed.). Upper Saddle River, N.J.: Prentice-Hall.

Parsons, R.D., Hinson, S.L., & Sardo-Brown, D.(2001）.*Educational psychology-A practitioner-researcher model of teaching*. Belmont, CA: Wadsworth.

第 3 章

Bandura 社會學習理論與
教學應用

❖社會學習理論的基本概念
　　觀察與模仿
　　學習與行為表現
　　學習與環境
　　學習與認知歷程
　　環境與認知歷程互動

❖楷模的認知歷程與條件
　　行為模仿的四大要素
　　有效模仿的特徵
　　模仿對行為表現所產生的效果
　　模仿行為的種類

❖社會學習理論的評價

❖教學實例
　　「自我經營策略」教學
　　互惠教學法

本章學習目標

看完本章後，讀者應能達成下述目標：

1. 能說明 Bandura 社會學習理論的基本概念，諸如觀察、模仿、學習、行為表現、環境、認知歷程等名詞的意義。
2. 能說明觀察與模仿、學習與行為表現、學習與環境、學習與認知歷程、環境與認知歷程彼此之間的關係。
3. 能列舉並說明行為模仿的四大要素。
4. 能陳述有效模仿的特徵。
5. 能分析模仿如何影響行為表現。
6. 能說明並比較三種不同類型的模仿行為。
7. 能評鑑社會學習理論在教育上的貢獻。
8. 能應用社會學習理論於實際教學情境中，做學生的楷模。
9. 能應用社會學習理論來訓練學生自我行為改變。
10. 能實施互惠教學法。

　　雖然早在二十世紀初，心理學者即已看出人類行為的複雜性以及環境對人類學習的重要性，而且行為學派的 Miller 和 Dollard（1941）也曾在實驗室裡觀察動物的模仿行為，而寫成了《社會學習與模仿》（*Social and Imitation*）一書，然而 Bandura（1977）卻更進一步將社會學習理論從實驗室推向真實的社會情境，而且對人類社會行為的學習歷程有了更精緻的闡釋。本章所要談論的觀點即是 Bandura 的社會學習理論。

　　Bandura 的社會學習理論重視人類經由觀察別人的行為而獲得的學習。Bandura 認為，人類的學習是個人的內在因素與外在環境因素交互作用後所產生的。他綜合了行為學派的增強理論與認知學派的目的論，發展了社會學習理論。Bandura 雖然同意一個人過去的行為所產生的後果會影響此人未來的行為，然而他卻對增強過程有著不同於行為學派的解釋。他認為人類不只會對刺激加以反應，而且還會去解釋這些刺激，以及進一步去察覺與了解反應（即行為）與行為後果（即增強作用）之間的關係。Bandura 重視透過觀察、模仿與示範而發生在社會情境中的學習。他認為行為學派忽視了抽象思考與自我指導的學習。Bandura 認為人們應可從觀察別人的行為中獲得資訊，並且運用這些資訊去選擇自己的行為，又由於 Bandura 強調學習的社會因素，因此社會學習理論較能解釋人類的複雜行為。

　　Bandura 的理論首先從觀察學習開始，即人類的社會行為、反社會行為，以及行為的改變，皆可由觀察別人的行為而習得。Bandura 進而討論社會行為的學習歷程與條件，更將其理論擴展至自我經營（1974, 1978），以及覺知行為的有效性（1982）等，偏重認知取向的觀點。以下便是從社會學習理論的基本概念、學習歷程與條件、社會學習理論的貢獻及其在教學上的應用等四個主題，來討論社會學習理論。

一、社會學習理論的基本概念

(一)觀察與模仿

　　行為學派的學者們認為，人類絕大多數的學習都是經由嘗試錯誤得來的。亦即人類對出現在環境中的刺激做出許多不同的反應，而這些反應所獲致的後果並不相同，有的獲得獎賞、有的得到懲罰，於是獲得獎賞後果的反應，下次若有相同刺激出現時，其被引發的可能性便增加了，最後人類學會了對某一特定刺激做出某一特定反應，學習於焉產生。雖然社會學習理論也支持獎懲（即增強理論）的效果，但主張學習不一定要經由嘗試錯誤，人們只要透過觀察別人的行為以及此行為所獲致的後果，學習照樣可以產生。

　　此種透過觀察即可產生學習的觀點，可由許多實證與觀察幼兒社會化行為的研究獲得證實。例如：幼兒在玩扮家家酒的遊戲時，常會表現出模仿大人的行為。Bandura 和 Ross（1961）即做過這樣一個實驗：將每位受試小朋友置於桌前，桌上有許多玩具供其自由玩弄，此時在其鄰桌有一示範者（model）亦在玩弄相同玩具。有些小朋友看到的是示範者安靜地在玩弄玩具，有些小朋友則看到示範者用攻擊性行為（例如打、敲、捶、踩）對付玩具小丑，另一些小朋友則在玩玩具時並未有示範者在旁。實驗的結果發現，示範者表現出攻擊性行為的這組小朋友亦表現了較多的攻擊行為。Bandura 等人（1963a）再將實際觀察示範者行為換成觀察影片中示範者的行為，亦得到相同結果。另外，Bandura 等人（1963b）的實驗亦證實，小朋友若看到示範者的攻擊性行為獲得增強，則其所表現攻擊性行為，會顯著地多於小朋友看到示範者的攻擊性行為導致受罰後所出現的攻擊性行為。

(二)學習與行為表現

　　行為學派的學者所定義的學習，是指個體經由練習使行為產生永久性的改變之謂。換言之，行為若未發生改變則無所謂產生學習。但社會學習理論則不認為學習的產生一定要有行為的改變才算數。由於社會學習理論主張人們經由觀察也可以產生學習，因此，學習並非一定要反映在行為上的改變不可。這是說，學習的產生可能導致也可能不導致行為的改變。行為的改變可能在學習產生時立即出現，也可能延宕一段時間後再出現，更有可能永遠不會出現。因此，從社會學習理論的觀點而言，學習與行為表現二者之間是有區別的。學習是潛在的，而行為表現則是外顯的、可觀察的。

(三)學習與環境

　　Bandura 認為環境可以影響個人學習行為的表現。而影響的方式可以有很多種，茲分述如下（Ormrod, 1990）。

1. 觀察者或模仿者的行為可經由示範者來增強

　　人們往往會贊許模仿自己行為的人。例如父母時常會在孩子的面前，向其他大人誇耀自己的孩子小小年紀就會說大人的話、學大人的口氣等，這無形中增強了孩子模仿大人說話的行為。

2. 觀察者的行為可經由第三者來增強

　　觀察者的行為除了可由示範者本身給予增強之外，第三者也可以給予有效的增強，例如家長及老師即時常會稱讚孩子或學生模仿其他好孩子或好學生的行為。而孩子們或學生們往往被家長或老師要求去模仿某一特定楷模者的行為。

3.表現經由模仿而習得的行為即可獲得增強

在許多情況下，人們只要表現了經由模仿而來的行為即可獲得令人滿意的結果。例如小明模仿大華的讀書方法，結果期考成績進步很多，此即模仿行為本身獲致增強的後果。

4.增強示範者的行為也會影響學習者的行為

觀察者或模仿者看到示範者的行為獲得稱許，那麼觀察者或模仿者表現此模仿而來的行為之可能性便增加了。同理，若觀察者或模仿者看到示範者的行為受到懲罰，則觀察者或模仿者表現類似行為的可能性便降低了。

Bandura（1965）曾做過一個實驗，即將學生分成三組。第一組學生觀看影片中具有攻擊性行為的兒童得到增強；第二組學生則看到具有攻擊性行為的兒童受到懲罰；而第三組學生則沒看到具有攻擊性的兒童受到獎賞或懲罰。結果為日後第一組學生表現攻擊性行為較多。此實驗結果顯示只須增強示範者的行為，就足以引發模仿者或觀察者表現所模仿或觀察而來的行為了。

尤其值得我們注意的是，當示範者的不良行為未受到適當的懲罰，則模仿者或觀察者便更易於表現出此不良行為。國內交通秩序混亂，即許多違規者未得到應有的處置，因而導致更多的違規事件，而使交通秩序難獲改善。

由於古典制約學習的理論無法解釋，為何人們只需要透過觀察而未有立即的行為反應亦可獲得學習，因此社會學習理論便從不同的角度來看增強原理，使得人們可經由模仿學習的現象獲得較合理的解釋。首先，社會學習理論並不否定增強原理，但他們不把它看得那麼重要，不過他們卻認為增強原理至少對人類學習扮演著兩個重要的角色：(1)增強可以影響一個人是否要表現其所習得的行為；(2)增強具有期待的效果，即一個人對增強的期待會影響其認知歷程，以致促成了學習。茲將此兩個增強原理所扮演的角色，分別說明如下。

　　社會學習理論的學者們認為，人們習得某一行為並不一定需要有立即的增強不可，但是人們除非有什麼很好的理由，否則他們並不一定會表現出其所習得的行為。而增強正可以給人們展現其習得行為的一個很好的理由。例如某人可能經由觀看錄影帶而模仿到某一演藝人員的表演技巧，然而此人在平日並不會無緣無故表現此習得的表演技巧，但若有了適當的場合如才藝競賽，則此人表現其模仿技巧的機會便大大地增加。Bandura 認為，人們會對何種情境表現其習得的行為較為合適進行判斷形成假設，而其判斷的標準與假設的形成便是依據增強系統而得的。

　　此外，社會學習理論者強調增強的效果是給人們製造了一種期待與領悟。由於某一行為獲得增強，人們便產生一種期待，期待下次若再表現此相同或相似行為時，亦能獲得增強，於是下次在適當的情境下再展現此行為的可能性便增加了。

　　綜合言之，社會學習理論亦強調環境因素對人類學習的重要性，但卻不是充分的或唯一的因素，因為認知因素也是影響人類學習的重要關鍵之一。現在就讓我們把焦點轉移到認知因素上面。

㈣學習與認知歷程

　　社會學習理論認為個體的行為除了受環境因素的影響之外，認知因素也扮演著相當重要的角色，其證據有些已在前面論及，例如學習與行為表現之間是有差別的以及增強可給人們帶來期待。除此之外，社會學習理論還重視學習的認知歷程，人們對反應與增強後果彼此之間有何種關係的覺察，以及自我規範行為等理念。茲分述如下。

1. 學習不一定要有行為表現

　　Bandura（1965）曾提出證據證明，人們不一定要表現出行為才算已學會了此項行為。例如人們可以用口頭描述他所觀察到的行為，而無須真實演示此行為。又如人們經由觀察而獲得的學習，也不一定要立即表現出來才算學習，他可以在日後適當的時機或有很好理由時再表現出來。

2. 學習是一種認知歷程

社會學習理論者認為人類的學習是透過一系列的認知歷程。這認知歷程包括注意（attention）、記憶（memory）、檢索（retrieve）與使用（use）。這意思是說，人們要觀察及模仿一個人的行為，他首先必須要注意到示範者的行為，並且把這些行為記住並儲存在大腦裡，需要時再將之找出並且使用它。

3. 學習是受誘因與個體對增強的期待所引導的

社會學習理論者重視期待（expectations）在學習中所扮演的角色。換言之，人們時常會預期他的某些特定行為會受到獎勵，而另外一些特定行為則會受到懲罰。於是當人們預期如果他們模仿別人的行為會獲得獎勵時，他們便會較注意別人的行為，並且會嘗試著去記住如何表現此行為，進而會有較強烈的動機去表現此習得的行為。

此外，Bandura 還指出，預期得到懲罰卻沒有得到懲罰時，會變成一種增強；相反的，若原本預期會獲得獎勵卻沒有得到時，也會變成一種懲罰。讀者們似乎不難在日常生活中找到許多像這樣的例子。因此，我們在協助學生進行學習時，應該留意學習者的期待與動機是什麼，才能有效地引導他們學習。

4. 學習是否能產生，有賴於學習者能覺察到反應與行為後果（即增強）二者之間的關係

依據社會學習理論者的觀點，學習者若無法察覺到其行為與獎懲二者之間的關係，則獎懲對此人的學習或行為所造成的影響將不至於太大。換言之，增強是否有效，要看學習者是否能辨識到某一特定的反應或行為可以導致獎賞。

5. 學習的重點目標在於個體能自我規範其行為

晚近，Bandura（1977, 1982）愈來愈重視自我規範行為在學習中所扮

演的角色。Bandura 認為學習者經由觀察與模仿,逐漸學會了哪些行為是可以被接受的而哪些行為則否。進而,學習者便能掌握行為的準則是什麼,而這種能掌握行為的準則便成為學習者能進行自我增強的基礎。所謂自我增強,即是學習者無須依賴外在環境所提供的獎賞,而由自己獎勵自己即可表現適當行為。例如有許多默默行善的人很能以自己的行為為榮,而無需外界的公開表揚。

至於行為準則的訂定其標準或高或低亦可經由模仿或觀察而來,Bandura 及其同仁所做的研究結果即指出,模仿者所訂定的行為標準很接近示範者所使用的標準。不過 Bandura 亦指出,模仿者較易選擇與他們能力相當的示範者所訂定的標準為標準。

除了自我增強之外,自我批評亦可由相同的學習歷程而獲得。總之,社會學習理論者認為自我增強與自我批評對行為所產生的影響,並不亞於由別人所給予的獎懲對學習所造成的後果。

由以上所述,我們不難發現社會學習理論者既重視行為學派的增強原理,亦強調認知學派的認知歷程對學習所帶來的影響。除此之外,社會學習理論者還注意到環境與認知兩因素之間的關係。

(五)環境與認知歷程互動

Bandura 認為環境因素與認知因素不只會分別影響個人的行為,同時還會在交互作用之後共同影響個人的行為。換言之,Bandura 認為環境(environment)、個人(person)與行為(behavior)三者會交互影響如下圖,Bandura 將之稱為交互決定論(reciprocal determinism)。

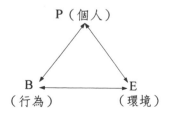

　　依據 Bandura 的理論，個人對環境的看法會影響他的行為，正如同環境會影響個人的行為一樣。這是說個人對增強與行為間之關係的理解會影響其行為，而增強的方式本身也會影響個人的行為。

　　再者，增強的方式會影響個人的行為，而個人的行為也會影響提供增強者的增強方式，亦即環境會影響行為，而行為也會影響環境。

　　至於個人的行為也會反過來影響個人對自己的看法、態度以及自我概念等。例如一個考試時常考不好的學生，很可能會認為自己是個能力不高的人。

　　同理，環境也會影響個人。例如個人看到示範者的行為得到了增強，會認為示範者所表現的行為是好的，是社會所能接受的行為，是可以得到獎賞的行為。

二、楷模的認知歷程與條件

　　楷模（model）可以是一個真實的人，他的行為可引發觀察者做出反應。楷模也可以是象徵性的，此種楷模我們可稱之為象徵性楷模（symbolic model），此類楷模可以是書、口頭或書面上的指示、圖畫、心像、卡通或影片中的人物、宗教人物、電視等。

　　Bandura 的社會學習理論重視人們經由觀察與模仿其楷模而獲得學習，以下即是探討人們如何透過觀察與模仿來獲得學習。

(一)行為模仿的四大要素

　　觀察者是否能成功地模仿其楷模者的行為，必須具備下列四要素：

1. 注意（attention）

　　要模仿別人的行為，首先就是要注意到所要模仿的行為，尤其是行為

中重要的關鍵性部分。例如目前有許多演藝人員喜歡模仿其他演藝人員的表演方式，若要模仿成功，則首要之務即是要很注意地看他們所要模仿者的表演方式。

2. 保留（retention）

模仿行為的第二個要素，即是要把所觀察到的行為記下來。依據 Bandura 的說法，人們可以將語意儲存下來，也可以將行為的視覺影像保留住。此種語意與影像的保存可以在需要時引導模仿者的行為。一般而言，若所要模仿的行為一方面可用口語描述，一方面又可用動作表達，則保留的效果會較好。例如我們要學手語，則示範者若能一方面實際用動作演示，一方面又用口頭說明動作表達的方法與意義，則學習的效果會比只用其中一種方式示範來得好。

3. 動作重現（motor reproduction）

行為模仿的第三個要素，是觀察者或模仿者要有能力將其所觀察到的行為模仿出來。缺乏將所觀察到的行為表現出來，可能是肇因於模仿者的智能較低、身體有缺陷或障礙，也有可能是身心尚未發育成熟。

模仿者若能將其所觀察到的行為重現出來，則他人較能評鑑其行為並給予回饋，以作為改進的依據。因此，要能成功地模仿他人的行為，能有動作重現的能力是相當重要的。

4. 動機（motivation）

個體要有將其所觀察到的行為表現出來的意願，才較有可能成功地完成模仿學習。例如我們在日常生活中無不隨時隨地在觀察別人的行為，但是我們並沒有把這些行為都模仿出來。一般而言，我們只會將有意願模仿的行為表現出來。就是說，個體要有動機去展現其所要觀察的行為，模仿學習才會發生。

由上所述，Bandura 認為模仿行為的產生需要具備四大要素，即注意、保留、動作重現與動機。由於在這四大要素上有很大的個別差異，因此，

即使個體所觀察或模仿的是相同的示範者，他們所表現出來的模仿行為也會有很大的差別。詳言之，不同的個體他們所注意的示範者的行為可能有所不同，而他們所記憶的訊息也可能有很大的差別，再加上動作重現的能力不會一致，至於表現模仿行為的動機更是有強、有弱，因此，最後展現出來的模仿行為當然會有個別差異了。

此外，此四大行為模仿的要素，若缺任何其中一項，都會對最終的模仿行為造成不同的影響。

(二)有效模仿的特徵

1. 楷模本身是具有較高的能力者

一般而言，人們比較喜歡模仿有能力的人。早年國內國小有選拔模範生的活動，而被選為模範生的，也大都是在各方面表現較有能力者，即所謂的品學兼優者。

2. 楷模本身是較具聲望與權力者

示範者若在其族群或社會中較有聲望、地位、權力並受人尊敬，則其行為較易為人所模仿。例如時下青少年常喜歡模仿其崇拜的偶像即為一例。

3. 楷模本身是個具有魅力者

被崇拜與模仿的偶像通常多多少少都具有一、二項以上迷人的特質，例如容貌、身材、特殊能力等。

4. 楷模者能扮演適宜的性別角色

人們通常較易選擇與其性別相同者作為模仿的對象，因此有效的模仿有賴於示範者能適切地表現適合其性別的行為以供模仿。又，人們較易模仿文化傳統或社會所規範的性別合宜行為。例如男性比女性較易模仿攻擊

性的行為。

5. 楷模者的行為能適合觀察者的生活情境

模仿者較易模仿他認為對他有用的行為，即其模仿的行為是較具功能性的。或者可以說，模仿者會選擇其有能力模仿的行為來模仿。

由以上所述，我們可歸納出一個有能力、有聲望、有權力而又有吸引人之特質者，較易成為被模仿的對象，即模仿者也較喜歡選擇與其性別相符而且是他有能力模仿且實際有用的行為來模仿。如此，我們不難看出假如父母或老師被視為一個有能力、受人尊敬、具有權威而又迷人的個體時，他們將成為其子女或學生的楷模。同理，楷模人物也可能來自真實的或虛構的英雄人物以及同儕中較具有影響力者。

(三)模仿對行為表現所產生的效果

Bandura 認為模仿會對模仿者的行為產生至少下列三種效果：

1. 模仿可使模仿者學到新行為

個體可以經由觀察別人的行為而學到全新的行為。例如幼兒即可經由模仿學到許多新的詞彙與句子或動作技巧。

2. 模仿可抑制或引發模仿者過去所習得的行為

模仿者若看見示範者表現其所模仿的行為而受到懲罰時，模仿者便會減少此習得之模仿行為的出現，因此模仿具有抑制行為的作用。反之，模仿者若看見其模仿的行為得到獎賞，則其表現此模仿行為的可能性便增加，因而模仿具有引發行為的功能。

3. 模仿可以引發相似性的行為

模仿者除了會表現與示範者相同的行為外，也會出現示範者所表現的相似行為，尤其是當模仿者缺乏能力表現示範者的某些特定行為時，相似

性或替代性的行為便會出現。

㈣模仿行為的種類

經由觀察別人的行為而獲致的學習共可分為下列三種（Biggie, 1986）：

1. 直接式模仿（direct modeling）

最單純、最基本的模仿即是由模仿者直接拷貝示範者的行為。例如幼兒模仿爸爸躺在床上看報紙的姿勢。日常生活中許多社交禮儀，即是由直接模仿而得。

2. 合成式模仿（synthesized modeling）

所謂合成式模仿是指模仿者將其對周圍環境中人、事、物所觀察到的特質綜合起來，並將之形成一個新的混合體，進而據以創造出另一組具有嶄新風格的思考與行動。最後，模仿者所展現出來的，即是此具有新風格的思考與行動。此種合成式模仿較直接式模仿困難。例如，有些演藝人員很仔細地去觀察他們所崇拜或喜歡的明星之表演方式、衣著、談吐等行為，繼而將之綜合起來而發展出適合自己的表演方式。

3. 抽象式模仿（abstract modeling）

抽象式模仿是指模仿者透過觀察示範者許多特定的行為之後，能將隱藏在這些特定行為之下的行為準則抽離出來，並能進而應用這些行為準則發展出自己的行為模式。例如許多方言的學習即是用抽象式模仿的原理，而能迅速掌握方言的發音原則，進而能脫離逐字模仿，正確發出其他未經直接模仿之詞彙的音。

三、社會學習理論的評價

　　一般而言，學習理論的學者們對社會學習理論的評價都相當高，一方面它綜合了行為學派與認知學派的理論，因而可以解釋更多與更複雜的人類行為，一方面它的實用價值也相當高，因為它較符合人們的實際生活情境。例如有名的心理學家 Hilgard 和 Bower（1981）即給予社會學習理論極高的評價。他們評論說社會學習理論能將近代的學習理論做最好的統整，並能用以解決日常生活實際的問題。同時，它也提供了一個與近代訊息處理理論相容性很高的理論架構（compatible framework）。例如訊息處理理論所論及的語文理解、記憶、想像、問題解決等主題，社會學習理論都有涉及。

　　不過，也有學者（Biehler & Snowman, 1986）指出，要評鑑社會學習理論的有效性相當困難，因為在許多時候，我們很難將某一模仿行為歸因於某一特定的經驗或觀察。例如有關電視暴力對青少年攻擊性行為之影響的研究報告，往往無法獲得一致的結果，其主要原因乃在於我們很難找到確切的證據，指出青少年的某一特定攻擊性行為是模仿哪一齣電視劇中的暴力事件。甚至在實驗室的研究，我們有時也很難確定兒童的攻擊性行為是直接模仿自實驗室，還是來自實驗室外的觀察。換言之，社會學習理論的缺點在於我們也許可以較肯定地說，某人的行為是來自模仿，但卻有較大的困難去追究到底這個模仿行為是從誰、從何處、在何時模仿而來。大致上來說，學者們認為人類的模仿行為來源是多方的。因此，對於觀察學習的有效性，最安全的結論是：影響行為的途徑有很多，但卻不容易很精準地去追溯最初始的肇因。

四、教學實例

　　社會學習理論在教育上的應用，可以相當直接，因為老師的教學本身就是一種示範，但這示範可能是好的，也可能是壞的；有可能是正確的，也有可能是錯誤的，因此，老師的言行舉止不僅要小心謹慎，甚至要經過精心的規畫與設計，以便成為學生有效的楷模。更甚者，由於社會學習理論不只認同增強的效果，同時又重視認知歷程，並且注意人與人之間的互動以及社會文化對個人的影響，因此能應用學習理論的領域便可較廣泛，而其層次也可較多，亦即認知、情意、技能三方面的學習皆可包含在內，而學習或行為也可由簡單到複雜。

　　Ormrod（1990）認為，社會學習理論在教學上至少有下列九項啟示：

(1)觀察本身即可構成學習的充分條件

　　學生只要有觀察的機會，即有可能產生學習。換言之，老師可在學習情境中刻意安排有意義的教學活動，讓學生有觀察的機會，以增加產生學習的可能性。而觀察的內容可以包羅萬象，只要是重要的學習並且與教育目標有密切相關的即可。而觀察的對象也可因觀察的性質而有所不同。至於觀察的方式也可有多種途徑。例如觀察的內容可以是認知的，像觀察人體內部器官的位置；可以是情意的，像觀察別人在生氣時如何適當地控制自己的情緒；更可以是技能的，像踢毽子的技巧等。

　　不過，老師特別要留意的是，適宜的行為固然學生會觀察並模仿，而不適宜的行為，學生也可能會觀察而加以模仿。因此，老師要小心自己的言行，同時也要留意被老師指定為示範者之言行，以防不適宜行為的觀察與模仿。

(2)老師可利用楷模來教導學生學習新行為

　　無論是認知、情意或技能的教學，老師都可用逐步示範、學生逐步模仿的方式來學習。若是複雜的學習，老師可將學習步驟細部化，等所有步

驟都學過之後，再加以統整，並經由多次的示範與模仿之後完成學習。

(3)老師與家長應該示範合宜的行為

老師和家長往往具有成為孩子們楷模的特質，例如他們大都是具有能力、有地位、而且有權力的，因此老師與家長們必須對他們的一言一行有所留意，一方面能給孩子們好的榜樣，另一方面也能將不好的影響減至最低。

如果老師和家長們教導孩子們要誠實，但自己卻做出不誠實的行為，那麼此時若要苛求孩子們凡事誠實，將是十分困難的。相對的，不抽煙的老師和家長，若要求孩子們不抽煙，其成功的可能性似乎是較為樂觀。

(4)老師應提供給學生各種不同的範例楷模

學生模仿的對象雖然以老師或家長為主，但也不必只局限於模仿老師或家長。其他足以作為楷模的皆可被邀請到學校或班級裡來。這些楷模可以是社會上各行各業的人，只要他們足以示範合宜的行為、態度、情緒、言語等皆可。即使是象徵性人物、歷史人物、傳奇性人物，也可透過閱讀、觀看影片等方式，而達到觀察與模仿的目的。

(5)要有成功的模仿，必須要考慮行為模仿的四大要素——注意、保留、動作重現與動機

老師若期望學生能成功地模仿以達預定的學習目標，則老師首先要確定的是學生是否已注意到他所要模仿的行為。其次是老師要協助學生將其所觀察到的記住要點，甚至細節。然後，還要讓學生有機會練習並表現出他所觀察到的行為，進而給予修正性的回饋。最後，要鼓勵學生或設計教學情境，讓學生有意願將其所模仿到的行為表現出來。

(6)別的同學受到增強和懲罰都可能影響學生的適宜行為和不適宜行為

由於僅僅看到別的同學的行為受到獎勵或處罰，即有可能對學生的行為造成影響，因此老師與學校行政人員對於獎懲學生便要特別的注意，尤其是要留意獎懲的一致性與公平性，以免造成學生僥倖、投機的心理或者憤憤不平的情緒。

⑺**老師透過描述行為的後果也有可能有效地影響學生的行為**

由於社會學習理論重視教導學習者理解行為與後果之間的關係，因此，老師可透過對良好行為將給獎賞的承諾以及對不良行為將有懲罰的警告，來匡正學生的行為。

⑻**老師應該幫助學生為自己的行為設定一個合理的期望水準**

過高的期望會給學生帶來挫折，而過低的期望則可能造成學生的低成就。因此，老師的職責應該包括幫助學生較為客觀的認識且評估自己的能力，並進而對自己的可能表現有較真實與合理的期望，以便學生能充分發揮其潛能並完成自我實現。

⑼**老師應該教導學生自我控制（self-control）的技巧以助學生完成自我行為改變**

社會學習理論是個折衷的學派，它支持行為學派的增強理論，同時又重視學習的認知歷程。因此，老師可綜合兩種理論的精華，發展自我行為改變（self-behavior modification）的技巧，訓練學生自我增強（self-reinforcement）、自我觀察（self-observation）、自定目標（self-goal setting）、自定標準（self-criteria setting）、自我評量（self-assessment）等，讓學生成為一個主動的自我行為改變者。

總之，社會學習理論重視學習可經由觀察別人的行為而得，以下是兩則社會學習理論在教學上的示例。

㈠「自我經營策略」教學

1. 實例舉隅

首先由老師向全班學生介紹什麼叫作「自我經營策略」及「自我經營策略」的重要性、主要內容和方法。一般而言，「自我經營策略」的內容與方法可如下列：

「自我觀察」：利用自己跟自己對話的方式，偵測並描述自己的

　　　　　　所作所為以及內心的想法、自己的長處與弱處、
　　　　　　良好行為或不適當的行為等。
　　　　　例如：我現在正在做什麼？想什麼？
　　　　　　　　我的記憶力很好，但是不太用功。
　　　　　　　　我剛才對同學說話的態度並不友善。
「自我分析」：分析自己會產生某種行為或想法的可能原因。
　　　　　　例如：物理環境因素——氣溫、噪音、房間布
　　　　　　　　　　置、書桌擺設。
　　　　　　　　社會人際因素——父母、兄弟姐妹、師
　　　　　　　　　　長、同學。
　　　　　　　　自我內在因素——動機、情緒、身體狀
　　　　　　　　　　況。
「自我記錄」：將自己的行為或想法有系統地記錄下來。
　　　　　　例如：行為發生的次數、頻率、時間長短或用文
　　　　　　　　　字描述皆可。
「自定計畫」：從短程計畫到遠程計畫。
　　　　　　我想要做的事。
　　　　　　我想要改變的行為。
　　　　　　計畫預定進行及完成的時間表。
　　　　　　完成計畫所要使用的方法。
「自定標準」：訂定合理的目標、預定要達到的標準。
　　　　　　例如：我計畫每星期至少要背一首唐詩。
　　　　　　　　　我計畫每天要幫媽媽做一件家事。
　　　　　　　　　我計畫這星期不能說任何一句髒話。
「自我改變」：執行計畫，將計畫付諸行動，使好的行為產生，
　　　　　　不好的習慣減少或不再發生。
「自我評鑑」：檢查自己有沒有按照預定的計畫去做。
　　　　　　檢查自己有沒有達到預定的目標或標準。
　　　　　　檢查自己所使用的方法有沒有效，要不要改變方
　　　　　　法。

檢查自己所預定的標準合不合適，要不要改變標
準。

「自我增強」：肯定自己的能力與努力，獎勵自己。

我喜歡給自己怎樣的獎勵？

稱讚自己。

買自己喜歡的東西給自己。

做自己喜歡的活動。

當學生明白上述「自我經營策略」的內容與方法之後，可發給學生一小冊空白的「自我經營企畫案」，其內容可包含：

我想要改變的行為：

目前的情況（次數、強度、時間長短）：

計畫用什麼方法改變：

預定達到的目標：

計畫實施的情形：

有沒有達到預定的目標：

自我增強的方式：

接下來，老師要先示範給學生看如何填寫「自我經營企畫案」手冊，並與學生共同討論與填寫「自我經營企畫案」手冊。學生完成自我行為改變的計畫之後，便開始執行其計畫，同時老師與學生也開始定期檢查執行計畫的情形，並評估其成效與實施自我增強。若有必要，老師還可與學生共同討論，並改變計畫，以達成自我行為改變的最終目標。

2. 說明

「自我經營策略」教學的主要理論基礎，在於結合行為的增強理論與認知學派的自我覺察，並自我監控自己之認知歷程的技巧，以達成主動自我行為改變的目標。其教學步驟大致可分下列幾個階段：

⑴老師介紹「自我經營策略」的意義、重要性、主要內容與方法。

⑵老師示範或舉例說明如何自我行為改變。

⑶老師與學生共同討論如何計畫與填寫「自我經營企畫案」。

⑷學生依計畫執行「自我經營企畫案」。

⑸老師與學生共同監控企畫案執行的情形。

⑹若按計畫執行並完成自我行為改變，則由學生實施自我增強。

⑺若未能完成自我行為改變，則老師與學生再討論如何修正計畫，直到完成自我行為改變為止。

　　「自我經營策略」教學的最終目標是學生可以完全不依賴老師而達成自我行為改變，使適應行為增加而不適應行為減少。

㈡互惠教學法

　　互惠教學法（reciprocal teaching）是由 Palincsar 和 Brown（1984）兩位教授所設計的，其教學內容雖偏重訊息處理模式的應用與閱讀技巧的訓練，但其教學過程卻符合社會學習理論的原則，固特在此介紹，以供老師們參考。

1. 實例舉隅

　　老師與學生共同朗讀或默讀一段課文之後，老師先「示範」下列四種閱讀策略：

　　⑴摘錄重點（summarizing）：擷取文章重要的概念並用自己的話把它說出來。

　　⑵自問自答（self-questioning）：利用文章段落所涵蓋的內容，自己設計問題問自己，並且回答問題，以檢查自己理解和記憶的程度。

　　⑶澄清疑慮（clarifying）：閱讀中，若遇到困難而無法理解時，則採取必要的行動，例如重讀、繼續讀下去、查字典或向他人求助等方式，以達文義理解的目的。

　　⑷預測下文（predicting）：看過標題，讀完一句或一段文章，在尚未

繼續讀下去時，先預測該文、下一句或下一段文章可能會出現什麼樣的內
容。

　　等學生熟悉了這四種閱讀策略之後，老師逐漸減少示範，並將活動的
主導權轉到學生身上，但隨時提供回饋與修正，直到學生能完全獨立進行
此四種閱讀策略為止。

　　下面是一段運用互惠教學法的師生對話錄，其中引號內的文字是師生
用來閱讀的教材，而這段師生對話是發生在進行互惠教學的第七天（Pali-
ncsar & Brown, 1984）。

　　　「烏鴉還有一種天賦，那就是牠們很會模仿。牠們能學說話
或模仿動物的聲音。有些烏鴉還被證實可以學一百個以上的單
字、甚至片語，牠們會模仿雞吱吱叫、狗的哀鳴以及貓叫。
　　　「會玩遊戲是烏鴉另一種令人讚嘆的本領。在玩捉迷藏的遊
戲裡，一隻小烏鴉會躲在樹洞，並且發出哀傷的聲音。此時，其
他烏鴉便會衝過來，左顧右盼，好像找不到小烏鴉似的，然後振
翅而飛。突然地，小烏鴉從洞裡出來，其他烏鴉看到了都非常高
興。牠們可以一而再、再而三地玩這種遊戲，卻樂此不疲。除此
之外，牠們還會一起大聲鼓譟。看來牠們似乎很喜歡玩設有圈套
且彼此捉弄的遊戲。」
〔T：代表老師；S：代表學生；All：代表所有學生〕
T ：小英，現在輪到妳當老師了，能不能把這一段的重點說一
　　下？記住！只要把最重要的部分說出來就可以了。〔摘錄重
　　點〕〔測驗〕
S_1：烏鴉會模仿說話，牠們可以學一百個單字，牠們會模仿雞
　　叫、狗叫、貓叫。
T ：好！我們可以把這個摘要再弄短一點。〔引導〕
S_2：我們可以說烏鴉會模仿其他動物的聲音。
T ：哦！非常好！小英妳注意到這句話了沒有？這裡說：「牠們
　　會模仿雞吱吱叫，狗的哀鳴以及貓叫」。這些我們都可以把

它叫作「動物的聲音」。〔引導〕妳能不能利用這一段再問我們一個問題？〔自問自答〕〔測驗〕

S₁：這一段沒有其他問題可以問了！

T ：小英，妳說說看第二段在說些什麼？〔摘錄重點〕〔測驗〕

S₁：烏鴉所玩的遊戲。

S₃：牠們會做些人們也做的事。

S₄：烏鴉會玩哪些遊戲？

S₃：玩捉迷藏。玩不厭！

T ：小明，你知道嗎？這裡有一個很好的比較。而且還可以問一個很好的問題，那就是「烏鴉和人類相比，有什麼相似的地方嗎？」〔自問自答〕〔示範〕

S₄：牠們會玩捉迷藏的遊戲。

T ：好！這段還可不可以設計出其他的問題？〔自問自答〕〔測驗〕

S₂：怎麼烏鴉玩這遊戲一點都玩不厭呢？〔自問自答〕

S₅：厭倦是什麼意思？〔澄清疑慮〕

T ：就是覺得沒意思，很無聊。

S₅：因為牠們喜歡，牠們覺得很有趣。假如我有一隻烏鴉，我會告訴牠牠是誰而且看看牠會做什麼事。

T ：現在讓我們把這一段做個摘要，然後預測看看下一段作者會告訴我們些什麼？〔摘錄重點；預測〕〔測驗〕

S₁：這一段是告訴我們烏鴉是怎麼玩遊戲的。

T ：妳做得很好，正是這樣！現在有沒有同學要做預測？

S₂：可能會提到更多遊戲中的圈套。

S₄：可能是許多其他的遊戲。

T ：都有可能。到目前為止，作者從幾種不同的方向來告訴我們烏鴉是很聰明的。牠們能彼此溝通，牠們會模仿許多聲音，而且牠們還會玩遊戲。所以，我們有可能在下一段中讀到另一種烏鴉很聰明的證據。好！下面誰當老師？

　　〔摘錄、歸納重點、預測〕〔引導、示範〕

2.說明

　　基本上，互惠教學法是採用示範→引導→測驗的程序進行教學，並運用師生對話的方式來訓練學生熟練並能活用前述四種策略。其教學過程為(1)每天在師生開始對話之前，小組先復習一遍這四種策略；(2)學生們先看看文章的標題是什麼，然後老師鼓勵學生利用背景知識來預測這篇文章可能會談些什麼；(3)老師和學生一起朗讀或默讀第一段；(4)老師或學生提出問題，其他人回答；(5)老師或學生摘錄該段重點，並請其他人加以修改或潤飾；(6)閱讀時，若有任何人有任何疑慮，則隨時提出討論以澄清疑慮；(7)最後，經由小組討論的方式探討各個成員預測下一段文章所可能出現的內容是否合理。

　　在進行互惠教學的最初幾天，老師負起帶領對話的主要責任。換言之，老師示範四種策略正確的使用方法。漸漸地，學生熟練了四種策略與對話方式之後，老師便把主導對話的責任逐漸轉移到學生身上，但隨時提供回饋與修正。

　　這種教學已被證實對低成就學生的閱讀能力有提升的效果，並且還有遷移和保留的功能。學者認為，要設計像互惠教學法這種策略教學（strategy instruction）必須考慮下列各因素，較有可能達到預期的效果：(1)選擇實用而且可以教可以學的策略來教；(2)要明白告知學生所要學習的策略是什麼、為什麼要使用這些策略，以及如何使用這些策略，並且有充分的時間練習這些策略；(3)採用引導、互動的教學模式，提供學生一種暫時性且可隨時調整的支持系統，而將策略運用的控制責任由老師逐漸轉移到學生身上；(4)選擇適當的學科教材來配合策略教學（Palincsar & Brown, 1984）。

　　本章旨在介紹 Bandura 的社會學習理論及其在教育上的應用。首先說明並比較社會學習理論的基本概念，例如觀察、模仿、學習、行為表現、環境與認知歷程的意義與彼此之間的關係。其次說明模仿的認知歷程與條件，幫助讀者理解要發展一個好的社會學習模式的教學應注意哪些要素。一般而言，學者們對社會學習理論皆持正面的評價。更由於社會學習理論

擷取了行為學派與認知學派學說的特點，使其應用範圍頗為寬廣，在本文中介紹了自我經營策略教學以及互惠教學兩種教學模式，即是整合了行為學派與認知學派理論的要義，所發展出來的教學模式。

本章參考書目

Bandura, A.(1965). Behavioral modification through modeling practice. In L. Krasner & L. Ullman (Eds.), *Research in behavior modification.* New York: Holt, Rinehart and Winston.

Bandura, A.(1974). Behavior theory and the models of man. *American Psychologist, 29,* 859-869.

Bandura, A.(1977). *Social Learning Theory.* Englewood-Cliffs, NJ: Prentice-Hall.

Bandura, A.(1978). The self-system in reciprocal determinism. *American Psychologist, 33,* 344-358.

Bandura, A.(1982). Self-efficacy mechanism in human agency. *American Psychologist, 37,* 122-147.

Bandura, A., Ross, D., & Ross, S. A.(1964). Transmission of aggression through imitation of aggressive models. *Journal of Abnormal and Social Psychology, 63,* 375-382.

Bandura, A., Ross, D., & Ross. S. A.(1963a). A comparative test of the status envy, social power, and secondary reinforcement theories of identificatory learning. *Journal of Abnormal and Social Psychology, 67,* 527-534.

Bandura, A., Ross, D., & Ross. S. A.(1963b). Imitation of film mediated aggressive models. *Journal of Abnormal and Social Psychology, 66,* 3-11.

Biehler, R. F. & Snowman, J.(1986). *Psychology applied to teaching* (5th ed.). Boston: Houghton Mifflin.

Biggie, M. L.(1986). *Learning theories for teachers* (5th ed.). New York: Harper & Row.

Hilgard, E. R. & Bower, G. H. (1981). *Theories of learning* (5th ed.) Englewood Cliffs, NJ: Prentice-Hall.

Miller, N. E. & Dollard, J.(1941). *Social learning and imitation.* New Haven; CT: Yale University Press.

Ormrod, E. J.(1990). *Human learning: Principles, theories, and educational applications.* Columbus: Merrill.

Palincsar, A. S. & Brown, A. L.(1984). Reciprocal teaching of comprehension-monitoring activities. *Cognition and Instruction, 1*, 117-175.

第 4 章

Piaget 認知發展理論與教學應用

❖ **認知發展理論的基本理念**
　智 力
　同 化
　調 整
　平衡作用
　內在化

❖ **認知發展的階段說**
　感覺動作期（從出生到兩歲左右）
　運思前期（大約兩歲到七歲左右）
　具體運思期（大約七歲到十一或十二歲）
　形式運思期（大約十一或十二歲到十四或十五歲）

❖ **認知發展理論的評價**

❖ **教學實例**
　臨床晤談法
　教室策略的發展

本章學習目標

看完本章後，讀者應能達成下述目標：

1. 能解釋 Piaget 認知發展理論的重要概念，諸如智力、同化、調整、平衡作用與內在化等名詞的意義。
2. 能分辨 Piaget 認知發展四個階段的年齡範圍與發展特徵。
3. 能評鑑 Piaget 認知發展理論在教育上的貢獻。
4. 能應用 Piaget 認知發展理論於課程設計、教學策略與評量。

　　無論是在心理學界，或是在教育界，只要有人提及認知發展（cognitive development）這個名詞，每個人都會聯想到 Jean Piaget（1896-1980）這位大師級人物。雖然近二、三十年來已有人對其理論提出質疑，或做修正，或從不同觀點來看人類的「認知發展」，但不可否認的是，Piaget 的學說有其極大的創新性、開創性與啟發性，因為在許多 Piaget 所運用的學術概念中，除了對已有的含義加以改造或發展之外，絕大多數是 Piaget 自己提出並賦予它們獨特的意義（杜聲鋒，民 77）。更值得一提的是，Piaget 從未承認他是位心理學家，或者說明其理論或學說可以直接應用於教學上，但是 Piaget 卻被尊稱為二十世紀最偉大的發展心理學家。在西方社會裡，甚至在我國，都有不少的教育學者熱心地將其學說應用於教學以及課程設計上。本章的重點即在於介紹有關 Piaget 所提出的一些有關認知發展的重要概念及其在教學上的含義。

　　由於 Piaget 的認知發展理論範圍既大且複雜，甚至有些概念是極其難懂的，所幸國內有關 Piaget 的論述相當多，在此處只做重點摘錄。至於對 Piaget 認知發展理論有興趣的讀者，可另參考其他專文論述的書籍，以期能對 Piaget 的思想做更深入的了解，並能在教學上做最好的運用。

一、認知發展理論的基本理念

(一)智力（intelligence）

　　在 Piaget 的理論中，智力是個複雜的名詞，它是一種能造成有機體生存最佳狀況的活動，即有機體能對環境做有效的反應乃是智力的表現。因此，智力與環境適應是有密切關係的。此外，Piaget 並不將智力看成是靜止不變的，他認為智力會隨著有機體生理上的成熟以及經驗的增長而有所改變。重要的是，Piaget 並不認為所謂的智力是可以用智力測驗上答對的題數來表示，因為他認為解題的思考過程更為重要。總之，Piaget 認為「智

力是一種適應」。而所謂適應（adaptation）是指有機體保存與維持它與環境兩者之間的協調平衡。這是說，當有機體發現環境發生變化時，會做出反應以利於其自我保存。

(二)同化（assimilation）

當環境本身發生變化，有機體必須懂得如何處置自身的結構以適應這種變化，而同化即是這種適應的過程之一。「同化」是指有機體運用已習得的知識與技巧對新的環境做反應，並進而獲得新的知識與技能。因此，所謂同化是指將環境中的變化整合到有機體的已存結構中，但有機體原有的結構並未發生變化。換言之，同化即是指有機體用既有的結構對變化中的環境做反應。同化亦可定義為有機體利用先前的經驗對環境做反應。例如，嬰幼兒已會對其熟悉的玩具做伸手去抓握的反應，此時該嬰幼兒若會對新的、陌生的玩具亦做出抓握的反應，那麼該嬰幼兒即是用了同化的方式來適應其環境。

(三)調整（accommodation）

為了有效適應環境，僅僅使用同化作用是不夠的，例如嬰幼兒若對所有戴眼鏡的男性都辨識為其父親而做相同的反應，顯然不是有效的環境適應。因此，有機體還需要其他的適應方式，那就是所謂的調整（或稱之為順化或調適）作用。與同化不同的是，調整乃是隨著環境的變化，有機體自身也發生了變化，亦即有機體以改變自己的方式來應付變化中的環境，或謂「以變應變」。換言之，當有機體原有的認知結構無法同化新經驗時，便改變自己既有的認知結構來迎合新的經驗。

同化與調整都是有機體適應環境的過程與方法，因此，適應可以說是同化與調整之間的平衡。同化與調整之間的關係是互動的，換言之，同化與調整都不是單向的、單純地進行。因為當智力活動（即適應）在將新的環境因素歸入有機體先前的認知結構〔或稱基模（schema）〕中時（即同

化作用），原來的認知結構雖仍然完整地被保存下來，但因有新的環境因素加入，新近的認知結構事實上已與先前的有所不同。相反地，環境因素的變化有待有機體去辨識（即同化作用），才足以讓有機體去改變自己的認知結構（即調整作用）。因此，調整作用唯有透過同化過程才有可能完成，所以適應可說是同化與調整的一種平衡過程。

㈣平衡作用（equilibrium）

由於 Piaget 認為智力即是一種適應，而適應須透過同化與調整，使有機體能維持本身與環境之間的和諧關係，因此平衡作用便是促使有機體達成與環境相互和諧的主要動力。換言之，平衡作用即是將一個人的經驗加以組織，以確保此人能對其所處環境產生最大適應的驅力。

茲綜合同化、調整與平衡作用等三種歷程的意義，並說明其互動的情形如下：由於同化是指有機體以先前的知識或經驗對現在的環境做反應，但是當這些原有的知識未能對現有的環境做有效的反應時，個體內的知識結構便會造成不平衡的狀態。又由於有機體有與環境達成和諧關係的傾向，因此，此時有機體便會改變其知識結構，以便知識結構能由不平衡的狀態轉變到平衡的狀態。Piaget 認為認知結構的不平衡是推動有機體邁向其認知結構趨於平衡的主要動力。於是有機體便在此平衡作用的推動下，發展其智力。

同時，平衡作用亦可視為一種使同化和調整相互制衡與約束的歷程，因為如果有機體對於環境只有同化而沒有調整，將會造成有機體的認知與真實世界不相符合的結果。相反的，若有太多的調整，則有機體可能會有無所適從之感。因此，平衡作用在於調節與維持同化與調整兩者之間的均衡，以便使個體改變一小部分的知識結構（即調整），即能獲得外界的訊息（即同化）。一般而言，平衡作用是採漸進性的方式進行。

㈤內化（internalization）

所謂「內化」是指個體在適應環境時，依賴外界物理環境的成分漸減，而運用內在認知結構來思考的成分漸增。換言之，內化是指個體的適應性行動由外顯轉為內隱的歷程。例如，嬰幼兒首先只對出現在他們面前的物體做直接的反應，只要物體離開他們的視線，他們便不再做反應。接著，由於認知結構的發展，嬰幼兒除了會對出現在他們面前的物體做反應，還能「思考」不在他們面前的物體。此種隨著認知結構的發展愈來愈精巧，而個體逐漸不再依賴外界環境，且能做內在思考以做複雜反應的過程，即稱之為內化。

二、認知發展的階段說

Piaget 經由長時期對孩子們的觀察以及利用臨床晤談（clinical interview）的方式，深入探討兒童認知發展的主要特徵與變化情形，遂開創性地利用「階段」一詞，來說明個體在認知發展上有「質」方面的變化，即由早期較缺乏有效適應策略的階段，進階至後來較具效果之適應策略的階段。至於劃分為幾個階段，Piaget 在其前後著作上有些差別，但目前大多數討論 Piaget 認知發展的書，都將其理論分為四個階段。而 Piaget 本人更將每一階段都明確地標示出年齡範圍。然而事實上，個體由一個階段到另一個階段的年齡，是有很大的差異性存在的，雖然階段本身的順序仍然保持不變。茲將 Piaget 的四個認知發展階段分述如下。

㈠感覺動作期（從出生到兩歲左右）

Piaget 認為人類的認知發展是從感覺動作期開始。這個階段的基本特徵是嬰幼兒的認知活動缺乏較抽象的形式，例如思維、語言、概念等。換言之，在這個階段的孩子還未具有使用符號的能力，他們不與成人使用相

同的方式去認識外界的環境與儲存知識。本階段的孩子無法處理未出現在他面前的事物，也不能用語言去指明一個對象或描述一個情境。這是說，此一階段的認知活動需要實體、情境、人物等的出現才得以進行，因而孩子們認識事物主要是依賴感覺和動作。

Piaget 又將此一階段細分為六個小階段（杜聲鋒，民 77）：

1. 反射的練習（從出生到一個月左右）

嬰兒的吸吮、抓握、背脊內曲與蹬腳併足等反射活動，在透過反覆活動之後才能得到鞏固與發展。通常新生嬰兒還不能將主體（自己的身體）與客體（周圍的環境）區分開來。

2. 初步獲得的適應與初級循環反應（一個月到四個半月左右）

此時的嬰幼兒有新的行為出現，例如會吸吮自己的大拇指。換言之，嬰幼兒已能在手與口之間形成某種協調活動，這便是一種初步獲得的適應。

此外，此時的嬰幼兒還會有目光有系統的尋視，牙牙學語的動作，以及視覺與抓握之間的協調，這些會一再重複的活動便是 Piaget 所謂的初級循環反應。

3. 有意向的感覺 — 動作的適應活動（四個半月到八、九個月左右）

所謂有意向的感覺—動作的適應活動，是指嬰幼兒超越自己身體的活動而作用於外界對象，並能因此而達到某一目的，例如嬰幼兒會玩弄抓握手中的玩具，使之發出聲音來。

4.認知結構之間的協調及其在新環境中的應用（八、九個月到十一、十二個月左右）

　　此階段的幼兒能將經驗與經驗間做重新的組合或協調，並將之用於新情境中以達目的，例如此時的嬰幼兒會將障礙物除掉，以便拿到他的目的物。這是說，這個階段的孩子能將經驗與經驗加以協調，使其活動更有系統且更具恆常性。

5.較高層次的循環反應與積極的試驗活動（十一、十二個月到十八個月）

　　這個階段的嬰幼兒，除了會重複有趣的活動之外（即循環反應），而且會利用此循環反應，以發現新的方法或手段來達成某一目的。例如，把幾顆葡萄乾放在一個窄口的透明塑膠瓶裡，首先小幼兒想用手指伸進去瓶子裡，但是卻拿不到葡萄乾，於是他又搖搖瓶子，結果還是拿不到葡萄乾，但就在此時他把瓶子拿倒了，葡萄乾掉出來，於是幼兒觀察到了瓶子倒過來和葡萄乾掉出來之間的關係，嘗試多次以後，孩子學會把瓶子倒過來而拿到葡萄乾。

6.透過認知結構的重新組合產生全新的反應方式（一歲半到兩歲左右）

　　幼兒尋求新的反應方式，不再只限於運用「外在」身體四肢的摸索，而可以達到一種「內在」（insight）的領悟。這是說，此階段的幼兒不只可以透過動作反應的方式來學習或達到目的，而且還可以透過觀察與模仿的方式產生新的反應活動以適應環境。

　　總之，感覺－動作期可再細分為上述六個小階段，其中，在第一、第二階段裡，同化與調整作用還未分開，嬰兒的活動集中在自己的身體上；在第三階段，同化與調整活動開始分離，嬰兒的活動有了意向性；在第四個階段裡，同化與調整達到了初步的平衡，且調整有優於同化的趨勢，兒童能面對新的情境來調整自己的認知結構；在第五個小階段上，調整的作

用超越了同化作用；進而在第六個階段裡，調整作用不只超越同化作用而且抽象程度提高，即已初具以符號表徵外界事物的能力，足以邁向兒童智力發展的第二個階段。簡言之，處於感覺－動作期的嬰幼兒只具實用性活動，而沒有形式化活動。遊戲是此階段嬰幼兒智力發展的基礎。

(二)運思前期（大約兩歲到七歲左右）

在此階段的兒童開始以符號作為中介來描述外在世界，雖然他們的認知發展依然依賴感覺動作的經驗，但是他們已開始有了較具抽象與符號表徵的心理活動，不過其主要活動乃是靠直觀方式來調整自身與外界的關係，少有運思能力，故稱為運思前期，此期又可分為二個階段。

1. 前概念思考期（約二歲到四歲）

前概念思考期的兒童已會運用事物的相似性來分類，但由於分類能力仍嫌粗糙，因而會造成凡是戴眼鏡的男人都是「爸爸」、長頭髮的女人都是「媽媽」等錯誤的分類。

2. 直覺思考期（約四歲至七歲）

此期的兒童是以直覺的方式來解決問題，而非依據邏輯規則。但以自我為中心的程度則較前概念思考期為少。

Phillips（1969）認為，運思前期的兒童其思考能力有下列六大特徵：

1. 具體的（concreteness）

兒童的思考局限於以實體方式出現或與當時情境有關聯的對象。例如兩歲多的幼兒看到原來戴眼鏡的爸爸因配了隱形眼鏡而沒有再配戴眼鏡時，可能會將父親誤以為是生人而有害怕的反應。

2. 不可逆性（irreversiblity）

所謂不可逆性是指兒童無法回到原先的狀態（go back）或重新思考（rethink）某一歷程或概念，例如若將水從一個容器倒到另一個大小或形狀不同的容器時，此階段的兒童會認為水的體積已經發生改變。換言之，兒童無法以合乎邏輯的方式來重新排列事物。

3. 自我中心主義（egocentrism）

兒童以為別人所知道的就是和自己所知道的一樣，這是說，這個階段的兒童思考仍然以自己作為出發點。

4. 集中性（centering）

此階段的兒童只能對情境中的某一個向度或特質加以留意，而忽略了情境中許多其他重要的向度或特質。例如將水從一個較高但較窄的容器中倒入一個較矮但較寬的容器內，兒童通常只會注意到容器的高度而忽略了容器的寬度，以至於認為水的體積發生了變化。

5. 靜止狀態—變形（states versus transformations）

運思前期的兒童對事物的觀察較易被靜止狀態所吸引，忽略了事物轉變的過程。例如前述所舉的倒水實驗，亦可用來說明兒童只注意結果而忽視了過程。這是說在倒水的過程中，兒童應可觀察到實驗者把相同的水由一個容器倒進另一個容器，然而兒童卻說水的體積發生了變化，那是因為兒童被倒水後的結果所吸引，即不同大小或形狀的容器內的水位不同，雖然水的容積依然是一樣的。

6. 直接推理（transductive reasoning）

此時期的兒童在連結物體間或事物間的關係時，並不使用歸納或演繹的方法推理。例如動物會動，火車也會動，火車是動物。

不過，運思前期的兒童已能進行延遲性的模仿，所謂延遲性的模仿是

指兒童可以在事件或情境消失之後，才開始有模仿行為（杜聲鋒，民77），例如兒童穿爸爸的鞋子，戴爸爸的眼鏡，像個小大人的模樣。換言之，兒童的模仿行為內在化了。

㈢具體運思期（大約七歲到十一或十二歲）

兒童進入小學之後，認知發展由前運思期躍進具體運思期。此時，兒童的思維有較大的靈活性，同時亦逐漸擺脫以自我為中心的思維方式。

大體而言，進入具體運思期的兒童具有守恆（conservations）的觀念與基本的邏輯推理能力（杜聲鋒，民77），茲分述如下。

1. 守恆觀念

所謂守恆觀念是指兒童能了解物體不因其呈現的方式不同，其數目、長度、質量或體積便有所變化。而守恆觀念又可區分為物理的守恆、空間的守恆，和數的守恆三種。

⑴物理的守恆

a.物質的守恆：實驗者給孩子看兩個大小完全一樣的黏土圓球A和B，然後將其中一個黏土圓球B改變成各種形狀，例如餅狀、長條狀，甚至弄成碎片，然後問兒童 A 和 B 所包含的黏土是否一樣多？若兒童回答「是」，則表示兒童具有物質的守恆概念。

b.重量的守恆：實驗者再拿兩個重量完全相等的黏土圓球 A 和 B 放在天平兩端，讓孩子看到 A 和 B 球重量相同，然後亦將 B 球拿下，做各種變形。若兒童認為A和B仍然是重量相等，即表示兒童具有重量的守恆概念。

c.體積的守恆：實驗者拿兩個體積同樣大小的圓柱體玻璃瓶，但 A 瓶高而口窄、B 瓶低而口寬，將 A 瓶裝上水，在水面處作一標記，然後再將 A 瓶水倒入 B 瓶，然後問兒童：原來 A 瓶的水多？還是 B 瓶水多？若兒童回答一樣多，則表示兒童具有體積的守恆觀念。

通常，五至六歲兒童具有物質守恆觀念，七至八歲兒童會有重量守恆

觀念，但大約要到十至十二歲，兒童才具有所有三種物理守恆的觀念。

(2)空間的守恆

空間的守恆又可分為長度、面積以及空間中的體積守恆。

　　a.長度守恆：兩根相同長度的筷子放在平面上，彼此平行，相距五公分左右，若其中一根往右移或往左移，或一根往右移、另一根往左移，而兒童仍認為這兩根筷子一樣長，則兒童便具有長度的守恆觀念，不受筷子位移的影響。

　　另外，若實驗者拿一根十六公分長的小木條和四根四公分的小木條，然後實驗者將那根十六公分長的小木條放在兒童面前，同時又將那四根四公分長的小木條排列如下圖：

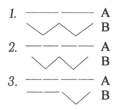

　　若兒童認為 A 與 B 一樣長，則表示兒童有長度的守恆觀念。

　　b.面積的守恆：實驗者給兒童兩塊大小相等的綠色絨布，表示有兩頭牛可在這兩個同樣大小的「草地」上吃草，然後在每個「草地」上放十四個大小相同的房子，實驗者問兒童，這兩頭牛是否具有相同大小面積的草吃？接著，實驗者將其中一塊草地上的小房子緊排在一起，而另一塊草地上的房子則零星地分開，再問兒童這兩頭牛是否仍有相同的草吃？大約七歲兒童已有面積守恆的觀念，而指出兩頭牛有相同面積的草吃。

　　c.空間中體積的守恆：大約要到十一、二歲，兒童才會具有三度空間的守恆觀念。所謂空間中體積的守恆觀念是指兒童能理解物體的體積是決定於該物體的長、寬、高。因此，若是兩個物體的長、寬、高相乘所得的結果是一樣時，則這兩個物體的體積是相等的。

(3)數的守恆

所謂數的守恆,是指兒童能理解不同事物之間一對一的對應關係,例如一雙筷子配一個碗。大約七歲左右的兒童即具有數量相等的守恆觀念。

2.分類、對應關係與數的具體運思活動

除了具有守恆觀念,具體運思期的兒童還能透過對具體物的實際操作而對分類、對應關係與數的性質有所理解,這些具體運思活動將是形式運思期的基礎。

(1)分類活動

分類活動是依據事物的共同性,對它們進行分組排列,八歲以後的兒童能對「整體」與「部分」之間的關係有所了解,例如所有的動物都有四隻腳嗎?他們可以提供正確答案。

(2)列序活動

列序活動是指依據事物的次序來進行組合,例如排列大小、長短、多少的次序。大約七至八歲的兒童能做初級的列序活動。

(3)對應關係活動

對應關係活動是能理解兩個序列事物間的對應關係,例如小孩穿的鞋子較小、大人穿的鞋子較大等對應關係。七、八歲兒童開始有此能力,但要到八、九歲才表現得較為完整。

(4)數量活動

此時兒童已具有基數詞(一、二、三……)與序數詞(第一、第二、第三……)等觀念。

(5)空間活動

空間活動是指兒童能透過實際的度量而了解物體的長度和面積,並且已有了度量「單位」的概念,通常此概念要比前述「數量」的概念晚大約半年出現。

(6)時間與速度

大約十一、二歲大的兒童已能掌握速度是由距離和時間來共同決定的。有關時間的概念，包含三種運算，即事件的發生在時間上的先後次序、發生在某一時間內的事件其時間的間隔以及時間的度量。

(7)因果性與偶然性

兒童的因果性可分為前因果性與合理的因果性兩個階段。在前因果性階段，兒童對因果關係的理解是以自我為中心的，例如幼兒認為凡是會動的東西都是有生命的。

只有進入具體運思期的兒童才有合理的因果性推理，合理的因果性是指兒童對因果關係的理解較為客觀，並且可以掌握可逆性的運思，進而對偶然的非可逆性的理解也能處理。Piaget 曾做過的實驗可以作為說明兒童理解因果性之發展的最好註解。實驗者問兒童：「糖塊在一杯水中溶解了，會出現什麼現象？」七歲兒童會說糖沒有了；八歲兒童說糖還在杯子裡，但是沒有重量和容積；九、十歲兒童則說糖的重量被保存下來；只有到十一、二歲時的兒童才會說物質、重量、容積都被保留下來。

處於具體運思期的兒童，能對具體、可觀察到的事物進行思考，有時即使問題相當複雜，他們也有能力處理，但仍然無法對抽象的、假設的或機率的情境進行思考。

㈣形式運思期（大約十一或十二歲到十四或十五歲）

形式運思期的特徵在於兒童的思考可以不限於眼前的或具體的事物。此期的兒童已能對抽象的、假設的或機率的情境進行邏輯思考。

形式運思期具有下列特徵（Flavell, 1963）：

1. 假設 — 演繹思考 （hypothetical-deductive thought）

假設－演繹思考是指兒童能對一種假設的情境，進行邏輯演繹思考。而邏輯演繹是指能嚴謹地從「前提」導出「結論」來。假設－演繹思考問

題的例子如：「如果有個人在第一號房間，那麼這個人是女性嗎？」正確的答案是：「沒有足夠的線索」。

2. 抽象思考

若兒童除了會對真實具體物進行思考之外，還能利用符號思考，那麼該兒童就是具有抽象思考能力了，例如解聯立方程式即是。

3. 系統性思考

所謂具有系統性思考的能力是指兒童能找出問題中所有有關的變項以及變項間所有可能組合的能力。另外，系統性思考還包括能控制與問題不相關的變項，以便有系統地檢驗與問題有關的變項。

若一個人具有以上三種思考能力，那麼他將能處理較為複雜的問題以及較高層次的思考，以適應環境中大多數的問題。

三、認知發展理論的評價

當 Piaget 在一九八〇年去世時，美國新聞界讚頌他為二十世紀最偉大的發展心理學家，並肯定他對美國教育界的影響與貢獻。國內教育界，尤其是數學與自然科學的課程與教材的編製，亦深受 Piaget 認知發展理論的影響。

Piaget 對智力、知識與學習有其獨特的看法，他重視知識獲得的歷程，並強調學生積極主動學習的重要性。他批評在他之前的傳統教育有許多缺失之處，例如：1. 被動教學──學生被動接受既成的知識；2. 直觀教學法──教給學生的是一種零碎的、不成系統結構的知識，並且認為一切知識皆來自感覺經驗；3. 程序教學法──沒有考慮學生，卻事先編定一個程序表向學生灌輸知識（杜聲鋒，民 77）。

Piaget 的認知發展理論激發了從事教育的工作者思考一些很基本的問題，那就是學生與學校在學習過程中所應扮演的角色為何。Piaget 的理論

被解釋為重視以「兒童為中心」以及以「環境為中心」的教育（Mayer, 1985）。「兒童中心」意指任何階段的兒童其思考方式皆有別於成人。因此，只有當教學能配合兒童的認知發展水準時，教學才能發揮其效果。「環境中心」則謂兒童的認知發展須透過與環境的互動、進行同化與調整，才足以使兒童的認知結構產生改變。簡而言之，認知發展理論對教育上的貢獻乃在於此理論告訴我們：兒童的認知發展是具有階段性的；任何教學方案必須要配合兒童的學習特性。

　　認知發展理論的另一個大貢獻是在於研究方法方面。Piaget 捨棄傳統標準化測驗的方式來評量兒童認知能力的發展，綜合了純粹的觀察法與臨床晤談的方法，深入地探索兒童各階段的認知發展。此種研究法雖然仍有其不易排除的缺點，例如較為主觀、生手不易設計並進行有效的臨床晤談等，但此種方法所蒐集到的資料，卻不是傳統標準化測驗法所能替代的。

　　一些以認知發展理論為基礎設計出來的教育或訓練方案（例如 Kamii & DeVries, 1978; Weikart et al., 1978），所得的結果雖是正向的，但並未做長期的評估，或者與其他教育方案比較並無顯著差異。不過由於 Piaget 的理論龐大難懂，且部分理論模糊不定、檢驗不易（Mayer, 1985），因此，這些教育方案是否真能反映認知發展理論的特點，仍值得懷疑。

　　Piaget 的認知發展理論，雖深受心理與教育界的矚目與重視，但仍逃脫不了學者們的批評。例如有些學者就曾批評 Piaget 在某些地方低估了兒童的認知能力，而在其他地方似乎又高估了兒童的認知能力（Biebler & Snowman, 1986）。例如在 Piaget 的一些實驗觀察情境中，往往在評量兒童是否表現某一特定認知能力時，所定的標準過於嚴苛，不然就是所用來評量的作業過於複雜，或脫離兒童的實際生活經驗。若以運思前期為例，認知發展理論所陳述的事實，往往對於兒童「不能」做些什麼有詳盡的說明，卻鮮少對兒童「能」做什麼有所探索。近年來，有些學者（Gelman & Baillargeon, 1983）發現，運思前期的孩子所具有的認知能力，超過了認知發展理論中所陳述的能力。但在另一方面，又有些學者們發現，Piaget 高估了青少年期形式運思的能力（Neimark, 1975）。此外，還有一些實徵研究（例如 Flavell, 1982; Gelman & Baillargeon, 1983）指出，兒童認知發展

階段並不如 Piaget 所說的那麼截然有別、可以明確劃分清楚的。

　　儘管大家對認知發展理論有褒有貶，但從整體而言，仍然是肯定的評價遠超過於否定的批判。此外，還值得一提的是，認知發展理論至少提供老師們在設計教學活動時，許多有價值的思考方向。

四、教學實例

　　雖然認知發展理論並不是一個教學理論，但其內涵仍可幫助老師們在教學時，有一些可思考的方向。例如在教學時老師應該留意：(1)學習者的特性，即學習者目前是處於哪個認知發展階段？(2)認知歷程的教學，即教學內容應涉及「學習如何學習」的技能。(3)學習的社會情境，即強調同儕互動的重要性，並提供學生相互學習的機會。除此之外，Piaget 所發展的臨床晤談法亦可在教學與評量中加以運用，以便能了解學生的認知發展階段及其思考方式。茲將認知發展理論在教學上的可能應用列舉如下，以供參考。

(一)臨床晤談法

1. 實例舉隅 （Wadsworth, 1978）

　　老師在他自己和學生之間的桌面上排列了九塊藍色的小積木，每個小積木彼此有二公分的距離。

> 老師：你能不能用這些紅色積木在你面前排成一排，和老師排的這排
> 　　　藍色的積木一樣？（桌上有十塊紅色的小積木。）
> 　　　〔於是學生拿了一塊紅色的積木放在第一塊藍色積木的下面，
> 　　　又拿了一塊紅色的積木放在第九塊藍色積木的下面，然後再將
> 　　　一些紅色積木擺在原先已擺好的兩塊紅色積木之間（他在中間

擺了八塊紅色積木，所以他一共擺了十塊紅色積木，學生並沒有仔細去比較這兩排積木各有多少塊）。〕

老師：這兩排積木哪一排比較多？還是兩排一樣多？

學生：它們一樣多。

老師：你怎麼知道它們一樣多呢？（要求學生推理。）

學生：我可以算呀！（學生開始數數。數了藍色積木有九塊、紅色積木有十塊。）它們不一樣多，紅色的比較多。

老師：那麼，你能不能把它們弄成一樣多？

　　　（於是學生拿走了那排紅色積木中較中間的一塊積木，然後再把紅色積木排好，與藍色積木對齊。）

老師：現在這兩排積木一樣多嗎？

學生：是！

老師：好！現在我要把藍色的積木移動一下，像這個樣子。（老師把積木與積木之間的距離縮短為一公分。）好！你告訴老師，現在紅色積木多呢？還是藍色積木多？還是兩排積木一樣多？

學生：紅色積木比較多。

老師：你能告訴老師為什麼嗎？（要求推理。）

學生：紅色的積木排得比較長。（運思前期。）

老師：好！現在老師要把藍色的積木排成和紅色的積木一樣哦！好！現在哪一排積木比較多？還是兩排積木一樣多？（老師把藍色積木排成和紅色積木一樣長。）

學生：一樣多！

老師：你怎麼知道呢？（要求學生推理。）

學生：你看！它們一樣從這裡到這裡呀！（學生指著兩排積木的第一塊和最後一塊積木。）

老師：好！如果現在我把紅色的積木移靠近一點，那麼兩排積木一樣多嗎？還是哪一排積木比較多？

學生：藍色的積木比較多。

老師：你怎麼知道藍色的比較多呢？（要求學生推理。）

學生：和剛剛的一樣呀！藍色的比較長。

老師：你為什麼不數一數每一排有多少塊積木呢？
　　　（老師提出建議，看看數數是否能影響學生的思考，然後學生
　　　數出每排都有九塊積木。）
老師：紅色積木有幾塊？
學生：九塊。
老師：藍色積木有幾塊？
學生：九塊。
老師：好！現在再告訴老師，哪一排積木比較多？或者兩排積木一樣
　　　多？
學生：藍色的積木比較多。
老師：告訴我為什麼藍色積木比較多？（要求學生推理。）
學生：藍色積木比較長。

　　此時，老師可以終止晤談，並判斷該學生仍然處於運思前期，尚未具
有數的守恆觀念。

2. 說明

　　前述臨床晤談的實例，是老師透過給學生一個「作業」的方式，注意
學生如何反應，並依據學生的反應提出問題，甚至提出反建議（counter-
suggestions），以確認學生的思考方式是處於哪一個認知發展階段，進而
選擇適當的課程與教材，以配合學生的認知發展階段。

　　使用臨床晤談法，至少應包含三個主要的階段（Joyce & Weil,
1986）：

(1) 呈現與認知發展階段有關聯的作業

　　要使臨床晤談有效地進行，並獲致預期的效果，以便能蒐集到重要的
訊息，「作業」的設計相當重要。換言之，出示在學生面前的作業，必須
要經過精心設計與選擇。一般而言，所呈現的作業大致上需要配合學生的
認知發展階段，一方面對學生而言，要有適當程度的熟悉性，以便讓學生
能進行同化作用；一方面又要有某種程度的新奇性，以便讓學生能產生調

整作用。

(2)**引發學生的反應，並給予適當提示，以決定學生的思考層次**

為了確定學生的思考層次，在晤談過程中應給予適當的提示，這些提示可包括詢問學生讓其說明理由或提供「反建議」。例如在作業開始進行時，可問一些較開放性的問題，像「你認為如何？」「你是怎麼想的？」「你了解什麼？」等與判斷作業有關的問題。或者可問些較封閉式但與作業有關聯的問題，像「這兩排積木哪一排比較多？或是這兩排積木一樣多？」

提示的作用在於能較正確地獲知學生的反應、反應的理由以及反覆地確認學生的反應。

(3)**提供遷移的機會**

此步驟的目的是為了要了解學生是否能對相關的「作業」進行相似的推理。在進行遷移的練習時，可重複口述兩個步驟，即出示問題→學生做出判斷→老師要求學生說明理由，並提供反建議→學生再做判斷→老師評量學生的思考層次。

(二)教室策略的發展

1. 實例舉隅

老師從自然科教材中找出一個有待解決的問題問學生，例如，「昨天媽媽把剛從超級市場買回來的太白粉和小蘇打粉分別裝進兩個大小相同、形狀又一樣的新玻璃瓶裡，但是卻忘了在瓶子上貼上標籤，以至於今天炒菜要用時，搞不清楚哪一瓶是太白粉，哪一瓶是小蘇打粉。請問小朋友有沒有什麼好辦法，能幫助媽媽分辨哪一瓶是太白粉，而哪一瓶是小蘇打粉？」

老師可以要求學生先做預測，並要求學生說出他選擇某個答案的理由。然後老師再問學生：「我們要如何找出正確的答案來？」

在此同時，老師並且在教室中準備了許多材料，包括一瓶沒有標記的太白粉、一瓶沒有標記的小蘇打粉、許多空的廣口小玻璃杯、玻璃棒、水、碘液、食用醋，以及紙、筆等。

讓學生用這些材料來測試他們的答案，並將測試的結果做記錄。例如用眼睛看、用鼻子聞、用手搓、看看溶不溶於水、看放進食用醋中起不起泡、加入碘液時變不變色等活動。

這些活動可經由相互討論與建議來進行。最後老師要學生對結果提出解釋，並且在討論過程中，學生提出了分辨粉末的方法：顏色、氣味、觸感、溶不溶於水、放入食用醋中起不起泡，以及加入碘液時變不變色等。

2.說明

此實例之特徵乃在於由老師提出一個有待解決的問題，但解決的方向則由學生自己來決定。而這問題的性質必須要屬於須經實驗程序才能獲得答案的類型。同時，這個問題本身應可發展出許多假設，以供學生檢驗。此外，這類問題應有引起學生好奇心的特質，而解決問題的過程又能引發同儕互動。

此種教室策略的發展，可依下列四個步驟來進行（Bell-Grendler, 1986, 引自盧雪梅譯，民 80）：

(1)步驟一

找出一般以講解方式進行教學的主題中，有哪些是可讓學生用操作的方式來取代的？

a.課程中有哪些部分可以做實驗？
b.課程中有哪些主題可以用團體活動的方式來進行問題解決？
c.課程中有哪些主題是可以在語文陳述之前，以實物來介紹給學生？

(2)步驟二

選擇適當的主題以發展班級活動。

a.這個活動可以提供各種實驗方法的機會嗎？

b.這個活動可以引起學生產生各種問題嗎？

c.在活動中，學生可以比較各種不同的推理方式嗎？

d.這是一個無法只用知覺線索即可解決的問題嗎？

e.這是一個具有操作性的認知活動嗎？

f.這個活動可以幫助學生自己建構知識，而不是重複老師已建構好的知識嗎？

(3)步驟三

選擇適當解決問題的時機。

a.這個活動可以運用的後續問題有哪些？

b.這個活動是否有利於學生產生自發性的問題？

(4)步驟四

評鑑每個活動實施的結果，以利改進教學。

a.活動中的哪些方面學生較有興趣與較為投入？以後可不可以再採用？

b.這個活動的哪些方面較無法引起學生的興趣與全心投入？可以改進嗎？

c.這個活動能否幫助學生發展新的探究策略或提升已習得之策略？

總之，此種教室策略的發展，其目的乃在於幫助學生如何有效以及主動地建構知識，以達同化與調整的平衡發展。

本章首先介紹 Piaget 認知發展理論的一些基本理念，它包括人類知識結構的變化與調適過程，以及認知發展的階段性及其特徵。其中，Piaget 設計了許多深具開創性與啟發性的作業，讓孩子們實際操作，然後實驗者再透過觀察與臨床晤談的方式，來深入探討兒童的思考方式與發展情形。

其次，本文論及 Piaget 的認知發展理論對課程、教材與教學帶來的啟示，以及此理論所面臨的一些批判，它幫助我們對 Piaget 的認知發展理論能做較深入以及較多元的思考。

最後，本文提供兩個實例：臨床晤談法以及教室策略的發展，以供老師參考。

本章參考書目

杜聲鋒（民 77）：Piaget 及其思想。台北：遠流出版公司。

盧雪梅譯（民 80）：**教學理論—學習心理學取向**。台北：心理出版社。

Bell-Grendler, M. E.(1986). *Learning and instruction: Theory into practice*. New York: MacMillan.

Biehler, R. F. & Snowman, J.(1986). *Psychology applied to teaching* (5th ed.). Boston: Houghton Mifflin.

Flavell, J.(1963). *The Developmental psychology of Jean Piaget*. Princeton. NJ: D. Van Nostrand.

Flavell, J.(1982). On cognitive development. *Child Development, 53*, 1-10.

Gelman, R. & Baillargeon, E. E.(1983). A review of some Piagetian concepts. In J. H. Flavell & E. M. Markman (Eds.), *Cognitive development,* Vol. Ⅲ of P. E. Mussen (Ed.). *Handbook of child development* (4th ed.). New York: Wiley.

Joyce, B. & Weil, M.(1986). *Models of teaching* (3rd ed.). Englewood Cliffs, NJ: Prentice-Hall.

Kamii, C. & DeVries, R.(1978). *Physical knowledge in preschooleducation*. Englewood Cliffs, NJ: Prentice-Hall.

Mayer, R. E.(1985). *Educational psychology: A cognitive approach*. New York: Freeman.

Neimark, E. D.(1975). Intellectual development during adolescence. In F. D. Horowitz (Ed.), *Review of Child Development Research* (Vol.4). Chicago: University of Chicago Press.

Plillips, J. L.(1969). *The Origins of intellect: Piaget's theory*. New York: Freeman.

Wadsworth, B. J.(1978). *Piaget for the classroom teacher*. New York: Longman.

Wiekart, D., Epstein, A., Schweinhant, L., & Bord, J.(1978). *The Ypsilanti preschool curriculum demonstration project: Preschool years and longitudinal results.* Ypsilanti, MI: High Scoped Educational Research Foundation.

第 5 章

Vygotsky 社會認知發展理論與教學應用

❖ 社會認知發展理論形成的背景
　　藝術與文學的洗禮
　　文化歷史理論的根源
　　發展統合心理學的企圖

❖ 社會認知發展理論的要點
　　人類心智功能的特徵
　　社會環境是影響認知功能的重要因素
　　話語與認知發展關係密切
　　認知的主要內涵──概念的發展
　　最近發展區的理念
　　研究方法介紹

❖ 社會認知發展理論的評價
　　Vygotsky 理論與其他認知發展理論的比較
　　Vygotsky 理論與其他教學理論的關係綜合評述

❖ 教學實例
　　ZPD 教學意涵詮釋

四階段 ZPD 教學法

相互教學法

動態評量

鷹架教學

讀寫啟蒙教學媒介模式

概念發展教學模式

建立學習社群之教學（此節由李長燦撰寫）

本章學習目標

看完本章後，讀者應能達成下述目標：

1. 能了解 Vygotsky 社會認知發展理論形成的背景。
2. 能掌握 Vygotsky 社會認知發展理論的要點。
3. 能熟悉各種 Vygotsky 社會認知發展理論教學應用的模式。
4. 能比較 Vygotsky 社會認知發展理論與其他理論的異同。
5. 能適切的評述 Vygotsky 社會認知發展理論。

　　Lev S. Vygotsky 是前蘇俄人,西元一八九六年出生,一九三四年三十八歲時死於肺結核。他精通歷史、哲學、藝術和文學,大學畢業進入職場,才開始投入教育與心理學的研究工作。當時心理學的研究正遇到的瓶頸為:一方面,心理學家不滿行為學派只研究表象的行為,另一方面,新興的理論(如完形心理學、精神分析學派以及 Piaget 的認知發展理論)等雖然多樣,卻都無法完整的解釋人類的行為,Vygotsky 乃運用 Marx 的理論,從社會—文化—歷史的角度研究人類的認知,企圖建立一個完整的心理學理論。

　　Vygotsky 的認知發展理論屬於「社會認知模式」,他以「高低層次兩種心理功能」來區別人類與動物認知行為的不同。他認為低層次心智功能是人類與其他動物所共有,而高層次心智功能則是人類獨有,這種能力源自人類的社會生活,藉由心理工具(如符號、語言、圖表)作為媒介,與人溝通而提升其功能。因此,他的理論重點包括人類的高層次認知功能、社會情境和言語互動對此功能發展的影響,以及兒童概念的發展。

　　Vygotsky 提出一個發展與學習的新觀點:成熟不能完全決定發展,只能影響兒童能不能開始學習某些事情(例如,兒童要學會正確的數數之後才能學習加法、精通語言之後才能學習邏輯思考)。他以為發展影響學習,學習也會影響發展,兩者的關係是複雜和非線性的。他強調「教導會引導發展」,「在孩子發展中,模仿與教導扮演重要的角色,可以激發人類特殊的心智品質,更能引導孩子到一個新的發展層次。學習可以發揮很大的力量,在『積極的小孩』(active child)與積極的社會環境(active social environment)共同合作之下,就能創造發展的改變」(谷瑞勉譯,1999)。這就是「發展在最近發展區產生」的重要觀念。Vygotsky 這種積極主動的觀念,很多教育工作者都認同。因而,雖然他沒有提出具體的教學模式,但是後續的研究者仍應用其「可能發展區」的理論,發展成各種教學、評量的模式。

　　Vygotsky 的作品約有一百八十餘篇,主要的內涵包括藝文方面的《歲月與年代》(*Ages and Days*)和《藝術心理學》(*The Psychology of Art*)二書;教學方面有《教學心理學》(*Pedagogical Psychology*)和特教方面

的一些文章，如：〈正常與異常兒童的共同發展原理〉、〈特殊兒童優勢
能力的教育〉等。認知理論方面的重要作品有《思考與語言》（*Thought
and Language*）和《社會中的心智》（*Mind in Society*）。Vygotsky 的作品
大都以格言式的、概括性的和生動的闡述呈現，對於研究的過程與結果的
描述也比較模糊，因此他的理論很難完全掌握。

　　本文首先敘述 Vygotsky 理論形成的背景，其次說明 Vygotsky 認知發
展理論的要義，再探討該理論在教學上的應用，最後比較 Vygotsky 理論與
其他認知理論，以及它和其他教學理論的關係，並作評論。

一、社會認知發展理論形成的背景

　　Vygotsky 的認知發展理論的形成受到多種背景因素的影響，以下從人
文、哲學、心理學等方面簡述之。

㈠藝術與文學的洗禮

　　Vygotsky 早期執著於藝術與文學的研究，他運用 Hegel 正、反、合的
辯證哲學觀，分析 Shakespeare 的作品《哈姆雷特》（*Hamlet*），之後並寫
成升等論文《藝術心理學》。這樣的基礎使得他精於「語意分析」，鑽研
符號的本質以及符號對人類生活的影響。

㈡文化歷史理論的根源

　　Marx 和 Engels 的著作左右 Vygotsky 的中心思想。一九二五年 Engels
《自然的辯證》一書之俄文本發行，一九三〇年 Vygotsky 開始主張以「符
號意義的分析」來研究人類的意識行為。學者研究發現，Vygotsky 心理學
受到 Marx 思想的影響主要有三個方面：研究方法、活動的概念以及心智
起源於社會的主張（Wertsch, 1985）。

(三)發展統合心理學的企圖

　　Vygotsky 認為，當時（一九二〇至一九三〇年代）的心理學理論無法解釋複雜的知覺行為，一方面，他對心理分析學派將所有的現象化約為原子（atoms）感到不滿；另一方面，他提出的「意識」和「動態的智力發展──最近發展區」的論點，雖然與完形學派的主張一致，但他仍覺得完形心理學和物理學太接近，有將「所有現象簡化為結構概念」的危機。因此他企圖整合心理學中相互競爭的觀點，建立一個全新的理論。他從 Piaget 的研究著手，並以「社會文化」觀點突破 Piaget 理論的限制，例如從自我中心語言開始研究，進而找出「內在語言」的特徵與發展，建立語言與思維的關係等。

二、社會認知發展理論的要點

　　Vygotsky 社會認知發展理論主要的焦點是：社會互動如何介入人類認知的發展與學習。他認為人之所以異於動物，在於人類具有高層次的認知功能，而這種功能受到社會文化、言語以及學習的影響。因此，在認知發展理論基本主張方面，他特別強調文化路線（culture line）的認知發展之特質。在認知發展的內涵（概念發展）方面，他把概念區分為「自發」和「科學」兩類，並分別探討其發展階段。在發展與學習的關係方面，他提出最受重視的「最近發展區」的觀念。以下分別敘述之：

(一)人類心智功能的特徵（人類認知的特質）

　　Vygotsky 把「心智功能」區分為低層次與高層次。低層次心智功能（如感覺、反應式專注、聯想式記憶、知覺動能智慧）為人類與高等動物所共有，不受文化之影響，是生物遺傳的，而且也存在著個別差異。高層次心智功能則為人類所獨有，是有意義的、經過中介的和內化的行為，包

括被中介的知覺、集中的注意力、有意義的記憶與邏輯思考。影響高層次
功能發展的因素除了低層次的心智功能之外，還有語言環境，如聽、說和
練習的機會，以及社會情境，如學校教育、學生成長的文化和學校教育的
文化的相似程度等。茲簡述高層次心智功能的特徵如下：

　　1. 高層次心智功能表現出來的是有意的行為，受人的意志監控，不是
無意的行為。茲彙整無意與有意兩種行為表現實例之比較如表 5-1：

表 5-1　無意與有意兩種行為表現實例之比較

無意的行為	有意的行為
1. 無法在圖畫中找出隱藏的人物，因為他以非系統方式尋找或是被其他圖案干擾。	1. 以系統和有意的方式尋找人物，忽略其他干擾人物。
2. 其他同學說話時無法傾聽老師上課。	2. 專注聆聽老師上課而排除干擾聲音。
3. 從離自己最近的積木開始堆放，而不管已經建好的結構。	3. 根據計畫堆積木，盡量讓積木符合其選擇的結構。

資料來源：Bodrova, E. (1996). *Tools of the Mind*, p.21.

　　2. 高層次心智功能表現出來的是經過中介的行為，表 5-2 為對照中介
與未中介行為之實例：

表 5-2　中介與未中介行為之實例對照

未中介的行為	中介的行為
1. 嘗試記住所看到的複雜的舞蹈動作。	1. 對自己說出舞蹈步驟的名字，如右二、左三、踢踢。
2. 嘗試用視覺估計項目。	2. 數項目。
3. 老師提問後，順口說出評論。	3. 舉手表示已經準備好可以回答問題。

資料來源：Bodrova, E. (1996). *Tools of the Mind*, p.22.

　　3.高層次心智功能表現出來的是內化（internalization）的行為。內化的行為存在於人們的心中，也許無法直接觀察。它和外在行為一樣具有相同的結構與功能。例如我們用手指把一些數字加起來是一種外在行為，用大腦計算就是一種內化行為。「內化」常被誤解為「被動、抄襲、模仿和直接輸入」，其實它的真正意義是「內在知覺以及自我規範逐漸形成的過程」，強調兒童會建構自己的知識，而不是只會被動的複製別人呈現給他們的東西。因此，有些學者主張以「據為己有」（appropriation）一詞代替，以強調學習者的主動角色和實際理解。

　　4.高層次心智功能的發展是以低層次心智功能為基礎。較高的心智功能的發展依賴較低的心智功能的成熟，例如二歲的幼兒無法記住一個長句中的每一個字，主要的原因是因為他的「自發性記憶」（spontaneous memory）尚未充分發展，因此無法進行「有意的記憶」（deliberate memory）。一旦習得較高層次的心理功能，較低層次的功能使用的機會就愈來愈少，例如成人通常以「文字」幫助記憶，而很少使用「知覺」或「意象」。

　　5.高層次心智功能的形成歷程是從人與人共享經驗的轉移到個人的經驗。例如，兒童的高層次心智功能可能源自於他與協助者（成人或能幹的同儕）之間的共有經驗。接著，兒童藉由他的文化當中某些基本的工具（如語言）來進行轉換，慢慢的，他就能脫離成人的協助，而獨立的運用。這個歷程是從他人調整（other-regulated）到自我調整（self-regulated）。

㈡社會環境是影響認知功能的重要因素

　　對 Vygotsky 而言，社會情境對學習的影響甚於態度和信念，Bodrova等人（1996）提出社會情境的影響可以從以下三個層次探討：

1.人際互動層次

　　這是指成人與兒童在活動中所做的立即性互動。Vygotsky 很重視這種

人際互動對學習的影響。例如，Luria（1976）比較不同互動方式的母親：一個媽媽強調與孩子互動學習，並設計不同的方式讓孩子學習物體的名稱，另一個媽媽只用命令句和孩子談話。結果發現第一個媽媽的孩子的字彙學得比較多，也會以不同的方式和語言來思考。

　　心智發展是社會互動與人際分享的過程。以記憶力的發展為例：先前西方的傳統會把小孩子的記憶能力之成長，歸因於其記憶策略、訊息處理策略以及年齡之逐漸增長。但是 Vygotsky 認為記憶力可以在兩人的分享過程中發展，例如，當兒童忘記某個遊戲的玩法時，大人可以提示某些策略，讓孩子回想起來。而當兒童漸漸成長時，他就會獨自運用老師提示過的各種策略，至此，心智過程就已經內化。

2. 結構制度層次

　　這是影響兒童發展的社會機構，如家庭和學校。蘇俄的學者研究發現，生長在孤兒院的小孩和自己家庭的小孩，其規畫能力和自律能力不同（Sloutsky, 1991; Bodrova, 1996）。

3. 社會文化層次

　　這個層次涵蓋全社會的種種特徵，如語言、數字系統和科技的使用。研究發現使用算盤的亞洲兒童和不使用算盤的小孩，對數字有不同的觀念（D'Ailly, 1991; Bodrova, 1996）。

　　祖先的文化歷史不只影響後代的知識，也影響後代的思考方式。因此，社會文化會影響認知，包括內容與過程。Vygotsky 和 Luria（1930s）研究發現，未受過正規教育的人和受過正規教育的人有不同的分類方式，前者的分類以經驗為主，可能會把「蘋果、西瓜、梨子、盤子」歸為一類，而受過教育的人通常會分為「水果和非水果」兩類。較高層次的心理功能之習得，也會因為不同的文化背景而有不同的途徑。例如，對於抽象數字能力的習得，非洲的兒童可能經由某種韻律配合手的協助，亞洲的兒童可能用算盤，北美的兒童可能藉由「珠盤棒」（cuisinaire rods）來數數字。

(三)話語與認知發展關係密切

Vygotsky 對話語（speech）的看法與 Piaget 不同，Piaget 把兒童自己對自己說話的特性稱為「自我中心語言」，是一種不成熟的認知發展表現，會隨著發展而減少使用。Vygotsky 以為話語不是認知發展的產物，而是促進認知發展的工具。話語與認知原本是分別發展的兩條路線。但是，在發展的過程中會彼此影響。以下先敘述話語的功能和特性，再討論話語與思考的關係。

1. 話語的功能

兒童必須藉由話語、眼睛以及雙手的協助，方能解決實際的工作。話語在認知發展中至少扮演以下四種功能：

(1)規範自己的行為

在成長過程中，兒童會使用自言自語的方式來規範自己，引導自己的思考過程和行動。所以，兒童把話語當作思考的工具，來創造人類高層次的認知功能，使之異於低等動物的發展。

(2)進行抽象的思考

兒童會藉著話語進行抽象思考時，就不必受制於實物。話語讓思考更加抽象化、彈性化、獨立於立即性的刺激之外。兒童可藉此想像、操作和創造新觀念，並且與別人分享。

(3)促進其他工具的習得

兒童會藉由話語溝通促進其他工具的習得。一個兩歲的小孩和母親合作玩拼字遊戲，他們藉由身體的互動分享經驗，然而小孩的學習依賴他與母親的言談分享：母親說：「找一片藍色的，因為這片的邊緣是藍色的。」孩子：「是這片？」母親：「是的，那是藍色，適合這個地方，繼續旋轉到密合。」這些對話提升學習到高層次，幫助孩子掌握解題策略（Bodrova, 1996）。

(4)創造各種策略來精通各種心智功能

創造各種策略，如專注、記憶、情感和解決問題等，來精通各種心智功能。如果我們會對自己說：「表情是最重要的。」那我們就會集中注意力看某個人的臉部表情，而忽略其他的屬性。

2.兒童話語的特性

Vygotsky 把兒童對自己說的語言稱作「私語」（private speech）。他發現，兒童從事的工作愈複雜，使用的私語愈多。而且，一開始私語是發生在相關行為之後，然後同時產生，最後出現在行為之前來引導行為。因而他推論話語的使用是有特別目的的。之後許多學者的研究的確發現：兒童自我引導的私語差異性極大，也具有各種不同的目的。例如，初學者會使用私語來促進理解，幫助了解經驗和控制經驗，練習溝通的技巧和沖淡沮喪的經驗等（Roberts, 1979; Nelson, 1989; Thompson, 1990）。

隨著年齡的發展，私語的頻率成倒 U 字形的形態，學前的中期和後期（三到五歲）是私語頻率最高的時候，之後（小學一到五年級）漸漸被低聲或聽不見的喃喃自語取代。另外，兒童每次學習新的認知技巧時，使用私語頻率的倒 U 形的形態就會重複出現。

私語隨著年齡的增長而簡化和內化，大約在三歲時產生，而且會變得愈來愈不容易了解：從公開的、外在的私語變成隱藏的、部分內化的形態。三到五歲通常使用聽得見的私語，而五到十歲則傾向以部分內化的私語取代公開的語言，如喃喃自語和唇語動作等。

社會互動愈多，就有愈多的私語產生，私語與社會化語言同時存在。私語內化之後會產生結構上和文法上的轉變，兒童對自己說話，會隨著年齡增長而變得愈來愈不完整（Feigenbaum, 1992; Goudena, 1992; Manning et al., 1990）。

3.語言和思考的關係

Vygotsky 揚棄傳統研究思維與語言關係的「要素」分析法，而採用「單位分析」的方法，以保留語言簡單的形式和整體的特徵。語言思維的

基本單位就是「詞義」（word meaning），一個詞的意義代表一種思維和語言的混合。另外，Vygotsky 也運用「功能分析」（functional analysis）結合發聲學的方法來研究思維過程中詞義的作用。

語言有兩個層面：一是內在的、語義的，二是外在的、語音的。兒童對於外在語言的掌握往往是從一個詞開始，然後連結兩個或三個詞，稍後，從簡單的句子到複雜的句子，最後到達連貫的言語。這種發展是從部分到整體的。但是關於語意方面的發展，就剛好相反，從一個有意義的詞句開始，然後才去掌握一些獨立的語詞單位。

Vygotsky 為了獲得內在語言（inner speech）的真實圖像，假設內在語言是一種特殊結構，有著自己運作的規律，而且和其他的語言活動形式有著複雜的關係。然而內在語言是一個難以調查的領域，Vygotsky 從 Piaget 對自我中心語言的研究中發現：自我中心語言與內在語言結構相似，且均具理智功能，而且自我中心語言在學齡時消失，內在語言這時剛開始發展，於是假設自我中心語言轉化為內在語言。

Vygotsky 認為，自我中心語言是從人際心理功能（interpsychic functioning）過渡到個人內在心理功能（intrapsychic functioning）的一種現象。而實驗結果指出：自我中心語言的功能與內在語言相似：伴隨著兒童活動、心理定向、克服困難等等。自我中心語言轉換為內在語言的時間發生在三至七歲之間，自我中心語言的結構與功能逐漸從外在語言分離出來，停止「發聲」，所以聲音就漸漸消失，而兒童也獲得「用詞思考」的新能力。

㈣認知的主要內涵——概念的發展

概念是認知最基本的內涵，Vygotsky 認為概念包括「科學的概念」和「自發的概念」（spontaneous concept），前者有明確的定義，可藉由一套技術性的教育方式來教導學生學習。後者是不經由特定的教育就能自然獲得的概念。Vygotsky 認為，年齡較小的兒童的概念內容會受限於特定的生活實例和直接經驗，而年齡較大的兒童較能找到定義性或規則性的內容。

概念的發展是由知覺導向（perception-oriented）發展到系統導向（system-oriented）的連續過程。以下參考李維（民 89）與杜嘉玲（民 88）對 Vygotsky 概念理論的整理，簡述 Vygotsky 自發和科學概念的發展歷程以及兩者的關係。

1. 概念的發展階段

(1)隨意期（heaps）

這個時期的概念是隨機範疇（random categories）的，兒童會根據一時的主觀知覺形成概念心象，當知覺改變或活動不同時，形成的印象就不同。例如兒童會根據心中所想的主題，把貓和椅子歸成一類，因為貓坐在椅子上；把玩具和書櫃歸成一類，因為玩具放在書櫃內。

(2)維思期（complexes）

這個時期的兒童除了主觀知覺之外，也經由直接經驗，建立不同物體之間的具體事實關係。小孩的心智活動受制於外在的具體物體，雖然概念的分類是根據多種不同事實經驗的連結，但是它們之間並沒有邏輯的共同點。例如兒童會將「天空」、「太陽」、「小鳥」、「飛機」歸成一類，而不會把「天空」、「馬路」、「水壺」、「床」歸成一類。這兩階段相當不穩定，而且會隨外在的刺激而轉變，兒童會採取連鎖式的分類，例如：他可能拿幾個藍色的盒子，然後發現三角形的積木，就改成以三角形分類。

(3)潛在概念（potential concepts）

此概念也稱作「假概念」，是一種對「一系列具體物體的共同性」的類化行為。Vygotsky 舉「鯨魚不是魚」作為區分，鯨魚和魚外表相似，但是鯨魚是哺乳類。可是，這個時期的兒童會把鯨魚歸為魚類。這個階段兒童會從具體、自然的概念轉換到抽象、科學的概念。

(4)真正的概念（genuine concepts）

指一個文化中共同的抽象和系統化的知識。科學概念是經由使用以及成人的互動而發展的，藉由抽象合成（abstract synthesis）的過程而進展。兒童會根據有系統的和一致的屬性形成概念。小朋友會尋求以單一規則或邏輯上的連貫性作為概念組合結構的基礎。例如把「偷東西」、「說謊」

和「打架」歸成一類，此乃基於它們共有的性質——「不對的行為」。

2.科學概念與自發概念的關係

在雜思期，自發概念和科學概念充分的互動，慢慢發展而產生真正的科學概念。科學概念通常是經由正式的學校教育而形成，由抽象的概念開始，再往下發展到個人的具體生活經驗，其獲得的歷程是由上而下的。而自發概念的形成歷程恰好相反。

當兒童發展到科學概念階段時，就能真正理解和內化符號、字義以及心理工具，並自主的運用心理工具來協助思考，不會以自發概念來思考。

綜言之，自發概念為科學概念鋪路，而科學概念能重建自發概念。理想的發展情況是：自發概念發展成較理性的概念，而科學概念會發展成較落實的概念。

㈤最近發展區（Zone of Proximal Development; ZPD）的理念

在學習與發展的關係方面，Vygotsky 提出「最近發展區」（以下簡稱ZPD）的理念。他不認同標準化智力測驗和成就測驗的使用程序，更反對以此界定兒童的發展階段，並據以實施教育。他認為傳統的智力測驗只能測驗兒童「靜態」的能力，無法評估人類「活動的和不斷改變的心智特質」，因此他主張教育兒童最需要做的事是：觀察兒童在其他人協助下的表現和學習潛力。Vygotsky 基於以上的體認而提出動態的 ZPD 觀點。以下分別敘述其定義與特性。

1.最近發展區的意涵

Zone 的意思代表「發展不是量表上的一點，而是各種行為組成的連續線或成熟度」。ZPD 是一段距離，介於兒童獨立解決問題的實際表現層次，與兒童在大人協助或和比較能幹的同儕合作去解決問題的潛在發展層次之間（谷瑞勉譯，1999）。這個定義有兩個要素：一是兒童必須專注於對他而言獨立表現太困難的活動，二是必須藉由成人或能力強的同儕之協

第 5 章　Vygotsky 社會認知發展理論與教學應用　119

助。

2. ZPD 的特性

(1)兒童獨立的表現和接受協助的表現

以前的教育只重視兒童的獨立表現。例如，只有當蘇珊自己會做「2+2」時，我們才認為她會加法。Vygotsky 認為獨立表現是發展的重要指標，卻不能完整的描述發展。

Vygotsky 認為兒童的行為發展發生於 ZPD 的範圍之內，介於最低的兒童獨立的表現和接受協助情況下的最高表現，其間存在著各種不同程度的協助表現（詳如圖 5-1）。

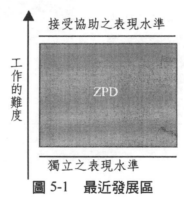

圖 5-1　最近發展區

資料來源：Bodrova, E. (1996). *Tools of the Mind*, p.36.

協助可以經由行為的引導，也可以經由言語的互動。前者如老師提供一個貼上標籤的分類盒子，鼓勵學生分類，後者包括大人或同儕提供的解題暗示、詢問兒童對問題的理解程度、引導學生重新界定問題等等。

Vygotsky 所主張的學習是一種「接受協助後的發現」（assisted discovery），這種教學方法經由學者的倡導而產生許多類似的名詞，如「引導的練習」（guided practice）、「回應性教學」（response teaching）、「接受協助後的表現」（assisted performance），和「蘇格拉底式的對話」

（Socratic dialogue）等。

⑵ ZPD 動態的本質

ZPD 會隨著兒童獲得較高的思考和知識水準而不斷改變，每次改變，兒童會變得更有能力學習和學習更多的概念、技巧。某一個工作，也許昨天兒童需要大人協助才能完成，今天他可能就能獨立完成。然後，當他遇到更困難的工作時，一個更高層次的協助就產生了（詳如圖 5-2）。

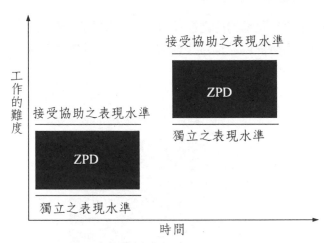

圖 5-2　最近發展區的動態本質

資料來源：Bodrova, E. (1996). *Tools of the Mind*, p.37.

Vygotsky 提出一個新的關於 ZPD 的學習公式，認為「好的學習發生於發展之前」（Vygotsky, 1978），在社會互動的學習情境中，學生積極的探索，嘗試各種不同的可能，當學習產生困難的時候，則尋求大人或同伴的協助，在大人或同伴的引導之下，就能擴展兒童的技巧和知識到達最高層次。而當孩子內化這種互動的學習特性之後，就能遷移到新的和相似情境之中，成為一個「適應專家」（adaptive experts）（Hatano, 1993）。

在知識的轉換期間，兒童的意識和控制是由大人代理，直到兒童對於一項新的功能或概念系統獲得控制力量，能夠把它當作一種工具來使用。這段期間老師扮演重要的鷹架功能，鷹架學習的工作讓學生能夠學習，照

Vygotsky 的說法，就是「內化外在的知識，使之轉換為受意識控制的工具」（Bruner, 1985; Wertsch, 1985）。

(3) ZPD 具有個別差異現象

不同的孩子可能有不同的 ZPD，有的孩子只需要一點點協助就獲得很大的進展，有的孩子只能進步一點點，雖然大人給予很多的協助。另外，同一個孩子在不同的領域所需要的協助也不同，某個兒童也許在數學領域只需要些微的幫助，但是在語文領域卻需要大量的協助。

㈥研究方法介紹

Vygotsky 為了建構心理學的完整理論，研發了諸多不同於其他心理學所使用的方法來研究人類的認知，以下擇要說明之。

1. 實驗──起源分析法（experimental-genetic method）

Vygotsky 不贊成行為學派的刺激──反應歷程之把人類和自然的關係視為單向的，而採用 Hegel 分析歷史所採用的自然和辯證取向來研究人類心智發展。為了研究高層次心理功能，他和 Heinz Werner 共同創造新的研究途徑──「實驗──起源」法。

他認為實驗必須提供最大的機會，讓被研究者的各種現象都能被觀察到，於是他使用了一些技巧：

(1)在工作中放入一些障礙，以干擾解決問題的例行方式。例如：研究兒童的溝通與私語的功能時，設計讓兒童和使用不同語言的人共同從事合作性的工作。

(2)提供另類途徑解決問題。例如：提供各種材料，以幫助兒童完成工作要求，即所謂的「外在協助」（external aids）。

(3)設計超越兒童知識與能力的工作，以發現新的技巧如何產生。例如：給幼兒鉛筆和紙，要他們畫一些東西，以了解兒童的圖畫理解。

「實驗──起源」法有幾個分析的原則，茲分別說明如下：

　　(1)分析發展的過程,而不是分析其中的某一點。某一問題的發展歷程可能在幾秒鐘之內,也可能持續幾天,甚至數十週。

　　(2)捕捉發展的初始狀態,而不是已經發展成形的心智功能。例如「自主性注意力」和「非自主性注意力」兩者的發展過程不同,但是自主性注意力一旦建立之後,運作的方式就像非自主性一樣。因此研究者必須去了解注意力的起源,然後將研究重心置於建立高層次心理功能的過程上。

　　(3)分析的要點是解釋現象,而不只是描述現象。分析心智發展的起源,以及促使發展的根本因素,來了解外在現象與內在歷程的關聯。

2.語意分析法(semiantic analysis)

　　Vygotsky 認為,藉著分析人類運用「語意媒介」的情形,可以知道人類思考的發展。也就是在社會溝通環境之下,探討符號(通常是指話語)對個人心智的影響。所謂分析話語(speech)強調的是分析人類的溝通活動,而不是語言(language)。類似現在研究者使用的言談分析(discourse analysis)或是語言功能學(pragmatics)。但是言談分析與語言功能學把語言的使用孤立於活動之外,Vygotsky 的分析重視對話與社會和個人活動的關聯。而「活動」是指心智功能產出的單位,也是一個研究的分析單位。

3.語言與思維的研究方法——單位分析法

　　傳統心理學對於語言與思維的研究都是採用「原子主義」(atomistic)或「機能主義」(functional)的分析模式,把語言和思維的複雜關係分解為許多元素,例如,思維和詞句,並且對其個別的功能進行研究,以至於無法看見整體的關係。Vygotsky 等人採用「單位分析法」(analysis into units),分析的結果保留了整體的所有基本特徵。Vygotsky 認為,語言思維單位可以在「詞義」(word meaning)中找到,詞義屬於思維範疇,也屬於語言範疇,因此在探索言語思維的本質過程中,可以採用「語意分析」(semantic analysis)的方式,去研究這個單位的發展、功能和結構。

4. 概念形成的研究方法

　　Vygotsky 等人以「雙重刺激法」(method of double stimulation)研究概念形成的過程及其發展階段。實驗者提出兩套刺激給受試者，一套是受試者從事活動的物體，另一套是組織該活動的符號。問題在一開始時就告知受試者，問題解決的線索隨著運作過程的發現而調整，研究者就在這樣的一個「動力階段」中研究概念的形成。

三、社會認知發展理論的評價

(一) Vygotsky 理論與其他認知發展理論的比較

　　雖然 Vygotsky 反對行為主義的某些主張，但是詳細比較兩種理論，仍然存在某些相似與相異之處。

1. 相似點

　　兩派都批評使用內省方法的限制，也都偏好使用客觀的方法——觀察、測量與實驗，來研究心理學。兩派也都承認人類與動物具有某些共同的行為，同樣相信兩者都是同一演化的連續體(evolutionary continuum)的一部分。Vygotsky 認為低層次認知功能是人類與動物共有的，高層次心理功能才是人類獨特的特徵。

2. 相異點

　　兩派對測量、刺激特性、語言、學習與發展的關係等四方面的看法有所不同，茲條列如表 5-3。

　　Vygotsky 的理論和 Piaget 的理論有相似的看法，也有不同的意見，Vygotsky 對 Piaget 早期的作品非常熟悉，也從中得到自己理論研究的取

表 5-3　Vygotsky 理論與行為學派的比較

比較項目	行為學派	Vygotsky 理論
1. 測量觀	早期的行為主義只測量外在行為。晚期的行為學派也採用推論以解釋無法直接觀察到的行為。	嘗試運用更廣泛的理論推論來解釋外在行為。
2. 刺激之特性	刺激對所有的有機體的功能都是一樣的。	人類可以對自己製造的刺激回應，而控制自己的行為。
3. 語言	語言和其他外在行為一樣，思考是「無聲的語言」。	話語在兒童發展中扮演特殊而且重要的角色，可以自我規範、和自己溝通，或是引導自己的思考過程。也就是成為一種思考工具。
4. 學習與發展的關係	學習就是發展。由於學習而更有知識和技能，在心智結構內並沒有質的改變，只有量的變化。 兒童是被動的，知識是經過強化連結的產品。	學習引導發展，當兒童在他們的 ZPD 內進行活動，並由專家引導的情況下，學習即能引導發展。 發展是在主動的兒童與積極的社會環境合作下產生的。

向。而 Piaget 也接受了 Vygotsky 的某些看法而修正自己的理論。兩人主張的相似點如下：

　　1. 思考是發展的過程，是一系列質的改變。Piaget 認為這些改變有很明顯的特徵，因而提出四階段的認知發展說。Vygotsky 主要關心的焦點是：轉換期間心智的重組。

　　2. 強調兒童在學習時是主動而非被動的。這種看法與行為主義所主張的環境論不同。

　　3. 認為兒童能建構自己的知識，而且這些知識會隨著年齡與經驗之增長而重組。

4. Piaget在其後來的作品中，也承認「社會傳遞」(social transmission)影響個人知識的內容。Vygotsky 認為社會傳遞所扮演的角色更大，不只影響內容，也影響思考過程的特性與本質。

5. 兩人主張的成熟思考的特徵一致。Piaget 認為「形式思考」具有抽象、邏輯、反思以及假設—演繹的特質。Vygotsky 認為「高層次心智功能」包括邏輯、抽象思考和自我反思。

　　而兩人觀點不同之處，包括文化影響力、互動對象、私語、學習與發展的關係四方面，茲表列如下（見表 5-4）。

表 5-4　Vygotsky 理論與 Piaget 理論的比較

比較項目	Piaget	Vygotsky
1. 文化影響力	智慧發展具有普遍性，不受文化影響，例如所有的小孩十四歲就能到達形式操作期。	文化情境決定認知類型，不廣泛採用形式推理的文化，無法協助兒童形式操作的發展。
2. 互動對象	強調發展中「兒童與實體」互動的角色。	強調發展中「兒童與人」互動的角色。
3. 私語	語言是認知發展的副產品。兒童的說話方式反映出該兒童的發展階段。 自我中心語言（重複、口語自白、集體獨白）是認知發展不成熟的象徵，當認知能力發展時，自我中心語言就會消失。	話語在兒童發展中扮演特殊而且重要的角色，可以自我規範、和自己溝通或是引導自己的思考過程。也就是成為一種思考工具。
4. 學習與發展的關係	學習與發展是分開的實體。發展是最主要的過程，學習跟隨在後。 兒童是主動積極的，社會環境應該避免干擾兒童的自然發展。	學習引導發展，當兒童在他們的 ZPD 內進行活動，並由專家引導的情況下，學習即能引導發展。 發展是在主動的兒童與積極的社會環境合作下產生的。

訊息處理理論強調知識處理的歷程，和Vygotsky的理論相比較，也有相似和相異之處。相似點如下：

*1.*兩種理論都強調後設認知（自律、自省、監控）在成熟思考與解決問題上的重要性。

*2.*新的學習必須融入現有的知識結構，而且也能修飾現有知識，建立新的意義。

*3.*強調認知過程與語意學，均認為專注、記憶與後設認知是學習過程的重點。

雖然有以上三點主張相似，但是兩派對文化影響力、理論定位、研究層面等方面的看法有所不同，茲表列如下（見表5-5）。

表 5-5　訊息處理理論與 Vygotsky 理論的比較

比較項目	訊息處理理論	Vygotsky
*1.*文化影響力	以電腦為心智運作過程之比喻，未將社會情境與人類思考方式列入考慮。例如，「時近效應」與「初始效應」被解釋為與短期記憶和長期記憶的運作有關。	文化情境影響思考內容，也決定認知類型，不廣泛採用形式推理的文化，無法協助兒童形式操作的發展。「時近效應」與「初始效應」會受兒童所接受的學校教育形態影響。
2. 理論定位	描述不同年齡層的人的訊息處理方式，並沒有解釋為何長大會處理得更好，因此不算是真正的發展理論。	關心認知過程如何發展與認知技能如何教給兒童。
3. 研究層面	以前的認知研究專注於認知過程的研究。現在的研究趨勢漸漸重視認知的生態效度。	認為學習過程中認知、情緒與動機一樣重要。Vygotsky生前對這個觀點並未做完整的解釋，理論的精緻化在後續研究完成。

㈡ Vygotsky 理論與其他教學理論的關係

　　在建構主義者學習論的關係方面，建構主義認為，知識是由學習者根據他們的獨特經驗而建構的，強調學習者在知識建構中扮演主動的角色。建構主義的學習論具有各種不同的取向，其中源自 Piaget 的稱為「根本建構論」，源自 Vygotsky 的理論叫作「社會建構論」。前者重視個人適應環境時的同化與調適過程，後者藉著增加學習的社會情境來提升認知層次，老師的角色是經由社會互動分享知識與意義，來中介學生的學習活動。

　　另外在與全語言教學理論的關係方面，Vygotsky 對語言發展、學習和教學的觀點，補充了全語言的哲學與程序，例如 Vygotsky 認為，兒童語意發展是由整體到個別，最先說出的一個字其實是代表一個完整的意義。全語教學中強調把口語的習得應用到文字的學習，因此會布置豐富的情境，讓兒童學習文字的意義與功能。此外，兩種理論對教師作為學習的中介者角色是一致的。兩者也都強調如何在社會互動中提供支持的教學情境（Dixon-Krauss, 1996, pp.19-20）。

㈢綜合評述

　　Vygotsky 的認知發展理論在心理學與教育學領域都產生很大的回響，以下分別從研究方法、認知發展理論以及教學應用三方面做一評述。

1. 研究方法方面

　　Vygotsky 對於內省法和刺激—反應法研究心理學感到不滿，設計了實驗—起源(發展)分析法，藉由中介變項的設計，觀察行為的起始狀態以及轉換的歷程。這種研究方法重視對人類認知內在行為的探討，與目前認知心理學的研究方向是一致的。

　　Vygotsky 研究語言所採用的「單位分析法」，強調從整體的觀點看現象，而不是從「元素」分析的觀點。認知心理學各個層面的研究似乎都遇

到類似的問題，以形態辨識為例，傳統的方法幾乎都是「由下而上」的元素分析法，接著才有「由上而下」的整體分析法，只是這兩種方法仍然有其限制，只能解釋部分的現象，因此目前愈來愈多的理論採用折衷的方法，即所謂的「交互作用模式」，兼採整體與部分的觀點，這種方法具有彈性，但是變異也大。個人以為所謂的「部分的總合不等於整體」其實不見得是正確的，比較精確的說法應該是：部分的總和要與整體相符的話，必須要能找出部分之外，還要找出部分與部分之間的交互作用。如果我們能做到這一點，那就能更清楚的解釋現象。

　　Vygotsky 重視情境互動與語言意義的「語意分析法」，經由學者的延伸使用，結合人種誌方法，以質性研究的方法研究認知發展，也是一種新的嘗試(游麗卿，1998)。

　　Wittgenstein 認為，Vygotsky 的作品不像 Piaget 和 Pavlov 一樣有清楚和龐大的主體架構，而經常是格言式的、概括性的和生動的闡述（引自 Bruner,1985）。Richardson(1998)也提出，Vygotsky 研究的過程與結果的描述比較模糊，因此要完全掌握 Vygotsky 的理論並不是一件容易的事。

2.認知發展理論

　　Vygotsky 的認知發展理論的核心，是「社會文化層面」對個人認知的影響，這種觀點在學者廣泛的進行跨文化研究之後，目前已經普遍被接受，可以從最新的智慧理論，如 Gardner 的多元智慧和 Steinberg 的智力三元論看出。

　　很多人以為Vygotsky主張「社會文化」以及「他人引導」會影響個人認知，因此個人只是被動的內化外在知識。其實不然，Vygotsky 相當強調個人在認知過程中的主動角色，只是他的說明太少，容易造成這種誤解。這也是他的理論常常受批評的地方：太過強調在共同活動中，別人所扮演的角色，對於兒童如何才能成為主動的參與者著墨太少。而這一個缺點在後續研究中已經改善(Leontév 於一九七八年提出的活動理論)。

　　Vygotsky 太過重視語言在認知發展上的角色，而未探討其他符號的影

響力。Zaporozhets(1977)和 Venger(1977)的研究顯示，非文字的文化工具也會促進幼兒知覺與思考的發展。

3. 教學應用

　　Vygotsky 對教育的觀點是樂觀而積極的，他所提出的 ZPD 帶給教育工作者無限的熱誠與希望，激發了豐富而多元的教學模式。這些教學模式都強調專家適度的介入學生的學習，引導學生從依賴走向獨立，成為學生學習中的最佳引導者。這種看法肯定教育的功能，但是也給教育工作帶來更大的挑戰。因為如何測量不斷轉換的 ZPD、如何介入、如何逐漸撤離鷹架，都不是容易做到的事。

　　Vygotsky 所倡導的動態評量方式，把評量和教學結合為一，給予學生最佳的表現機會。但是在現實的教育情境下，也帶來人力與時間上不能負荷的質疑。然而換一個角度來看，傳統教育思維中的效率觀念是否扼殺了很多孩子的學習機會與潛能發展？相信這也非教師所願。

四、教學實例

　　很多學者受到 Vygotsky ZPD 理論的啟發，而發展各種相關的教學、評量和促進發展的模式。以下的討論和實例介紹以教學方面的應用為主。

(一) ZPD 教學意涵詮釋

　　學習的過程從社會互動到個人內化，亦即從他人調整到自我調整。教學中，教師藉由對話協助學生完成各種學習工作。由於 Vygotsky 對如何達到 ZPD 上限並沒有明確的說明，因此很多學者（Newman, Griffin, & Cole, 1989; Wood, Bruner, & Ross, 1976; Zaporozhets, 1986; 轉引自 Bodrove, 1996）加以詮釋並進一步詳細說明老師提供支持之道。簡述如下：

1. 擴展觀點(amplification)

該觀點由 Zaporozhets(1986)提出。他認為「擴展」的概念不同於「加速」(acceleration)，前者是在 ZPD 之內，引導學生學習。而後者是教導兒童ZPD之外的技能，因此無法促進兒童適度的發展，例如幼兒在不懂加法之前背「九九乘法表」，他們可能可以學會，但是無法使用它來解決問題。因此教學者必須在兒童的ZPD之內使用工具與協助，來誘發兒童即將浮現的行為 (Bodrove, 1996)。

2. 建構區觀點（the ZPD as construction zone）

Newman、Griffin與Cole(1989)認為教學時，老師知道教學目標，但是兒童不完全了解此目標。因此學習過程中，兒童會自己建構出一個老師期望的意象；老師也會建構出一個「兒童懂什麼」的意象。例如，四歲的小英正在玩一盤貝殼的分類遊戲：

老師：你是怎麼分類這些東西的？小英：貝殼。老師：對，它們都是貝殼，但是這一組是……？小英：是「白」的嗎？老師：有些是白的，但這一堆呢？此時老師放了一個大的分類環在那一堆上，讓它更清楚。並給小英一個大貝殼，一個小貝殼，然後指著大的一堆說：哪一個應該放在這一堆呢？小英：那些是大的。然後她把大的貝殼放在對的地方。

從這一段對話的過程中可以看出：小英一直努力猜測老師問她什麼，老師也不斷對其所問的問題重新定義，以確定小英的分類是依據大小或只是隨意分成兩堆。而老師支持包括三個要點：老師中介學生的學習、老師的中介角色是彈性的、老師要把焦點放在所需的支持量(Bodrove, 1996)。

3. 表現和能力（performance and competence）觀點

由 Cazden(1981)提出此觀點，認為兒童的「表現是在能力之前」。教學之前，兒童也許無法完全理解問題，因此表現較差。經過一段時間的練習之後，兒童就能獲得能力。因此只要將教學活動規畫在兒童的ZPD範圍之內，倘若教學之初兒童缺乏完全的理解並不是問題，因為他會隨著和他

人持續的對話與互動增進其理解(轉引自 Bodrove, 1996)。

4. 符號彈性觀點(semiotic flexibility)

　　Wertsch(1980)把研究的焦點放在師生的對話分析，他分析教學歷程中，老師從明顯的提示到模糊的線索提供和建議之過程。並以「符號彈性」來表示成人回應和引導兒童的話語之轉變歷程。

5. 觀察社會文化活動的三個面向的觀點

　　Rogoff(1986, 1990)研究非正式教育情境中的協助表現，而提出「結構的情境理論」(structuring situations)。她認為專家把工作任務分為幾個次目標，當小孩在互動中顯現最近發展區時，成人逐漸的修正次目標以符合兒童的學習。一九九五年，她發展出「觀察社會文化活動的三個面向理論」，把認知發展過程區分為三個層次：社群、人際以及個人，並提出三個相對應的學習面向：學徒制、引導的參與、參與的據為己有。「學徒制」強調個人主動參與文化組織活動；「引導的參與」乃文化和社會價值以及社會的夥伴所提供的方向指引；「參與的據為己有」指個人於學習活動中，改變自己的認知與行為以因應隨後相關的活動。有關觀察社會文化活動的三個面向理論之詳細論述，請參閱本書第十二章(方吉正，2001)。

(二)四階段 ZPD 教學法

　　該教學法由 Tharp 和 Gallimore(1988)提出。他們把教學過程老師與學生的互動區分為四個階段(引自 Bodrove, 1996)：

　　階段一：學生經由能力較強的他人協助而學習。這個階段的兒童能表現，但是不能完全理解問題和答案。有效的互動方式是示範、回饋、教導和提供認知結構等。

　　階段二：學習者靠自我的協助學習，這是尚未完全內化的轉換階段。兒童會藉由自我導向話語控制自己的行為。

　　階段三：兒童的學習進入自動化階段，無須他人協助或自我引導話語

就能做出行動。此時，兒童已經獲得某一技巧，可以進行 ZPD 的轉換學習。

　　階段四：在某些特定的情況下，新學會的技巧可能會去自動化而無法自發的表現，此時，老師必須重新介入協助使之精熟。

㈢相互教學法(reciprocal teaching method)

　　Palincsar和Brown (1981, 1986)根據 Vygotsky 的ZPD理念及鷹架理論，提出相互教學法。強調透過師生對話的活動，以學習四種主要的後設認知策略（摘要、產生問題、澄清疑問和預測內容），並共同建構文章的意義，促進閱讀之理解。其教學流程包括：⑴說明與示範：教師分派閱讀材料，說明上課重點與方式，並示範擔任小老師的角色，接著由同學輪流擔任小老師，引導相互教學的對話活動。⑵默讀閱讀材料。⑶運用策略：老師「提問」學生一些理解上的問題，「摘要」段落的大意，「澄清」和討論疑難的問題，以及對後面的文章進行「預測」。⑷循環運用：等學生熟悉此活動過程之後，教師就可以指定同學擔任小老師，引導對話的活動，持續進行直到活動結束。以下舉一簡單實例說明（Palincsar, 1988;引自林建平，1997）。

　　　學生甲（小老師）：我的問題是，「當潛水夫在水中，他需要什
　　　　　麼？」（提問）
　　　學生乙：錶。
　　　學生丙：蹼。
　　　學生丁：皮帶。
　　　學生甲：這些答案都正確。
　　　教師：討論得很好，我也有一個問題問各位，為什麼潛水夫要穿
　　　　　皮帶，它的特別作用是什麼？
　　　學生丙：皮帶必須有相當的重量，這樣潛水夫潛入海底時才不致
　　　　　浮冒到水面。

教師：答得很好。

學生甲（小老師）：現在我對這段所做的摘要是，這段是有關潛
　　　　水夫在水底時需要什麼。（摘要）

學生戊：且是有關潛水夫為何需要這些東西。

教師：另一個和這個故事有關的字是裝備，裝備對潛水夫的工作
　　　助益甚大。

學生甲（小老師）：我不認為有什麼可預測的。

教師：故事已告訴我們，當潛水夫在工作時，看到許多奇怪和有
　　　趣的生物，我預測故事將會描寫遭遇些生物。各位想想住
　　　在海洋中奇異的生物約有哪些？（預測）

學生己：章魚。

學生丙：鯨。

學生戊：沙魚。

教師：讓我們繼續閱讀下去，接著輪到誰當小老師？

㈣動態評量

　　靜態評量的程序強調孩子先前獲得的知識，動態評量則尋找什麼是孩
子在他人協助之下能做的事（谷瑞勉譯，1999）。

　　運用 ZPD 觀念實施的評量是屬於「動態評量」，其主要的論點有二：
就時間而言，評量是「連續的過程」。就要素而言，評量是「包含的過
程」(inclusive process)，需要學生專注於一件困難的工作，以及成人或能
力高的同儕給予協助，以促成學生最高層次的發展。學者提出的主要模式
有 Budoff 方案、Feuerstein 方案和 Brown、Campione、Ferrara 方案等。

　　研究發現，動態評量對於預測孩子學習的潛能具有很大的價值。例
如，對於低收入戶和少數民族的兒童而言，傳統測驗明顯低估了他們的潛
力，而動態評量以教學活動介入學習，對於應用所學至新的情境有很大的
幫助(Brown & Ferrara, 1985; Tzuriel, 1989)。

　　然而，動態評量的觀點帶給教學者更大的挑戰，在測驗的情境中，教學者必須隨著學生的需要而調整反應，用鷹架行為介入直到兒童的表現有明顯的增進。有關動態評量之詳細論述，請參閱本書第十四章。

(五)鷹架教學(scaffolding)

　　此理論由 Wood、Bruner 與 Ross（1976）提出。他們認為專家在指導生手執行較高層次的任務時，雖然任務本身並沒有改變，但是專家可以在學習過程中提供協助，使得任務的執行變得比較容易。協助的量可隨著學生的學習程度而減少，最後完全由兒童獨立執行。這種過程就像要蓋一幢大樓時，必須先架起鷹架支撐，但是當大樓的牆能獨立支撐時，鷹架就會撤除一樣。

　　例如，當兒童要學習數 10 個物體，則要求學生最初的任務就是數到10，而不是數到 3 或 5 或 7。這時老師可以給學生最高層次的鷹架：和學生齊聲數物體，而且抓著學生的手指向每個物體。這時老師擔負最多數數的責任，而兒童只是跟著做。下次兒童再數數時，老師不說出數字，但仍幫他指著物體。然後老師可能不再指著物體，讓兒童自己邊指邊數。

　　Bruner 等人（1976）以鷹架觀點研究語言習得，他發現當兒童學習語言時，父母會以比較成熟的語言回應，而不是把所有句子都縮短成兒語，不過，父母給予兒童的支持量會因人而異。他們會重述兒童所說的具有意義的字詞，專注於兒童表達的意義而非文法，因此父母等於在回應ZPD的兒童，而不是回應兒童的實際語言層次。例如，在動物園，有一位兒童指著一隻老虎，說「嗯……」，父母回答：「那是老虎，看到嬰兒了嗎？他有三個嬰兒。」父母做回應時，好像是聽到兒童說「看老虎」這一句子。Bruner 把這種支持叫作「語言獲得支持系統」（Language Acquisition Support System; LASS）。

　　在開始學習時，大人會給予更多主動的教導和鷹架；然而隨著成長，兒童逐漸要負擔更多的學習責任，這時大人的角色變為盤算何時移走鷹架，以便兒童能獨立執行工作。這就是Bruner所說的「轉移原則」（hand over principle）。必須注意的是，專家提供鷹架時，可能有許多不同的作法：有時候大人會注意兒童忽略的部分，有時則可能示範正確的做事方法。不過鷹架一定得維持兒童學習興趣才會有效。以下舉一使用「寫作」技巧鷹架教學的實例。

　　愛惠口語表達能力不錯，很會說故事。但是她無法自己寫作文，頂多能寫出幾個字。有時候她可寫出她說出來的話，有時卻不行。老師觀察之後認為她的問題可能是「注意力不足」和「有意的記憶欠缺」。老師決定使用「畫線策略」來協助她記住要寫的字。

　　老師叫愛惠說一則「虎姑婆的故事」，而在愛惠說故事的同時，她用簽字筆逐一畫出愛惠說的每一個字（如，愛惠說：從前，樹林裡住著一個虎姑婆。老師畫＿＿＿，＿＿＿＿＿＿＿＿＿＿＿＿）。愛惠說完一個句子，老師就重複她說的話，並逐一在線上寫出說過的話（如，老師重複說：從前，樹林裡住著一個虎姑婆，並寫出：從前，樹林裡住著一個虎姑婆）。愛惠看過老師示範之後，再說出一個新的句子，老師一邊畫線，一邊說：「畫線可幫助你記住你要寫的字，你也來畫畫看！」接著，愛惠自己說一句，畫一句，線畫好了之後，老師和愛惠一起指著線條，把句子重複念一次。之後，愛惠自己指著線條念。最後才對著線條一一寫出字來。

　　藉著簽字筆畫線當作媒介，愛惠更能注意自己說的話，並且強化說話和寫作之間的連結。漸漸地，她會自言自語，而且每說一個字就畫一條線。畫完線，加上標點符號之後，她就寫出她說的話，寫作就愈來愈熟練了。

(六)讀寫啟蒙教學媒介模式

　　Dixon-Krauss（1994）根據 Vygostky 的 ZPD 觀念提出「讀寫啟蒙教學

媒介模式」（a mediation model for literacy instruction）。這個模式基於二個主要原則：一是語言的主要功能是社會互動，讀寫是一種溝通的形式，在這種溝通形式中，讀者與作者藉著文字分享意義。二是學校的讀寫啟蒙教學是一個社會媒介和符號媒介活動。以下分別介紹教師角色、模式要點以及教學實例。

1. 教師角色

老師是學生與教科書作者之間的媒介，並於學生的ZPD內提供協助，再於學生的互動之中，分析學生的思考方式、解決問題和建構意義的策略，並根據這些分析協助學生學習。

2. 模式要點

本模式包括一個目標和目的、策略、反思三個主要的實施階段：

(1)中介之目標：幫助學習者成為自我導向的學習者（如圖 5-3 之核心部分）。

(2)主要的歷程：包括目的－策略－反思（purpose-strategies-reflection）三個階段。在圖 5-3 中以三個順時鐘方向之單箭頭表示其流程。

目的階段重在學習材料與學習者的特性分析，再根據分析的結果選擇協助方式，並應用學習策略學習。策略階段重在使用理解的策略（如預測、分類訊息、推論）、字詞辨認策略（如文章脈絡、語音學、結構分析）與文章結構（text）策略等等（如故事要素、主要概念）。反思階段重點放在分析學生的理解，經由對話建構學習者的自我知識，以及反思三種成分的適配情形，在圖 5-3 中以雙箭頭的方式呈現彼此的適配度。

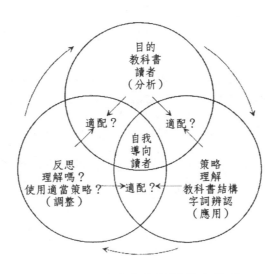

圖 5-3　讀寫啟蒙教學媒介模式

資料來源：Dixon-Krauss, 1996, p.21.

3. 教學實例

老師和學生正在練習下列單字的「形音義」辨別：

凡事都要好好考慮之後才去「辦」，不要只會「辯」論，卻不會分「辨」事情的是非對錯。

學生把「辯」和「辨」誤認為「辦」，因此都念成「ㄅㄢˋ」，老師希望學生能自己校正錯誤（目的），因此他要求學生重讀一次（策略），結果學生重讀時還是發生錯誤，老師於是修正策略為利用文意來協助學生理解（目的），因此老師指著語詞問：「辦事、辯論和辨別，這三個詞的意思一樣嗎？」學生回答：「我按照課文念，不知道。」老師發現學生不只是誤認，所以應該使用更明確的策略來幫助學生分辨這三個語詞（反思）。因此老師把提示的焦點放在解碼（策略），他遮住字的兩側的

「辛」字，要求學生念出三個字中間的「力、言和刀」，接著老師放開讓學生念整個字，此時學生注意到「辯、辨」與「辦」不同，老師乘機提示其讀音為「ㄅㄧㄢˋ」。學生再讀一次時，就能正確而完整的讀完句子。之後，老師發現學生學習興致尚高，就決定讓學生繼續利用推理（策略），以探究三個語詞的差異與使用情況（目的）。

　　以上例子顯示此模式動態的本質，可以幫助老師在教學現場作有效的決定，而決定的基礎是，老師選擇的教學目的以及能達到目的的策略。

　　以下再舉一個實例，說明本模式協助老師在教室教學情境中彈性作決定的一般架構。這個例子中，老師把決定的焦點放在文章結構，因為他正和班上學生作課文深究。

　　　老師讓學生閱讀一篇「拾金不昧」的故事，老師把「目的」放在文脈架構，因此老師讓學生「預測」男主角施復上街賣綢子會發生什麼事情（策略），如果學生回答「我不知道」，或是說出一些完全無關緊要的事情，則老師必須調整策略，提供明顯的提示（反思）。因此老師提示學生文章的標題是「拾金不昧」，而施復上街之後會遇到與錢有關的問題。他並要求學生繼續閱讀，了解施復如何處理撿到的錢。閱讀之後。老師再逐一引導學生討論。

　　看完這兩個例子，就可以了解此動態中介模式適用於個別教學和班級團體的教學情境。

㈦概念發展教學模式

　　小學二年級的學生韻華、秀麗和光明正在客廳討論。秀麗的哥哥建華恰巧從外面回來，就加入他們的談話。

韻華：老師說明天要帶一種「有生命的東西」到學校。我想會有
　　　生命的東西就是會「動」的，所以我想帶「時鐘」去。
　　　（自發的概念）

秀麗：我覺得「太陽」有光，會給我們溫暖，是有生命的，可是
　　　我不能摘下太陽帶到學校去。（自發的概念）

光明：我覺得「樹」會長大，好像是有生命。可是它不會動，又
　　　好像沒有生命。我該帶什麼呢？

建華：你們說的「時鐘」和「太陽」都不對，只有「樹」是對
　　　的，因為有生命的東西必須有許多特性，像是會自己運
　　　動、會呼吸、會排泄、會繁殖等等。（科學的概念）

光明：你怎麼知道？

建華：等你們升上四年級上自然科學課時，就會學到。

　　上述的例子呈現學生將教科書閱讀的概念，和他們的生活經驗連結。學生的思考是從每天接觸的具體概念發展到抽象的邏輯概念，而學校在這個發展歷程中扮演了重要的角色。

　　Dixon-Krauss(1996)以為小學學生學習文字有兩個重要的轉換期，老師可以應用 Vygotsky 提出的兩種概念加以指導。第一個轉換期是兒童剛入學開始學習抽象文字時，這時兒童學習主要以「口語」為認知工具，因此可以布置豐富的生活情境，以輔助文字的學習。第二個轉換期發生在以「文字」為主要認知工具的閱讀階段，這時老師教導的很多內容是無法親自體驗的，因此必須統整兒童的先前知識和將要學習的學科內涵，才能幫助學生經驗、解釋和內化抽象概念。Dixon-Krauss(1996)的概念教學模式要點如下：

1. 經由讀本分析確認目標

　　讀本分析的重點包括學習材料的訊息本質、學生獲得這些訊息所需的思考過程，以及學生已經擁有的自發概念。

　　這種分析方法適用於科學與人文學科，以下舉社會科和自然科學說明之：社會科讀本呈現各種文化的事實和觀念。雖然讀本是用敘述的方式撰寫，但是由於精簡課文的關係，常常使得某些觀念模糊不清而且變得不相關。這時，可利用「文學作品」提供大量的案例和解釋的觀點，幫助學生形成意義，並且發展對不同文化的理解和培養同理心。也可利用「歷史小說」幫助學生對過去事件產生豐富的理解，讓學生們了解人們面對困難時的掙扎。另外，「傳記」能幫助學生深度理解歷史人物。

　　閱讀和理解自然科學教科書時，主要的困難在於科技字彙、概念間的系統化關係等，閱讀科學書籍需要以學生的先前知識(自發概念)為基礎，擴充、建構使之成為系統化的架構(科學概念)。「童書」中常出現的主題，如自然、生命循環、野外世界能擴展學生的生態覺察；「科學小說」談論科學快速發展所衍生的人文以及倫理議題；「著名科學家的傳記」讓學生了解科學家努力探究的精神，實驗操作以及魔術書籍可以提供學生實作的機會。

2. 中介概念發展的策略

　　分類策略為：藉由系統化的組織和歸納知識體系，從已知的概念擴展到新的概念，以擴展學生的字彙知識。Dixon-Krauss(1996)指出常用的方法有：

(1)語意網路圖（semantic web）

　　這種圖形可以呈現概念與概念之間的關係，老師可藉此來重建學生的自發性概念，也可以文字標籤的方式教導學生有系統的科學概念（如圖5-4）。

(2)樹狀圖（a tree diagram）

　　對於文章中重要的詞彙，可以利用樹狀圖來表示這些語詞的上屬和下屬關係，圖 5-5 就是以樹狀圖呈現五種感官的內容，讓學生更清楚這些概念之間的關係。

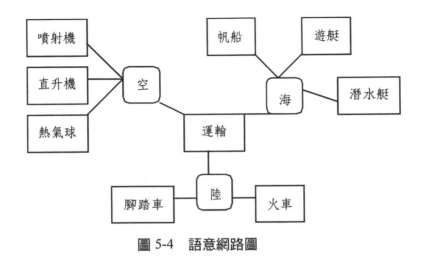

圖 5-4　語意網路圖

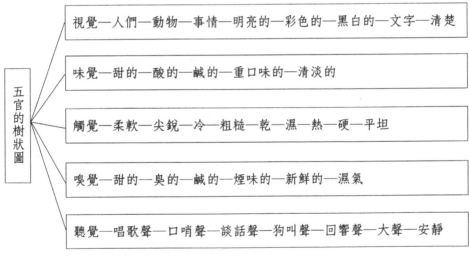

圖 5-5　五官的樹狀圖

(3) T 形長條圖（T-bar chart）

　　當事情需要進行正負向的討論時，可以利用 T 形長條圖進行，首先把需要討論的議題寫在 T 形圖上方，接著鼓勵學生提出建議、比較正例與非正例的相同和相異點，再把相異點寫在 T 形圖的兩側（如圖 5-6）。

要做的事情	不要做的事情
吃好的食物	吃垃圾食物
每天運動	整天看電視或錄影帶
睡眠充足	熬夜
配合天氣穿著	忘記帶外套和雨傘
飯前洗手	用髒手吃東西

圖 5-6　維持苗條身材的 T 形圖

(4)**討論網路**（discussion web）

Dixon-Krauss(1996)指出，Alverman(1991)所研發的討論網路可以幫助學生在做結論之前，看清楚議題的不同觀點。在讀完一段文章之後，學生可以配對議題，提出正向和負向的意見。實施的方式，首先是兩兩配對討論，形成共識之後，再請四個一起討論，如此持續，最後全班一起討論。表 5-7 是一班三年級學生在閱讀《經由爺爺的眼睛》一書之後的討論網，學生提出對「約翰是否應該告訴眼盲的祖父，當祖父把他放在床上時，他把燈光打開而不是關掉的事？」的支持和反對意見。這班三年級學生在充分配對討論之後，進行投票，結果有六票贊成，十八票反對。

(5)**監控策略**

這個策略的功能是讓讀者主動思考閱讀材料以及控制閱讀行為，可用的方法有找出主要觀點、摘要訊息、自己尋找相關資源和預測等。其中「預測」是最常用的，讓學生在閱讀中暫停下來，對文章之後的發展提出假設，老師適切的提問相關內容，可以幫助學生發展與文章結構有關的知識。

Dixon-Krauss(1996)認為，Kellogg(1988)提出的 K-W-L 圖(你知道什麼？你想知道什麼？你已經學了什麼？)是一個可行的監控策略（如表5-7）。

表 5-6　《經由爺爺的眼睛》一書之討論網

是	約翰是否應該告訴祖父燈光的事？	否
因為他不必自己起床關燈		約翰也許會傷害祖父的心
燈開著約翰睡不著		那只是一個起不來的藉口
約翰可以快一點上床		也許對祖父而言，關燈很困難
約翰不能因為起床而著涼		開燈約翰也可以睡
祖父可以知道約翰的要求		祖父看不到

表 5-7　K-W-L 監控表

K	W	L
◎他常常去旅行。	◎他還活著嗎？	◎他兩歲時他的媽媽和弟弟就死了。
◎他人很好。	◎他幾歲死亡？	◎他和印地安人做朋友。
◎他喜歡蘋果樹。	◎為何要在頭上戴平底鍋？	◎他生於一七七四年九月二十六日。
◎他死於二百二十年前。		◎他把平底鍋戴在頭上，手才能自由活動。
◎他喜歡野生動物。		
◎他到處種植蘋果樹。		

(6)讀者反應策略

讓學生分享學習材料的意義，分享的內涵可以是理性的，如課文的訊息；也可以是感性的，如情感、經驗等。當學生彼此分享自己獨特的看法或解釋時，才會產生共識。可用的策略包括演戲、創意作文、讀後心得、廣播劇等。

3.經由反省來組織和評鑑教學活動

(1)利用有組織的工具收集資訊

老師可以藉由班級學習情況調查表、學生學習檔案以及師生會議，收集學生學習的情況以及需求，作為教學改進的參考。

(2)**因應教材需要，組織學習形態以實施教學**

教學的形態包括個別的、配對的、小組的和全班的，各種形態都有其適用的情境。老師選擇時應該以最能激發學生表現的互動量為考量依據。

(八)建立學習社群之教學

一些學者（Holzman, 1997; Moll, 1990; Moll & Whitmore, 1993; Newman & Holzman, 1993）認為，對於「最近發展區」的理解不應該局限在鷹架的比喻、兩人之間的互動、個體的心智歷程以及知識技能的訓練上。主張應該更進一步，將最近發展區的概念擴展為集體合作的活動、創造意義的活動以及一個反省的社群。

例如 Moll 和 Whitmore（1993）主張，「最近發展區」是指「兒童在特定的社會言談環境中進行合作的活動」，是師生相互主動創造的「社會文化系統」。Newman 和 Holzman（1993）也有相同的看法，認為人類的發展是一個社會的歷程，而所謂的發展就是創造發展條件的活動，也就是利用已有的事物創造新事物的活動，以及創造出進行這種活動的可能性。

另外，Moll（1990）認為對於最近發展區的了解，不限於從兒童經過引導練習後的獨立表現觀察出來，還可以從兒童參與新的共同活動的能力觀察出來，也就是說，關心的重點應是兒童共同使用中介的方法創造、獲得以及溝通意義。教師的角色不再是提供結構性的線索，而是經由探索性的談話或社會中介方式（例如將日常生活的活動引入教室），幫助兒童掌控自己的學習。教室的特徵不是教導特定的技能，而是不斷強調創造意義，教師必須確保創造意義滲透進教室的每一個教學活動中。

「最近發展區」的另一個意義就是發展「反省的社群」。Newman 和 Holzman（1993, p.174）指出，這種社群的特徵是「自己定義的」（self-defining）、「自我產生的」（self-generate）以及「自我反省的」（self-reflexive）。這些「反省的社群」的特徵和美國學者 Senge（1990）提出的「學習型組織」（learning organization）或「學習社群」（learning community）的概念非常相似。在「學習社群」中，成員不斷自我充實，激發

工作熱誠和組織承諾、自我實現、自我超越；同時發展反省批判能力，隨時檢討自己習焉不察的理論或前提，澄清並避免偏見。尤其是要發揮團隊學習，激發集體洞見，共同塑造願景，引導組織的永續發展（引自歐用生與楊慧文，民 87）。

　　將上述三種觀點落實在教學上，所強調的是學生主動發展文化性工具以支持自己發展，以及師生間共享控制與彼此相互信賴的關係（鄭明長，民 86）。學生主動參與學習，並為自己的學業發展與行為負責，所以學生的學習活動是依自己的需求而共同發展的。教師的角色則是作為社會性脈絡的中介，主要任務在提供中介性的支持或間接的協助，不再是直接指示並控制學生從事作業的完成。

　　以下將根據「最近發展區」的新詮釋，選取數學及語文兩科的教學為實例進行說明。

1. 數學科教學實例

　　本數學科教學實例，是作者（為行文方便，以下稱老師）於民國九十年十二月中旬，在國內某國小三年級教室進行的「分數」單元實際教學。該單元的教學流程大致分成公布問題、小組討論、全班討論與綜合檢討等步驟，其中在小組討論時，各組學生將解題的想法記錄在小白板上，作為討論與修改的依據。在全班討論階段，各組推派代表上台說明該組寫在小白板的解題方法，然後由老師引導全班針對小組的報告進行討論，最後老師將討論當中有關的數學概念和學習歷程做總結。

　　該單元的問題情境是：「一條麵包平分給 6 個人，每個人得多少條？2 個人得多少條？3 個人得多少條？（先畫圖表示，再用分數表示）。」以下是小組討論後進行全班討論時的實況，首先是第四組的代表對於該組的解題記錄所作的報告！

　　明翔：就是它說 6 個格子嘛，它就是六分之一，這個 6 就是代表
　　　　　有 6 個格子，1 就是其中一個格子嘛，六分之三的 6 就代

> 表 6 個格子，3 就是裡頭的 3 個小格子。六分之二就是 6
> 個格子裡頭塗 2 個格子。

明翔說明之後，老師徵求其他學生對於剛才的說明提出問題，這時世賢針對小白板上被擦掉的數字提出質疑，明翔對他的質疑做了解釋。老師再度徵求學生提出問題，不過沒有學生回應，這時老師特別提出「單位」的問題讓學生們思考。

> T：好，明翔先回去，他報告得很好。不過我有一個問題啊，其
> 他的人也可以想看看。老師的題目寫說一條麵包平分給 6 個
> 人，然後問說得多少條。但是他們這一組我有發現，他寫的
> 答案是說：1 塊、3 塊、2 塊。你認為說這個塊和條有什麼樣
> 的關係？
> 明翔（大笑）：那個又不是在上國語。
> T：不是在上國語，在上數學，所以不用管這個？有沒有人有不
> 一樣的看法？
> （沒有人回答）
> T：好，那你說 2 塊是指這 2 個？
> 明浩：老師，老師，老師，老師！
> T：好！（老師示意明浩起來說明）
> 明浩：把一條切成 6 塊啊！
> T：把一條切成 6 塊，那每 1 塊代表的是幾條？
> 明浩：六分之一條啊。
> T：明翔你有沒有聽到？剛才明浩有說，他說他的 1 塊代表的是六
> 分之一條。我們雖然說 1 塊，但是它也可以說是六分之一條。

在前面的討論中，老師發現學生習慣以「塊」為單位，希望學生們釐清「塊」和「條」的關係，並且從明浩的回答中，說明 1 塊代表的是六分之一條。但是在下一節課的討論中，學生們對於「塊」和「條」的使用仍舊不能清楚分辨，因此老師讓學生一一發表，然後針對這些想法進行討

論。

　　T：現在看這邊，你要怎樣跟人家說這一個（手指著圖形中的其
　　　　中一等份）

明浩：我知道，六分之一塊！

　　T：好，我現在寫上去，明浩說六分之一塊！（老師將「六分之
　　　　一塊」寫在黑板）還有什麼說法？

S?：六分之二塊！

　　T：這一個（老師指其中一份），我們以這一個來講就好！

介妤：寫國字的！

　　T：有國字的啊？

介妤：有！

（老師以國字將六分之一塊寫在黑板上）

明浩：六分之一條！

　　T：好，六分之一條。

（老師將六分之一條寫在黑板上）

　　T：還有沒有別的說法？

育宣：老師，你寫條就（代表）整條了吶，六分之一塊而已你幹
　　　　嘛寫六分之一條？

（這時有好幾個學生同時說話，因此聽不清楚）

　　T：要講的你舉手，知不知道？來，俊逸你說！你還可以怎麼
　　　　說？

俊逸：六分之一個！

　　T：六分之一個！

（老師把六分之一個寫在黑板上）

　　T：還有沒有別的說法？……好，介妤！

介妤：六分之一盒。

（老師把六分之一盒寫在黑板上）

　　T：跟剛才的一樣？明翔！

明翔：六分之一格，格子的格。

（老師把六分之一格寫在黑板上）

明浩：又不是……

明翔：本來就是格子的格啊！

T：現在我們看看啊，六分之一塊，可是我也可以說我吃一塊
　　啊，那我為什麼說六分之一塊，你可不可以說它是一塊？或
　　者說它是一小塊？

介好：可以！

S?：一大塊！

T：對，也可以說一大塊！那我們都說一塊。你記不記得（當
　　初）老師問你的時候，老師是說一條麵包還是一塊麵包？

St：一條——

T：那你現在……

介好：六分之一條。

明浩：對啊，上面就有寫六分之一。

T：那我們看這個六分之一條，你這樣講我們就比較了解。本來
　　是一條，現在把它分成六等份，一等份是六分之一條。那一
　　塊可不可以？

介好：不可以！

明翔：可以啊！

T：一塊也可以啊！但是……一塊還不夠清楚，到底這一塊是代
　　表多少？我們還不知道。

T：好，來！六分之一塊，可不可以？

Ss：可以！

T：你覺得六分之一塊可不可以？那六分之一塊跟一塊到底哪一
　　個對？人家會覺得很奇怪！人家會認為六分之一塊比一塊還
　　小，所以這個六分之一塊（的說法）我們就不要了。（老師
　　在六分之一塊前面畫一個×）那六分之一個好不好？

Ss：不好！……不好！

T：因為我們說的是一條麵包啊，如果他問你說一個麵包或者說
　　一個蛋糕，那你就可以說六分之一個。在這個情況下我們也

不要（六分之一個）。（再來）六分之一盒，什麼地方跑出盒了？在這一題我們就不要這樣說，可是在其他的地方還是可以。來，（還有）六分之一格。

S?：啊——（驚訝的語氣）六分之一是格子喔？

T：格，這個也不好！現在六分之一條還可以怎麼說？它是全部的幾分之幾？

Ss：六分之一！

T：我們也可以這樣說，全部的六分之一。

明浩：是全部的六分之一。

（老師把「全部的六分之一」寫在黑板上）

T：我們也可以寫國字「六分之一」。還可以怎麼說？這些我圈起來的都是可以的：全部的六分之一，還有六分之一條、一塊也可以。還可以怎麼講？……我可不可以說一條的六分之一？

Ss：可以！

T：好，這些說法都可以！

　　討論完後，老師為加深學生們的印象，再以討論的結果檢視各組的解題記錄，並特別指出有哪些缺失，以及應該如何改正。然後，指定課本的習題讓學生練習，在練習的過程中，育宣的想法又引起討論。

T：課本的 72 頁！課本的 72 頁這邊。這邊有 6 個杯子，都裝了一些水，你看它們每一個杯子都裝了多少？

S?：六分之一！

T：來，譯庭！你說看看！

譯庭：第幾個？

明浩：六分之一！

T：每一個杯子裝多少？

S1：六分之一！

S2：六分之一！

S3：六分之一！

譯庭：六分之一杯。

T：六分之一杯，她有講出那個杯，這樣很好！育宣，那你會怎麼說？

育宣：五分之一！

T：五分之一杯？

S?：阿娘喂（台語）！

T：我們看看育宣說五分之一是怎麼算的！

育宣：這一條一條的刻度有五條！

S?：老師，我！

T：一條一條的刻度有五個？

S?：可是有六格吶。

S?：六格吶！

T：誰能跟他說他哪裡看錯了？

（幾位學生同時舉手，說：「我知道！」這時老師把課本的圖畫在黑板上）

T：言玲說看看，他哪邊說錯了？

言玲：他有一格沒算到。

T：喔，剛才育宣說有五個刻度（指著黑板的圖）1，2，3，4，5。可是這個杯子不只有裝到這啊，它裝到哪裡？

S?：上面還有吔！

T：對啊，所以你要看有幾格。總共有幾格？

Ss：六格！

（老師帶領全班數 1，2，3，4，5，6）

T：要這樣看。然後它裝到這裡（塗其中的一格）。

S?：六分之一格！

明浩：六分之一杯啦！

T：六分之一杯（強調的語氣）！那現在你把底下的空格填完。

上述實例中，小組的報告可以使學生抽離當時的解題情境和行動，使

學生得以反省自己的解題歷程。在全班討論時，老師提出問題引導討論的深度，由於老師以開放的態度徵求學生提供想法，因此學生紛紛貢獻出不同的想法。等大家都發表想法之後，老師再以清楚溝通的需求為依據，對於不同的想法一一進行評論，引導學生反省剛才的想法。在綜合檢討的階段，老師對於錯誤的答案並不立即否定，而是鼓勵學生說出想法，然後引導其他學生指正其錯誤之處。總之，老師不斷參與討論，表達他的想法，提供他對於學生討論活動的觀察。

2. 幼稚園的團體討論實例

本實例取材自蔡敏玲（民 90）觀察某幼稚園的老師帶領小朋友活動的情形。原本老師提出的問題是：「怎麼樣的牙齒叫作健康？」但是因為小朋友紛紛說著自己看牙醫的經驗，因此老師暫時放棄原來的主題，轉而請小朋友分享個人看牙醫的經驗。

有的小朋友講的是治療蛀牙的情形，例如晏如說：「我去看牙的時候，醫生伯伯把我牙齒裡面抓出一隻小蟲子。」譯安講的是補牙的經驗，老師問他去看牙齒的感覺怎麼樣，譯安說：「我補牙的時候，補下去那個牙的時候，那個牙有一點酸酸的。」

有的小朋友則分享拔牙的經驗，例如明宗的感覺是有一點點痛：浩志提到麻醉。老師請他說明什麼叫麻醉，他說：「用針，然後刺進去。」老師又問他打針的感覺，他說：「很痛！」「然後那時候打下去會歪嘴巴，……打下去然後嘴巴會歪。」曉蘭提出另一種草莓果醬的麻藥，她說：「那個幫我拔牙的那個醫生啊，就幫我上面塗一點草莓的那個果醬，我用舌頭沾一咪咪來嘗嘗看，有一點甜，是很不錯啦，他就幫我拔下來，而且有一點痛，我在那裡哭，然後哭得不怎麼大聲，然後咬著那棉花回家了。」老師謝謝她告訴大家這麼新的東西。

蔡敏玲（民 90）認為經過上面看牙醫之分享式的討論後，老師可以把兒童對看牙醫這件事的各種敘述摘要式地寫在長條紙上。接著，可以在一張大海報紙上，把概念相近的話語放在一起，以較大的字體寫出類目，就如同主題網的製作一樣。但是與一般主題網的製作不同之處，在於一般的

主題網大都由老師構思，兒童參與的空間有限，而這種分享式的討論記錄
則讓老師和學生都能實際參與主題網的製作。隨著討論活動的進展，老師
可以不斷的把討論的內容以圖畫或文字的方式加入主題網，幫助兒童看見
自己的話對團體的貢獻，也使得討論的內容愈來愈豐富，某些主題探討愈
來愈深入。

本章參考書目

石素錦、陳瑞慧（民 88）：從認知心理與社會互動談兒童語言發展——從 Piaget 與 Vygotsky 理論談兒童英語學習，**課程與教學**，2(3)，1-22。

江文慈（民 81）：斐哥斯基「近側發展區」之基本概念及其在教學上的應用，**現代教育**，7(4)，145-156。

吳振賢（民 86）：評「Vygotsky 的心理學」(Vygotsky's Psychology—A Biography of Ideas, by Alex, Kozulin)，**教育研究**，57，69-72。

余思靜（民 88）：幼稚園大班的畢業生真的準備好上一年級了嗎？國小新生的同儕關係與學校適應。**台東師院學報**，10，123-154。

沈添鉦（民 86）：鷹架在語言發展中的角色：母語學習及第二語教學之實況分析與比較。**國民教育研究學報**，3，1-24。

沈中偉、黃秋娟（民 83）：魏考斯基(L. S. Vygotsky)的理論方法對心理學發展的啟示。**視聽教育雙月刊**，35(5)，1-14。

沈中偉（民 83）：魏考斯基(Lev Semyonovitch Vygotsky)理論在認知策略上的應用。**教學科技與媒體**，13，23-31。

谷瑞勉譯（民 88）：**鷹架兒童的學習**。台北：心理出版社。

李暉、郭重吉（2000）：A case study of a mathematics teacher's pedagogical values: Use of a methodological framework of interpretation reflection. *Proceeding of the National Science Council(Part D)*, *10*(2), 90-101.

李維譯（民 89）：**思維與語言**。台北：桂冠圖書公司。

李　吟（民 87）：維考斯基（Lev S. Vygotsky）的認知學說在教學的應用。**教師天地**，93，17-22。

周玉秀（民 87）：Vygotsky 心理歷史分析。**幼教天地**，15，241-251。

林永喜（民 87）：Constructivism: theory and pedagogy。**台北市立師範學院學報**，29，1-20。

金瑞芝（民 87）：Scaffolding-related interactions in mother-child play。**台東師院學報**，9，457-499。

施頂清（民 89）：維果斯基(Vygotsky)認知發展論在教學上之應用。**屏東**

師院國民教育研究所論文集，4，69-81。

孫志麟（民80）：魏卡斯基（L.S. Vygotsky）的近側發展區理論，**資優教育**，40，9-12。

杜嘉玲（民88）：**概念發展——古典論與連結論**。國立中正大學哲學系未出版之碩士論文。

許家驊（民87）：從社會互動認知建構觀點探討動態評量在評估及促發認知監控潛能上的應用性。**初等教育學報**，11，335-364。

陳蘊斌、許麗玲（民89）：九年一貫課程的反思——從行為主義的能力本位到建構主義的關鍵能力。**中等教育**，51(1)，7-15。

陳正乾等譯（民86）：**社會中的心智**。台北：心理出版社。

陳正乾（民87）：發展與學習之間的關係——Piaget與Vygotsky的對話。**幼教天地**，15，185-226。

陳正乾（民84）：從 Vygotsky 的理論來討論其對幼兒教育的應用。**教育資料研究**，4，14-19。

陳淑敏（民84）：Vygotsky 的心理發展理論和教育。**屏東師院學報**，7，119-143。

陳淑敏（民84）：Vygotsky「最近發展區」概念內涵的探討。**屏東師院學報**，8，503-526。

陳淑敏（民87）：從社會互動看 Piaget 與 Vygotsky 的理論及其對幼教之啟示。**幼教天地**，15，167-183。

張寶蓮（民83）：從 Vygotsky 的發展理論看創造力。**傳習**，12，111-120。

游麗卿（民 87）：Vygotsky 對研究概念發展的啟示。**幼教天地**，15，227-239。

游麗卿（民88）：Vygotsky 社會文化歷史理論：搜集和分析教室社會溝通活動的對話及其脈絡探究概念發展。**國教學報**，11，230-258。

游麗卿（民88）：**除法概念形成歷程中的錯誤分析對教學的啟示**。高雄：復文出版公司。

詹文宏（民89）：Vygotsky 的特殊教育理論對二十一世紀特殊教育開創新的願景。**特教園丁**，16(2)，45-47。

廖淑臺（民80）：A comparison of Piaget's and Vygotsky's play theories。**幼**

兒教育年刊，4，239-247。

漢菊德（民86）：幼兒科學教育活動之發展。**科學教育研究與發展季刊**，6，19-24。

蔡敏玲（民87）：「內」「外」之間與之外的模糊地帶：再思建構論之爭議。**課程與教學季刊**，1(3)，81-96。

蔡敏玲（民84）：在文化脈絡中創塑意義：從 Vygotsky 的理論思考「文化刺激」的議題。**教育資料與研究**，4，20-24。

蔡敏玲（民87）：豈止是自言自語而已：Vygotsky 和 Piaget 關於「自語」的對話。**幼教天地**，15，205-226。

蔡敏玲（民90）**尋找教室團體互動的節奏與變奏──教育質性研究歷程的展現**。台北：桂冠圖書公司。

劉宏文（民88）：建構主義與情境認知理論在科學教學上的意義。**中二中學報**，32-63。

蔣佳玲、郭重吉（1999）：An analysis of agreement and disagreement among elementary pupils in science group discourse. *Proceeding of the National Science Council(Part D)*, 9(2), 45-55.

鄭婉敏（民88）：認知的學習理論的教學意涵及其對教學的啟示。**台中師院學報**，13，57-70。

鄭明長（民86）：**課程實施與教室談話歷程的詮釋分析：以國小五年級社會科教學觀察為例**。國立政治大學教育研究所未出版博士論文。

歐用生、楊慧文（民87）：**新世紀的課程改革：兩岸觀點**。台北：五南圖書公司。

蕭英勵（民88）：社會語言學於教學上的意涵。**中等教育**，50(2)，81-89。

簡淑真（民87）：建構論及其在幼兒教育上的應用。**課程與教學季刊**，1(3)，61-80。

Asmolov, A.(1998). *Vygotsky today: On the verge of non-classical psychology Commack.* New York: Nova Science.

Bodrova, E. & Leong, D. J.(1996). *Tools of the mind. New Jersey:* Englewood Cliffs.

Dixon-Krauss, L.(1996). *Vygotsky in the classroom: Mediated literacy instruc-*

tion and assessment. New York: White Plains, Longman.

Forman, E. A., Minick, N., & Stone, C. A.(1993). *Contexts for learning: Sociocultural dynamics in children's development.*New York: Oxford University Press.

Hershkowitz, R. & Schwarz, B. B.(1999). Reflective processes in a mathematics classroom with a rich learning environment. *Cognition and Instruction, 17* (1), 65-91.

Holzman, L.(1997). *Schools for growth: Radical alternatives to current educational models.* N.J.: Lawrence Erlbaum Associates.

Kozulin, A.(1990). *Vygotsky's psychology: A biography of ideas.* Cambridge, Mass.: Harvard University Press.

Lantolf, J. P. & Appel, P.(1994.). *Vygotskian approaches to second language research.* Norwood, N.J.: Ablex.

Lee, C. D. & Smagorinsk, P.(2000). *Vygotskian perspectives on literacy Research: Constructing meaning through collaborative inquiry.* New York: Cambridge University Press.

Lidz, C. S. (Ed.) (1987). *Dynamic assessment: An interactional approach to evaluating learning potential.* New York: Guilford Press.

Lidz, C. S.(1991). *Practitioner's guide to dynamic assessment.* New York: Guilford Press.

Moll,L. C.(1990). *Vygotsky and education: Instructional implications and applications of sociohistorical psychology.* Cambridge; New York: Cambridge University Press.

Moll, L. C.(1990).Introduction. In L. C. Moll(Ed.). *Vygotsky and education*(pp. 1-30). Cambridge: Cambridge University Press.

Moll, L. C. & Whitmore, K. F.(1993). Vygotsky in classroom practice: moving from individual transmissions to social transaction. In E. A. Forman, N. Minick, & C. A. Stone (Eds.). *Contexts for learning: Sociocultural dynamics in children's development.* New York: Oxford University Press.

Newman, F. & Holzman, L.(1993). *Lev Vygotsky: Revolutionary scientist.* NY:

Routledge.

Robbins, D.(2000). *Vygotsky's psychology-philosophy: A metaphor for language theory and learning.* New York: Kluwer Academic/Plenum Pub.

Senge, P. M.(1990). *The Fifth Discipline: The art and practice of the learning organization.* New York: Doubleday.

Veer, R. V. & Valsiner, J.(1994). *The Vygotsky reader.* Oxford, UK; Cambridge, Mass.: Blackwell.

Wertsch, J. V., Rio, P. D., & Alvarez, A.(1995). *Sociocultural studies of mind. Cambridge,* New York: Cambridge University Press.

Wertsch, J. V.(1991).*Voices of the mind: A sociocultural approach to mediated action.* Cambridge, Mass.: Harvard University Press.

第 6 章

後 Piaget 認知發展理論與教學應用

❖Piaget 發展理論的要點與反思
　Piaget 發展理論的要點
　Piaget 發展理論在教學上的應用
　Piaget 發展理論的反思

❖後 Piaget 發展理論的基本概念
　領域與約束的概念
　內在的約束
　外在的約束

❖後 Piaget 發展理論在教學上的應用
　從兒童有能力的領域開始
　鼓勵兒童探討對自己有意義的主題或領域
　使用文化的約束來幫助兒童學習
　鼓勵兒童同儕互動

❖後 Piaget 發展理論的評價

❖教學實例

本章學習目標

看完本章後，讀者應能達成下述目標：

1. 能說明「Piaget 發展理論」的要點及其缺失。
2. 能舉例說明「領域」與「約束」的含義。
3. 能舉例說明「特定領域」的含義。
4. 能分辨「邏輯─數學的結構」與「先天的結構」之差異。
5. 能分辨「內在的約束」與「外在的約束」之差異。
6. 能舉例說明「內在約束」與「外在約束」。
7. 能分辨「Piaget 發展理論」與「後 Piaget 發展理論」之異同。
8. 能敘述「後 Piaget 發展理論」在教學上的應用。
9. 能運用「後 Piaget 發展理論」的概念反省自己的教學經驗。
10. 能從不斷反省與實踐的過程中促進教師的專業成長。

　　「Piaget 發展理論」是當代重要的發展心理學理論之一，對於教學與課程的實施有深遠的影響。其理論的重點可分成「建構論」與「結構論」兩大部分：「建構論」主張個體建構知識的主動性，知識是個體和環境互動的結果；「結構論」主張認知發展的階段性，每個階段都有不同的認知結構，最終的階段是形式運思，也就是說，能以形式的思考解決所有領域的問題。不過後來有許多的研究提出了新的證據，加上 Vygotsky 發展理論的影響，因此有些學者開始批判及修改「Piaget 發展理論」。

　　這些學者基本上接受 Piaget 的建構觀點，對於備受批評的階段理論則給予修正；此外，更加強調社會文化及情境脈絡在兒童發展中所扮演的角色。一般將他們所修正的理論稱為「後 Piaget 發展理論」，主要代表人物有 M. Donaldson、K. Inagaki、G. Hatano、D. J. Walsh、H. Haste 與 J. Bruner等。

　　「後 Piaget 發展理論」最主要的概念是「領域」（domain）和「約束」（constraints）。簡單的說，領域是從經驗當中獲得的專門知識，約束則是對個體發展的有利條件或限制條件。根據這兩個概念，該理論主張，「特定領域知識」（domain-specific knowledge）會影響個人的推理能力，也就是說，個人在不同領域的知識發展並不一致，推理的能力也會因領域不同而有差別。所謂發展，是指在各種約束（包括內在的約束與外在的約束）之下，終身持續建構知識的歷程。根據該理論，教師可以藉由外在的約束來幫助學生建構知識，因此教師扮演著積極的角色。

　　以下將從「Piaget 發展理論」的要點及其檢討、「後 Piaget 發展理論」的基本概念，以及「後 Piaget 發展理論」在教學上的應用及其實例等方面，敘述其理論大要。

一、Piaget 發展理論的要點與反思

　　「後 Piaget 發展理論」係根據「Piaget 發展理論」的缺失而修正的理論，因此要了解「後 Piaget 發展理論」，必須先對「Piaget 發展理論」的

要點和缺失有一番認識。以下將先呈現「Piaget 發展理論」的要點，然後敘述其在教學上的應用，最後對「Piaget 發展理論」作檢討。

(一) Piaget 發展理論的要點

　　「Piaget 發展理論」的範圍既龐大且複雜，但是歸納其要點可分成結構論（structuralist）與建構論（constructivist）兩大部分（陳正乾，民 85；Inagaki, 1992）。

　　結構論主要在描述人類的四個認知發展階段，依照年齡成長的順序，分別是：感覺動作期（從出生至兩歲左右）、運思前期（大約兩歲至七歲）、具體運思期（大約七歲至十一歲或十二歲）與形式運思期（大約從十一歲或十二歲至十四歲或十五歲止）。Piaget 主張不同的發展階段有其不同的認知（運思）結構或「邏輯－數學結構」（logico-mathematical structures），而且所有的人都會經歷這四個發展階段。雖然由於成熟與經驗的影響，使得個人發展的速度有快慢的差別，但是每個人發展階段的順序則是不變的。

　　至於建構論，Piaget 主張知識的建構是個體和環境互動的結果，其中包括「同化」與「調適」的認知平衡過程。當個體面對新的環境時，會利用已習得的知識對新的環境做反應，進而獲得新的知識，這就是「同化」。也就是說，個體將環境中的變化整合到既有的認知結構中，但原有的認知結構並未發生變化。所謂的「調適」則是隨著環境的變化，個體本身也發生了變化。也就是說，當個體原有的認知結構無法同化新經驗時，必須改變既有的認知結構來迎合新的經驗。至於同化與調適的歷程之所以能夠進行，是因為個體具有「反思」（reflect）及「抽象萃取」（abstraction）的能力，才能在同化失敗後，重新思考先前所面對的經驗世界，並從中重組新的概念（潘世尊，民 89）。

　　綜合「Piaget 發展理論」的「結構論」和「建構論」兩個要點，可以了解個體與環境互動所建構的知識，受限於本身所具備的認知（運思）結構或「邏輯－數學結構」（陳正乾，民 85）。換句話說，個體採取行動與

環境互動之後，經過「同化」和「調適」的過程，如果獲得的經驗能整合
到其已有的認知結構或「邏輯－數學結構」，方能達到認知的平衡，建構
出新的知識。如果個體所獲得的經驗，超過其既有的認知結構或「邏輯－
數學結構」所能理解的程度，就無法從互動當中建構出知識。

(二) Piaget 發展理論在教學上的應用

　　由於「Piaget發展理論」強調認知結構的重要性，因此根據「Piaget發
展理論」實施的教育，也就特別注重認知結構的發展，而不是基本概念或
原則的學習。如果兒童處於在學前教育階段，其目標就是使兒童能夠提早
進入具體運思的層次，Inagaki（1992）指出，以「Piaget 發展理論」為基
礎的「早期兒童課程」（early children curriculum），其自然科學的課程包
括邏輯、數和量以及空間等等，屬於綜合的性質，而不僅局限在自然科學
的範圍裡。至於長期目標則是形式運思的層次。此外，大部分以「Piaget
發展理論」為基礎的課程，通常以兒童最後是否能獲得較進步的「邏輯－
數學結構」，作為衡量成敗的標準。

　　另一方面，以「Piaget 發展理論」為基礎的教學方法稱為「主動的方
法」（active method），即鼓勵學生自行研究、探索與操弄，與傳統由教
師傳遞正確概念的教學法有極大的差別（陳正乾，民 85）。以自然科教學
中「辨認粉末」的單元為例，教師提出的問題是要學生分辨太白粉與小蘇
打粉，首先讓學生先做預測，並要求學生說明理由。然後讓學生使用材料
來測試他們的答案，最後根據測試的結果進行討論，了解辨認粉末的方
法。從這個例子可以發現，Piaget 所強調的探索與操弄，是以實驗的方式
來檢驗個體的預測或假設是否得到支持（Inagaki, 1992），換句話說，Pia-
get重視的是「假設－演繹」（hypothetico-deductive）的思考模式，即形式
運思階段的特徵（Holzman, 1997, p.29）。

(三) Piaget 發展理論的反思

　　「Piaget 發展理論」無論在心理學界或教育界都深受矚目與重視,但是沒有一種理論是十全十美的,所以後來陸續有學者針對其理論提出質疑或修正。例如Donaldson(1978)認為,Piaget的實驗所使用的測驗往往脫離兒童的實際生活經驗,甚至忽略兒童如何詮釋成人提出的問題,因此其理論低估了兒童的能力,誇大兒童與成人之間的差異。Haste(1990)則認為「Piaget 發展理論」雖然提及社會互動,但是並未提到社會文化對於個體的影響。以下將從情境脈絡與社會文化兩方面,對「Piaget 發展理論」進行檢討。

1. 情境脈絡與認知能力表現的關係

　　Piaget 捨棄傳統標準化測驗的方式來評量兒童認知能力的發展,而以觀察法及臨床晤談法來研究兒童各階段的認知發展。由於他希望能了解兒童「純粹形式」(pure form)的思考,因此提出的問題必須去除兒童先前經驗和知識的影響(Vygotsky, 1978)。Donaldson(1978)稱這種思考為「抽離的」(disembedded)思考,也就是抽離情境脈絡的思考,這是脫離「日常生活的意義」(human sense)的一種方法,是在完全排除內容和意義的情況下,來表達理解的方式或理解的邏輯結構。

　　Piaget 著名的「三座山」(three mountain)的實驗即是一個典型的例子。實驗開始時先將三座山的模型放在桌上,每座山有不同的顏色、高度或其他特徵,兒童坐在桌子的一邊,洋娃娃坐在桌子的另一邊。接著問兒童:從洋娃娃的角度看這三座山會是什麼樣子?然後提供圖片讓兒童選擇。實驗結果發現八歲左右,甚至九歲的兒童通常無法成功的通過這項測驗,而六、七歲以下的兒童則有依照他們自己所看到的角度選取圖片的趨勢。Piaget 以「自我中心」(egocentric)來解釋這樣的結果,也就是說,兒童只用自己的角度來看他所處的世界,無法採取別人的觀點來看世界。

　　Hughes設計一個類似「三座山」的測驗,稱為「警察」測驗(轉引自

漢菊德、陳正乾譯，民 85）。其方式為使用兩塊板子交叉成十字形狀來當作牆，另外用兩個玩具娃娃，一個代表警察，另一個代表男孩。在正式施測之前，主試者讓兒童熟悉測驗的情境，使他們明白要做什麼。正式測驗時，兩個警察被放置的位置如圖 6-1，然後主試者要求受試的兒童把男孩藏起來，以避開兩個警察的視線，在這個測驗中，受試的兒童必須考慮並協調兩個不同的角度才能成功。結果三十位年齡在三歲半到五歲之間的兒童，所給的答案有百分之九十是正確的。甚至平均年齡僅三歲九個月的兒童，也達到百分之八十的成功率。

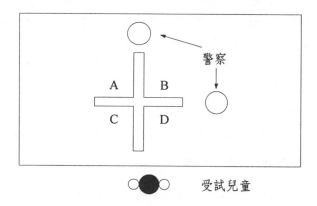

圖 6-1　Hughes 設計的警察測驗
（改編自漢菊德、陳正乾譯，民 85，17 頁）

Donaldson（1978）認為，「三座山」的測驗和「警察」的測驗兩者間最大的差別，在於「警察」的測驗是兒童容易理解的，雖然兒童沒有躲避警察的經驗，但是他們知道躲起來不讓人找到是怎麼一回事，簡單的說，它合乎日常生活的意義。但是「三座山」的測驗是一種抽象的測驗，測驗本身並沒有使受試者立即明瞭的那種人際間的動機運作，因此完全不合乎兒童的日常生活的意義。從這兩個實驗可以發現，習慣於抽象和形式邏輯思考方式的成人，往往很難體會這些對他們來說毫無困難的抽象情境，對兒童來說，卻是一種毫無意義並且令他們感到困惑的活動。從這個角度來

看，這些成人才是所謂的「自我中心」。

其實，成人在面對抽離情境脈絡的形式邏輯的問題時，也會覺得困難。Wason（1968)研究大學生如何判斷一個規則的真假，而這個規則具有「若 P 則 Q」的形式。他們並沒有使用完全抽象的符號來問問題，不過這些問題與日常生活經驗並無關聯。他們提供四張卡片，兩張上面各寫著一個字母（一張母音，一張子音，分別是 E、K），另外兩張則是數字（一張偶數，一張奇數，分別是 4、7）。然後告訴受試者如下的規則：若卡片的一面有一個母音字母，則它的另一面就是一個偶數數字。受試者的任務就是要翻開卡片以判斷這個規則的真假，但只有在需要確定卡片是否符合該規則時，才將卡片翻面。正確的答案是 E 和 7 兩張卡片必須翻面，翻開 E 的理由是因為要確定另一面是否有一個偶數數字；翻開 7 的理由則是要確定其另一面並沒有母音字母。結果很多人都提到 E 必須翻面，卻很少人說 7 必須翻面，因此這些大學生中只有少於百分之十的人正確的解決這個問題。由此可見，兒童面對抽離情境脈絡的問題所產生的困難，與成人的情況非常相似，其差別在於兒童與成人的日常生活經驗不同而已。

2. 社會文化與個體的關係

「Piaget 發展理論」除了忽略情境脈絡對於兒童思考的影響之外，另一個受到批評之處是並未說明社會文化在兒童發展中的重要性。例如 Piaget 學派的學者 Kamii 認為，「但文化就在那裡啊，我只是沒有談那些理所當然的事。」（蔡敏玲，民 87）如果我們談論兒童對世界的建構，卻認為社會文化是理所當然的存在於那裡時，就會產生重大的遺漏。

針對「Piaget 發展理論」的缺失，Haste（1990）提出「個體內」（intra-individual）、「人際之間」（interpersonal）及「社會歷史」（sociohistorical）三個層面的互動架構，來說明社會文化和個體的關係。

根據 Haste 的說法，所謂個體內指的是個體的建構和反思活動，是認知發展學者所關注的層面；人際之間指的是兩人之間或小組內的互動，經由互動導致個體的認知結構失去平衡；所謂社會歷史則屬於文化的層面，文化提供了人們彼此互動的規則，也界定了如何解釋這個世界的方式。此

外，這三個層面的互動並不是單向的，而是雙向的，如圖 6-2 所示。

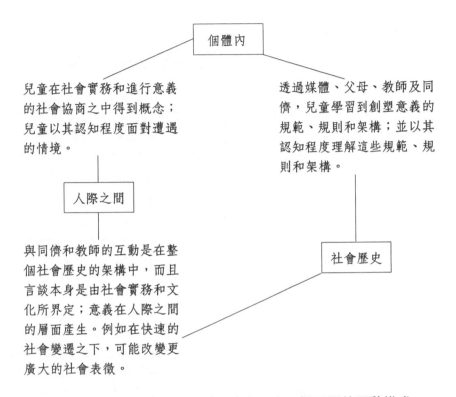

圖 6-2　個體內、人際之間及社會歷史三個層面的互動模式
（Weinreich Haste,1984; 轉引自 Weinreich Haste, 1990, p.175）

　　以個體內和人際之間的關係來說，兒童以其認知程度面對人際之間的互動情境，並且從互動的經驗中學習到一些概念。從個體內和社會歷史的關係來說，兒童透過媒體、父母、教師及同儕，學習到「創塑意義」（make sense）的規範、規則和架構，另一方面則以其認知程度理解這些規範、規則和架構。從人際之間和社會歷史的關係來說，兒童和同儕以及教師的言談互動，必須由社會實務和文化來界定，但是產生於人際之間的意義，也有可能改變廣大社會的表徵。舉例來說，兒童對於社會歷史資源的解釋必須依照其認知發展的程度，而成人與兒童的互動也會不自覺地受

到文化資源和兒童程度的影響，所以成人會以兒童能夠理解的方式，提供特別的訊息和特別的架構，使兒童理解這個世界。

二、後 Piaget 發展理論的基本概念

　　絕大多數「後Piaget」學派的學者基本上都接受「Piaget」的建構論，並且假定個體的發展主要包括「事實性知識」（factual knowledge）、「程序性知識」（procedural knowledge）與「概念性知識」（conceptual knowledge）等知識的產出（generating）、精緻化（elaborating）與修正（revising）。但是對於Piaget的結構論，尤其是對於發展階段理論則給予批評及修正，此外更強調情境脈絡與社會文化在兒童發展上所扮演的角色。以下將分別從「領域」（domain）與「約束」（constraints）的概念、內在的約束與外在的約束等三方面，來說明「後 Piaget 發展理論」的基本概念。

㈠領域與約束的概念

　　Inagaki（1992）認為，要了解「後 Piaget 發展理論」之前，必須先了解「領域」與「約束」的概念。所謂「領域」，係指許多互相關聯的知識所形成的「群集」（cluster），可以視為個體從經驗中獲得的專門知識，而這些知識是有組織的，而且有階層的關係。所謂「約束」，則是指對於解題歷程或知識獲得的有利條件或限制條件。也就是說，除了限制的意思之外，還包含了正向的促進和支持的意思。

　　根據「Piaget 發展理論」，個體的解題能力和知識的獲得受到認知結構的限制，只要達到形式運思期，就可以使用形式邏輯的思考方式處理所有領域的問題。但是「後Piaget學派」的學者反對這樣的看法，他們認為，Piaget 忽略了豐富的「特定領域知識」（domain-specific knowledge）在推理和學習上所扮演的角色。根據前面所述，兒童和成人在他們不熟悉的特定領域中解決問題時，其思考推理的能力較差，但是兒童在熟悉的特定領

域中（例如符合其日常生活經驗），也可以表現出進步的推理。因此，個
體的能力是因領域的不同而有差別的。

　　綜合前面對於領域和約束兩個概念的討論，「後 Piaget 發展理論」可
以用一句話做簡要的說明：個體的發展是在各種約束之下終生建構知識的
歷程（Walsh, 1997; Inagaki, 1992; Hatano, Inagaki, & Oura, 1993）。雖然「後
Piaget 學派」學者對於各種約束的重要性有不同的看法，但是他們仍有兩
點共識：(1)知識的建構歷程同時受到內在約束（包括先天的結構和學習而
得的特定領域知識）以及外在約束（包括人造器物所代表的文化以及與他
人進行的社會互動）兩方面的約束；(2)在某個特定領域中先前知識相近的
情況下，人類在任何年齡（階段）所建構的知識，就質的方面來說，僅有
少許的差異（Inagaki, 1992）。

(二)內在的約束（internal constraints）

　　內在約束包括個體的先天結構和學習而得的特定領域知識，在這裡必
須強調的是，所謂的先天結構和 Piaget 所指的「邏輯－數學結構」並不相
同。「Piaget 發展理論」認為，如果個體的「邏輯－數學結構」處於具體
運思的層次，就無法以形式推理的思考方式處理任何領域的問題。然而，
「後 Piaget 發展理論」則認為，兒童的先天結構對於某些特定領域的問題
較有能力，如果能在這些領域學習到豐富的知識，也能在這些領域表現出
進步的推理方式，以下將分成先天的結構和特定領域知識詳細說明內在的
約束。

1. 先天的結構（innate structure）

　　前面曾經提到，Piaget 主張個體與環境互動所建構的知識受限於本身
所具備的認知（運思）結構或「邏輯－數學結構」，由此可見認知結構的
重要性。如果認知結構尚未發展至下一個階段，那麼即使是與環境互動或
透過外力將知識灌輸給個體，個體仍舊無法建構出新的知識。因此在 Piaget
的眼裡，兒童（尤其是學前教育階段的兒童）是能力不足的，例如他們尚

未具有保留概念，也無法處理階層、總類與子類的概念。

　　但是「後 Piaget 學派」所主張的先天結構並不是「邏輯－數學結構」，而是一些「特定領域的組織結構」（domain-specific organizing structures）。這些結構指引幼兒注意那些能夠產生概念和事實的資料，而那些概念和事實正好與特定的認知領域有所關聯，使兒童在某些領域所展現的能力較 Piaget 所描述的還強。因此他們認為兒童，尤其是學前教育的兒童，較 Piaget 所主張的還要有能力（Inagaki, 1992）。而這些結構之所以被視為先天，是因為兒童並不是經由教導而擁有這些結構。

　　以數學概念為例，Pepper（1993）發現，能夠成功完成平均分配的學前教育階段兒童，其所使用的策略大都是在每一輪分配的時候從同一個固定容器開始，而且能在心中記住每個容器裝的數量以便調整；此外還發現數數和平均分配兩個活動其共同的特徵就是一對一的對應。Sophian 和 Wood（1997）研究五歲與六歲兒童對於「相對數量」（relative amount）的推理（即比例推理）能力，發現兒童會因問題的不同而採取不同的策略，例如對某些問題採取「部分－部分」的推理，對於某些問題則採取「部分－整體」的推理。甚至有的學者（Baillargeon, Kotovsky, & Needham, 1995）還發現，幼兒對於相對數量也能表現出敏感性。

　　此外，特定領域的組織結構對於知識學習的影響，也可在生物學領域，特別是有關於人體的範疇裡找到證據。Inagaki 和 Hatano（1988）指出，在學前教育階段的兒童能夠了解「心智－身體」的區別，所以他們不會以心理意圖的因果關係來解釋人體內在的生理現象。例如他們知道當一個人吃得很飽時，在還有許多美味食物的情況下，就算他想要吃光，他的胃根本無法再讓他吃下任何東西；此外，他們也知道人們不能以意志使心臟停止跳動。

2. 特定領域知識（domain-specific knowledge）

　　前面曾經提到由於 Piaget 希望能了解兒童「純粹形式」的思考，因此其實驗研究提出的問題必須去除兒童先前經驗和知識的影響，也就是說，將特定領域知識的影響減到最低，以便了解認知結構對於思考推理的作

用。在這樣的實驗情境下，兒童的表現顯得能力不足。但是後來的許多研究發現，兒童在他們擁有豐富經驗的領域中，也能表現出進步的推理方式，而成人（甚至是大學生）對於脫離生活情境脈絡的問題也無法進行形式邏輯的思考。因此，「後 Piaget 發展理論」主張特定領域的知識能夠改變思考的模式。而豐富的特定領域知識要靠經驗的累積，這是影響知識建構的一個內在約束。

Donaldson（1978）列舉了幾個關於兒童在聽故事時所提出的評論或問題，讓我們了解在這樣的情境下兒童所表現的推理能力。其中一個例子是書本中有一張舉行婚禮的圖片，新郎看起來像女人，使得聽故事的孩子認為那是兩個女人。因此這個聽故事的孩子說：「怎麼可能（她們要結婚）？結婚必須要有一個男人才行。」這顯示出聽故事的孩子進行了三段式的推理：第一個前提是婚禮必須要有一個男人，第二個前提是圖中沒有男人，所以結論是不可能是婚禮。

Bryant 和 Kopytynska 於一九七六年的研究證實，雖然兒童通常不會主動去測量那些用目測即可分辨的東西，但是當沒有辦法用目測比較大小的時候，他們確實會使用測量工具。他們給受試者兩塊黑色的積木，每塊中間都有一個洞，然後要他們找出哪一個洞比較深。直接目測洞的深度是不可能的，不過實驗者在兩個積木之間放了一根木棒，兒童可以用這根棒子作為測量工具。研究結果發現，即使在沒有解說棒子用途的情況下，很多兒童還是會使用它來作為解決問題的一種方法。這表示兒童已經有能力了解什麼是測量，也就是說他們能夠做這種形式的推理：已知 A 等於 B，如果 B 大於 C，則 A 必定大於 C（轉引自漢菊德、陳正乾譯，民 85，71-72頁）。

Inagaki（1992）認為，兒童能夠運用其熟悉領域的知識作為「類比思考」（analogical reasoning）的基礎，去預測不熟悉領域的事物的性質和現象。根據這個說法，Inagaki 和 Hatano（1987）強調兒童在大部分的領域中是個生手，但是對於人的知識較為豐富，所以當兒童在面對不熟悉領域的事物時，往往將關於人的特定領域知識遷移至這些事物上。從這個觀點來看兒童的「泛靈論」（animistic）或「擬人化」（personify）的想法，其實

是一種很自然的類比推理方式，只不過這樣的方式不見得是正確的或有效的，所以從 Piaget 重視「邏輯－數學」的思考模式的眼光來看，兒童的這種想法是不成熟的。

(三)外在的約束 (external constraints)

「Piaget 發展理論」最常被批評之處，就是忽略了外在社會文化對於個體獲得知識的輔助性角色。相對的，Vygotsky 的理論強調人在「歷史／社會／文化」的脈絡裡，藉著符號的中介與他人的互動而發展。受到 Vygotsky 理論的影響，「後 Piaget 發展理論」除了和「Piaget 發展理論」一樣，都強調兒童建構知識的主動性之外，「後 Piaget 發展理論」更進一步指出：建構並不只是發生在個體腦袋裡或心裡的事，心智的本質是社會性的，心智發展使用的符號系統是文化的產物，心智發展的過程也是社會性的（蔡敏玲，民 87）。以下將分成「文化的約束」與「社會的約束」兩方面說明。

1. 文化的約束 (cultural constraints)

所謂文化的約束，指的是一個社群裡大多數人或其次級團體共享的「人造器物」（artifacts），不但可以加強人們的學習或發展，也可以提升人們解決問題的能力。人造器物包括設備和工具、社會機構和組織、符號（例如語言）、書籍的知識、常識和信念等等（Inagaki, 1992）。Vygotsky（1979）更進一步提出「心理工具」（psychological tools）的概念，例如語言、不同的計數系統、記憶的技巧、代數符號系統、藝術品、寫作、大綱、圖表、地圖、製圖及所有傳統的符號。這些都是人為的，也是文化的。人類使用了心理的工具之後，得以控制自己內在的認知歷程，因而發展出以文化為基礎的高層次心理功能。

Bruner（1990）則以「共享的故事」（shared narrative）來描述文化，而這個故事有時是含蓄的，有時是清楚表達的。如果沒有故事，我們將迷失在幽暗、渾沌的經驗之中，甚至可能無法生存。Postman（1989）也認為

故事提供我們世界如何運作的理論，以及指引我們要生存的話必須如何做。如果沒有這樣的理論或故事，人們將不知如何處理訊息，甚至無法分辨哪些是訊息，哪些不是訊息。總而言之，文化的約束事先排除了許多可能的行動和詮釋，使人們能夠輕易的發現他們應該做什麼（Inagaki, 1992）。

2. 社會的約束 （social constraints）

關於社會的約束，指的是人們的互動以及互動所創造的情境。其實「Piaget 發展理論」也注重社會互動，尤其是同儕的互動。但是其重視社會互動的理由，是因為同儕互動能使不同的觀點相互激盪，產生認知衝突。至於認知衝突是否能促進個體的認知發展，產生新的知識，主要還是決定於個體的認知發展階段或認知結構。不過蔡敏玲（民 87）指出，社會性或社會互動的實質意義，並不只是展現在「觀點交換」（the exchange of viewpoints）這個層面而已，知識建構的社會歷程遠比觀點交換要複雜許多。

關於社會互動的討論，「Piaget 發展理論」忽略了一個事實：兒童在成人或有能力的同儕協助之下，其表現的能力比獨自一個人的時候還要強。對於這個事實，Vygotsky（1978）提出「最近發展區」（zone of proximal development）概念來解釋，他認為發展可以分成兩個層次，一個是實際的發展層次，這是兒童能夠獨立解決問題的層次；另一個是潛在的發展層次，這是兒童在成人的引導下或與能力較佳的同儕合作，才能解決問題的層次，兩個層次之間的差距就是「最近發展區」。

Vygotsky 進一步說：「最近發展區」使我們能夠描述兒童不久的將來及其動態的發展狀態，不僅可以了解已經發展完成的功能，還可以了解正在成熟的功能。所以我們可以透過對於心智發展兩個層次（實際發展層次與可能發展層次）的了解，來決定兒童心智發展的狀態。今天尚處於最近發展區的兒童，也許明天已處於實際發展層次。也就是說，今天兒童在幫助下所能做的，明天或許便能夠獨自完成。由此可知，心智發展的本質是社會性的，知識建構的本質也是如此。

　　Wertsch（1997, p.159）根據最近發展區的概念，從語言溝通的角度，提出「互為主觀性」（intersubjectivity）來解釋成人與兒童的互動，並將互為主觀性分成四個層次。第一個層次是兒童對於情境的定義與成人不同，導致溝通的困難，因此，在這個階段要完全以成人的觀點來進行溝通是不可能的。第二個層次的互動已不再局限於兒童對情境的定義，兒童開始與成人共享部分的情境定義。第三個層次已接近成人對情境的定義，對成人指示的他人調整（other-regulation）有適當的反應，甚至有時候兒童已能獨立完成，成人的角色只是再確認是否正確而已。第四個層次是最後一個層次，這時候人際間的互動已轉變成個人心理的功能，兒童自己負起全部的責任。

　　不過也有學者（Forman & Cazden, 1985; Inagaki & Hatano, 1983）認為，即使沒有成人的直接引導或控制，兒童也能經由彼此互動的方式集體建構知識。因此，教師的角色不再是提供結構性的線索，而是經由探索性的談話或社會中介方式（例如將日常生活的活動帶入教室），幫助兒童掌控自己的學習。這種教學方法強調學生主動追求自己的發展，以及師生間共享控制與彼此相互信賴的關係（鄭明長，民 86）。學生主動參與學習，並為自己的學業發展與行為負責，所以學生的學習活動是依自己的需求而共同發展的。教師的角色則是作為社會性脈絡的中介，主要任務在提供中介性的支持或間接的協助，不再是直接指示並控制學生從事作業的完成。

　　綜合前面的討論，可以了解「後 Piaget 發展理論」主張個體的認知發展，一方面受到內在結構與特定領域知識等內在約束的影響，另一方面也受到文化的約束與社會的約束等外在約束的影響。因此，「後 Piaget 發展理論」不但強調個人的主動建構，還考慮到知識建構的情境和脈絡。先天的內在結構使兒童尚未經過正式教學之前，在某些特定領域就具有初步的知識和概念。經由經驗的累積，兒童在某些特定領域逐漸具備豐富的知識，而這些知識能夠改變思考的模式。文化中的語言、文字及各種設備不但可以加強人們的學習或發展，也可以提升人們解決問題的能力。成人與兒童的社會互動，能提升兒童的表現。兒童與同儕間的社會互動，也能依自己的需求發展共同的學習活動。

三、後 Piaget 發展理論在教學上的應用

　　「後 Piaget 發展理論」仍然強調知識是由兒童自己建構的，反對將現成的知識灌輸給兒童，因此在教學方面還是提倡主動的方法，也就是鼓勵兒童運用自己的先前知識，以實驗的方式驗證自己的假設，這樣才能使他們對自己的觀察產生意義。此外，他們並強調，特定領域知識和社會、文化等約束對於知識建構的重要性。就社會、文化的約束來說，是教師可以控制並加以運用的條件，這意味著教師可以從這個層面採取適當的教學策略，來影響兒童知識的建構。不過，要注意的是，這並不表示兒童的學習可以完全由教師控制或主導。以下將分成四方面分別說明「後 Piaget 發展理論」在教學上的應用。

(一)從兒童有能力的領域開始

　　在前面關於兒童先天結構的討論中，曾提到「領域－特定的組織結構」的概念，這些結構指引幼兒注意那些能夠產生概念和事實的資料，而那些概念和事實正好與特殊的認知領域有所關聯，使兒童在某些領域所展現的能力較 Piaget 所描述的還強，這表示從事教育工作者在這些領域對兒童提早進行教育的可能性。

　　雖然還未有足夠的證據顯示出哪些先天結構對於兒童的學習產生重大的影響，但是從前面所列舉的相關研究中，可發現兒童在某些領域的知識建構確實較其他領域容易。至於有哪些領域是兒童具有先天上的優勢呢？根據Inagaki（1992）的建議，可從兩個管道去觀察：(1)原始文化的知識起源；(2)兒童不須經由意識的努力即可獲得的知識，因為這兩方面的知識似乎都以先天的「特定領域的組織結構」為基礎。

　　前面曾提到「特定領域的組織結構」對於知識學習的影響。在數學領域方面，兒童可以用一對一的對應方式進行數數和分配的活動，還可進行

相對數量大小的比較。在生物學領域方面，兒童特別容易了解關於人體的知識，甚至以人的知識為基礎類推至其他領域。因此在接受正式的學校教育之前，兒童在日常生活中根據這些領域的理解獲得了理論形式的知識，Vygotsky（1987）稱作「日常生活概念」（everyday concept），或「自發概念」（spontaneous concept）。

Hatano 和 Inagaki（1987）將兒童從飼養動物和栽種植物的日常生活經驗中，獲得的理論形式的知識稱為「日常生活的生物學」（everyday biology）。他們認為教師應以兒童的日常生活經驗為基礎，進行自然科學的教學。例如在學前教育階段可以讓兒童飼養小動物或栽種植物。必須注意的是，教師不要因為兒童年紀幼小，就以擬人化或孩子氣的口吻來解釋自然科學活動中所觀察到的現象。相反的，教師更應該以科學的態度和方式，來解釋活動中所觀察到的現象，以避免阻礙兒童對於自然科學知識和概念的理解。

Vygotsky（1987）認為，在正式的學校教育中，教師和學生的合作互動產生了「科學概念」（scientific concept），這是較有系統的知識，有清楚的口語定義，也是有意識的學習，所以其意識覺察的層次較日常生活概念為高。但是科學概念和日常生活概念有密切的關係。Vygotsky 指出，當日常生活概念的層次快速提升的時候，科學概念也會跟著發展；科學概念的發展又會影響日常生活概念的發展。所以其中一個發展，必定會使另一個發展，同時也會引導本身進一步發展。

(二)鼓勵兒童探討對自己有意義的主題或領域

前面曾提到兒童在他們擁有豐富經驗的領域中，也能表現出進步的推理方式，而成人（甚至是大學生）對於脫離生活情境脈絡的問題，也無法進行形式邏輯的思考，所以「後 Piaget 發展理論」主張特定領域的知識能夠改變思考的模式，是影響知識建構的一個內在約束。而豐富的特定領域知識要靠經驗的累積，這表示兒童如果能在某些領域累積許多的專門知識，將有助於他們的學習並提升他們的能力。因此，教師在主題或領域的

選擇上，應注意是否能夠讓兒童積極的投入，以及是否對兒童有意義。

　　以數學科教學為例，傳統上學校數學教育重視的是教科書裡形式的問題，假定學生學到了抽象形式的思考，就能應用在日常生活情境中。但是實際上卻產生兩種結果：一種結果是學生本來就會解決日常生活情境的數學問題，卻無法解決教科書中同樣形式的問題；另一種結果則是學生學會解決教科書裡的文字題，但是卻無法應用該能力於真實的問題情境中。因此對於數學問題的分類，如果以和學生日常生活情境符合的程度為標準，可以將數學問題分成在學校的數學問題與在校外的數學問題（黃敏晃譯，民 77）。在學校的數學問題包括常見的計算題及文字題，例如：「3+8=？」「小明有 3 個彈珠，小華給他 8 個，小明現在有幾個？」等問題。在校外遇到的數學問題則是學生在日常生活裡碰到的真實狀況，而這個狀況中很自然的產生了一些數學問題，例如：「在有限的預算情況下計畫野餐，必須如何購買東西才不會超出預算。」綜合以上的討論，若從「後 Piaget 理論」注重對兒童的意義的觀點來看，教學必須注重與兒童日常生活情境有關的問題以及兒童喜歡的領域。

　　如果教師所選擇的主題或領域對於兒童有意義，接下來的目標就是要鼓勵兒童成為這些主題或領域的專家。不過 Hatano 和 Inagaki（1986）認為，所謂的專家還有「例行性專家」（routine expertise）和「適應性專家」（adaptive expertise）的分別。「例行性專家」是指那些程序性技巧達到自動化的專家，在例行的穩定環境中可以發揮高度的效率，但是如果環境有了變化，其自動化技巧隨即失效，他們也就束手無策。「適應性專家」不但有高度自動化的技巧，還能經由技巧的執行逐漸建構概念性知識，進而了解程序性技巧的意義，一旦環境有所變動，「適應性專家」也能夠彈性適應。依照這樣的區別，教師應當以成為主題或領域的「適應性專家」作為兒童學習的目標之一。

(三)使用文化的約束來幫助兒童學習

　　前面指出人造器物包括設備和工具、社會機構和組織、符號（例如語

言）、書籍的知識、常識和信念等等，Vygotsky 把這些文化的約束視為「心理的工具」，是人類高層次心理功能和基本心理功能的仲介。根據「後 Piaget 理論」的看法，教師可藉由這個層面的操弄來幫助學生建構知識。相對於 Piaget 理論的主張，教師扮演著較積極主動的角色。

　　不過Hatano和Miyake（1991）認為，文化使得某些學習變得更簡單，但是也使得其他的學習變得更為困難，甚至變得幾乎是不可能的。Walsh（1997）以這個觀點說明不同文化對於學習數數的限制或正向的支持，例如中文的數字系統是個、十、百、千、萬等位值，滿十的話就從十一、十二……等一直數下去，有一個清楚固定的規則。這個規則對於兒童學習數數來說，是一個正向的支持。然而就英文來說，ten 之後是 eleven、twelve、thirteen……，與one、two、three等數字有些差異，twenty和thirty無論在語音和拼字上，都和two與three不太有密切的關係，一直到 forty-one 之後才具有規則性。這種數字名稱不規則的命名系統阻礙了幼兒的數學發展。

　　另外，文化中對於什麼知識是重要的、什麼知識是不重要的這種「後設認知信念」（metacognitive beliefs），也對於學習產生深遠的影響。前面曾提到「程序性專家」和「適應性專家」兩者的差別，根據「後 Piaget 發展理論」的看法，教育應以培養「適應性專家」為目標之一。然而以數學科的學習來說，我國的社會文化雖然強調數學的重要，但是卻有強調計算技能的傾向，注重解題的程序性技巧和解題的效率，認為學數學就是要算得快又正確，往往忽略了理解的重要性。這樣的社會文化對於程序性知識的學習或培養程序性專家來說，是一個正面的影響，但是對於概念性知識或適應性專家的培養來說，卻是一個負面的影響。

　　還有 Hatano 和 Inagaki（1984）指出，過去的動機理論注重人們追求成就的動機，因此在教育上的應用往往重視學生們的「成就動機」對於學習的影響。但是除了成就動機之外，人們還有一種「追求理解的動機」（motivation for comprehension）。「追求理解的動機」並不以學到特定的知識或達到某種程度的成就為滿足，而是一種想要進一步了解為什麼這種知識有效的動機。所以對於學習來說，「追求理解的動機」在教育上的價

值，可能比「成就動機」的價值還高。以數學科的學習為例，高成就動機的學生可能為了提高自己的數學學業成就，學習了許多有效的解題技巧，而且都能成功的應用在數學解題上，但是對於這些技巧為什麼能夠成功的解題則可能並不了解，或根本沒有興趣了解。由此可見，高成就動機的學生，並不一定是高理解動機的學生。因此，如何培養學生追求理解的動機，也是教育上的重要課題。

對於文化的約束，教師應妥善的加以利用，一方面減低負面的影響，另一方面加強正面的影響。例如：社會文化對於數學學習的後設認知信念如果普遍重視計算能力的熟練，忽略理解的重要性，那麼教師的教學目標就是要在教室裡形成一個強調理解、注重探究和討論的教室文化。要在教學活動中鼓勵同儕的互動，鼓勵兒童的探究和理解，藉由同儕的共同活動逐漸發展成一個良好的教室文化，使每一個成員在潛移默化中漸漸地內化（internalize）正向的後設認知信念。

關於理解動機的培養方面，教師必須先將對理解動機有負面影響的文化約束，如：外在的酬賞、贊許式的評量以及權威的標準答案等，從教室的學習活動中移除；然後藉由同儕的互動，例如以討論、辯論及合作學習等對話式的互動，引起學生的驚奇、困惑與認知上的不平衡，進而追求適當的理解。

Inagaki（1992）所列舉的「假設－實驗－教導」（Hypothesis-Experiment-Instruction）教學法，即是利用教室討論和問題的安排，培養學生理解動機的自然科教學實例。本教學法最初應用在國小到高中的自然科教學上，也有少數應用至數學科教學及社會科教學的例子。本教學法進行的程序主要分成六個步驟：(1)呈現問題給學生，並提供三至四個可能的答案讓學生選擇；(2)要求學生自己選擇一個答案；(3)將各個答案的選擇人數記錄在黑板；(4)鼓勵學生和同儕解釋並討論為什麼選擇這個答案；(5)再要求每個學生選擇一個答案，可以更改原先的選擇；(6)讓學生以觀察實驗結果或閱讀提供的資料，以驗證其選擇是否正確。

以「浮力」這個單元的教學為例。教師在開始的時候，可以問學生：

「假設彈簧秤掛著一個黏土球，你拿著彈簧秤的一端，將黏土球的一半浸到水裡，這時候彈簧秤的長度會有什麼變化？」然後提供可能的答案讓學生選擇：「⑴變短　⑵變長　⑶保持不變」。通常大多數的學生選擇的答案會彼此不一致，因此，可以讓學生以實驗的方式或從書籍的資料中，證實自己的預測是否正確。教師在提出問題之後，對於學生的意見應保持中立，讓學生充分發表自己的看法而不受教師權威的影響。

㈣鼓勵兒童同儕互動

「Piaget 發展理論」以及「後 Piaget 發展理論」都強調同儕的互動有助於兒童的認知發展。「Piaget 發展理論」主張在同儕互動過程中，因為交換觀點引發認知衝突，導致個體認知上的不平衡，個體在認知不平衡之後進行調適，最後再度恢復平衡，建構了新的知識，促進了認知的發展。

「後 Piaget 發展理論」則認為，認知衝突或觀點交換並不是促進認知發展的唯一條件。例如：Cazden（1988, pp.126-134, 轉引自蔡敏玲、彭海燕譯，民 87，216-219 頁）從教室言談的觀點，提出同儕言談（互動）對於認知發展的四種益處或角色：對話作為觸媒、對話是互補角色的具體呈現、對話如同與聽眾的關係，以及對話是探索性的談話。

就「對話如同與聽眾的關係」而言，當我們和別人對話時，如果某些話說得不清楚，可以經由對方的立即回饋而設法加以澄清。但是在單獨寫作的情況下，未來的讀者並不在現場，因此無法根據立即的回饋來修正寫作的文稿。不過如果能夠與他人討論寫作的文稿，也可以達成同樣的效果。

Cazden（1988；轉引自蔡敏玲、彭海燕譯，民 87，217 頁）舉了兩個學生 Jill 和 Debbie 彼此進行的「寫作討論」（writing conference）為例子，說明「對話如同與聽眾的關係」。在寫作討論開始的時候，Jill 對 Debbie 大聲念出自己的文章草稿，在 Debbie 還沒有提出改進或批評的意見之前，Jill 就做了一些修改，之後又針對 Debbie 提出的問題做了其他的修改。Kamler（1980）認為 Debbie 的出現，對 Jill 草稿內容的更動具有關鍵性。

她真實的出現在 Jill 面前，強迫 Jill 在寫完以後重讀這篇草稿。對 Jill 來說，Debbie 似乎使想像中的聽眾具體呈現。

Cazden（1988; 轉引自蔡敏玲、彭海燕譯，民 87，218 頁）認為，從這個例子可以發現，擔任寫作的兒童從兩種同儕互動的方式中得到利益：第一種方式是同儕以成人的方式問問題。兒童從和老師的寫作討論中以老師為楷模，學習如何就寫作的內容來發問，而這些問題也是兒童彼此能互相發問的問題。所以，教師的示範協助兒童能夠彼此為對方扮演教師的角色，使擔任寫作的兒童和有反應的聽眾交流之後而受益，而擔任評論的兒童則內化老師的角色，向同儕提出問題，也能使他們受益。不過教師的示範必須是兒童能夠學習的那一種，當教師示範這一種兒童可以學習彼此使用的模式時，同儕互動的心智價值將會增強。第二種同儕互動的方式是沈默的同儕。沈默的同儕並不會減損其有效的代表了「對聽眾的需要」，並且它也使得「概念中的聽眾看得見」。

綜合前面的討論，「後 Piaget 發展理論」在教育上的應用包括：從兒童有能力的領域開始、鼓勵兒童探討對自己有意義的主題或領域、使用文化的約束來幫助兒童的學習、鼓勵師生及同儕互動等具體的教學策略。教師從原始文化或兒童的日常生活概念中，可以找出哪些是兒童已有的能力，然後以這個能力為基礎，鼓勵兒童探討與日常生活情境相關的問題或對兒童有意義的領域，使兒童累積豐富的專門知識。在兒童學習的歷程中，教師一方面發揮文化層面對兒童學習的正面幫助，減低負面的影響；另一方面以成人和兒童的互動以及兒童同儕之間的互動，促進兒童的學習發展。

四、後 Piaget 發展理論的評價

「Piaget 發展理論」強調個體建構知識的主動性，卻忽略了個體建構知識的情境脈絡，甚至忽略了社會文化的影響。因此，部分學者根據後來的研究所發現的證據，一方面接受 Piaget 理論對於個體建構的主動性的看

法，另一方面則重新檢視情境脈絡與社會文化對個體認知發展的影響，逐漸形成「後 Piaget 發展理論」。

「Piaget 發展理論」認為，人類最終的思考層次是形式運思，一旦達到這個層次，對於所有領域的問題都可以用形式操作的思考方式來解決。然而「後 Piaget 發展理論」認為，特定領域的知識會影響思考的方式，如果兒童在某個領域具有豐富的知識，那麼對於該領域的問題也能以進步的思考方式加以解決；至於成人如果遇到不熟悉的領域的問題，則無法以形式的思考方式解決，所以個體的能力因領域不同而有差別。

「Piaget 發展理論」認為，認知衝突是同儕互動促進個體認知發展的主要原因，但是「後 Piaget 發展理論」認為，除了認知衝突之外，還有其他的因素促進認知發展。而且由於強調文化的約束對於個體認知發展的重要性，因此教師或成人可藉由操弄這個層面來幫助兒童的知識建構，使教師在兒童的認知發展上可以扮演一個較積極主動的角色。例如在教學上，教師可以運用各種器物、設備或工具幫助學生學習；利用正向的「後設認知信念」影響學生的同儕互動，並促進其持續的探索；組織並鼓勵同儕互動的情境；適時的介入，以避免學生誤入歧途而中斷學習。

雖然「後 Piaget 發展理論」對於教學和課程的實施提示了重要的方向，但是由於學者彼此之間的看法還是有些差異，無法成為一個體系完整的理論，因此以該發展理論為基礎發展的教學和課程並不多。不過這正好讓從事實際教學工作的教師能根據理論提示的原則和洞察力，不斷反省自己的教學，進而建構自己的教學法。

另一方面，雖然「後 Piaget 發展理論」受到 Vygotsky 理論的影響，強調了社會文化對於個體認知發展的重要性，但是後 Piaget 發展理論對於社會文化和個體兩者關係的看法，和 Vygotsky 理論的觀點有些不同。Vygotsky 看待兒童，並不是把兒童看成個體，而是「個體在環境中」的個體。因此將心理發展與影響心理發展的社會因素二分的作法是不適切的，個體的心智發展與整個「歷史／社會／文化」的脈絡無法分開討論（蔡敏玲，民 87）。余德慧（民 85）也指出，如果把文化當成外在變項，將個體

與文化視為互動的客體，那麼人將異化（或疏離）於文化，文化往往只是一個概念範疇，而不是人活在其中的文化。

　　「後 Piaget 發展理論」雖然強調社會文化與情境脈絡的重要性，但是似乎仍然無法擺脫以「二元的觀點」（dualistic perspective）來看待個體與社會文化的關係（Holzman, 1997, p.32），因此必須以「內在－外在」（inner-outer）與「個人－社會」（private-social）的方式，解釋社會文化對個體的影響，結果個體的心智發展和社會文化還是二分了，個體和社會文化仍舊是兩個獨立互動的客體。因此，「後 Piaget 發展理論」與 Vygotsky 理論對於個體和社會文化關係的觀點並不相同，這是我們在讀「後 Piaget 發展理論」時必須留意的。

五、教學實例

　　接下來以 Motoyoshi（1979，轉引自 Inagaki, 1992）的製冰活動為例，說明教師如何運用社會文化的約束，幫助學生以集體的方式建構知識。

　　某一天，幾個五至六歲的小朋友在結冰的小型游泳池上面嬉戲。其中有一位小朋友提出了一個問題：「為什麼有時候池子裡的水會結冰，有時候卻不會呢？」其他的小朋友們對這個問題都感到興趣，並且開始討論。經過討論之後，他們對這個現象想要有更進一步的了解，於是教師鼓勵這些小朋友進行自己製冰的活動。為了讓小朋友們驗證自己的想法，她允許小朋友們使用不同的容器裝水，然後將這些裝水的容器放在小朋友們自己想放的地方，她對小朋友們所提出的想法都表示感興趣和歡迎的態度。在放學回家之前，這些小朋友們都依照自己的想法把容器裝滿水並且放好。

　　第二天早上，小朋友們開始比較哪些容器裝的水已經結冰，哪些還沒有。從是否結冰的比較當中，他們發現同樣的容器所裝的水結冰的厚度並不相同，放在不同地方的容器所裝的水，結冰的情形也不相同；此外還發現有時候會結冰，有時候不會結冰。從上面的發現，促使這些小朋友繼續以非正式的實驗方式驗證他們的假設。也就是說，如何在不同的條件下製

冰。在那一段時間裡，教師的任務就是維持著小朋友探索的環境。有時候在同儕互動之後，大多數的小朋友都接受了錯誤的假設，教師就提出另一個看法激發小朋友的思考。到了第九天，這些小朋友已能指出使水結冰的條件，而且也獲得了如何製冰的程序性知識。

　　在這個實例中，教師扮演了四個重要的角色：第一是允許學生使用現有的器物和工具（例如不同大小和材質的容器），以產生無法預期的結果；第二是從活動當中教師所傳達的信念是：「以主動實驗的方式來學習是非常重要的」，這個信念將影響學生的互動，並促進學生日後持續的探索；第三是組織了同儕互動的情境；第四是適時的介入，以避免學生的探索因遇到阻礙而中斷。

本章參考書目

余德慧（民 85）：文化心理學：文化的存有與存有的文化之間。**本土心理學研究**，6，245-257。

陳正乾（民 85）：發展與學習之間的關係：Piaget 與 Vygotsky 的對話。文章發表於 85 年台北市立師院「Piaget 及 Vygotsky 的對話」百年校慶學術研討會。台北：台北市立師範學院。

陳正乾譯（民 86）：發展心理學在最近發生的典範改變以及其對於教學和課程的一些應用。文章發表於台北市立師範學院國際研討會。台北：台北市立師範學院。

黃敏晃譯（民 77）：**數學解題的教學：近 25 年來的回顧。數學傳播**，12 (2)，26-43。

漢菊德、陳正乾譯（民 85）：**兒童心智：從認知發展看教與學的困境**。台北：遠流出版公司。

潘世尊（民 89）：國小數學教學模式發展之行動研究。**應用心理研究**，8，209-244。

蔡敏玲（民 87）：內外之間與之內的模糊地帶：再思建構論之爭議。**課程與教學季刊**，1 (3)，81-96。

蔡敏玲、彭海燕譯（民 87）：**教室言談：教與學的語言**。台北：心理出版社。

Bruner, J.(1990). *Acts of meaning*. Cambridge: Harvard.

Cazden, C. B.(1988). *Classroom discourse: The language of teaching and learning*. Portsman, NH: Heinemann.

Donaldson, M.(1978). *Children's minds*. New York: Norton.

Forman, E. A. & Cazden, C.B.(1985). Exploring Vygotskian perspectives in education: The cognitive value of peer interaction. In J.V. Wertsch (Ed.), *Culture, communication, and cognition: Vygotskian perspectives*. Cambridge: Cambridge University Press.

Haste, H.(1990). Growing into rules. In J. Bruner & H. Haste (Eds.), *Making sense: The child's construction of the world.*(pp.161-195). London: Routledge.

Hatano, G. & Inagaki, K.(1984). A theory of motivation for comprehension and its application to mathematics instruction. In T. A. Roubor & D. M. Stewart (Eds.), *The Monitoring of school mathematics: Vol.2. Implications from psychology: Outcomes of instruction.*(pp.27-46). Madison: Wcer.

Hatano, G. & Inagaki, K.(1986). Two courses of expertise. In H. Stevenson, H. Azuma, & K. Hakuta (Eds.), *Child development and education in Japan* (pp.262-272). New York: Freeman.

Hatano, G. & Inagaki, K.(1987). Everyday biology and school biology: How do they interact? *The Quarterly Newsletter of the Laboratory of Comparative Human Cognition, 9,*120-128.

Hatano, G. & Miyake, N.(1991).What does a cultural approach offer to research on learning? *Learning and Instruction, 1,* 273-281.

Hatano, G., Inagaki, K., & Oura, Y.(1993). Changing conceptions of development and their implication for art education. *The Bulletin of the Faculty of Education, Chiba University. 41* (1),137-153.

Holzman, L.(1997). *Schools for growth: Radical alternatives to current educational models.* New Jersey: Lawrence Erlbaum.

Inagaki, K. & Hatano, G.(1983). Collective scientific discovery by young children. *The Quarterly Newsletter of the Laboratory of Comparative Human Cognition, 5,* 13-18.

Inagaki, K. & Hatano, G.(1987).Young children's spontaneous personification as analogy. *Child Development, 58,* 1013-1020.

Inagaki, K. & Hatano, G.(1988). Young children's understanding of mind-body distinction. Paper presented at American Educational Research Association Annual Meeting, New Orleans.

Inagaki, K.(1992). Piagetian and Post-Piagetian conceptions of development and their implications for science education in early childhood. *Early Childhood Research. 7,* 115-133.

Kamler, B.(1980). One child, one teacher, one classroom: The story of one piece of writing. *Language Arts*, *57,* 680-693.

Motoyoshi, M.(1979). Watashino seikatuhoikuron. *Essays on education for day care children: Emphasizing daily life activities.* Tokyo: Froebel-Kan. [in Japanese]

Pepper, K.L.(1993). *Preschoolers' knowledge of counting and sharing in discrete quantity settings*, thesis submitted in fulfillment of the requirements for the degree of Master of education, La Trobe University, Bundoora, Australia.

Postman, N.(1989). Learning by story. *Atlantic*, 119-124.

Sophian, C. & Wood, A.(1997). Proportional reasoning in young children: The pats and the whole of it. *Journal of Educational Psychology*, *89*(2), 309-317.

Vygotsky, L.S.(1978). *Mind in society*. Cambridge, MA: Harvard University Press.

Vygotsky, L.S.(1979). Consciousness as a problem in the psychology of behavior. *Soviet Psychology 17* (4), 3-35.

Vygotsky, L.S.(1987). *The Collected Works of L.S. Vygotsky. Vol. 1.* New York: Plenum.

Walsh, D. J.(1997). *Recent paradigm shift in developmental psychology and some implications for curriculum and instruction.* Paper presented at the Taipei municipal teachers college international 1997 conference on education, December 9-10.

Wason, P.C.(1968). Reasoning about a rule. *Quarterly Journal of Experimental Psychology*, *20*,273-281.

Wertsch, J.V.(1997). *Vygotsky and the social formation of mind.* Cambridge, MA: Harvard University Press.

第 7 章

Bruner 發現式學習理論與教學應用

❖**發現式學習的相關理念**
　　認知發展
　　認知結構
　　概念與分類
　　編碼系統
　　歸納思考
　　認知歷程

❖**發現式學習的主要內涵**
　　發現式學習的意義
　　發現式學習的教育目標
　　發現式學習的教學理論

❖**發現式學習的評價**

❖**教學實例**
　　概念的獲得
　　知識結構的發現
　　歸納思考的訓練

本章學習目標

看完本章後，讀者應能達成下述目標：

1. 能解釋 Bruner 發現式學習理論的重要理念，諸如認知發展、認知結構、概念與分類、編碼系統、歸納思考與認知歷程等名詞的意義。
2. 能說明 Bruner 發現式學習理論的意義、教學目標與教學理論。
3. 能批判 Bruner 發現式學習理論的特點與弱處。
4. 能應用 Bruner 發現式學習理論於教學上，以幫助學生獲得學科概念、發現學科知識的結構以及使用歸納思考方法。

「發現式學習」（discovery learning）的概念是由 Bruner（1960, 1966, 1973）首先提出的。Bruner 認為人類的學習，絕不僅僅是機械式的記憶或者是刺激與反應之間的制約而已。他認為所謂的學習，應該是學習者透過與環境的互動，主動地探索各種不同的資訊，並運用歸納推理（inductive reasoning）的方法，建立並檢驗假設，以便導致發現學科知識的整體性結構，即知識的基本原理、原則。Bruner 並且認為一位有豐富知識的人，應該是一位優秀的解題者。換言之，Bruner 所關切的主題在於人類如何主動地選擇、保留並轉化知識，並能超越具體的資訊，而獲致抽象的領悟與理解。因此，成功的學習應該能創造出一個更好、更快樂、更有勇氣、更敏感，以及更誠實的人類。

基於此，教育的目標便是要幫助學生掌握知識的結構、促進學生解決問題的技巧，並對自己的學習能力有信心。一旦學生能掌握知識的基本結構並有解決問題的技巧，學生對其所習得的知識便會記得較牢、理解較佳，而學習遷移的效果也會更好。

一、發現式學習的相關理念

發現式學習重視以學生為導向的學習、強調學習的主動性、並主張開放式的教育。茲列舉數項與發現式學習有關的基本理念說明如下。

(一)認知發展（cognitive development）

Bruner 對人類認知發展的觀點深受 Piaget 的影響，並提出與 Piaget 頗為相似的理論。Bruner 將人類認知發展分為三個階段（Bruner, 1966）：

1. 動作表徵期（enactive）

二歲以前的嬰幼兒對外界事物的理解，主要是透過動作反應。例如嬰幼兒必須調整姿勢及動作的大小，以拿到遠近不同距離的物體。人類進而

能將此動作經驗內化,亦即將此動作經驗儲存起來,以便日後使用。

2.影像表徵期(iconic)

　　二歲至六歲的兒童解釋外界的事物主要是透過各種感覺,尤其是視覺影像的方式。例如我們利用真實的狗、照片中的狗或者圖畫中的狗,讓兒童因親眼目睹狗的形象而理解狗是什麼。兒童進而將此影像儲存起來,成為其所儲存的知識中的一部分。

3.符號表徵期(symbolic)

　　六歲以後的兒童,主要是利用語言、抽象符號的方式來理解環境,並且與環境產生互動。例如兒童看到或聽到「狗」這個字,便了解「狗」是一種哺乳動物、是人類的好朋友、對主人很忠實等。此時兒童能將語言、文字或其他抽象符號所蘊含的意義儲存起來。

　　以上是Bruner所謂的人類認知發展的三個階段,它同時也說明了人類以此三種方式來獲取知識。換言之,人類知識的獲得是將動作的、影像的以及抽象符號的訊息統整而得的。此意味著人類認知發展是具有統整性的。

　　再者,人類認知發展亦具有連續性,即不同階段的發展雖然在「質」的方面有所不同,然而卻是彼此關聯。例如在 Bruner、Olver 和 Greenfield(1966)的一個實驗裡發現,隨著年齡的增加,兒童分類的能力會愈趨成熟。但此種隨著年齡所發生的變化,其速率在不同的年齡階段並不是很一致的。

　　此外,Bruner 也非常強調人類認知發展是相當受到文化因素影響的。Bruner 認為來自不同文化的團體,其認知發展的速率會有所不同,而在「質」方面的認知發展也會不甚相同,即人類會因其所處的物理以及社會環境的不同,思考方式也有所不同。

　　綜合言之,Bruner 認為,人類認知發展亦即人類獲得知識的方式,是透過動作的、影像的以及語言或抽象符號等途徑,它是具有階段性、統整

性、連續性，並且深受文化因素影響的。

(二)認知結構（cognitive structure）：即知識結構（knowledge structure）

Bruner 認為，任何學科知識都包含許多重要的訊息或概念，而這些訊息與概念是彼此相互有關聯、有組織、有層次的，亦即知識是有結構性的。在 Bruner 的認知結構裡，特定的事實與瑣碎的訊息並不重要。因此，Bruner 強調，教育的歷程便是要協助學生掌握知識的結構。Bruner 認為，當學生經由協助而發現並掌握知識的整體結構時，學生會對其所習得的知識有較好的記憶、較深的理解以及較有效的學習遷移。

(三)概念（concepts）與分類（classification）：「概念」是組成知識的主要成分，而「分類」是組織知識的方法之一

Bruner、Goodnow 和 Austin（1956）說明了「分類」有下列五種好處：

1. 分類能減少環境的複雜性。科學家們發現只有顏色就有七百多萬種，如果我們要對每一種顏色都給予反應或者命名，那麼我們這一輩子只學習顏色就夠了。因此，透過分類能讓我們減少學習的負擔。

2. 分類有助於我們分辨這世界中的事物。

3. 分類可以減少老師教學上的負擔，因為老師不必每一樣東西都要教，學生可以利用分類系統去辨識新事物。

4. 分類可以幫助我們對外界環境做適當的反應。例如由於分類系統使我們能分辨毒蛇與無毒蛇、有毒與無毒的蕈類，因此，我們便可對環境做適當的反應。

5. 分類能使我們的知識顯得有順序、有相關、有層次、有組織。

Bruner 等人（1966）在其一項有關分類的研究裡，將分類的方式分為兩種層次。一種稱之為層階式分類法（superordinate classifying），另一種

則稱之為複合式分類法（complexive classifying）。層階式分類法是依據所給予的所有事物中一項或多項共同的屬性來作為分類的標準，並形成另一抽象層次更高的概念。例如我們若將香蕉、梨子、番茄和肉類之共同屬性──「都可以吃」的這個特質抽離出來，並形成一更為抽象的概念──「食物」，則我們便稱此種分類法為層階式分類法。至於複合式分類法，則是一種較為原始形態的分類法，分類之後並未形成另一更具抽象性的概念，而只是依據事物中某些特性來分類而已。例如我們將香蕉和梨子劃分成同一類，因為它們的皮都是黃色的。而將梨子與蘋果放在一起，是因為它們都是圓的。

　　Bruner 認為透過分類的活動，可以幫助學生進行概念的學習，而 Bruner 本人對於何謂概念也有其卓越的見解。Joyce 和 Weil（1980,1986）便依據 Bruner 的有關研究，引伸出每一個概念必須具備五個元素：(1)名稱（name）；(2)實例（examples）；(3)屬性──主要的與非主要的（attributes-essential and nonessential）；(4)屬性價值（attribute values）；(5)規則（rule）。茲將其含義分述如下。

　　每一個概念都有其名稱，即在分類之後，我們都會給每一項目或類別（category）命名或標記。例如食物、狗、政府都是某一群事、物、經驗或歷程的名稱或標記。

　　而每一概念也都有其實例，這些實例又可分為正例與反例。例如，食物的例子有水果、蔬菜、肉類、乳品等，而反例則有家具、交通工具、電器用品等。透過實例可使我們更理解此一概念。

　　概念的第三個元素是屬性或特質。每一個概念，我們都可以列出一串串的屬性，這些屬性有些是很重要、非常具有關鍵性的，有些則否。例如，有羽毛是鳥類最具關鍵的屬性，但是羽毛顏色就不是鳥類的重要特徵。

　　屬性的價值與範圍則是概念的第四個元素。當我們進行分類活動以形成概念時，除了要考慮作為依據的屬性重不重要之外，還要注意須具備該屬性的程度有多少。例如，我們要將一群人分為高和矮兩個類別時，就必

須決定到底身高要達到多少公分才算高？少於多少公分才算矮？蘋果的顏
色可以有黃、綠、紅，但若是白色、紫色或黑色，似乎就不屬於蘋果的顏
色了。簡言之，當我們利用屬性作為標準來進行分類時，往往要考慮某一
事物所具備的該一屬性之程度為何，是否可以被分派至某一類別。這種考
慮屬性的變異程度大到多少時，仍然可歸屬於某一類別的問題，便是概念
的第四個元素——屬性的程度與範圍。另有一點值得一提的是，當人們利
用事物的屬性來進行分類時，有時候僅僅用一種屬性作為依據是不夠的，
而需要多種屬性或一組屬性來做分類才可。例如，我們要將學生分為智能
不足兒童與非智能不足兒童兩組時，僅僅用智商來劃分是不夠的，我們還
要考慮他們的適應行為如何才可。

　　概念的第五個元素是規則，即概念透過標記、實例、屬性的列舉與程
度的規範，我們將可較為明確地界定某一「概念」。例如，我們可以將
「烹飪」定義為將生的、可以吃的食品加以加熱或冷凍的過程。在數學以
及自然學科裡，就有許多概念是透過指出此概念所具有的所有重要屬性以
及這些屬性間彼此的關係來界定。

㈣編碼系統（coding system）

　　Bruner 的學習理論裡，所謂的「編碼系統」是指將彼此有關聯的概念
階層化。編碼系統的最上層通常是最一般性以及抽象程度最高的概念，而
較特定的概念則放在較下層的部分。例如，我們可以將有關生物界的概念
階層化如圖 7-1。

　　由圖 7-1 可知編碼系統就像是許多相關概念的家族一樣，是個具有階
層的概念結構圖，透過編碼系統，知識結構將更為清晰、更有組織與更具
統整性，而使學習者更能掌握知識的本質、更易記憶與理解所習得的知
識。

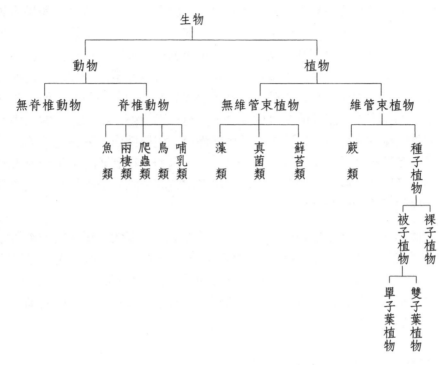

圖 7-1　生物界概念階層圖

(五)歸納思考（inductive thinking）

　　在此處所指的歸納思考，是指從許多事物中的細節與實例中形成一般性的原理原則。

　　Bruner 認為教室中的學習必須使用歸納思考的方式來進行，亦即老師在學生的學習情境中，提供許多特定的實例，然後由學生來鑽研這些實例，直到發現這些實例的相互關係以及特定學科的知識結構為止。例如，我們學了一些名詞如 figure、plane、simple、closed、quadrilateral、triangle、isosceles、scalene、equilateral 和 right，則我們可能只了解到幾何學

中的一部分。然而這些名詞間的關係又如何呢？此時，假如我們運用了分類、編碼系統以及歸納思考等方法，那麼我們對幾何學的結構便有較好的理解。因此，Bruner 認為，假如我們提供學生足夠的正例與反例，學生便會自然地發現與實例有關的知識之基本性質是什麼。例如，當我們給學生許多三角形的例子，則學生會歸納出任何三角形所須具備的基本性質是什麼。此種鼓勵學生利用實例來進行歸納思考的方法，我們可將之稱為實例─規則法（eg-rule method）（Woolfolk, 1987）。

對某些學生而言，歸納思考時需要用到直覺或直觀思考（intuitive thinking），Bruner因此建議為使直觀思考更為有效，老師可以鼓勵學生先利用不完整的數據來做猜測，然後再有系統地去確認或反證這些猜測。

(六)認知歷程（cognitive process）

Bruner 認為，人類在進行學習時包括三種幾乎同時進行的歷程，它們分別是(1)獲得新訊息；(2)轉換新訊息；以及(3)檢查訊息的適切性與合理性。Bruner 重視知識獲取的過程甚於知識獲得的結果。他的興趣在於：人類到底對其所接收進來的訊息做了些什麼？人類又如何超越具體的訊息而達到更上一層的領悟、理解與發現？他認為人類會主動地參與知識獲得的過程、選擇並轉化知識，還會透過結合新舊知識主動地建構知識。

綜合言之，Bruner 認為，人類認知的發展是具有階段性的（即在「質」上面的變化），但也不排斥認知發展的連續性（即在「量」上的變化）。他強調人類的學習在於發現知識的結構，而此結構是具有階層性的（即組成知識的「概念」彼此有關聯，但抽象程度不同）。人們透過分類與歸納思考可發現知識的結構，更進而將新舊知識結合以主動建構知識。

二、發現式學習的主要內涵

　　基於前述理念，Bruner 主張學校應設計教學情境，讓學生能進行發現式學習，以達其所揭櫫的教育目標，Bruner 並據以提出其教學理論。茲簡介如下。

(一)發現式學習的意義

　　Bruner 認為，人類的學習是透過在一個訊息很豐富的環境裡的自由活動中所獲得的。在這個學習環境裡，教師並不直接給學生一個已完全整理好的知識體系，而只是提供充分但尚未組織好的訊息給學生，然後讓學生主動地去「發現」這些訊息之間的相互關係，以導致對知識結構的理解。因此，Bruner 心目中理想的學習環境不需要有明顯的結構性，學生需要自己決定要學些什麼。學生並且透過觀察、分類、組織與標記知識來發現知識的結構或一般性的原理、原則，進而找出新知識與已習得知識之間的相關性，以便主動地建構知識，並據以解決新問題。

　　除了在學習的初始階段之外，發現式學習所需要的教學指導較其他方式為少。但這並不意味著老師丟給學生一些問題之後就不管了。所謂較少的指導，是指老師並未很明確地指出一個特定的方向讓學生立刻找到解答，而是要讓學生對自己的學習負責，即學生對自己的學習有較大的自主權。

　　在 Bruner 的發現式學習裡，老師需要刻意經營班級，使學生能透過自身主動的參與來學習。在學習情境中，老師提出預先設計好的問題，並且提供適當的教材，但老師並不解題，而是鼓勵學生觀察、形成假設並且檢驗結果。解決問題時，學生必須同時使用直觀與分析性思考。儘管學習情境結構性低、老師指導少，但老師還是要給予學生適當的回饋，並鼓勵學生，以找到適當的解題方向。

　　Bruner 認為甚少學生會將在學校所學的用於校外，如果所有的學習都採用編序教學，則學生的學習會變得非常依賴別人，尤其是老師。更甚者，若是所有的學習都必須透過增強，尤其是物質性的獎賞，那麼，學生可能會以為學習只是為了得到獎賞。因此，Bruner 認為，由學生自己主動地去發現知識、概念，會比強迫他們去接受還來得有意義。Bruner 更認為，讓學生自己去解決問題，不但能發展學生解決問題的能力，同時還能幫助學生對自己的學習能力有信心。因為學生在學習的時候，他們不僅學到了學科知識本身，而且還學到了方法——「學習如何學習」。由此可知，Bruner 反對僅僅把特定事實記住就算是學習。綜合言之，Bruner 認為，發現式學習能讓學生對知識的理解較深、對知識的保留效果較好、較有可能產生學習的遷移、對解決問題的能力較強、能自動自發並且有興趣學習。

(二)發現式學習的教育目標

　　Bruner 相當重視學校的教育目標，他認為學校教育應該幫助學生習得一些技能，這些技能包括能理解、想像、處理事物；能運用抽象符號思考，尤其是與科技有關的一些思考技巧。詳言之，Bruner 所陳述的教育目標有下列五項：

　　1.學校教育應鼓勵學生自己的能力，並且對自己的未來有信心。學生在經由發現式學習中所建立的假設，其價值應被肯定，但假設卻是可以被修正的。學生也應理解經由自己第一手來解決問題是很有價值的，即使是問題並沒有獲得真正的解決。

　　Bruner 之所以特別重視學校教育應幫助學生肯定自我，主要是因為Bruner 認為自我價值肯定是使一個人能充分發揮潛能的重要因素之一。但學校教育往往不但未能幫助學生肯定自我，反而削弱了學生的自信心。

　　2.學校教育的第二個目標應該是幫助學生發展解決問題的能力。透過發現式學習，學生能發展其解決各學科領域的問題，以便理解、轉換並進而建構知識。

　　3.學校教育的第三個目標是要幫助學生進行自我推進的工作。學校應引導學生主動參與各學科的學習，學生應有機會親自操弄各種教材，並且自己發現問題、解決問題。

　　4.學校教育的第四個目標在於發展學生有效學習與思考的能力。老師應增進學生主動學習的動機，致使學生有較強烈的學習意願去深究知識的結構，而不止於知識表面結構的理解。

　　5.學校教育的第五個目標在於培養學生誠實的美德。這種誠實的美德是指學生會非常樂意地使用適當的研究工具與教材，來檢核與修正他們經由發現式學習所獲得的解答與觀念。同時，學生也學會欣賞這種誠實的美德。進而，教育應該協助學生願意貢獻心智給他們成長所在的社區，並認識社會的價值。

　　綜合言之，Bruner 強調教育的目標應該要訓練我們的學生有自信地、企圖心旺盛地、誠實地，以及有技巧地運用他們的聰明才智。在學習的過程中，老師本身要做良好的示範，並且與學生有良性的互動，而不僅僅是讓學生模仿而已。以思考方式的訓練作為教育的中心目標，Bruner 重視的不只是個人知識的成長，他更呼籲群育教育的重要性。

㈢發現式學習的教學理論

　　Bruner 認為，要發展一個有利於發現式學習的教學理論，應該要考慮「求知者」（即學生）、「知識」以及「知識獲得過程」等三方面的性質。詳言之，設計教學理論必須要配合學生的文化背景、心智發展與生理限制。至於考慮知識的性質，Bruner 認為知識就是力量，但要追求完全中立與客觀的知識即使有可能，也沒有百分之百的必要性。因此，Bruner 主張在學校中，我們應該讓學生有機會學習一些技能，以解決許多人生很難避免的問題，例如犯罪、戰爭、婚姻和家庭等問題。除此之外，Bruner 還主張，學校的教育不只是要重視已知的知識，更須強調用已知的知識去探索未知以及懸而未決的知識。論及知識獲得歷程的性質為何也須留意，那是因為假如我們對它有較深入的理解，那麼就比較能掌握如何去教導學生

學習。換言之，了解人類知識獲得的歷程，可以幫助我們如何安排教學環境，使學生不只習得知識，還可用此知識去解決問題。

對於 Bruner 而言，教學理論應該論及下列五個方向的問題：

1. 應提供給學生什麼經驗，使其易於產生學習？
2. 應如何建構知識，使學生易於理解知識的結構？
3. 應如何安排教材的順序，使學生產生有效的學習？
4. 應如何處置學生成功與失敗的學習？
5. 應如何激發學生思考的能力？

關於第一個問題，Bruner 認為我們所提供給學生的學習經驗，應該能幫助學生獲得知識，並且能利用獲得的知識來解決問題。更進一步地說，我們所提供的學習經驗應該能減少學生盲目的探索，同時能夠增加學生及時發現錯誤的機會，並且能削弱由於家庭背景以及文化因素所帶來的限制。在老師所提供的學習情境中，學生不只學習到特定學科的知識與技能，還要學習如何學習這些知識與技能。因此，在 Bruner 的教學理論裡，討論法是重要的教學方式之一，但 Bruner 也同時警告老師們，不必期望每一位學生會在同一個時間用相同的方法學到相同的知識與技能。

有如前面曾經提及的，發現式學習重視學生主動地去掌握知識的結構，而這個知識結構是透過編碼系統所建構出來的，而且它是具有階層性的。因此教學理論第二個所要關切的問題，便是要幫助學生掌握知識的基本架構，即學生能分辨哪些知識是重要的，而哪些知識是較為瑣碎而無關緊要的。因為學生不可能在有限的時間內學到任何知識上的細節，學生應該學到知識的一般基本原理原則。例如，在學校裡，老師不可能教導學生所有的英語字彙如何拼音，但卻可教導學生拼音的規則，如此一來，學生碰到一個陌生的字，他便不至於說：「那個字我不會念，因為我沒學過」，反之，他會運用已學過的拼音規則，企圖去發那個陌生字的讀音。

至於第三個問題，教材應如何安排才好？Bruner 認為教材的選擇、變換與次序的安排，必須要考慮如何配合學習者的認知發展階段。有一句 Bruner 一再重複的名言便是：「任何概念、任何問題、任何知識都可以以

某一種形式呈現，使得任何一位特定的學習者都能夠理解它。」他又說：
「任何學科都可以用某一種形式讓任何年齡任何人來學習。」因此，學校
所要做的工作，便是將知識轉換成學習者的年齡層所能掌握的形式或結
構，以及安排它的順序以達最高的學習效益。所以在 Bruner 的理論架構
裡，即使是微積分，也可以以小學一年級學生能夠理解的方式展現，來教
導他們，並且使之有利於以後的學習。由於Bruner主張，知識結構在學習
者不同的認知階段（即動作表徵期、影像表徵期、符號表徵期），需要不
同的形式呈現，因此，Bruner 便進而主張課程的設計應採用螺旋式的，即
學生所需要學習的知識與技能會重複出現，但卻是愈來愈複雜，而呈現方
式也漸由動作表徵為主，轉為影像表徵，終至以符號表徵為主。學生便可
在此種螺旋式課程的引導下，奠定良好的學科基礎。

　　Bruner 在其教學理論裡，也非常重視增強系統在學習中所扮演的角
色。尤其是對年幼的學習者而言，增強系統的作用更形重要。但是 Bruner
主張不要過分使用外在性獎賞與懲罰。他認為如果從長計議，外在性增強
系統對學習不見得有利。因此，Bruner 較為強調內在性動機對學習所帶來
的影響。他認為內在性動機較能使學習者：(1)滿足於知識的獲得與理解；
(2)願意面對挑戰；(3)對學習較為投入與有興趣；(4)滿足於與別人認同；(5)
獲得知識與技能的愉悅；(6)對於自己的能力與成就較能察覺；(7)與別人能
發展互惠的關係。

　　最後，在Bruner的教學理論裡，Bruner十分關切如何激發學習者的思
考能力。Bruner 主張，學校裡的老師應該幫助學生成為一位主動而能自我
推進的思考者，學生能用自己的思考去發現所有形式的知識，因此，在此
處所謂的「發現」並不只是局限於「發現」人類未知的知識。Bruner 認
為，有些特定的家庭與學校氣氛較有利於激發學習者的思考能力。老師的
職責便是營造有利於激發學生思考能力的學習情境。

三、發現式學習的評價

　　雖然發現式學習有其特色，但並非所有的學者或實徵研究的結果都能給予發現式學習正面的評價，其中有不少是負面的。茲列舉數項對發現式學習的批評如下。

　　行為學派大師 Skinner（1968）對 Bruner 的發現式學習有相當多批評。Skinner 認為老師若選用發現式教學法來教學，是為了避免失敗，因為發現式學習主張學生主動去學習，而老師只提供很少的教學，那麼學生在學習上的失敗，就不太可能歸咎於老師了。更甚者，Skinner 認為，要一個甚少經驗、甚至於沒有經驗的學生自己主動去發現知識是不太可能的，除非是一些片斷而瑣碎的知識。若是想要有驚人的發現，那更是少之又少了。而且，老師要裝作不知道，讓學生自己去發現知識，也有可能會讓學生對老師失去尊敬。再者，程度較好的學生可能會有能力做些「發現」，但對於那些程度較差的學生反而可能會有挫折，而對學習失去興趣。因此，如果老師真的毫無限制地使用此種教學方法，而不給學生較有結構性的學習，則學生可能花很多時間，但只學到很少的知識。

　　此外，亦有學者認為，發現式學習不是個可以用來幫助學生精熟學科學習的有效方法。例如有一回顧性報告（Giacorica & Hedges, 1982）即綜合了一百五十三個研究，將發現式學習與傳統的教學來比較，結果發現以老師為中心或以老師控制學習情境為主的教學，對於提高學生的學業成就較為有效。不過，以發現式學習為主的開放式教學卻能激發學生的創造力，以及鼓勵學生發展積極的自我概念，而學生也比較喜歡學校。

　　綜合言之，以發現式學習為主的教學，有優點也有缺點。學者們認為，任何科學發現要奠基於知識的累積，而且許多發現都是相當費時的，由於無法每堂課都有成果，因此學生並不可能在短時間內學得很多。更甚者，在發現式學習過程中，很難免的，有些學生會有挫折，此時如果老師拒絕提供線索或不告訴他們解答，而所進行的討論又是沒有組織且不具建

設性時，很可能會使有能力的學生獨霸學習的成果，而使大部分學生產生自卑、自責與嫉妒。尤其是對那些在文化不利的家庭成長的學生，更不適用此種教學法。不過，發現式學習的教學法也有其優點，那就是學生雖然知道得較少，但卻知道得較為深入，而在校外也較會主動地學習。因此，讓學生有機會自動地去發現知識也是有必要的。最後，學者們的結論是，不要毫無限制地使用發現式學習，但也不要完全拒絕它，也許採取折衷的方式是最為恰當的。

Biehler 和 Snowman（1986）認為，要使發現式學習發揮最大的功效，必須要考慮下列數點：

1. 要選擇適當的時機來使用，並非所有的學習都用此法。
2. 要建立輕鬆的學習氣氛。
3. 要安排情境，使「發現」知識真的會發生。
   (1)要學生討論熟悉的主題，或他們對這些主題的意見。
   (2)利用影片、課本等，提供必要的背景知識。
4. 在討論中，提出一些特定的問題，例如一些具有爭議性的問題。
   (1)鼓勵學生做成結論。
   (2)讓學生知道有些問題目前沒有解答。
   (3)利用較小的主題，學生較易掌握。
5. 若是時間有限，可以運用全班討論的方式。
   (1)問學生問題，以刺激學生應用、分析、綜合與評鑑已知的知識。
   (2)給學生充分的時間做最初始的反應，再進一步提供訊息，以作為發現知識的線索。
   (3)不讓學生有壓力或被威脅的感受。不要老是叫聰明的學生來反應。
6. 如果有充分的時間，則可以選擇較具爭議性的問題，並且用隨機分派的方式，將全班分成數個小組來進行討論，讓每組成員都能有目光接觸的機會，以促成成員間良性的互動。
7. 選一個記錄者，記錄學習活動進行的情形，以幫助老師決定如何協助學生有效地發現知識。

8.要求每位學生把他們的發現寫下來，然後再討論。

9.老師可觀察學生的活動情形，但在開始時應保持緘默，等必要時再介入。即當個人的發現發生偏差，有人霸占或有壓力時，老師應當處理。

10.若有充分時間，應讓各組報告發現的結果，並把結論寫在黑板上，再做評論。

11.讓學生練習寫報告。

12.指導學生解決問題的技巧。

13.鼓勵學生自己探索及解決問題。

Lindgren 和 Suter（1985）亦歸納下列原則，幫助老師進行引導式的發現學習（guided discovery）：

1.老師提出問題，要求學生使用邏輯去檢驗他們的假設、結論與推理。

2.安排一系列的問題，逐漸增加難度，以引導學生達到正確地找到原理、原則的程度。

3.提供原則給學生，然後讓學生去想例子。或者提供例子，讓學生去想原則。

4.給學生一些方向或線索，以引導他們「發現」知識。

5.提供示範、特殊活動或其他種類的經驗，以激發學生發現知識。

這種折衷式的發現學習，不讓學生在很鬆散的情境下學習，而是讓學生在一個有結構、有方向、有評估的學習情境中學習，這對年紀較小或來自文化不利環境的學生尤其重要。總之，善用發現式學習的特點而削弱其弱處，折衷式發現學習法不失為有效的教學法之一。

四、教學實例

發現式學習在教學上的應用可以相當廣泛，由於它重視概念的獲得、知識結構的發現以及思考方式的訓練，因此，大多數學科都可適用，尤其是自然學科，發現式學習的理念相當具有啟發性。

　　許多教育心理學教科書的作者，若論及Bruner的發現式學習，大都會說明發現式學習如何應用在教學上。例如，Woolfolk（1987）即認為 Bruner 的理念可以作下列教學上的應用。

　　1. 當老師在教導概念時，可以同時呈現「正例」與「反例」。

　　　(1)老師在介紹哺乳類時，可介紹哺乳類的例子：人、袋鼠、鯨、貓、海豚、駱駝等。同時，亦呈現哺乳類的「反例」：雞、魚、鱷、青蛙、鴿子等。

　　　(2)請學生再多舉一些「正例」與「反例」。

　　2. 幫助學生找出概念與概念之間的關聯。

　　　(1)老師可以問學生：蘋果和水果之間有什麼關係？水果有什麼用途？（可以吃。）我們把可以吃的東西叫作什麼？（食物。）透過老師的這些問題，可以讓學生理解蘋果、水果和食物之間的關係。

　　　(2)老師可以利用圖表、大綱、摘要的方式，讓學生理解概念與概念之間的關係。

　　3. 老師可以提出一個較具爭議性或較具懸疑性的問題問學生，然後讓學生去找答案。

　　　(1)人類的手可以再做怎麼樣的改進嗎？

　　　(2)細菌是植物還是動物？

　　　(3)一塊塊瓷磚和整片地板之間的關係是什麼？

　　4. 鼓勵學生做直覺性的猜測。

　　　(1)給學生一個陌生的詞彙或概念，然後讓學生猜猜看這個詞彙或概念可能是什麼意思？

　　　(2)給學生一張古希臘地圖，然後學生猜猜看當時的大都市可能會在哪裡？

　　　(3)老師先不要對學生剛開始時的猜測下評論。在給學生正確答案之前，先給學生一些建議或線索，讓學生有較大的機會找到答案。

　　筆者依據發現式學習的基本理念，分別就概念的獲得、知識結構的發現以及歸納思考的訓練等三方面，來討論發現式學習在教學上的應用。

(一)概念的獲得

1. 實例舉隅

　　本實例改編自 Joyce 和 Weil 在一九八六年所著《教學的模式》（*Models of Teaching*）一書中，有關「獲得概念」的教學劇本，第二五至二六頁。

　　某國中二年級某班的學生正在史老師的指導下，努力鑽研中國十五大都市的特色。他們蒐集了許多有關這十五個大都市的各種資料。這些資料包括各大都市的面積、人口密度、人口組成成分、工業種類、地理位置、自然資源等。

　　然後，利用分組活動的方式，各小組分別把他們所蒐集到的做成摘要，並且把這些整理過的資料有順序地條列在大壁報紙上。當資料蒐集與整理完畢後，史老師便對大家說：「今天讓我們一起來做些活動，這些活動可以讓我們對這十五個大都市的特性更加了解。首先，老師心中先預設一組概念，這些概念將有助於我們對這十五個大都市的特性加以比較與對照。但是老師不事先把這組概念是什麼告訴你們，而是要你們在以下的活動中自己形成假設，並且驗證假設，最後，我們再比較看看，老師心目中的這組概念與你們透過活動進行所產生的概念是否吻合。」於是史老師又說：「同學們看貼在黑板上的這張大海報，上面有這十五大都市的名稱以及它們的面積、人口密度、人口組成成分、工業種類、地理位置以及自然資源等資料。老師現在要開始用『是』或『否』來標記這些都市，然後同學們就看被老師標記為『是』的都市與『否』的都市特性各是什麼，『是』的都市之間有什麼共同的地方。這時候同學們可以將你們的假設寫下來，並且可以隨時驗證、隨時修改。」「好！」史老師說：「同學們有沒有不清楚的地方？」等學生們反應並回答學生們的問題之後，史老師便開始進行活動。史老師說：「好！同學們，現在讓我們開始進行活動。」

　　史老師首先說：「上海市是『是』」，於是同學們就開始看海報上有關上海市的各項資料。

接著，史老師指著台北說：「台北市是『否』」。史老師繼續指著天津說：「天津市是『是』」，這時候，學生們又看著台北和天津的各項資料，於是有二位同學舉手。史老師說：「先等一等，讓我們再看看其他的都市。」史老師指著海報上的資料說：「大連市是『否』、廣州市是『是』、漢口市是『否』、高雄市也是『否』」。史老師繼續用「是」或「否」來標記各個都市，直到全班同學都認為他們已經知道老師心目中的那組概念是什麼時為止，然後老師與同學們開始討論這組概念是什麼。

史老師問：「李明，你認為老師心目中的概念是什麼呢？」
李明說：「『是』的都市都是沿海的大都市。」
林琳說：「我不同意，大連和高雄也都靠海呀！」
王毅說：「『是』的都市都是中部地方的海港。」
黃志說：「不太對吧！廣州是在南部地方呀！」
陳欣說：「我有正確答案了，『是』的都市都是有河流出口的港口。」

史老師此時說話了：「對了！這正是我心目中的那組概念！好！現在如果大家再依據這組概念來分類，那麼，南京是『是』，還是『否』呢？」

進行告一段落後，史老師說：「大家都做得很好！現在我們來換另一組概念看看，大家注意聽，我現在說南京是『是』，上海也是『是』。」

如此繼續進行下去，直到老師宣布結束為止。最後，老師要學生報告他們的心得，例如建立與檢驗假設的歷程，並與學生討論他們曾出現過的假設種類與數量。

2. 說明

概念獲得的活動，共可分為三個階段來進行（Joyce & Weil, 1986）。

(1)呈現資料與辨識概念：
　老師標示「正例」與「反例」。
　學生比較「正例」與「反例」的各種屬性。
　學生建立並檢驗假設。

老師標示「正例」與「反例」。

學生依據重要屬性指出所辨識的概念。

(2)檢驗所獲得的概念：

學生利用所辨識的概念來區分新出現的資料是「正例」或是「反例」。

老師確認學生的假設、對概念命名、依據重要屬性重述概念的定義。

學生依據概念產生「正例」「反例」。

(3)分析思考的策略：

學生描述他們思考的過程。

學生討論假設與屬性在辨識概念中所扮演的角色。

學生討論所出現之假設的種類與數量。

在進行觀念獲得活動中，老師對整個學習環境可針對學生的年齡與能力做不同程度的控制，而基本原則是要鼓勵學生互動、強調學生自行建立假設與驗證假設的重要性、指引學生注意「正例」與「反例」中關鍵性的屬性、並協助學生評鑑他們的思考策略。

除此之外，老師也要很小心地選擇與組織資料與實例。當學生相當精通於這類活動時，可以讓學生參與選擇與組織教材的工作。

(二)知識結構的發現

「發現知識結構」的教學旨在協助學生找出概念與概念間的關係。這種關係可以是有層階的，也可以是平行的，它也是可大可小、可簡單可複雜的。例如概念間的關係可小至兩個概念之間的彼此相關，也可以大至整個學科知識所涵蓋的所有概念之間彼此龐大複雜的關係。

如何教導學生發現知識的結構，學者們並未做有系統的研究，倒是有學者主張教導學生如何辨識文章結構（例如 Meyer, 1981），或利用概念圖（concept map）的方式來畫出概念與概念之間的關係（例如 Novak & Gowin, 1985），茲分述如下。

1. Meyer（1981）將說明文與論說文的內容主要分成五種結構，即(1)因果關係（covariance）：酒後開車容易造成車禍；(2)比較異同（comparison）：植物和動物有何相同與不相同的特徵；(3)集合與列舉（collection）：植物進行光合作用的步驟；(4)定義與描述（description）：什麼叫作直角三角形；(5)問題與反應（response）：被毒蛇咬傷了怎麼辦。Meyer認為老師如果直接教導學生辨識文章結構，將有助於學生理解所閱讀的文章，而實證研究的資料也支持 Meyer 的此項建議（例如胥彥華、許天威、邱上真，民 80）。

此外，亦有學者們（例如 Pearson, 1985）將小說文體的結構分為：時間、場所、人物、問題、解答與後果、批判等六大成分，並據以報導學生理解所閱讀的文章，亦得到正面效果。

其實，老師亦可要求學生將各科教科書每課課文編排的方式加以整理、分析與綜合，將不難找出各學科知識的架構。例如，讓學生翻開區域地理的教科書，學生當不難發現每課課文皆有相似的結構，即每課課文皆會討論每一省份的地理位置、地形、氣候、交通、經濟、物產、人文，老師更可進一步指導學生發現這些主題（或概念）之間如何交互影響。又如健康教育的人體保健，其知識結構乃不外乎包括：各器官、系統的結構、功能、運行程序、問題、預防與治療。

2. Novak 和 Gowin（1985）主張用概念構圖（concept mapping）的方式，來教導學生找出概念與概念間的關係。在他們所合著的《學習如何學習》（*Learing How to Learn*）一書中，對如何指導學生進行概念構圖的活動有詳細的說明，以下即是摘錄其為國小中、高年級所設計的概念圖活動。

(1)準備活動

a.在黑板上或用投影機在銀幕上呈現兩列概念，其中一列是學生所熟悉的，另一列則否。例如這兩列字可包括汽車、狗、椅子、樹、雲、書等事物，也可以是下雨、遊戲、清洗、思考、打雷、宴會等事件。然後要求學生描述這兩列詞彙之間有何不同。

b.要求學生描述當他們聽到汽車、狗等字時會想到什麼。幫助學生辨識每個人想到的事物可能不盡相同。我們所想到的，便是我們對這些字所具有的概念。同時，向學生說明什麼叫作概念。

c.重複步驟 b，但用不同的一組詞彙。讓學生們理解詞彙是概念的標記，但是每一個人都必須要自己獲取對字義的理解。

d.列另一組詞彙，這些詞彙包括何時、何地、是、這、與等字。讓學生想像這些字，並使其理解這些字並非概念，而是連接詞，連接詞可用在連接概念，例如小明「是」好學生。「是」連接了「小明」與「好學生」的概念。

e.給學生一組概念與一個連接詞，讓學生建構一個最簡單的概念圖，例如，生物 ⎽⎽包含⎽⎽ 植物。

f.讓學生自己造幾個句子，然後將之轉換成概念圖，例如，白血球可以破壞病毒等三個句子，可轉換成：

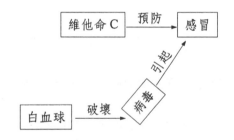

g.給學生一列較不熟悉的字或有多重意義的字，讓學生理解概念的意義不是固定不變的，它同時也會隨著我們在知識上的成長而發生變化。例如，小時候對壞人的認識與長大了之後對壞人的認識會有所不同。

h.從學生所使用的教科書中，選擇一適當的文章段落或短文，其中包含五至十個概念。讓學生找出其中的概念與連接詞。例如：

兩雙對邊分別平行的四邊形，是平行四邊形。

四個角都是直角的平行四邊形，是長方形。

四個邊都等長的平行四邊形，是菱形。

四個角都是直角，而且四個邊都等長的四邊形，是正方形。

(2)**概念構圖活動**

a.要學生將由上述段落找出的概念排列出來，若有階層性，則按抽象程度或概括程度排列，例如四邊形比平行四邊形概括性大，故放在上面。然後，幫助學生建構一概念圖，例子如下：

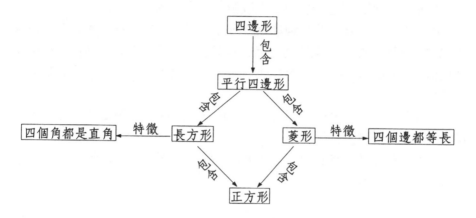

b.再給學生另一段文章，並要求學生畫成概念圖，讓學生比較彼此的概念圖。

c.讓學生理解什麼是較好的概念圖：能忠實而完整地反映文章中重要觀念間的彼此關係。

d.讓學生多做練習，選擇上課教過的一些相關概念。

e.與學生討論概念構圖的意義、技巧，與他們對概念構圖的喜惡。

概念構圖的技巧不只可以用來教學，同時也可以用來作為診斷與評量的方式，並可用以編寫教科書，或者當作一種學習策略（邱上真，民78）。但其效果有待更進一步的評估。

(三)歸納思考的訓練

1. 實例舉隅

本實例改寫自 Joyce 和 Weil 一九八六年的劇本第四一至四二頁。

魏老師是某國小六年級的國文老師，他設計了下列活動，用以幫助學生了解國字的結構及造字的規則，並進一步指導學生利用這些造字的知識來認識陌生的字。

魏老師準備了一疊卡片，每張卡片上都有一個國字。

他選定了一些特定的部首，例如木、火、水，然後找出相同部首的字各約十幾個，這些國字便作為魏老師進行教學活動用的字庫。

魏老師把學生分成幾個小組，每個小組中的每位學生手中都有幾張字卡。老師要小組中的每位學生輪流將他拿在手中的卡片上的字讀出來，並且加以仔細描述，其他同學也可以隨時加以補充說明。在此情況下，老師有意讓學生對每個字的結構性質特別給予留意。

當學生們對卡片上的字都相當熟悉了之後，老師要學生們將這些字卡加以分組。學生們在依各種不同的標準分類之後，老師逐漸加重提示要學生們依據部首來分組。

當學生們分組完畢之後，要他們把每組內的字之共同特徵說出來。從此活動中，學生們學到了部首及其意義。若以後遇到新字時，學生們會應用部首知識來了解或猜測字義。

2. 說明

上述實例是歸納思考的訓練活動。此種歸納思考訓練包含三種教學策略，茲分述如下。

(1)策略一：形成概念：

    a.將人、事、物列表。

    b.分組。

    c.標記、命名。

(2)策略二：解釋資料：

    d.辨識概念間的關鍵關係。

    e.探索關係。

    f.進行推論。

(3)策略三：應用原則：

    g.預測後果、解釋陌生現象、假設。

    h.解釋並支持預測與假設。

    i.驗證假設。

一般而言，歸納思考訓練相當重視師生的互動，雖然老師仍是整個學習活動的主導者，但要注意應給學生充分探索的機會。同時，老師在選擇教材與設計問題時，也得考慮學生的準備度。至於歸納思考訓練的主要特色，乃在於我們給學生的是未經處理過的原始資料，卻透過教學活動的方式指導學生如何組織與分析這些原始資料，並從中發現原理、原則。

本章旨在簡略介紹 Bruner 的發現式學習理論，Bruner 重視知識獲得的過程以及知識結構的性質，並從學生學習的歷程去發展其教學理論。Bruner 的發現式學習理論鼓勵學生主動去發現知識的結構，但由於教學環境採較開放以及結構較為鬆散的方式進行，亦遭受批評，認為學生可能會花費很多時間，卻只學到一點點，因而有修正式的發現式教學法被提出，而受到較多的肯定。

本章最後乃提出實例給老師們參考，了解如何利用 Bruner 的發現式學習理論，來幫助學生獲得概念、發現知識的結構以及使用歸納思考的策略。

本章參考書目

邱上真（民 78）：知識結構的評量：概念構圖技巧的發展與試用。**特殊教育學報**，4，215 － 244。

胥彥華、許天威、邱上真（民 80）：學習策略教學對國小六年級學生閱讀效果之研究。台灣區省立師範學院七十九學年度學術論文研討會。省立新竹師範學院主辦。

Biehler, R. F. & Snowman, J.(1986). *Psychology applied to teaching (5th ed.)*. Boston: Houghton Mifflin.

Bruner, J. S.(1960). *The process of education*. Cambridge, MA: Harvard University Press.

Bruner, J. S.(1966). *Toward a theory of instruction*. Cambridge, MA: Belknap Press of Harvard University.

Bruner, J. S.(1973). *The relevance of education*. New York: Norton.

Bruner, J. S., Goodnow, J. J., & Austin, G. A.(1956). *A study of thinking* . New York: Wiley.

Bruner, J. S., Olver, R. R., & Greenfield, P.M.(1966). *Studies in cognitive growth*. New York: Wiley.

Giacorica, R. M. & Hedges, L. V.(1982). Identifying features of effective open education. *Review of Educational Research*, *52*, 579-602.

Joyce, B. & Weil, M.(1980). *Models of teaching* (2nd ed.). Englewood Cliffs, NJ: Prentice-Hall.

Joyce, B. & Weil, M.(1986). *Models of teaching* (3rd ed.). Englewood Cliffs, NJ: Prentice-Hall.

Lindgren, H. C. & Suter, W. N.(1985). *Educational psychology in the classroom* (*7th ed.*). Monterey, CA: Brookslcole.

Meyer, B. J. F.(1981). Basic research on prose comprehension: A critical review. In D. F. Fisher & C. W. Peters (Eds.), *Comprehension and the competent reader: Inter-speciality perspectives*. New York: Praeger.

Novak, J. D. & Gowin, D. B.(1985). *Learning to learn* (3rd ed.). New York: Har-
　　court Jouanovich.

Pearson, P. D.(1985). *The comprehension revolution: A twenty — year history of
　　process and practice related to reading comprehension* (Reading Education
　　Report No.57). Champaign: University of Illinois, The Center for the Study
　　of Reading.

Skinner, B. F.(1968). *The technology of teaching.* New York: Appleton-Century-
　　Crofts.

Woolfolk, A. E.(1987). *Educational psychology* (3rd ed.). Englewood Cliffs, NJ:
　　Prentice-Hall.

第 8 章

Ausubel 有意義的學習理論 與教學應用

❖ 認知結構

❖ 學習的類型
　有意義或機械式學習
　接受式或發現式學習
　兩個向度之間的關係

❖ 前導架構
　定義
　類別、功能與應用
　撰寫與呈現方式
　功效

❖ 教學理論：講解式教學
　定義
　教師的角色
　學生的角色
　教學流程

❖ 有意義學習理論的評價

❖ 教學實例

本章學習目標

看完本章後，讀者應能達成下述目標：

1. 能舉例說明「有意義學習」的含義。
2. 能辨別「有意義的學習」與「機械式學習」。
3. 能舉例說明「接受式學習」的含義。
4. 能辨別「接受式學習」與「發現式學習」。
5. 能說出「前導架構」的含義。
6. 能比較「說明式前導架構」和「比較式前導架構」在形式上和功能上的差異。
7. 能將「前導架構」實際應用於教學上。
8. 能說明「解釋性教學」過程中，教師和學生所扮演的角色。
9. 能敘述「解釋性教學」的主要特色。
10. 能將「解釋性教學」應用於實際教學情境中。

　　「有意義的學習理論」是由 David P. Ausubel 首先倡導的，也是他學習理論的主要特色。Ausubel 是美國著名的認知心理學家和教育學者。他的學習理論是以「認知結構」（cognitive structure）為基礎，強調新的學習必須能與個體原有認知結構中的舊經驗取得關聯，才是「有意義的學習」（meaningful learning）。由於這種關聯或意義未必為學習者本身所察覺，因此他主張教師可透過「前導架構」（advance organizer）的方式，協助學生進行有意義的學習。此外，他認為知識的獲得是學校教育的重要目標，而要傳遞大量的知識，最經濟、有效的方式莫過於「接受式學習」（reception learning），也就是說，由教師將學習內容組織成最後的形式，直接呈現給學生；就教學的觀點則稱之為「講解式教學」（expository teaching）。這和 Bruner 主張的「發現式教學」截然相對。

　　綜上所述，「認知結構」、「有意義的學習」、「前導架構」、「接受式學習」和「講解式教學」，是 Ausubel 學習理論與教學主張的特色，這些看法對於今日認知心理的發展和學校教學均有深遠的影響。以下即分別敘述他的觀點。

一、認知結構

　　Ausubel 把人類的心靈（即大腦神經系統），視為一個「訊息處理與儲存」的系統（an information-processing and information-storing system），具有主動認知的能力，能獲得與保留訊息。而「認知結構」（cognitive structure），是指個人在大腦神經系統中已經學習與保留的學科知識，包括事實、概念和原則。Ausubel 認為這些內容在腦中形成一個有組織的層級結構或架構，其中較高抽象性（abstraction）、一般性（generality）和涵蓋性（inclusiveness）的概念或原則居於較上層，而較特殊、具體的事例則居於較下層。從另一個角度看，在認知結構中，涵蓋性較大、較一般性的概念，往往包含（subsume）涵蓋性較小、較具體的概念或事物。Ausubel 並指出，學科知識也具有如此的層級構造。他的觀點與 Bruner 的編碼系統

（coding system）相同，只是雙方用的詞彙不同。

　　為了幫助讀者了解認知結構具有層級結構的特性，茲以「生物生殖」的概念為例作說明。圖 8-1 為圖解某人有關「生物生殖」認知結構系統的一部分。由圖中可看出層級構造的特色，其中位於階層 2 的概念（如動物生殖、植物繁殖）比階層 3 這個概念（如卵生、胎生……用子、用根……）較為抽象而概括，而階層 3 本身的抽象性、一般性和涵蓋性又比階層 4 或階層 5 來得高。相對之下，階層 5（如甘藷、鬱金香）位於最下層，屬於最具體、特殊的事例，其涵蓋性最小。

　　Ausubel 認為位於較上層、涵蓋性較大的概念（如圖中的階層 2、階層 3 所示），可提供一個「概念碇泊所」（ideational anchorage）或掛鉤（hook），使得涵蓋性較小的訊息（如圖中的階層 4、5 所示）得以在此納入（incorporated）與附著（anchored）。

　　根據 Ausubel 的觀點，學習便是將新訊息納入個體原有認知結構的過程。也就是說，個體在進行學習時，其現有的認知結構會不斷運作，將新訊息相連於或納入認知結構中的高層概念。基於上述的分析，他主張學習的方向，也應該由上而下，也就是說，學生必須先知道最高層的概念，然後學習較低層的概念、定義、性質等，最後才學習零碎的特殊事物。以圖 8-1 為例，其學習的順序為階層 1→階層 2→階層 3→階層 4→階層 5。換句話說，學生要先學習生物包括動物與植物，才能分別就動物的生殖方式，學習卵生、胎生、卵胎生；就植物的繁殖方式學習用子、用根、用莖、用葉等。

　　Ausubel 認為人們在學習之後，其認知結構會隨著知識的獲得，不斷地持續重組與改變。

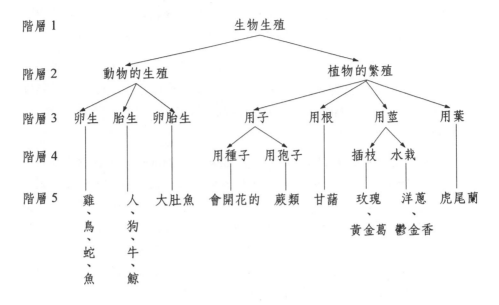

圖 8-1　個體有關「生物生殖」的認知結構

二、學習的類型

　　Ausubel 將教室中常見的學習方式，透過兩個層面加以分析。第一個層面和學習者「如何接納學習內容」有關（有意義的學習抑或機械式學習），第二個層面和「學習內容如何呈現」有關（接受式學習抑或發現式學習）。在這兩個層面當中，Ausubel 贊成有意義的、接受式學習。

㈠有意義或機械式學習

　　「有意義的學習」（meaningful learning）是指：學習者能知覺到新的學習內容和其大腦原有認知結構中的舊知識有所關聯，並能將新舊知識連結，經由學習後，內化為認知結構的一部分。例如：學生在學習槓桿原理

時，如能聯想到以往所玩過的翹翹板經驗，並根據對翹翹板的經驗來學習道理相通的槓桿原理，這種新舊知識的融合，便是有意義的學習。

Ausubel 強調「有意義的學習」才是真正的學習，而意義的成分愈高，學習與記憶的效果也愈好。在這要提醒讀者注意的是，他把「有意義學習」的重點，放在「概念」及「概念與概念間關係」的語文學習（verbal learning）。

雖然 Ausubel 極力倡導「有意義的學習」，但他也承認教室中存有若干「機械式學習」（rote learning），如學習字母、數學符號、化學元素和特殊事物的名稱等。「機械式學習」是指：學習者無法將新的學習內容與其舊經驗取得關聯，於是偏重機械式練習、從事零碎知識的記憶。在這樣的學習方式下，知識即使被記住，仍然處於孤立的狀態，而無法融入學習者原有的認知結構（我們常稱之為死記），因此，遺忘得也較快。Ausubel 認為這一類的學習只占學校課程中很小的部分。

事實上，Ausubel 並未把「有意義的」與「機械的」學習做截然的二分，而是把二者視為一個連續（continuum）的向度。他認為許多學習是兼具「有意義的」與「機械的」兩種性質，只是程度上的多寡而已。例如九九乘法表的學習，雖較偏向機械式的背誦，但學習時也當有意義地了解各乘式的意義，譬如「3×3」表示「3 連加 3 次」。

(二)接受式或發現式學習

從另一個層面來看，「接受式學習」（reception learning）是指：學習內容經由教師組織後，以最後的形式（final form）呈現，提供給學習者。至於「發現式學習」（discovery learning）是指：鼓勵學習者自行操作、探究，以發現學科教材所隱含的組織結構。

Ausubel 並不反對「發現式學習」，尤其是小學階段的兒童處於認知發展階段中的具體操作期，偶爾需要透過「發現式學習」操作具體物，以獲得具體的經驗。此外，他也承認「發現式學習」適用於問題解決，有助

於內在動機的產生，並能促進學習遷移（Ausubel & Robinson, 1969）。

　　但是 Ausubel 堅稱「接受式學習」是學校主要的學習方式。原因是：傳遞學科知識是學校教育最重要的功能，並且只要學生到達認知發展階段中的形式操作期（大約十一歲），便能透過語文進行抽象思考。在這些情形下，採用「接受式學習」則是獲得大量知識最經濟有效的方式。他說：「難不成學生必須要重新發現課程中的每一項原則嗎？」「難道教師要等到每位學生都發現了一項原則後，才能繼續新的教學嗎？」（Ausubel et al., 1978；轉引自 Dembo, 1981）。由此可知，Ausubel 認為不論在校內或校外，學習者所擁有的知識來源，都是「接受的」多於「發現的」。

　　究竟接受式與發現式學習，孰優孰劣？這方面的實證研究結果並無定論。一般而言：

　　1.採用「接受式學習」，所需要的學習時間較少，記憶保留較持久（Wittrock, 1963）。

　　2.「發現式學習」有助於學習遷移（Guthrie, 1967）。

　　3.聰明的學生較能從「發現式學習」中獲益，一般學生或學習遲緩者則未必如此（Hermann, 1971）。

　　既然如此，學校教學應採用何種方式，則必須要考慮：(1)教學目標，(2)學生的能力與特性，(3)教師能力。

　　Ausubel 對「有意義的─機械的」連續性看法，也同樣適用於「接受的─發現的」向度。也就是說，「接受式學習」與「發現式學習」兩者並非互斥，而可能兼容於同一個學習過程中。譬如經由接受獲得的知識，也經常以發現的方式應用到日常問題的解決。此外，由於發現式學習和接受式學習並非兩極端，因此，Ausubel 根據教師介入的程度，將「發現式學習」區分為「指導式發現」和「自主式發現」，前者如使用公式解題，後者如嘗試錯誤。

㈢兩個向度之間的關係

Ausubel 認為「有意義的—機械的」學習和「接受的—發現的」學習兩個向度，彼此之間呈相互垂直的關係，如圖 8-2 所示。由圖中可看出：

有意義的學習	釐清概念間的關係	良好設計的聽講教學	科學的研究（新的音樂與建築）
	講述或大量的教科書學習	校內實驗活動	多數的例行「研究」或智力的產出
機械學習	九九乘法表學習	使用公式解決問題	嘗試錯誤「迷津」解決
	接受式學習	指導式發現	自主式發現

圖 8-2　「接受—發現」的學習與「機械—有意義」的學習之間相互垂直的關係

（Ausubel, 1978；轉引自魏世台，民 70，64 頁）

1. 「有意義的學習」可以是接受的或發現的。例如「教師向學生解釋三角形面積公式係由平行四邊形面積演繹而來」，屬於前者；而「學生自行經由理論或實驗結果推導出一個新的公式」，便屬於後者。

2. 接受式學習未必就是機械的。例如「教師在教壘球規則時，讓學生了解其和他們以往所知棒球規則的異同」，雖屬接受，但卻是有意義的。

3. 發現式學習也不全是有意義的。例如「老鼠跑迷津，誤打誤撞」，雖為發現，但意義成分不多。

4. 發現式學習也可能導致機械的學習。例如「校內實驗活動」的學習，如果只是依照所指示的步驟如法炮製，而對原則和方法缺乏真正的了

解，則偏向於機械式學習。

　　綜上所述，Ausubel 強調：在增進教室中學習的前提下，「有意義的接受式學習」是學校學習的重點。

三、前導架構

　　「前導架構」（advance organizer）的構想源自於 Ausubel 有關「認知結構」和「有意義學習」的觀點。前面曾提及，Ausubel 認為新舊學習間適當的關聯，是增進有意義學習的重要關鍵。另方面，他強調學習的過程是由個體「認知結構」中涵蓋性較大的高層次概念提供一個架構，來連接涵蓋性較小的低層次學習材料。基於上述的理念，「前導架構」的設計，便是為了能在學習者認知結構中引出或形成一個相關的概念架構，以便接納新的學習（Ausubel et al., 1978）。

㈠定義

　　「前導架構」的定義是：在教學前所提出的一個「比學習材料本身具有較高抽象性、一般性及涵蓋性的引介材料」（Ausubel et al., 1978）。簡單地說，是指在教學前對學習內容作一抽象而概括性的介紹。然而他指出，「前導架構」在本質上不同於一般常見的「內容概述」（overview）或「摘要」（summary）。「前導架構」必須要以高層次概念的形式呈現；而「內容概述」通常是將內容重點加以濃縮，但在概念層次上是和內容本身平行的；至於「摘要」的結構與「內容概述」很類似，只是「摘要」呈現的目的在於複習重點，所以屬於回溯的性質而非前瞻的性質（Ausubel & Robinson, 1969，轉引自魏世台，民 70）。

(二)類別、功能與應用

　　Ausubel 將「前導架構」分為「說明式」與「比較式」兩類。每一類所適用的時機與功能不同（Ausubel et al, 1978），分述如下：

1. 說明式架構 （ expository organizer ）

　　當學習材料對學習者而言相當陌生時，可用「說明式架構」，提供相關的背景知識（即先備知識），以利理解和學習新的訊息。例如：在介紹印度的「世襲制度」之前，先說明「社會階層」的形成（Joyce & Weil, 1986）。而它的功用，是希望經由相關概念的引介，能在學習者的認知結構中形成一個合宜的「概念碇泊所」，來含攝（同化）即將學習的內容材料。

　　有關「說明式結構」的實證研究，試以其中最負盛名的一個早期研究為例作說明。Ausubel（1960）曾以大學生為對象作實驗，要求他們閱讀一篇二千五百字有關「碳鋼冶煉」性質的文章。在這之前，一組先讀一篇五百字有關碳鋼冶煉基本概念的前導架構，另一組則讀一篇五百字有關碳鋼冶煉歷史的文章。實驗結果顯示：接受前導架構的那一組，在接下來的記憶保留測驗上有較好的成績。這可能是因為接受前導架構的受試者，能夠將這篇文章的訊息，與呈現在前導架構中的知識結構連接起來的緣故。

　　國內郭建志（民 84）以國小五年級學生為對象，以健康教育三課課文（飲食營養和疾病、卡介苗和結核病、創傷的急救）為實驗教材。其中，實驗組學生在閱讀實驗教材前，先行提供和實驗教材重要概念有關之說明式前導架構，其形式係以圖表配合文字呈現，採用具體敘述方式；控制組則在閱讀實驗教材前，先行閱讀不涉及實驗材料的無關內容或是有關歷史性文章，作為寬心劑。其研究結果發現：前導架構對於延宕回憶的效果優於立即回憶，對於低先前知識組的助益也明顯高於高先前知識組。

「說明式架構」在教學上的應用實例如下：

- 在教「鋼」之前，先介紹「合金」的概念。
- 在教「地形」之前，先為地形下一定義：「地形乃指地球表面的特殊形狀與組成。」（Eggen et al., 1979）
- 在教「等差數列」之前，先教「數列」的概念。
- 在教「負數加減」之前，先教「數線」（Dembo, 1981）。

2. 比較式架構（comparative organizer）

當學習材料與學生舊有經驗有所關聯（這種關聯未必為學生所自知），且具有若干程度的熟悉時，可採用「比較式架構」，來比較新教材與舊知識（即現有認知結構）之間的異同。例如：教「除法」時可讓學生了解「乘法」與「除法」的相同點與不同點（Joyce & Weil, 1986）。而它的功用，在於提醒學生已學過的相關知識，一方面有助於新教材與個體現有認知結構中「相似概念」的融合，另方面透過「相異點」的釐清，避免新舊間的混淆不清。

有關「比較式架構」的實證研究，茲以 Ausubel 及其同事（1963）的實驗為例。他們曾以大學生為對象，要求閱讀一篇二千五百字有關「佛教教義」的文章。在這之前，一組先閱讀一篇比較佛教與基督教的比較式架構，另一組則閱讀一篇與佛教教義無關的佛教歷史介紹。實驗結果顯示：接受比較架構的那一組，記憶較多有關佛教教義的內容。原因可能是，「比較式架構」觸動了學習者原有的基督教知識（基督教是美國人極為熟悉的宗教），並用來同化較不熟悉的佛教內容。

「比較式架構」在教學上的應用實例如下：

- 教各種地形時，可比較「高山」、「高原」與「丘陵」的異同（Eggen et al., 1979）。
- 教標點符號分號「；」時，可比較逗點「，」與分號「；」的異同（Woolfolk, 1987）。
- 教「雷達」時，可比較「聲波」與「雷達」的異同（Mayer, 1984）。

‧教「壘球」時，可比較「棒球」與「壘球」的異同。
‧教「鋼鐵」的特質時，可比較「金屬」與「合金」的異同與優缺點
　（Joyce & Weil, 1986）。
‧教「白蟻」的特徵時，可比較「螞蟻」與「白蟻」的異同。
‧教「魚的構造：頭、胸、尾」時，可從「人的構造：頭、胸、四
　肢」及「樹的構造：根、莖、葉」類推而來。

㈢撰寫與呈現方式

　　「前導架構」的撰寫為能顧及學習者的認知結構，應以學習者已知的辭彙與概念來敘述，簡單地說，要能讓學習者了解它的意義。此外，它必須要能涵蓋所要教的內容，要能指出各個概念間的關係或架構。至於呈現方式頗具彈性，雖然以文字敘述為主，但也可以圖表示之。此外，它可以是一句陳述、一段文章、一個問題、一段示範，或是一段影片。至於長度，可能只是一個句子，也可能是一整課（Joyce & Weil, 1972；魏世台，民70）。

㈣功效

　　自一九六〇年代開始，不少實證研究探討「前導架構」對學習與記憶的功效，但研究結果並不一致（Hartley & Davies, 1976）；有的支持 Ausubel 的論點，有的則發現並無效果。歸納學者們的研究，一般多認為其成效和學習材料、學習者特性、學習目標、評量方式，和前導架構呈現方式等因素有關。簡要說明如下。

　　1.就學習材料而言，「前導架構」的設計特別適用於複雜與困難的題材（如專業性文章）、不熟悉的材料（即學生缺乏相關的知識）、組織不良的教材、數學及科學性教材（Faw & Waller, 1976; Leth, 1982; Mayer, 1978, 1980, 1985; Shuell, 1981）。
　　2.就學習者的個別差異而言，當學生對自行組織教材有困難；或是當

學習材料本身架構明確，但學生無法察覺時，「前導架構」之提供被證實有助於學習（Ausubel & Robinson, 1969; Ausubel, et al., 1978）。

　　3.就學習目標而言，「前導架構」對於學習材料的逐字記憶保留較差，但有助於創造性問題解決，亦即能促進學習遷移（Mayer, 1979）。

　　4.就評量方式而言，使用前導架構對於延宕後測上的效果，明顯優於立即後測（Luiten, Ames, & Anderson, 1980; Mayer, 1979a）。

　　5.就前導架構呈現方式而言，具體的前導架構效果明顯優於抽象的前導架構；說明式的前導架構多數較優於比較式前導架構；前導架構的長度宜簡要，尤其學生程度較差者適合閱讀較簡短者；文字性前導組如輔以圖表，其效果明顯優於僅以文字呈現的方式，尤其適用於低年級或程度較差的學習者（Lee, 1992; Leth, 1982; Mayer, 1985）。

　　造成上述研究結果分歧的主要原因，在於如何撰寫「前導架構」並無一定的標準格式可循。例如：有的學者認為每個單元的「大綱」（outline），每篇文章的第一段「引言」（introductory paragraph），或是教科書中的「章節名稱和段落標題」等，都是用來說明學習材料包含的主題及各主題間的關係，因此也視之為「說明性前導架構」（Lefrancois, 1982; Mayer, 1984; Ormrod, 1990; Woolfolk, 1987），有的則不贊成（Ausubel & Robinson, 1969; Hartley & Davies,1976; Joyce & Weil, 1986）。大家的看法不同，設計上自然有所出入。

四、教學理論：講解式教學

(一)定義

　　Ausubel 重視有意義的學習，但他認為學生並不一定知道什麼是重要的或相關的，也未必能自行組織學習材料，因此，他不贊成「發現式學習」，而主張「接受式學習」，亦即由教師將學習內容組織成最後的形

式，並有系統地呈現給學生。從教學的觀點而言，稱之為「講解式教學法」（expository teaching）。換言之，他認為「有意義的學習」主要發生於教師講解的教學過程。同時，這種教學方式有助於學習者在很少的時間內獲得大量的知識。

(二)教師的角色

英文字expository一詞，具有說明、闡釋、講解、解說或解釋等含義。顧名思義，在此教學法中，教師扮演呈現與講解教材的角色。他的工作在於選擇適合學生的教材，然後很有組織地呈現和解說教材。

(三)學生的角色

在講解式教學中，學生乃扮演知識的接受者，他們的主要任務在於精熟所教授的內容。這種角色就外顯行為而言雖非主動，但事實上卻扮演著「認知上主動」的角色。也就是說，雖然由教師講述內容，但是學生也必須要能專心聽講、要能了解教材的意義，並設法將之內化於自己的認知結構，而這些工作均要求學生主動而積極地參與學習。因此，Ausubel 認為這種接受式學習未必是被動的（Ausubel et al, 1978）。不過這種主動也並非由學生自動產生，而是有賴於教師的教學引導。

(四)教學流程

Ausubel 的教學理論主要是建立在他的學習理論上，包括「認知結構」、「有意義的學習」、「接受學習」和「前導架構」。除了講解式教學的理念外，他對教學流程也有如下的建議。

1. 考慮學生的「學習準備度」（readiness）

就 Ausubel 的觀點，「學習準備度」部分和學生的認知發展有關。他承認對於具體操作期的兒童（大約七至十二歲）而言，發現式教學或許優

於講解式教學（Ausubel & Robinson,1969）。除此之外，「學習準備度」也和學生的現有認知結構（即已有的知識）有關。新的學習必須與舊經驗相連才有意義，因此，他主張教師在教學前，可透過正式的「前測」或是非正式的「口頭問答」，來確定學生是否擁有適當的認知結構，足以了解新的教材（Ausubel, 1978），然後據此決定教學的內容。檢查結果若無，則應透過「前導架構」，提供相關的背景知識。

2. 呈現「前導架構」

為導引學習者將新的學習內容與其原有認知結構連結，進行有意義的學習，Ausubel 設計了兩種「前導架構」。當學習材料是學習者陌生的內容時，可用「說明式架構」提供適當的先備知識。實際教學常用的方式，包括為新的概念下定義，陳述一個原則，或是提供一段相關的背景知識。而當學習材料與學習者已有知識或經驗相關時，可用「比較式架構」使新舊知識發生關聯。實際教學常用的方法，為類推和比較兩個有關的概念，如前述的棒球與壘球的例子。

3. 以「漸進分化」（progressive differentiation）的原則組織和呈現教材

前面曾提及 Ausubel 主張：個人學習所得的知識，在其認知結構中是以層級組織的方式貯存，也就是由一般抽象性概念循進分化至特殊、具體事物。他並堅信各個學科的知識，也都以此種方式來組織。既然學科知識與人類的認知結構具有相同的層級組織特性，於是他主張學習內容應以同樣的方式加以組織。

至於教材呈現的順序，他認為一方面要能配合「前導組體」所呈現的架構，另方面採「漸進分化」的方式，亦即由上而下，從教導一般性概念循序漸進到具體事例。這種「演繹式」的教學順序（deductive teaching approach），有別於 Bruner 主張由教師呈現具體事例，然後讓學生自行發現這些事例所屬的類別。例如：以演繹法進行有關「生物生殖」的分類教學時，生物生殖的定義應最先提出，然後教導什麼是動物的生殖與植物的繁

殖,之後就動物生殖,再作卵生、胎生、卵胎生及各自實例等的演繹教學。

Ausubel 認為「漸進分化」的好處是,新的訊息較容易為學習者同化與保留,因為在學習者的認知結構中,較高抽象性與概括性的概念,可提供現成的掛鈎(hook),掛上較具體特殊的訊息。反之,如果先呈現較具體特殊的事例,學生的認知結構中便無法找到可依附的掛鈎,不得已只好死記,這樣的學習結果較容易遺忘。

為了組織教材,並有系統地呈現教材,在學者 Eggen 等人(1979)所闡述的「Ausubel 教學模式」中,「循進分化」總是伴隨著一個「摘要表」(outline)(請參見教學實例),它一方面用來揭示概念分化的情形,另方面則用以顯示並比較概念或原則間的關係。

4.辨別異同以促進「統整融合」(integrative reconciliation)

所謂「統整融合」是指教師在呈現教材時,應協助學生釐清學習內容中各項事實、概念和原則彼此間的關係(包括平行和上下從屬關係),並對學習內容中重要相似及相異點進行比較,以便將各個內容要項之間的關係統整後,清晰而穩定的融入學習者的原有認知結構。例如:學生要能分辨出「孔子學說」與「孟子學說」的不同特色,也要能知道孔、孟都是「儒家學說」。又如:學生要能知道「等差數列」是「數列」的一種,而它的特色是後數減前數的「差相等」。

在實際教學過程中,上述的「統整融合」可由教師擬成問題問學生,或是由教師以直接說明的方式達成。

Ausubel 強調在統整融合過程中從事「辨別異同」的重要性,他認為這有助於理解與記憶。他的解釋如下:新舊學習如有相似之處,彼此之間取得關聯,則有助於學習的獲得。然而當新的學習與舊的知識十分相似,且未能作明確的區分與辨別時,學習所得的保留時間便較短,容易遺忘。至於與原有認知結構(即舊知識)不相似的新學習,因分辨性高,保留較久。因此,「比較異同」既有助於學習,也有助於記憶保留。他認為經由

「統整融合」的階段後，學習材料才真正內化為個人所有。

5. 教學活動符合有意義學習的原則

在「循進分化」和「統整融合」的過程中，Ausubel 相當重視「實例」（examples）的運用，包括圖示在內。例如：在數學課堂上，要求學生舉出教室內有關長方形的例子。在教導辨別「島嶼」和「半島」的概念時，使用地圖、幻燈片、實物模型和有圖畫的明信片。在比較「，」與「；」時，會列出使用這兩個標點符號的句子。Ausubel 認為，「實例的應用」有助於學生切實理解各個概念與原則。然而所舉的例子必須是學生所熟悉的，才有意義。

教學活動，除了教師講解外，Ausubel 也鼓勵班上進行分組討論及其他學習活動。他認為這些方式（包括舉例），都有助於學生透過自己的經驗來了解學習內容，符合有意義學習的原則。從他的主張中，不難發現學習並非單向，亦非被動。相反地，學生往往被要求回答問題，自行舉例，進行比較等，師生互動頻繁。

綜上所述，Ausubel 的講解式教學與傳統的機械式、注入式的教學迥然不同。他不但要求教材要適合學生的認知能力，要有良好的組織，更要求以有意義的方式對學習內容進行徹底的分析和比較，以期能辨別異同，並釐清各項概念、原則之間的相互關係，使得學生能在確實理解後將知識內化為己有，作為日後學習的基礎（魏世台，民 70）。為了讓讀者更加明瞭 Ausubel 的教學實際應用，本文將 Eggen 等人（1979）在《教師的策略：教室中的訊息歷程模式》（*Strategies for teachers: Information processing models in the classroom*）一書中所揭示的 Ausubel 教學模式實例列於後。

最後，Ausubel 的教學理論不僅適用於教室中的講述，也同樣適用於教科書的編撰或課程設計。

五、有意義學習理論的評價

Ausubel 以「認知結構」、「有意義學習」與「前導架構」等觀點，建立獨特的學習理論，並應用於實際認知教學中。他的主張廣為後來的心理學及教育學者所推廣，甚而被推為認知心理學的重要先驅人物（Bigge，1980）。

Ausubel是少數同時論及學習、教學與課程三項領域的心理學家之一。他的理論是以學習者的「認知結構」為核心，貫穿了上述三項領域。在教學方面，他由認知結構的「層級組織」特性，主張教學內容應有良好的組織，並應建構出一個層級系統。在學習方面，他主張學習的順序應由層級系統的上層，由上而下以「演繹的方式」，內化新的訊息。此外，原有認知結構與新訊息能否取得關聯，足以決定新的學習是否「有意義」，以及該學習內容能否有效獲得與保留。至於「層級結構」在教學上最大的特色，便是「前導架構」、「循進分化」與「統整融合」。

Ausubel 認為認知結構中較高抽象性、一般性與涵蓋性的概念，可提供一個心理的支架（mental scaffolding），用以含攝較具體、特殊的概念或事物。他的這個觀點影響到基模（schema theory）的形成。

Ausubel 所主張的「有意義學習」，強調新的學習如能建立在舊有知識與經驗上，有助於學習與記憶。這個觀點對「訊息處理理論」所倡導的「聯想與引伸」（elaboration），有重要的啟示。此外，不少教育學者一致強調，「在正式教學前複習學生舊有相關知識」的必要性，這很明顯是「有意義學習」在教學上的應用。

「前導架構」是 Ausubel 學習與教學理論的一大特色。它可分為「比較式架構」和「說明式架構」兩者。前者的主要功能，在於提醒學習者在大腦內原有認知結構中的相關知識，以便能理解與同化新的訊息。在實際教學情境，大都以類推或比喻的方式出現。當新的訊息與原有認知結構並

無關聯時，後者可以提供學習者應先具備的知識，以便在認知結構中建立一個新的掛鉤，使得新的訊息能有所依附，而不至於孤立存在。實際教學時，大都以一篇短文、一句定義，或陳述一個原則等方式呈現。不論哪一種前導架構，目的無非是為了使學習過程更為有意義。

　　由於 Ausubel 對「前導架構」的撰寫極為彈性，缺乏標準模式可循，只說必須「比原學習材料本身具有較高一般性、涵蓋性」。因此有的心理學家把單元「大綱」（outline）、文章中的第一段「引言」（introducing paragraph）、「內容概述」（overview）、課前的「待答問題」（pre-questions）及「章節名稱與段落標題」等，均視為「說明式前導架構」的應用，並認為這種架構有助於凸顯教材內容本身的「內在組織架構」（internal organization）。而他們把「比較式前導架構」稱之為「外在組織」（external organization），認為有助於連接新、舊學習內容，這個看法與 Ausubel 的原意相同。但是令人不解的是，為什麼這些心理學家對「說明式前導架構」的看法，和 Ausubel 的原意有所出入？筆者個人認為這可能受到 "organizer" 一詞的誤導。Ausubel 所主張的 "organizer" 是指學習者在大腦內，所持有或形成的一個具有層級架構特性的「認知結構」，而非指教材本身的組織架構。顯然有的學者對 "organizer" 持後者的看法。

　　Ausubel 所提倡的「講解式教學」，強調由教師負責組織、呈現與解說教材，在教學過程中重視與舊經驗取得銜接，重視組織內容，強調舉例，鼓勵發問與討論。這些特色對目前教學技術中的「講述法」（lecture 或 presentation）有頗多啟示。

　　Joyce 和 Weil（1972）出版了一本《教學的模式》（*Models of Teaching*），書中將 Ausubel 的教學理論整理成「前導架構模式」（Advance Organizer Model），這是他的教學理論被稱為「模式」的開始。該書已於一九八六年發行第三版，書內將 Ausubel 的模式歸為「訊息處理家族」（The Information-processing Family）。此外，Eggen 等人(1979)在所著《教師的策略：教室中的訊息處理模式》一書中，也專章闡述「奧斯貝模式」（The Ausubel Model）。Ausubel 的學習理論著重概念和原則的學習，對於連結學習和技能學習較少討論，也未有具體方法的提示，在周延性上

較不如揉合行為學派與認知學派的 Gagné。

Ausubel 的著作由於句法冗贅，用詞特殊（如 subsume、ideational anchorage、advance organizer），造成理解與應用上的困難，相對地，也減低了人們的直接引用。後來的心理學者往往擷取其理論的精華，加以引伸或改頭換面。

六、教學實例

本實例引自魏世台《奧素柏（Ausubel）認知教學理論之分析研究》（師大碩士論文，民 70 年 6 月，161-171 頁）。

張老師在「世界地理」一科的第一節課中，一開始便提出一個有關「地理」的定義：「地理」是將許多有關地球與人類的相關事實，結合成一個完整的圖像，或將之視為一個完整體系的科學。

為了讓學生了解定義的含義，他畫了一個有關該課程內容的摘要表：

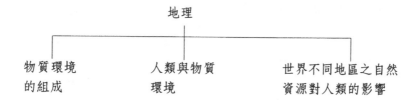

張老師對摘要表略加說明，以幫助學生對課程有一個整體的概念，同時也了解這一年的學習目標。

接著他又提示另一個摘要，並告訴學生這一節課所要教的重點是：地形的基本類型。

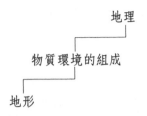

在正式進入這一單元的教學時，教師首先把可涵括本單元全部教學內容的「前導組體」——一個有關「地形」的定義寫在黑板上：「地形乃指地球表面的特殊形狀與組成。」並對學生說：「在討論不同的地形之前，請先看這裡。這是個桌面，而且是個相當平整的面，我們假設它是海平面。現在看我放在上面的東西，這些東西代表我們物質環境中的地形。」說著教師把四樣東西放在桌面上，如下圖：

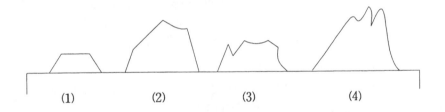

老師說：「由這些東西，你們看出有什麼主要的不同點？」

學生指出它們在形狀、顏色、大小上有所不同。

老師又問它們之間有什麼相同之處？

學生的答案是：「它們的形狀有若干相同之處，如(1)有一個平面，(2)也有個平面；(3)和(4)的表面是不規則的。」「如以所占桌面的範圍而言，它們的尺寸相近。」

張老師接著說：「很好，這些形狀代表了我們今天要討論的地形。我們的學習目標是要學習重要的地形類別及它們的特徵。在我們學完後，大家便能夠由圖片或表（chart）來認定四種地形。現在我們由(4)開始，誰能告訴我它叫什麼？」

「山。」學生答。

「對了！這是山。」於是教師把新的訊息加入先前的摘要表：

老師接著問：「誰看過山？」許多學生搶著舉手。

「很好！我想你們全都看過山，誰能舉出它們的名字。」

學生舉手發言。

老師又問：「你們看山有什麼特殊之處？」

「它們很高。」「它們有山峰。」「它們很大。」

張老師：「很好，你們已經指出山的三個主要特徵。剛才我們提到地形是地球表面的特殊形狀與組成，山便是一個例子。」教學繼續進行，學生再提出山的例子，並將它們與前面所提的特徵連接起來。

幾分鐘之後，教師決定進入下一步驟的討論。

「現在看桌上的第二樣東西，它代表『高原』，將它與山比較一下，除了高度以外，你們還看見其他的不同嗎？」

學生回答：「高原有一個大而平的頂部，而山的頂部則是高聳而小的。」

「很好！現在讓我們再看看剛才所說的地形的定義，並比較兩種地形的差別，例如山在頂部只有較小的土地面積，而斜坡部分較大；但高原在頂部的面積較大。大家想想哪個高原不符合這種說法。」

學生無法找出不符合此種條件的高原。但在此一過程進行時，他們討論了許多山與高原的例子，並對每個例子作簡短的分析，教師也利用機會引導學生思考山的第二個特徵——陡峻的山坡。

在充分比較「高原」與「山」之不同後，教師又提出另一種地形——小丘，並在摘要表中填入該項。

「現在我們討論代表小丘的(3)，誰能舉個例？」

學生舉例後，教師請學生試著提出小丘的特徵。

學生陸續提出：「像山一樣的表面不規則。」「像高原一樣高，但比山小。」「在高處看不到雪，比山綠些。」

老師接著歸納並提出小丘的區域性特質：不超過兩千公尺，在坡部的地面比在高處的多，而且每一個小丘通常比山所占的地表面積為少。在形狀上它很像一座山，但在大小上像高原。

本節課中，類似的討論不斷繼續，直到各種地形一一分析，並且充分比較，而學生也得以清晰的了解不同地形的形態與組成為止。

＊　＊　＊　＊　＊　＊　＊　＊　＊　＊　＊　＊　＊　＊　＊　＊　＊

第二節課的教學重點是物質環境中的「水域」（waterways）的討論。

教師藉著摘要表來告訴學生「水域」與「地形」同是物質環境的一部分，以期學生了解新舊教材間的關係。

當教師準備這節課的教學時，他發現這節課的學習內容中包含了許多交互關聯的概念，而他也知道學生們都曾經看過河、越過河，甚至在河邊釣魚的經驗，同時他猜想學生可能未曾分析過「河流」在人類物質環境中的重要性，因此他決定由「河流」開始有關「水域」的教學。

經過一番推敲，張老師決定以類推的方式，就「河流」與人類的「循環系統」做對應的比較學習——因為他知道學生學過有關循環系統的種種運作與功能。

開始上課時，教師用透明投影機將下面這段「前導組體」打出來讓學生閱讀。

「河流對其他物質環境的重要性就如循環系統對人類的重要性一樣，而且它們具有若干共同的特點：一個主要的河流——如密西西比河為植物與動物、農業工廠及水力發電廠帶來『生命的血液』——水，正如同大動脈將血液帶到全身各部分。此外，水也為植物與動物提供許多食物來源，就像動脈將養分送到身體各部分；而河流將廢物帶回大海的性質也與靜脈的作用類似。然而，河流與循環系統的不同則在於它以一個水道來發揮二種功能。二者的另一個相似點是小溪流像微血管一樣匯入河流中。因此，如同循環系統一樣，河流的功能一方面在於輸送能源，但也攜帶廢物。

「正如同人類會誤用循環系統，人也會誤用河流。當河流攜帶過多的廢物時，它就開始阻塞，就像靜脈或動脈會發生阻塞一樣。由於不良的耕作技術與不良的造林技術所導致的土壤流失，會造成河流阻塞；同時化學的、肥料的及殺蟲劑的使用，也將使河流兩岸的生態發生改變。正如循環系統的病變，此種損害常是無法恢復原狀的，而且即使能恢復，也需要相當長的時間。」

學生看完此段文字後，教師問學生是否還能夠想到其他二者相同或相異之處。

有一位學生回答說：「身體緊張會造成心臟的疾病，如果河流被過度使用也會如此——會使河水污染，魚類減少，同時也破壞了生態的平衡。」

另一個學生說：「乾淨的雨如同輸血。」

還有學生說：「水的循環如身體不斷產出白血球與紅血球。」

討論一直進行到學生的意見全部提出，同時在討論進行中，教師逐一把學生提出的想法寫在黑板上。

於是本課的綱要是：河流系統對其他物質環境的重要性，就像循環系統對人類一樣。

教師列出摘要表，並循著第一節討論的方式進行辨同別異的比較。

討論的方式可以是要學生舉例說明河流如何攜帶食物、挾帶廢物……等等，並比較帶食物與帶廢物的同異。

教師繼續引導討論（可能是幾節課），直到學生了解細節為止。接著討論其他「水域」的形式，如湖泊、沼澤及海洋等。

＊　＊　＊　＊　＊　＊　＊　＊　＊　＊　＊　＊　＊　＊　＊　＊　＊　＊

第三個段落的教學是以「人類與環境的關係」為主題。

教師再度提示主題與整個課程內容的關係：

本節課的「前導組體」是一個「命題」：「人類的技術與知識愈進步，自然對人類生活的限制愈少。」

在提示「前導組體」時，教師同時呈現一個摘要表：

教師並告訴學生：「農業、資源開發及製造是人類與物質環境交互作用的方式。」

首先討論「農業」，教師要學生舉出人類為減少自然環境的限制，在農業生產方法上所做的努力。

有學生說：「灌溉，例如在亞利桑那（Arizona）的沙漠。」

「施肥，由於施肥，我叔叔的玉米收穫是以前的兩倍。」

討論繼續進行，又有學生說：「大的曳引機、卡車、耕耘機、收割機；以前人們用雙手來做這些工作。」

藉著教師的協助，學生繼續提出其他事例，如種子、能源及運輸等。

在學生討論時，教師延伸先前的摘要表為下面的形式：

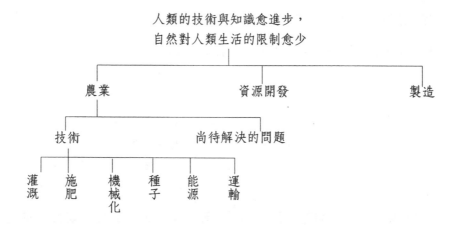

　　接著開始討論物質環境中自然力仍具有的影響。教師以此問題詢問學生，有學生回答說：「洪水，雖然我們對洪水蓄意控制，但每年仍有幾千畝的土地受到洪水侵害，而畜養的動物也被摧殘。」

　　「另一個是冰雹。每年冰雹摧殘了中西部的許多穀物，此外還有颶風。」

　　「地震也可能造成損害。」

　　學生提出許多答案後，教師說：「我想你們已能了解我何以用『愈少』一詞。人們確能控制自然到某個程度，但仍受物質環境的影響。接著讓我們來看『資源開發』，希望大家仍記得剛才所提的『命題』及技術的影響。現在看誰能解釋『農業』與『礦物』開採的區別。」

　　有位學生說：「資源的開採係指人類將自然環境中本有的東西開發出來，在生產過程中，人類只要出很少的力；但在耕作上，人們須控制種子、施肥、除草，而後由土地得到產品。」

　　「另一個不同是開採工廠受到地理的限制，人們必須到產地去；然而在農業上的限制較少。」

　　教師說：「相信你們已能了解二者的區別，你們能給我一些例子，敘述人類在開發技術上的進步嗎？」

　　「在煤與石油開採上，現在有很好的方法。」

　　「森林的培育上，今日有較好的森林管理技術。」

「現在我們用聲納（sonar）來探測魚群。」

討論繼續進行到學生能充分表達意見為止，接著也討論目前仍存在的開發難題。

本主題的討論直至第三項「製造」亦被充分討論與分析比較後，方告結束。

本章參考書目

丁振豐（民76）：**學生場地獨立性與教師教學方法的交互作用對認知及情意學習效果之影響**。台北師範大學輔導研究所碩士論文。

王以仁（民80）：前導組體及教學上之運用。**教師之友**，33 (3)，10-13。

李咏吟（民74）：教材結構與前階組織作為觀念學習的教學策略之研究。**輔導學報**，4，1-4。

郭建志（民84）：**前導組體與先前知識對國小學童回憶效果之研究**。國立高雄師範大學教育系碩士論文。

郭諭陵（民82）：前階組織的理論與實際。**研習資訊**，10 (1)，48-51。

陳麗華（民74）：基模理論與教科書內容的設計。**現代教育**，4 (10)，128-139。

張守泰（民66）：**前導架構短文與認知形式對閱讀成績的影響**。政治大學教育研究所碩士論文。

張新仁（民82）：Ausubel 的學習理論與教學應用。**教育研究**，32，31-51。

張德榮（民74）：**學習前的教材組織提示與考試技巧對語文閱讀理解之影響研究**。**輔導學報**，8，145-172。

魏世台（民70）：**奧素柏認知教學理論之分析研究**。台北師範大學教育研究所碩士論文。

Ausubel, D. P.(1960). The use of advance organizers in the learning and retention of meaningful verbal material. *Journal of Educational Psychology, 51,* 267-272.

Ausubel, D. P.(1962). A subsumption theory of meaningful verbal learning and retention. *Journal of General Psychology, 66,* 213-224.

Ausubel, D. P.(1963). *The psychology of meaningful verbal learning.* New York: Grune and Stratton.

Ausubel, D. P.(1968). *Educational psychology: A cognitive view.* New York: Holt, Pinehart and Winston.

Ausubel, D. P.(1978). In defense of advance organizers: A reply to critics. *Review of Educational Research, 48,* 251-257.

Ausubel, D. P.(1980). Schemata, cognitive structure, and advance organizers: A reply to Anderson, Spiro and Anderson. *American Education Research Journal, 17,*400-404.

Ausubel, D. P. & Youssef, M.(1963). The role of discriminability in meaningful parallel learning. *Journal of Educational Psychology, 54,* 331-336.

Ausubel, D.P. & Robinson, F. G.(1969). *School learning.* N.Y.: Holt, Rinehart & Winston.

Ausubel, D. P. & Weil, M.(1986). *Models of teaching.* N.J.: Prentice-Hall.

Ausubel, D. P. & Fitzgerald, D.(1961). The role of discriminability in meaningful verbal learning and retention. *Journal of Educational Psychology, 52,* 266-274.

Ausubel, D. P., Novak, J.D., & Hanesian, H.(1978). *Educational Psychology: A cognitive view* (2nd ed.). New York: Jolt, Rinchart and Winston.

Barnes, B. R. & Clawson, E.U.(1975). Do advance organizers facilitate learning? Recommendations for further research based on analysis of 32 studies. *Review of Educational Research, 45,* 637-659.

Bauman, D. J., Glass, D. V., & Harrington, S. A.(1969). *The effect of the position of an organizer on learning meaningful verbal materials* (Research Paper No.24). Boulder: University of Colorado. Laboratory of Educational Research.

*Clark, C. H. & Bean, T. W.(1982). Improving advance organizer research: Persistent problems and future directions. Reading World, 22,*2-10.

Dean, R. S. & Kulhavy, R. W.(1981). Influence of spatial organization in prose learning. *Journal of Educational Psychology, 73,* 57-64.

Dembo, M. H.(1981). *Teaching for learning: Applying educational psychology in the classroom (2nd ed.).* Santa Monica, CA: Goodyear.

Eggen, P. D., Kauchak, D. P., & Harder, R.J.(1979). *Strategies for teachers: Information processing models in the classroom.* Englewood Cliffs. N.J.: Prentice-Hall.

Faw, H. W. & Waller, T. G.(1976). Mathemagenic behaviours and efficiency in learning from prose. *Review of Educational Research, 46,* 691-722.

Guthrie, J. T.(1967). Expository instruction versus a discovery method. *Journal of Educational Psychology, 58,* 45-49.

Hartley, J. & Davis, I. K.(1976). Preinstructional strategies: The role of pretests, behavioral objectives, overviews, and advance organizers. *Review of Educational Research, 46,* 239-265.

Healy, V. C.(1989). The effects of advance organizer and prerequisite knowledge passages on the learning and retention of science concepts. *Journal of Research in Science Teaching, 26,* 627-642.

Hermann, G. D.(1971). Eg-rule vs. rule-eg teaching methods: Grade, intelligence, category of learning. *Journal of Experimental Education, 39,* 22-33.

John, N.(1984). Advance organizer: Their construction and use in instructional development. (*ERIC Document Reproduction Service NO. 298 908*)

Jones, E. E.(1981). *The selective facilitative effects of concrete and abstract organizers on achievement groups' learning.* Paper presented at the 54th meeting of National Association for Research In Science Teaching, New York.

Jones, E. E.(1977). The effects of advance organizers prepared for specific ability levels. *School Science and Mathematics, 77,* 385-390.

Joyce, B. & Weil, M.(1978). *Information processing models of teaching.* Englewood Cliffs, N. J.: Prentice-Hall.

Joyce, B. & Weil, M.(1986). *Models of teaching.* N. J.: Prentice-Hall.

Kozlow, M. J. & White, A. L.(1979). *A meta-analysis of selected advance organizer research reports from 1960-1977.* Paper presented at 1979 annual meeting of National Association for Research in Science Teaching, Atlanta, GA.

Lawson, A. E.(1978). The development and validation of a classroom test of formal reasoning. *Journal of Research in Science Teaching, 15,* 11-24.

Lawton, J. T. & Wanska, S. K.(1977). Advance organizers as a teaching strategy: A reply to Barnes and Clawson, *Review of Educational Research, 47,*

233-244.

Lee, M. C.(1992). *Thirty years after Ausubel: An updated meta-analysis of advance organizer research.* The University of Illinois. PhD. AAC9215852.

Leth, S. C.(1982). A meta-analysis of advance organizer studies. (*Eric Document Reproduction Service No. 220 476.*)

Luiten, J., Ames, W., & Ackerson, G.(1980). A meta-analysis of the effects of advance organizers on learning and retention. *American Educational Research Journal, 17,* 211-218.

Willerman, M. & Hang, R. A. M. (1991). The concept map as an advance organizer. *Journal of Research in Science Teaching, 28,* 705-711.

Mayer, R. E.(1978). Advance organizers that compensate for the organization of text. *Journal of Educational Psychology, 70,* 880-996.

Mayer, R. E.(1979a). Twenty years of research on advance organizer. (*ERIC Document Reproduction Service No. 206 691.*)

Mayer, R. E.(1979b). Can advance organizers influence meaningful learning? *Review of Educational Research, 49,* 371-383.

Mayer, R. E.(1980). Elaboration techniques that increase the meaning fullness of technical text: An experimental test of the learning strategy hypothesis. *Journal of Educational Psychology, 72,* 770-784.

Mayer, R. E.(1984). Aids to prose comprehension. *Educational Psychologist, 19,* 30-42.

Mayer, R. E.(1985). Learning in complex domains: A cognitive analysis of computer programming. *Psychology of Learning & Motivation, 19,* 89-130.

Noel, K. L., Bongjoh, F. N., & Young, J.(1980). Improving the effectiveness of advance organizers by providing instructions on their use during study. (*ERIC Document Reproduction Service No. ED 202 908.*)

Shuell, T. J.(1981). Dimensions of individual differences. In F. H. Farley & N. J. Gordon (Eds.), *Psychology and education: The state of the union.* Berkeley, CA: McCutchan.

Wittrock, M. C.(1963). Verbal stimuli in concept formation: learning by discovery. *Journal of Educational Psychology, 58,* 45-49.

Woolfolk, E. A.(1987). *Educational psychology (3rd ed.)*. N. J.: Prentice-Hall.

第 9 章
Gagné 學習條件理論與教學應用

❖ **訊息處理模式**

　　從「感覺記錄器」到「短期記憶」

　　短期記憶

　　從「短期記憶」到「長期記憶」

　　長期記憶

　　回憶的途徑

　　從「反應形成器」到「行為表現」

　　回饋

　　控制歷程

❖ **學習結果**

　　心智技能

　　認知策略

　　語文知識

　　動作技能

　　態度

❖ **學習條件**

❖ **學習階層**

❖ **教學理論：教學活動設計**
　教學模式
　師生角色

❖ **教學傳遞方式**

❖ **Gagné 學習理論的評價**

❖ **教學實例**

```
本章學習目標
```

看完本章後，讀者應能達成下述目標：

1. 能比較短期記憶與長期記憶在保留時間、容量及功能上的差異。
2. 能舉例說明「學習階層」的含義。
3. 能分辨「心智技能」、「語文知識」、「認知策略」、「動作技能」及「態度」等五項學習結果。
4. 能舉例說明學習的「內在條件」和「外在條件」。
5. 能說明 Gagné 教學理念中教師和學生所扮演的角色。
6. 能分析學習者的「學習階段」和教師的「教學活動設計」二者之間的關係。
7. 能將 Gagné 的「教學活動設計」應用於實際教學情境中。

「學習條件理論」是由 R. M. Gagné 所主張。Gagné 是美國著名的心理學家和教育學者。他在早期屬於行為學派的陣營，強調安排適當的「外在學習條件」，以促進學習。到了晚年則走向認知心理學，主張以「訊息處理模式」解釋人類的內在學習歷程，因此他的學習理論充分融合了行為學派和認知學派的觀點。《學習的條件》（*The Conditions of Learning,* 1965）一書是 Gagné 最有名的著作，這本書於一九七一年再版，一九七七年三版。一九八五年第四版時，書名改為《學習條件與教學理論》（*The Conditions of Learning and Theory of Instruction*）（中譯本由心理出版社於一九九七年出版，書名為《學習與教學》），主要在闡述他的學習和教學理論。

Gagné 主張以「訊息處理模式」（information-processing model）來解釋人類的內在學習歷程。他認為學習者在學習和記憶的過程中，涉及不同的大腦結構和訊息轉換歷程，這些便構成了性質各異的若干「學習階段」（learning phases）。他認為若要每個學習階段都能發揮應有的功能，則有賴「教學活動」（instructional events）的配合。此外，Gagné 把人們學習後所獲得的結果（learning outcomes）分為五種類型，依照他的觀點，每一種類型的學習都會經歷相同的「學習階段」，但是所需要的「學習條件」（learning conditions）則各不相同。因此，如何就預期的不同「學習結果」，安排適當的「學習條件」，以便協助學生內在學習歷程的運作，便是教師「教學活動」設計的重心。

綜上所述，「訊息處理理論」、「學習結果」、「學習階層」、「學習條件」和「教學活動」設計是 Gagné 學習和教學理論的重要內容，這些主張對於今日課程和教學設計影響頗大。以下即分別予以說明。

一、訊息處理模式

Gagné 的學習理論揉和了行為學派和認知學派的觀點。他不否認學習包括了刺激與反應之間的連結，但他也重視刺激與反應之間中介歷程的探

討，這便涉及人們內在的「學習歷程」。

　　Gagné 曾就各個心理學派的學習理論加以分析，發現當代訊息處理理論的學習觀點，最適宜解釋人類的內在學習歷程。圖 9-1 即為 Gagné 根據訊息處理理論所提出的「訊息處理模式」（Gagné, 1985）。

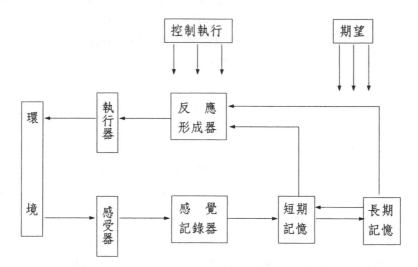

圖 9-1　訊息處理模式。圖中「方格子」表示結構或功能，「箭頭」表示
　　　　 訊息轉換。

（Gagné, 1985, p.71；轉引自張新仁，民 77，70 頁）

㈠從「感覺記錄器」到「短期記憶」

　　根據圖 9-1 所示，Gagné 主張環境中的刺激為學習者的感受器（receptors）所接收，這些訊息立即轉換為神經衝動（neural impulses），進入大腦中樞的「感覺記錄器」（sensory register），作極為短暫的停留（大約百分之數秒）。隨後能引起學習者注意的部分訊息，經由「選擇性知覺」（selective process）的歷程，進一步貯存於「短期記憶」（short-term memory），其餘的訊息則就此消失。

㈡短期記憶

　　短期記憶貯存的訊息通常很短暫，大約持續二十秒。但是學習者如果能一再默念或複誦（rehearse），則可延長停留的時間。此外，短期記憶的容量也很有限，每次約能記住7±2個項目。這兒的項目可以是字母、單音節字彙、數字和事物項目。一旦短期記憶的容量超出負荷，原有短期記憶內所保留的訊息便會被擠出，以便讓新訊息進入。

㈢從「短期記憶」到「長期記憶」

　　短期記憶內的訊息，必須進一步轉換成語義的（semantic）形式，或是有意義的（meaningful）形式，然後與舊有的相關知識結合，貯存在「長期記憶」（long-term memory）內，這種訊息轉換的過程稱之為「編碼」（encoding）。

　　Gagné強調，編碼過程是決定所學內容能否進入長期記憶的重要關鍵。最常見的方式，包括一再複述學習內容（rehearsal），將學習內容作分類組織（organization），或是將學習內容轉換為一幅心像（mental image）或是押韻的文句。

㈣長期記憶

　　Gagné 主張，長期記憶所貯存的訊息能保留相當長的一段時間，至於能否永久存在、終生不忘，至今仍有所爭議。遺忘之所以產生，他認為可能是受到新舊學習的干擾（interference），或是一時找不到有效的回憶線索（retrieval cue）所致。

㈤回憶的途徑

根據 Gagné 的主張,當個人需要提取長期記憶內的訊息時,通常採取兩種回憶的途徑。最常見的方式是借助某種回憶線索,在長期記憶內「檢索提取」(retrieve)出相關的資料,送回短期記憶(又稱工作記憶),然後視實際需要進行分析、整合或運算的工作,隨後送入「反應形成器」(response generator)。

另一種回憶的方式則是發生在十分熟練的學習,或是自動化的反應(automatic response),如背誦九九乘法表。此時,有關之訊息自長期記憶檢索出後,直接傳送至「反應形成器」。

㈥從「反應形成器」到「行為表現」

「反應形成器」的功能,一方面是在決定採取哪一種反應形式,例如是採口語、文字或是動作;另一方面則在組織反應的順序,並決定作反應的時機。

一旦「反應形成器」組合成適當的反應系列後,會引發學習者的「執行器」(effector),如手、腳、嘴等,對外界環境輸出反應,也就是表現出可觀察的「行為」(performance)。

㈦回饋

從學習者的行為表現,可看出他是否確實學會了新的訊息,達成預期的目標。換句話說,從學習者的行為表現情形,可作為評量學習目標是否達成的一種「回饋」(feedback)。回饋可來自學習者本身的觀察,也可由他人提供(如教師)。如果學習者所得到的回饋是肯定的、正向的,則有助於鞏固學習結果,這便是一種「增強」(reinforcement)現象。

㈧控制歷程

　　Gagné認為上述學習與記憶過程的運作，主要受到「期望」（expectation）和「控制執行」（executive control）兩項因素的影響。所謂「期望」是指學習者想要達到自己或他人所訂的學習目標的一種特殊動機。「控制執行」是指學習者本身控制、主宰上述內在歷程運作的「認知策略」。換句話說，它引導學習者的注意力、決定如何進行編碼、如何檢索提取，或如何組織反應系列等。「期望」和「控制執行」是經由後天學習而來，並貯存在長期記憶當中。隨著經驗的累積，學習者愈來愈能夠經由這二者有效控制其內在的學習歷程，進而增加其「獨立學習」（self-instruction）的能力。在圖 9-1 中可看到「期望」和「控制執行」兩個方格之下的箭頭，並未直接與訊息處理流程中的其他階段相連接，表示這二者對任何一個階段都可能產生影響。由於每一位學習者的「期望」和「控制執行」不盡相同，因而整個內在學習歷程的運作因人而異，其學習結果自然有別。

　　上述訊息處理的流程顯示出：學習是一種內在的歷程，即便是一個很簡單的學習活動，都會歷經一連串訊息處理的過程，而每項訊息處理都需要花費時間。此外，整個內在歷程的運作不僅操之在「學習者」本身，學習環境中「教學活動的安排與設計」也會影響到學習者對訊息的處理。

二、學習結果

　　學習理論中最關心的一個主題是：「到底學生所要學到的是什麼？」事實上，這也是教學目標所關心的問題。Gagné（1985）主張學習者所學到的是五類「學習結果」（learning outcomes），分別是：心智技能（intellectual skills）、認知策略（cognitive strategies）、語文知識（verbal information）、動作技能（motor skills）和態度（attitude）。然而，Gagné 強調這五類「學習結果」在尚未透過可觀察的行為表現出來前，只能稱作是一種

「習得的能力」（learned capabilities），貯存在學習者的長期記憶內。我們唯有從學生的行為表現中，才能推論他是否真正學會了。茲分別說明五類學習結果如下（Gagné, 1985）。

(一)心智技能（intellectual skills）

此種能力涉及人們對一些符號（symbols）的使用，包括語言、文字和數字等。小學課程中的讀、寫、算都是基本的符號使用。稍後的學校課程在符號使用方式上較為複雜，涉及對事物或其他符號的辨別、組合、分類、分析和量化等。這些符號的運用具有「知道如何做」（knowing-how）的特性，因此是一種「程序性知識」（procedural-knowledge）。Gagné 又根據符號使用的複雜程度，把心智技能再區分為下列五個類別，並指出前一類是後一類的基礎。

1. 辨別（discrimination）

這是最簡單的心智技能，目的在能分辨刺激物在某一或某些方面的特徵，如顏色、形狀、大小、距離、結構、聲音、味道等方面的差異。例如：能辨別英文字母音「e」和「i」發音不同，或是能分辨黃色和藍色的不同。辨別學習有「單一辨別」和「多重辨別」之分，後者因涉及多項特徵的分辨，較易產生干擾，例如：「藍色的正方形」係同時辨認一個物體的形狀與顏色，便是所謂的「多重辨別」。

2. 具體概念（concrete concept）

用一個概括的名稱或符號，來代表具有共同屬性一類事物的全體時，即稱之為「概念」。而所謂的「具體概念」是指其屬性可以直接觀察，並指明出來。例如：貓、椅子、樹、三角形等都是具體概念，因為它們的屬性都是可直接觀察、指認的。

3. 定義概念（defined concept）

有些概念必須要用句子陳述的方式下界定，因而稱之為「定義概念」，有時也叫「抽象概念」，例如「對角線是連接四邊形對角的線」（Gagné, 1985, p.111）。其他例子包括：愛、恨、阿姨、叔叔、家庭、社會、主詞、受詞、公因數、公倍數、體積、重量、經濟、文化等。

4. 原則（rule）

當兩個或兩個以上的概念之間形成某種特定的關係時，便構成所謂的「原則」。例如「英文介系詞後所使用的代名詞是受格」。又如「牛頓的第二定律公式為 F＝MA，亦即力＝質量×加速度」，或「1 公尺＝ 100 公分」等。

有些「原則」涉及一連串步驟（a sequence of steps）的運作，因此又可稱作「程序」（procedure）或「程序性原則」（procedural rules）。例如，兩個異分母真分數的相加（$\frac{3}{4}+\frac{4}{5}=\frac{5}{20}+\frac{16}{20}=\frac{31}{20}=1\frac{11}{20}$），包括下列步驟：(1)把各分數通分，變成同分母分數；(2)通分後，分母不變，列出；(3)分子相加後列出；(4)相加的最後得數，要約分成最簡分數。

5. 高層次原則（higher-order rule）

是指能應用至少兩個以上的原則來解決一個難題，又稱「問題解決」（problem solving）。例如：「根據光源距離和透鏡彎度預測出影像的大小」（Gagné, 1985, p.67）。

(二)認知策略（cognitive strategies）

是指學習者用來調整其注意力、學習、記憶和思考等內在歷程的能力。Gagné 認為它和 Bruner（1966）所主張的「過程技能」（process skill）、Skinner（1968）所說的「自我管理行為」（self-management behavior），和 Rothkopf（1970）所稱的「有助於學習的行為」（mathemagenic activities）有關，而訊息處理學者則稱之為「控制執行歷程」（executive control process）。

Gagné 主張的認知策略包括了注意力策略、編碼策略、記憶搜索策略、回憶策略和思考策略等。這些策略大部分可應用於不同的學科內容。例如：根據課文內所插入的問題引導閱讀的重點，便是一種注意力策略。又如，學習配對連結學習內容時，如能將刺激項和反應項想像成一幅心像圖，便屬於編碼策略。

(三)語文知識（verbal information）

這是指可用語言或文字陳述一些訊息，相當於 Anderson (1976)所說的「知道是什麼」（knowing-that）的「陳述性知識」（declarative knowledge）。所陳述的訊息大致可分為：(1)名稱（labels），如人名、物名、地名、時間、事件名稱；(2)單一的事實（single facts），通常以一個「主詞─述詞」的命題方式呈現，例如「奧斯汀是德州的首府」；(3)一連串相關而有組織的命題（collections of propositions that are meaningfully organized），例如閱讀一篇有關鴉片戰爭的歷史。

(四)動作技能（motor skills）

是指需要使用到肌肉動作的技能而言，例如：穿衣、跳遠、打球、使用打字機等。這些動作技能本身是由若干簡單的動作所組成。學習可經由長時間的練習，改善整個動作的準確性和流暢性。

(五)態度（attitude）

Gagné 所謂的態度是指「影響個人行動抉擇的內在心理狀態」（Gagné, 1985, p.63）。它通常包括了認知層面、情意成分和行為結果在內。然而，Gagné 特別強調態度對個人行為的影響，也就是對個人行動抉擇的影響。

他認為影響行動的心理狀態固然涉及認知和情意的層面，但是唯有作用在人們的行為表現上，才可推知是否學到了所要學的態度。下面所描述的行動顯然是受到所持態度的影響，如：選擇聽古典音樂而非熱門音樂，會遵守開車時速限制的規定，會投票給關心大眾福利的候選人等（Gagné, 1986, p.64）。

　　茲將上述五種學習結果類型及其例子列於表 9-1。

表 9-1　五種主要學習結果類型及其例子

學習結果類型	例子
心智技能	能使用符號溝通和解決問題
辨別	能辨別注音符號「ㄅ」和「ㄆ」的不同 能辨認「黃色」與「藍色」的不同
具體概念	能指認「桌子」、能辨認「三角形」
定義概念	能對「民主」下一定義 能說出什麼叫「公倍數」
原則	能說出「水於攝氏零度或華氏三十二度時結冰」
高層次原則	能根據緯度、地形和氣候等條件，預測某一地區的農作物
認知策略	能使用心像法記憶一首詩 能摘要一篇文章的大意
語文知識	能敘述唐化運動的經過 能說出某位作家的作品特色
態度	能選擇聽古典音樂；會遵守交通規則
動作技能	能用毛筆寫字；能繫鞋帶

三、學習條件

　　Gagné 認為各種「學習成果」或「習得能力」的獲得，都必須具備某些學習條件（learning conditions）。這些學習條件若是存在於學習者的內部，稱之為「內在條件」（internal conditions），若存在於學習者以外，即稱之為「外在條件」（external conditions）。

　　「內在條件」指的是足以影響新的學習，並且貯存在學習者長期記憶內的「先備知識與技能」（pre-requisite knowledge and skill）。好比，要想學會「三角形的面積＝底×高÷2」這個原則，學習者應已具備「三角形」、「面積」、「底」和「高」等的概念，以及學會「乘法」和「除法」的程序。這些應已習得的知識與技能，便是構成學習三角形面積計算的內在條件。

　　「外在條件」指的是外在於學習者的學習情境，這是教師可以把握的，也是「教學活動」（instructional event）設計的重心所在。外在條件的安排包括：如何改變刺激、如何呈現教材、如何提供學習輔導，和如何設計練習等。當教師將這些外在條件加以妥善安排和設計，便構成所謂的「教學」。

　　Gagné 強調：不同的「學習結果」不但所涉及的「內在條件」不同，其「外在條件」也有別。換句話說，不同類型的學習結果不僅涉及不同的先備知識與技能，也需要不同的教學活動設計。

四、學習階層

　　Gagné 認為學習活動應有合理的先後順序，也就是說，先學會簡單的才能學會較複雜的，於是乎，前一學習形成後一學習的「先備能力」（pre-requisites）或是「下屬能力」（subordinate capabilities），也就是我們常說

的「基礎能力」。舉例來說，要學會作詩的先備能力，是先能懂得詩的格
律、詩的押韻和詩的類別等。又如，要學會兩個真分數的相除，至少要先
學會兩個真分數的相乘、分數的倒數、真分數的辨認、約分等。Gagné 認
為學生之所以學不會某一教材，可能是因為他並未具備學習此教材的「先
備能力」之故。

　　值得注意的是，所謂「先備能力」是強調在從事某項新學習時，所
「必須先要具備的能力」或「必須先要學會的能力」，也就是說，非得要
精熟某一下屬能力，才可能進一步學習其上屬能力。這種「先備能力」的
觀念不可和一般「輔助性能力」（supports）混為一談。舉例來說，假如我
們的學習目標是要「學會寫書信」，這時，學生的字跡如果清秀端正，則
有助於收信人的閱讀，但是就算字跡不佳，也並不足以妨礙其是否能學會寫
信。因此，字跡如何並非構成寫信的先備能力，而僅具有輔助性的功能。

　　從事教學設計時，Gagné 強調除了要先確定教學目標，也就是決定「學
習結果」是什麼之後，緊接著要分析它的先備條件有哪些。這種先備條件
的分析是由上而下，層層下降，直到最簡單並且最基本的單位出現為止。
分析先備條件的方法稱之為「工作分析」（task analysis），而分析完成後
所產生的層級架構，便是「學習階層」。在學習階層中，由下而上的垂直
路線代表由低至高的先備能力，而同一水平者，則代表相同層次的能力。
圖 9-2 所示即為「學習階層」應用在數學上的一個例子。該圖最上方的格
子裡列的是教學的最終目標，其他格子列的是先備能力，也就是下屬概念
和原則。

　　Gagné 認為「學習階層」的分析比較適用於心智技能方面的學習內容，
而他和其他學者所舉的例子又多偏向於數理科目（Gagné, 1985）。但是，
他們也指出有些文學、藝術和社會科（如歷史、地理）的題材，如果具有
上下階層組織的性質，也可適用。例如，Deming (1974)曾列舉在社會科方
面的應用，圖 9-3 所示的「預測地圖上城市的位置」即為其中一個例子。
圖中最上方的第一個格子列的是最終的學習目標，其餘則為先備原則與技
能。也就是說，要能預測地圖上的城市位置，必須先了解影響城市成長和
發展的因素，以及要先學會地圖標誌的分類，這兩項便是構成上述學習目

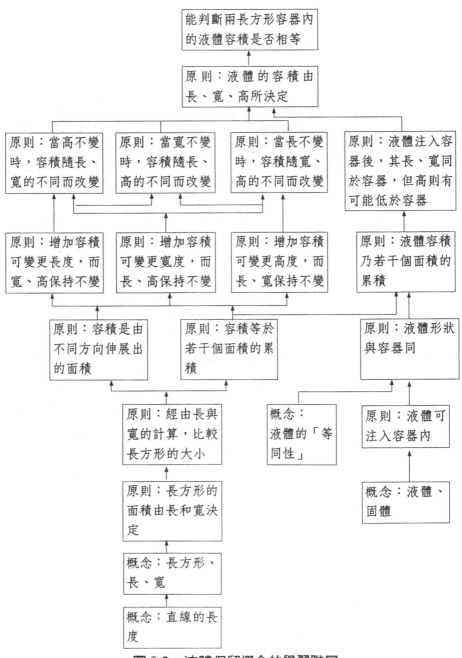

圖 9-2　液體保留概念的學習階層

（Gagné, 1968a, p.184；轉引自 Gagné, 1985, p.132）

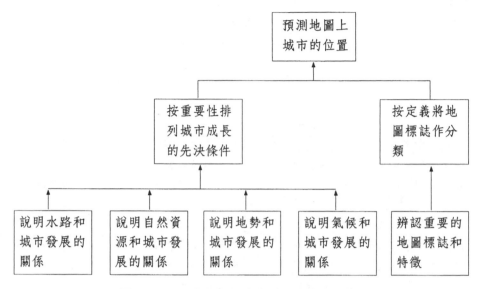

圖 9-3　預測地圖上城市位置的學習階層
（Deming, 1974；轉引自 Gagné, 1985, p.276）

標的先備條件。由於二者地位平行，代表彼此能力屬同一層次，而無先後
隸屬關係。

　　從另一個角度來看，「先備能力」可視為一種學習的「準備度」（rea-
diness）或是「學習的內在條件」（internal conditions of learning）。這些
觀念無非意味學習具有累積的特性（cumulative nature），也就是說，簡單
的學習是複雜學習的基礎，先前所學到的能力可遷移到後來的學習。

　　雖然先備能力的分析工作是由上而下，但是，實際的教學或學習活動
必須由下而上，也就是由學習階層的最底層開始，將基礎能力（即下屬能
力）學會後，再進入高一層能力的學習，而不可躐等。目前國小的算術和
自然課的教師手冊，便是採取如此的作法。

　　當「學習階段」分析完畢後，便可用以設計教學。如果是用在職業或
工業訓練，可據此挑選已符合先備能力要求者，然後就現有基礎直接訓練
所要培養的能力。如果用於一般學校，則應對照學生的起點能力在學習階

層中的位置，如果發現欠缺某一先備能力，必須在教學設計時考慮實施補救教學，完成後，才能進行原先擬定的學習目標。

　　Gagné 聲稱「學習階層」的功效，經證實已能成功地運用在基本心智技能方面的補救教學，和數學方面的電腦輔助教學；他甚至用來訓練海軍學習和工作有關的一些基本技能（Gagné, 1985）。

　　在我國方面，數理科課程的安排大都與 Gagné 的學習階層模式相吻合（林福來，民 73；王秀玲，民 77），至於社會科與語文科則不然。這可能和教材性質上的差異有關。國內第一篇以實驗方式探討學習階層效果的研究，便是陳榮華在民國六十八年所作的「學習層次與增強因素對智能不足加減運算學習成效之影響」。在實驗當中，他根據事前分析妥的「加減運算的學習階層」（陳榮華，民 67），來教導智能不足的國小一、二年級學童，經過兩週教學後，發現確實提高了他們計算的成績。

五、教學理論：教學活動設計

　　Gagné 的教學理論是以學習心理學為基礎，不但揉和行為學派與認知學派的觀點，並強調教師教學與學生學習的密切配合。他將「教學」界定為：「就預期的不同學習結果，安排適當的學習條件，以便支持內在學習歷程的運作」（Gagné, 1985）。

(一)教學模式

　　Gagné 的教學模式，旨在協助教師配合學生的「學習歷程」特性和「學習結果」類型，設計適當的「教學活動」。首先他以圖 9-4，說明教學活動與學習歷程兩者之間的對應關係（Gagné, 1985）。

　　如圖 9-4 左邊所示，他將學習者的內在學習歷程分為下列八個階段：

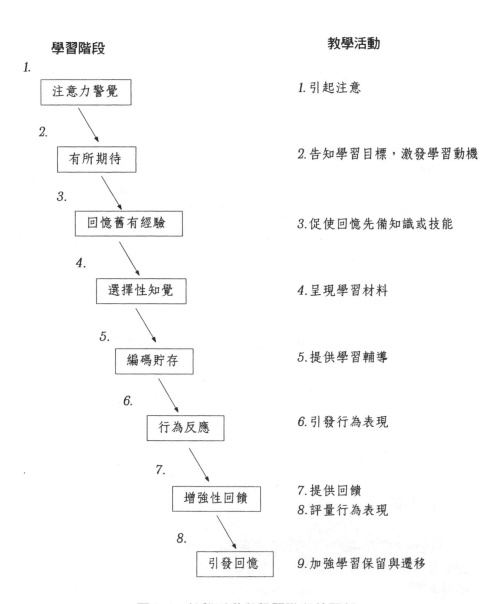

學習階段　　　　　　　　　　　　　**教學活動**

1.
　注意力警覺　　　　　　　　　　1.引起注意

2.
　有所期待　　　　　　　　　　2.告知學習目標，激發學習動機

3.
　回憶舊有經驗　　　　　　　　3.促使回憶先備知識或技能

4.
　選擇性知覺　　　　　　　　　4.呈現學習材料

5.
　編碼貯存　　　　　　　　　　5.提供學習輔導

6.
　行為反應　　　　　　　　　　6.引發行為表現

7.
　增強性回饋　　　　　　　　　7.提供回饋
　　　　　　　　　　　　　　　8.評量行為表現

8.
　引發回憶　　　　　　　　　　9.加強學習保留與遷移

圖 9-4　教學活動與學習階段的關係
（Gagné, 1985, p. 304；轉引自張新仁，民 77，77 頁）

1. 注意力警覺 （ alertness ）

當學習者的感官注意到外在環境的刺激時，會產生警覺狀態，也就是準備好肌肉緊張度和姿勢，等待接收訊息。

2. 有所期待 （ expectancy ）

學習者產生動機，意圖達成經由他人或自己所設立的目標。

3. 回憶至工作記憶 （ retrieval to working memory ）

在學習新事物的同時，以往所學的相關訊息，會被提取到工作記憶內，視需要從事理解、重整或運算等工作。

4. 選擇性知覺 （ selective perception ）

經由感覺記錄器所接受的刺激，有一部分由於特別凸顯，而與其他刺激分離出來，進入短期記憶。

5. 編碼貯存 （ encoding: entry to LTM storage ）

這是指訊息由短期記憶進入長期記憶的轉換過程。在這個階段，學習者必須將原始訊息轉換為語義或有意義的形式，才能儲存在長期記憶中，構成所謂的「習得能力」（learned capabilities）。

6. 行為反應 （ responding ）

所學得的能力必須經由學習者表現出可觀察的行為，才能確定是否真正學到了。

7. 增強性回饋 （ reinforcement ）

如果學習者的行為反應的確符合原先的期望，便會得到具有「增強性」的回饋，藉以強化學習保留。

8. 引發回憶（cueing retrieval）

這是指當學習者要利用或是表現出剛學會的事物時，必須將它們從長期記憶內檢索提取而出。

與上述相對的教學活動（如圖 9-4 右邊所示），則可歸為下列九項。

1. 引起注意（gaining attention）

不論針對哪一類型的學習結果，教師在開始教學時，可透過姿勢、表情或聲音的變化，以及視聽媒體的使用等方式，使得學習環境中的刺激產生突然的改變，藉以引起學習者的注意。例如：上化學課「金屬氧化」這個單元時，教師可一開始便點燃一條鎂帶，由於鎂帶燃燒會生美麗的火光，可引起學生的注意。又如，上安全駕駛課時，可先讓學員看一段驚心動魄的意外事件影片（Gagné, 1985, p.246）。

此外，也可以學生感興趣的話題作開場白，引發學生的好奇。例如：教導數學比例時，可問學生：「如何得知每位棒球球員的平均打擊率？」（Gagné, Briggs, & Wager, 1992, p.190）；教到唐代東西文化交流的歷史時，可提及玄奘的西域取經故事。

2. 告知學習目標，激發學習動機（informing learner of the objective; activating motivation）

在教學前清楚告訴學生，此一學習活動所預期的學習結果是什麼。例如：「各位同學，生物的再生可分為若干方式。在今天這堂課，你要學會說出每一種再生的方式，並且要能分別舉出實例。」又如：「各位同學，今天要學的是如何把兩個帶小數相加，例如：124.27＋16.743＝141.013」（Gagné, 1985, p.309）。告知學習目標的主要功能，在於幫助學生建立「期望」，並導引其選擇知覺和編碼的過程。同時，當稍後學生的行為表現能符合原先的期望時，他便可迅速獲得回饋和增強。學習目標的告知應設法和學生的學習動機相連接。

　　Gagné 認為，由於「學習結果」的類別不同，教師必須採取「不同的教學技巧」（differential instructional techniques），向學生說明學習目標。兩者的對應關係如表 9-2 所示。

表 9-2　「告知學習目標」的教學技巧（Gagné, 1985, p.247）

學習結果	教學技巧
心智技能	舉例說明所學的「概念」或「原則」將會應用到的活動或情境
認知策略	口頭敘述或實際示範期待學生學會的策略
語文知識	說明期望學生經由學習後所能陳述的知識
態　度	（並不預先告知）
動作技能	示範期望學生能表現出來的動作

3. 促使回憶先備知識或技能（stimulating recall of prior knowledge）

　　正式呈現新教材前，教師應要求學生從長期記憶中，回憶起學習此一新知應具備的舊有知識或技能，作為理解及學習新教材的基礎。

　　在教學技巧上，不同類型的「學習結果」所要回憶的先備知識也有所不同。兩者的對應關係如表 9-3 所示。

表 9-3　促使回憶先備知識的教學技巧（Gagné, 1985, p.249）

學習結果	教學技巧
心智技能	回憶先備的概念和原則（下屬心智技能）
認知策略	回憶相關的策略或心智技能
語文知識	回憶相關而有組織的知識
態　度	回憶個人作抉擇當時的情境和行動，提醒學生所要仿效的對象及其特徵
動作技能	回憶相關的分解動作或附屬的實施步驟

4.呈現學習材料 (presenting the stimulus material)

　　教師所呈現的學習材料，從學生的觀點來看，可視為外來的「刺激」（stimulus）。在呈現這些刺激或學習內容時，如能把具有明顯特徵的部分加以強調，有助於其進入短期記憶內貯存。在此的關鍵是：(1)如何呈現學習材料，(2)如何凸顯重要部分。

　　在如何呈現刺激材料部分，Gagné 仍主張因「學習結果」類型而異。兩者的對應關係如表 9-4 所示。

表 9-4　「呈現學習材料」的教學技巧（Gagné, 1985, p.252）

學習結果	教學技巧
心智技能	呈現概念或原則的特徵
認知策略	呈現問題情境，並展示用來解決的策略
語文知識	以凸顯重點的方式呈現語文知識，不論是採文字書寫或口頭講述方式
態　　度	由楷模陳述面臨情境時的抉擇
動作技能	展示使用某項技能的學習情境；示範實施步驟

　　至於要如何凸顯所呈現的重點，所採的原則可適用於各類型的「學習結果」。一般而言，如果以圖表的方式呈現教材，則可採加粗輪廓、標以不同顏色，或是圈起來等的方式強調重點部分。如果是以文章格式呈現內容，則可採畫線、換字體，或列標題等方式凸顯要點。

5.提供學習輔導 (providing learning guidance)

　　提供學習輔導的主要功能，在於建議或主動提供有效的編碼方式（encoding scheme）。也就是說，協助學習者將接收到的刺激轉換成有意義的形式，因為刺激愈有意義，便愈容易貯存在長期記憶內。有效的編碼主要有兩項原則，第一是要能就抽象概念舉出具體的例子；第二則是要能使新的學習內容和以往貯存在長期記憶內的舊有相關知識作連結。至於具體的

作法，須視預期的學習結果有什麼而定。兩者的對應關係如表 9-5 所示。

表 9-5　「**提供學習輔導**」的教學技巧（Gagné, 1985, p.253）

學習結果	教學技巧
心智技能	提供多樣化的正例和反例，以提供回憶的線索
認知策略	詳細說明所採的策略，並多實際舉例應用
語文知識	聯想有關的知識（即意義化）；使用心像和記憶術
態　　度	由楷模說明或示範所選擇的行動，並讓學習者觀察他的模範行為受到增強
動作技能	不斷練習該動作技能，並提供回饋

6. 引發行為表現 （ eliciting performance ）

當學習者將學習內容編碼貯存在長期記憶內，我們仍不確知到底他「學會」了沒有，求證的方式便是要求學習者展示可觀察的行為反應。就概念或原則性學習而言，教師可要求學生試著自行舉例說明如何應用。就語文知識來說，教師可要求學生試著說出剛學過的內容。如果是認知策略，則提供新的問題情境，要求學生能應用策略去解決。如果是動作技能，則要求學生展示一遍整個過程。至於態度，則可提供學生一個新的抉擇情境，要求他說出會採取什麼行動；或者是要求學生作答一份有關的態度問卷。

7. 提供回饋 （ providing feedback ）

當學習者展現出所要求的行為表現後，Gagné 認為教師要立即提供對或錯的訊息。對於動作技能和認知策略的學習，還必須告知正確的程度。這些訊息無非是使學生的學習能獲得回饋，進而增強其正確行為，或是修正錯誤的部分。然而回饋的表示方式並不一定要說出對、錯、正確、不正確等。有時，教師可以點頭、微笑或注視等方式給予肯定；甚至有時在進行一連串練習時，除非學生出錯，否則教師不須有明顯的反應，只要繼續

進行下一題。

回饋的提供可來自教師、電腦,或是當事者的學習結果本身。就後者舉例來說,如果小明以「學會騎腳踏車」作為學習目標,當他成功地騎上腳踏車時,本身自然就是一種回饋。

在實際教學應用上,教師可就個別學生、小組或全班,提供各種不同的回饋方式,如表 9-6 所示。

表 9-6　提供回饋的各種方式(Borich, 1988, p.128)

個別學生	小組	全班
• 點頭	• 和小組討論答案	• 答案寫在投影片上
• 手指書中正確答案處	• 要求一小組指出另一組	• 答案寫在講義上
• 提供答案卡	的缺點	• 大聲念出答案
• 圈出不正確處	• 提供每組一份答案卡	• 答案寫在黑板上
• 要求學生根據課本或參	• 指定小組長負責檢查其	• 老師公布答案後,要求
考書交換改	他組員的答案	同學彼此互改

8. 評量行為表現(assessing performance)

光憑學生一次正確的行為表現,尚不足以保證學得牢固,因此,有必要提供學生多次行為表現的機會,可採的評量方式包括口頭問答和紙筆測驗。如此一來,評量所得到的結果可再次確信學得是否扎實。此外,評量本身事實上也提供了學生額外的練習機會,有助於凝固所學。

9. 加強學習保留和遷移(enhancing retention and transfer)

不論預期哪一類型的「學習結果」,多方練習均有助於學習結果的長久保留。此外,採「間歇性複習」(spaced reviews)的作法,也有助於「心智技能」的學習保留。

為使學習結果能遷移到新的情境,則教學時所提供的練習必須要盡量

多樣化。

　　從上述互為呼應的模式可看出，不同的「學習階段」便對應不同的「教學活動」，而即使在同一教學活動，由於「學習結果」的類別不同，教師所採取的「教學技巧」也有所別。Gagné 認為教學活動安排得適當與否，是影響學習歷程和成效的重要因素。茲將不同教學活動對應的教學技巧附於表 9-7。

表 9-7　Gagné 的認知教學模式

學　習　階　段	教　學　活　動	教　學　技　巧
1. 注意力警覺 　當感官注意到外在環境的刺激時，會產生警覺狀態，例如準備好肌肉緊張度和姿勢，等待接收訊息。	1. 引起注意 　設法將學習環境中的刺激，產生突然的改變，以引起學習的注意。	(1)以學生感興趣的話題作開場白。 (2)設法引發學生的好奇。 (3)使用圖片、模型、實物、影片，及其他視聽媒體等，引起學生的注意。 (4)輔以姿勢、表情或聲音的變化等。
2. 有所期待 　學習者產生動機，意圖達成經由老師或自己所設立的目標。	2. 告知學習目標，激發學習動機 　在教學前透過待答問題、教學綱要或示範動作等方式，清楚告訴學生這次學習活動所預期的學習結果是什麼。如此有助於學生建立「期望」，並知道學習活動的重點。	(1)語文知識：說明期望學生經由學習後所能陳述的知識。 (2)概念或原則：舉例說明所學的「概念」或「原則」將會應用到的情境。 (3)動作技能：示範期望學生能表現出來的動作。
3. 回憶舊有經驗 　在學習新事物的同時，將以往所學的相關訊息，提取至工作記憶，	3. 促使回憶先備知識或技能 　正式呈現新教材前，教師要求學生從長期記憶中，回憶起學習此一新	(1)由老師主動概述、複習先備的知識、概念、原則或分解動作。 (2)透過問答方式，要求學

視實際需要從事理解、重整或運算等工作。	知應具備的舊有知識或技能,作為理解及學習新教材的基礎。	生回憶先備知識、概念、原則或分解動作,以確定學生的起點行為。
4.選擇性知覺 經由感覺記錄器所接收的刺激,有一部分由於特別凸顯,而與其他刺激分離,進入短期記憶。	4.呈現學習材料 有效呈現學習內容,並強調具有明顯特徵的部分,以便進入短期記憶貯存。此外,避免單一形態呈現方式,能兼顧視覺、聽覺、觸覺。並多方變化教學方式,交替使用集體講述法、問答法和小組討論法。	呈現方式: (1)概念:陳列概念的重要特徵。 (2)原則:以「假使…則…」的形式呈現原則。 (3)語文知識:凸顯重點。 (4)動作技能:列出步驟,並示範分解動作。 凸顯方式: (1)圖表方面,可加粗輪廓,標以不同顏色,或圈起來。 (2)文章方面,可畫線、加黑字體,或列標題。 (3)口頭講述,可變化聲音大小與高低,或直接告訴學生:「注意!」「這很重要!」「會考!」
5.編碼貯存 指訊息由短期記憶進入長期記憶的轉換過程。在此階段,學習者把訊息轉化為有意義的形式,並連結以往所學,儲存於長期記憶,構成「習得能力」。	5.提供學習輔導 提供有效的編碼方式,協助學生將學習內容轉換成有意義的形式。	(1)語文知識:提供心像圖、組織分類、記憶術或意義化。 (2)概念或原則:提供多樣化的正例或反例,使學生了解適用的範圍和限制。 (3)動作技能:學生模仿所

		示範的動作，並不斷練習。
6. 行為反應 學習者表現出可觀察的行為反應，以顯示是否學到了新的訊息。	6. 引發行為表現 為證實學生是否學會了新的訊息，教師可透過口頭問答、習作、講義，或出練習題等方式，要求學生表現出可觀察的行為反應。	(1)概念或原則：要求學生自行舉例。 (2)語文知識：試著說出剛學過的內容、摘述重點。 (3)動作技能：要求學生展示一遍整個過程。
7. 增強性回饋 如果學習者的「行為反應」的確符合原先的期望，便會得到具有「增強性」的回饋，例如：「作對了！」藉此可強化學習保留。	7. 提供回饋 當學生表現出所要求的行為後，教師要立即提供行為對或錯的訊息，以便增強其正確的行為，或是指正錯誤的部分。	
	8. 評量行為表現 光憑學生一次正確的行為表現，尚不足以保證記得牢固，因此，可透過評量，提供學生多次行為表現的機會，一方面可再次確信學得是否扎實，另方面也提供了額外複習機會。	例如：口頭問答、紙筆測驗、實驗操作、動作演示等。
8. 引發回憶 當學習者利用和表現出剛學會的事物時，必須將它們從長期記憶內檢索和提取而出。	9. 加強學習保留和遷移 提供課後作業與練習，有助於學習結果的長久保留。 練習宜多樣化，使學習結果能遷移到新的情境。	例如：家庭作業

　　他主張這套教學活動設計能適用於學校課程、職業訓練，和成人教育。然而他強調，實際設計時，九項教學活動的先後順序並非一成不變，有的具有先後邏輯關係，有的則可視實際需要作調整。總而言之，他強調「教學程序」（instructional procedure）的實施，有賴「學習歷程」和「教學活動」的密切配合。為了讓讀者更加明瞭實際配合情形，他曾舉自然科中「空氣中的水蒸氣」單元為例作說明。

　　至於九項教學活動的時間分配情形，若以一節課五十分鐘計算，可參考表 9-8 的建議。

表 9-8　不同教學活動的時間支配情形（以一堂課五十分鐘為例）

教學活動	教學時間	占整堂課之比例
1. 引起注意	1-5	2-10
2. 告知學習目標	1-3	2-6
3. 促使回憶先備知識與技能	5-10	10-20
4. 呈現學習材料 5. 提供學習輔導	10-20	20-40
6. 引發行為表現	10-20	20-40
7. 提供回饋 8. 評量行為表現	5-10	10-20
9. 增強學習保留和遷移	0-10	0-20

（改編自 Borich, 1988）

(二)師生角色

　　從 Gagné 的教學設計可看出，他並不強調給予學生太多自我學習的機會，相反地，他主張教師應扮演積極的教學角色，充分安排和指導學生「學些什麼」及「如何學」，因此，他贊成的是一種「講解式教學」（expository teaching），這一點頗類似於 Ausubel。然而，Gagné 也並不完全否

決學生「自學」（self-instruction）的可能性。他認為當學習者年紀漸長，學習經驗較豐富時，便可加重獨立學習的程度，也就是透過他們對有效學習策略（learning strategies）的掌握和運用，取代原先教學活動想要達成的功能。不過，Gagné 提醒我們，並非每個人都能做到「自學」的地步，尤其是年幼學童，仍有賴教師負責提供整套的教學活動。

　　綜上所述，Gagné 的教學理論具有兩個特色，其中之一是注重整體有系統的設計，包括分析所預期的學習結果、相對應的行為目標、學習內外條件，和學習結果評量等，每一步驟均緊密銜接。這個觀念廣為提倡行為改變技術（behavior modification）、電腦輔助教學（computer-aided instruction; CAI），及能力本位教育（competence-based education）的學者所重視和採用。

　　他的教學模式的另一個特色，在於能兼顧學生的學習歷程和教師的教學歷程。也就是說，他強調教師在進行班級教學時，應配合學生的內在訊息處理過程，妥善設計一系列的教學活動，以便幫助學生內在歷程的有效運作。在教學領域中，他可算是一位充分將學習理論應用到教學領域的心理學者。筆者個人認為，他所提出的教學模式對協助教學生手進行教學設計，頗具參考價值。學者 Borich（1988）甚至以他的模式作為教學設計的架構。至於整個模式的實施是否能達到預期的功效，仍有待進一步實證研究。

六、教學傳遞方式

　　教學設計除了在妥善安排教學活動外，還需要考慮配合學習情境，選擇適當的教學媒體（media），並且視需要設計有效的教學傳遞方式。

　　教學活動最常見的傳遞方式是由教師（instructor）來做，形式上又可分為一對一的個別指導（tutoring），分組討論，以及大班級講述。除此之外，其他媒體如：文章、書籍、電視和電腦等，也都是可考慮的傳遞方式。

七、Gagné 學習理論的評價

　　Gagné 的教學設計並未給予學生太多自我學習的機會，相反地，他主張教師應扮演積極的教學角色，充分安排和指導學生「學些什麼」及「如何學」，因此，他贊成的是一種「講解式教學」（expository teaching），這一點頗類似於 Ausubel。然而，Gagné 也並不完全否決學生「自學」（self-instruction）的可能性。他認為當學習者漸長，學習經驗較豐富時，便可加重獨立學習的程度，也就是透過他們對有效學習策略（learning strategies）的掌握和運用，取代原先教學活動所想要達成的功能。不過，Gagné 提醒我們，並非每個人都能做到「自學」的地步，尤其是年幼學童，仍有賴教師負責提供整套的教學活動。

　　Gagné 的教學理論的另一個特色是，注重整體有系統的設計，包括分析所預期的學習結果、相對應的行為目標、學習者內外條件，和學習結果評量等，每一步驟均緊密銜接。這個觀念廣為提倡行為改變技術（behavior modification）、電腦輔助教學（computer-aided instruction; CAI），及能力本位教育（competence-based education）的學者所重視和採用。

　　Gagné 所提出的教學模式最大的特色，在於能兼顧學生的學習歷程和教師的教學歷程。他強調教師在進行班級教學時，應配合學生的內在訊息處理過程，妥善設計一系列的教學活動，以便幫助學生內在歷程的有效運作。在教學領域中，他可算是一位充分將學習理論應用到教學領域的心理學者。

　　此外，在他的教學模式中，各項教學活動的設計，不僅從訊息處理理論的觀點著眼，也綜合考慮了其他有效教學設計的實證研究結果，可說是理論與實際兼顧。筆者個人認為對於協助教學生手進行教學設計，頗具參考價值。至於整個教學模式的實施是否能達到預期功效，仍有待進一步實證研究。

Gagné的「學習階層」主張，實際影響到美國科學課程的發展。例如：一九六六年美國教育署和美國國家科學基金會贊助發展的「中級科學課程研究」（Intermediate Science Curriculum Study，簡稱ISCS課程），以及一九六七年美國科學促進協會（American Association for the Advancement of Science; AAAS）所發起的小學科學課程，名稱為「科學——一種過程的研究」（Science-A Process Approach，簡稱 SAPA 或 AAAS）。上述ISCS和SAPA這兩類課程在目標撰寫和教材安排方面，便是根據 Gagné 的學習階層模式發展而來（轉引自王秀玲，民 77）。

學習階層雖然在課程設計上有其貢獻，但是在實際應用上也有一些限制（Soulsby,1975；王秀玲，民 77）。例如：就適用的範圍而言，它較適用於數理科方面的心智技能學習。就適用的對象來說，它較適合補救教學、個別化教學，或同性質團體的教學，而非大班級異質性團體的教學。就學習階層本身而言，根據教材分析出來的邏輯順序，未必符合實際的教學順序或每位學生的學習順序。再者，由於分析的過程繁瑣，一般教師是否有此能力，仍是一個問題。

八、教學實例

以下譯自 Gagné 等人（1992）書中四則有關概念、原則、態度的教學實例。

㈠具體概念教學教案示例

教學目標：能辨認梯形圖形

教學歷程	教學媒體	教學處方
1. 引起注意力	講述與板書	黑板上畫出不同形狀的圖形。
2. 告知學習目標	同上	逐一呈現若干正反例配對的梯形圖形（變化梯形的重要屬性：四個邊、直線、兩條平行），並指出何者是梯形、何者不是。最後再呈現一組正反例梯形圖形，反問學生：「你能挑出何者是梯形嗎？」
3. 刺激回憶先備知識	投影機	呈現配對的圖形，包括：直線／非直線；平行線／非平行線；四邊形／五邊形／三邊形；封閉圖形／開放圖形。
4. 呈現新教材	同上	呈現一系列正反例配對的梯形，要求學生正確辨認。逐一檢核並指出每項重要屬性在正反例中是否出現。
5. 提供學習輔導		
6. 引發行為表現	投影機和習作單	提供習作單，列有二十個圖形，其中八個是梯形，餘為不符合梯形一兩個重要屬性的其他圖形。要求學生在習作單上圈出梯形圖形。
7. 回饋行為表現是否正確	口頭核對	當學生完成習作，呈現做成投影片的習作單。指出何者是梯形；並指出在非梯形的反例中，缺少哪些重要屬性。
8. 評量行為表現	教師	發下和習作單類似的小考題目，要求學生圈出梯形圖形。
9. 增強保留和遷移	習作單	要求學生自行畫出梯形。如有相關的物品圖片，可要求學生辨認何者是梯形。

（引自 Gagné, Briggs, & Wager, 1992, p.238）

㈡定義概念教學教案示例
教學目標：能辨認句中英文專有名詞，並於字首大寫。

教學歷程	教學媒體	教學處方
1. 引起注意力	講述與板書	黑板上寫出專有名詞未大寫的兩句英文造句（例如: the team's name was the wildcats. the woman's name was mrs. brown.），要求學生說出這兩句寫法是否有不妥之處。指出通常要大寫的字。
2. 告知學習目標	同上	告知學生這堂課和專有名詞有關。專有名詞字首要大寫。這堂課要學會分辨哪些是專有名詞，並學會專有名詞的字首要大寫。
3. 刺激回憶先備知識	投影機	提醒學生名詞可用以代表人、事、物。要求學生就三方面各自舉例。注意事項：英文造句第一個字的字首要大寫，雖然此非本課重點。
4. 呈現新教材	同上	呈現專有名詞的定義：專有名詞是指特定的人、事、物。
5. 提供學習輔導	教師	比較一般名詞和專有名詞的不同。 例如: boy — John；girl — Alice 　　　mother — Mrs. Smith 　　　building — World Trade Center 　　　monument — Lincoln Memorial
6. 引發行為表現	習作單	要求學生分別就人、事、物，舉例一般名詞和專有名詞。
7. 回饋行為表現是否正確	口頭核對	全班一起核對答案。提醒學生專有名詞要大寫。
8. 評量行為表現	小考單	發下小考題目單，考十個英文句子，要求學生將專有名詞部分畫線。這十個句子包含下列情形：不含專有名詞、句首出現一個專有名詞、句中出現一個專有名詞、含有多個專有名詞。
9. 增強保留和遷移	習作單	要求學生寫出五個英文句子，包括人、事、物等專有名詞。比賽誰寫出的專有名詞最多。

（引自 Gagné, Briggs, & Wager, 1992, p.240）

(三)原則教學教案示例

教學目標：提供電路伏特量、電器瓦特數，能計算電器使用的安培數；能
　　　　　應用公式：安培數＝瓦特／伏特

教學歷程	教學媒體	教學處方
1. 引起注意力	播放錄影帶	畫面呈現一家人早上正準備上班或上學前的景象：母親正在使用電髮捲，父親正在燙襯衫，女兒莎莉正要插電使用吹風機，但突然之間斷電了。詢問全班有誰知道發生什麼事？（回答：莎莉的吹風機造成電路負荷過度，導致保險絲燒斷。）
2. 告知學習目標	教師	說明這堂課的目標是要能計算家庭常用電器（如電冰箱、電熨斗、吹風機）所需安培數。以及學會判斷在某些情境下，將電器插入正在使用中的電路時是否會斷電。
3. 刺激回憶先備知識	投影機	要求學生回憶家庭電路的電壓一般是一一五伏特（為方便計算公式，可四捨五入為一一〇伏特）。電器的瓦特數通常印在標籤上。電路保險絲是根據能承擔的電安培數做評估，如果超過負荷，保險絲會燒斷。
4. 呈現新教材	同上	告知學生計算一項電器的安培數公式如下：電器的瓦特／電壓的伏特＝安培。因此，如果莎莉的吹風機為一千二百瓦特，則需要十二安培（即 1200／100＝12）。
5. 提供學習輔導	教師	多舉例應用公式：電器的瓦特／電壓的伏特＝安培。(1)問學生：莎莉的吹風機是否會燒斷十五安培的保險絲？（不會，因為莎莉的吹風機只用到十二安培。）(2)接著問學生：在莎莉使用吹風機的同時，如果母親再插入電熨斗（原有電路保險絲十五安培），會發生何事？（有些學生回答：會燒斷保險絲。）問他們如何得知？如有必要，協助學生發現電熨斗（一千瓦特）

		需要的安培數，接著算出同時使用吹風機和電熨斗的總安培數（12 ＋ 10 ＝ 22 安培），所以會燒斷保險絲。
6. 引發行為表現	投影機和習作單	以此公式計算其他電器。要求學生計算下列電器在電壓一百伏特的安培數，如：燈泡一百瓦特，電視機三百瓦特，吸塵器六百瓦特，電刮鬍刀五十瓦特，電髮捲一千二百瓦特，電熱器一千三百五十瓦特，電冰箱八百至一千五百瓦特。
7. 提供回饋	口頭核對	當學生完成習作，告知學生正確與否。修改錯誤答案。提醒公式使用是否顛倒。
8. 評量行為表現	教師	要求學生計算十題安培數。
9. 增強保留和遷移	習作單	(1)呈現各種情境要求學生計算安培數。(2)列出一清單（包括各種電器名稱和瓦特數），問學生這些電器如果插入二十安培的電路，保險絲是否會燒斷？

（引自 Gagné, Briggs, & Wager, 1992, p.241-242）

㈣態度教學教案示例

教學目標：能學會選擇低卡路里和低脂食物以控制體重（此課不適合幼童，較適合關心體重過重的青年人。此外，教學歷程 6,7,8 宜每週反覆呈現）。

教學歷程	教學媒體	教學處方
1. 引起注意力	錄影帶	出現一肥胖體型人物，畫面同時出現高脂含量食物（牛油、冰淇淋、派）。然後對比呈現一苗條體型人物，伴隨低脂食物（豆類、青菜、魚）。然後問：你喜歡哪一種體型身材呢？
2. 告知學習目標	同上（著護士服的模特兒）	這堂課主要了解如何透過攝取低卡路里和低脂的食物，控制體重。
3. 刺激回憶先備知識	同上	提醒學生一般食物均含有卡路里和脂肪。複習哪些食物含高卡路里和脂肪，哪些含低卡路里和脂肪。提醒食物攝取要均衡。
4. 呈現新教材	現場教學	課程內容可由一位原先身材肥胖，經由飲食改變而恢復適當身材者呈現。
5. 提供學習輔導	現場教學錄影帶	這位楷模宜具有說服力、令人讚賞。由他（她）敘述改變食物選擇的經過，說明當體重發生變化時的內心滿意情形。並由他（她）口中說出「如果我能做到，你也能做到」、「這種方式有效」、「雖非易事，但值得」。
6. 引發行為表現	投影片習作單	要求學生說出過去數週吃的食物，提醒學生選擇食物的時機包括三餐和三餐之間。當然這些報告未必反映出真實的食物選擇行為。
7. 提供回饋	口頭回饋	對於符合正確食物選擇者給予增強。
8. 評量行為表現	教師	可以問卷調查學生態度，並觀察數週後體重的變化，以及食物選擇的改變。
9. 增強保留和遷移	習作單	對態度的增強宜營造周遭支持的環境。個別學生的努力，可透過每週定期與支持團體聚會，以獲得協助。

（引自 Gagné, Briggs, & Wager, 1992, p.244）

本章參考書目

王秀玲（民 77）：Gagné **教學理論之研究**。國立師範大學教育研究所碩士論文。

林清山（民 75）：教學的心理學基礎。中國教育學會主編，**有效教學研究**。台北：台灣書店。

陳正昌等譯（民 85）：**教學設計原理**。台北：五南圖書公司。

陳榮華（民 67）：**加減運算學習層次之研究**。師大特殊教育中心。

陳榮華（民 68）：學習層次與增強因素對智能不足兒童加算學習成效之影響。**師大教育心理學報**，12，51-68。

張新仁（民 77）：現代教學方法的新趨勢。**教育研究**，2，69-88。

趙居蓮譯（民 86）：**學習與教學**。台北：心理出版社。

Anderson, J. R.(1976). *Language, memory, and thought.* Hillsdale, N. J.: Erlbaum.

Borich, D. G.(1988). *Effective teaching methods.* Columbus: Merrill.

Bruner, J. S.(1966). *Toward a theory of instruction.* New York: W. W. Norton.

Skinner, B. F.(1968). *The technology of teaching.* New York: Appleton.

Gagné, R. M. (1985). *The conditions of learning and theory of instruction* (4th ed.). New York: Holt, Rinehart & Winston.

Gagné, R. M., Briggs, L. J., & Wager, W. W.(1992). *Principles of instructional design* (4th ed.). Fort Worth: Harcourt Brace Jovanovich College Publishers.

Rothkopf, E. Z.(1970). The concept of mathemagenic activities. *Review of Educational Research, 40,* 325-336.

第 *10* 章

訊息處理理論與教學應用

❖訊息處理理論模式
　　Atkinson 和 Shiffrin 的訊息處理模式
　　Carifio 的訊息處理模式

❖訊息處理理論在學習策略上的應用
　　注意力策略
　　串節策略
　　編碼策略
　　記憶提取策略

❖訊息處理理論在教學上的啟示
　　在注意力方面
　　在編碼方面
　　在記憶提取方面

❖訊息處理理論的疑惑與討論
　　訊息處理理論是否視個體與外在環境相互分
　　離？
　　訊息處理理論是否視學習內容為靜態的實體？
　　訊息處理理論是否忽視個體學習的主動性？

❖訊息處理理論的評價

❖教學實例

本章學習目標

看完本章後，讀者應能達成下述目標：

1. 能說出「訊息處理理論」的主要模式。
2. 能比較前後期「訊息處理理論」在模式上的異同。
3. 能說出「訊息處理理論」對於學習策略的應用。
4. 能比較「訊息處理理論」對於教學的啟示。
5. 能應用「訊息處理理論」於實際教學情境中。

訊息處理（information processing）理論肇始於二十世紀五〇年代之初，盛行於六〇年代以後。其興起的原因主要來自於對行為主義心理學的反動，認為個體並非被動的有機體，不同的個體受到同樣的刺激時，並不一定會產生相同的反應。此外，電腦科技的發展對於訊息處理理論的興起，亦有推波助瀾之功，認為人類心理運作和電腦相似，亦即透過電腦訊息的處理方式，可藉以了解人類心理運作的結構與歷程（張春興，民 85，223-224 頁；陳李綢、郭妙雪，民 87，149 頁）。

訊息處理理論與認知發展（Cognitive Development）理論同為二十世紀認知心理學的兩大主流，已有許多學者利用認知發展理論設計成實際的教學模式，例如 Celia Lavatelle 為四歲至七歲兒童設計的「Piaget 本位的套裝課程」（Packaged Piaget-based Curriculum）、David Weikart 等人（1971）的「認知取向課程」（The Cognitively Oriented Curriculum）、C. Kamii 與 R. DeVries（1974）編的「Piaget 本位幼教課程」（Piaget-based Curriculum for Early Childhood Education）、George Forman 所發展的「建構性遊玩學校」（The School for Constructive Play）、Sigel 所設計的「學前教育方案」（Preschool Program）（林生傳，民 84，216 頁；Lawton, 1988, pp.132-147）。但少有學者應用訊息處理理論來設計成整套的教學模式，本文即在嘗試透過分析訊息處理理論的內涵及教學啟示，建構一套訊息處理理論取向之教學模式，並以國小自然科為例，設計教學方案，提供中小學教師教學參考。

一、訊息處理理論模式

一九七〇年代起，由於電腦的進步，訊息處理理論亦隨著快速發展。目前有關訊息處理模式的研究數量驚人（如 Atkinson & Shiffrin, 1965, 1968, 1971; Wickelgren, 1969; Patterson, Meltzer, & Mandler, 1971; Craik & Lockhart, 1972; Rundus, 1973; Murdock & Wells, 1974 等），其中有些是一般的訊息處理模式，可應用於處理不同類訊息；有些則為特殊的訊息處理模式，僅限於處理某類材料。由於認知心理學者所提出的訊息處理理論，大

都根據 Atkinson 和 Shiffrin（1968） 之模式進一步發展而來（引自方琰，民78，107頁），所以本節先論述其模式，作為訊息處理理論的前期代表。其次，Carifio（1993）整理了過去二十五年的相關文獻，建立了一個學習與學習過程的標準訊息處理模式，可為訊息處理理論後期的代表。

(一) Atkinson 和 Shiffrin 之訊息處理模式

Atkinson 和 Shiffrin（1968） 的理論指出：人類的訊息處理系統包含兩大主體，其一為「結構層面」（structural features），另一則為「控制層面」（control features）。結構層面（如記憶容量、運作速率等）皆有其一定的容量與限度；控制層面則像電腦軟體一般，它控制並指示了訊息處理的運作程序，控制層面會因人及情境而異（引自方琰，民 78，107-108頁）。

Atkinson和Shiffrin認為結構層面包含了三部分：「感受器」（sensory register）、「短期記憶」（short-term memory） 及「長期記憶」（long-term memory）（如圖 10-1）（Siegler,1986,p.66）。

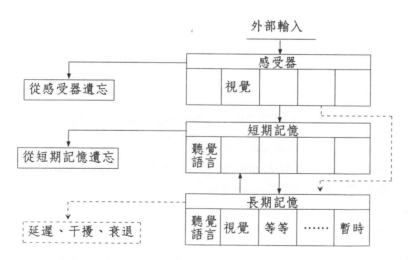

圖 10-1　Atkinson 與 Shiffrin 的訊息處理模式

　　訊息經由感受器進入處理系統中，接著進入短期記憶，再進入長期記憶。例如，某人讀了一個字，這個字的外形會進入此人的感受器，接著移進短期記憶。在此同時，長期記憶中的有關訊息會被提取至短期記憶（如字的字義被提取出來），經過處理後，整合成一句話或一段文章的一部分，再送至長期記憶中儲存。

　　以上三種結構又可依訊息的物理性質再加以細分：例如「感受器」可分為「視覺感受器」（visual sensory register）與「聽覺感受器」（auditory sensory register），「短期記憶」可分為「視覺短期記憶」（visual short-term store）與「聽覺短期記憶」（auditory short-term store）等。感受器與短期記憶的容量與保留期限都有一定限度。

　　至於控制層面則負責控制各個內部結構的運作。控制層面是由後天習得，此點和先天具有之結構層面大不相同。孩童與成人一樣擁有感受器、短期記憶與長期記憶，但是孩童與大人在控制層面上卻有極大的差別（方琰，民 78，108 頁）。

(二) Carifio 的訊息處理模式

　　Carifio（1993）所提出的訊息處理模式如圖 10-2 所示，其結構與運作方式如下所述（pp.8-10）：

1. 外在刺激 （The External Stimulus）

　　外在刺激係指來自於環境中的各項訊息，例如各種聲音、影像、氣味等。外在刺激會引發並促使感官運作，產生注意與知覺，並連結到長期記憶，在工作記憶中進行各種解碼、編碼、精緻化、操作以及生產過程，最後透過反應製造器產生各種反應（外顯的、內隱的，或兩者皆有）。

2. 感覺記憶 （Sensory Memory）

　　感覺記憶位於感覺器官上的神經細胞（包括內部與外部兩者），它可捕獲外在刺激的訊息並轉換成神經脈衝，以傳達至腦部進行更進一步的處

特徵

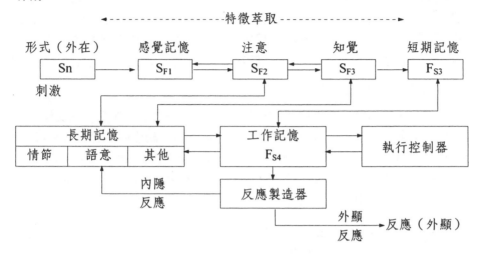

圖 10-2　Carifio 的訊息處理模式

理。此種記憶相當簡要，而且僅捕獲外在刺激當中的極小部分，而這些被捕獲的訊息稱之為功能刺激（functional stimulus）或內在刺激（internal stimulus），它們尚待進一步的處理，而且其本質與特性也會隨著處理階段的不同而改變。

3. 注意（Attention）

注意僅著重在感覺記憶所捕獲功能刺激中的一小部分，通常是具有特別關鍵的部分。長期記憶中的基模會驅動與引導注意，因此注意本身是高選擇性的。功能刺激中某些部分是焦點與關鍵的主體，而其他部分則是較不重要的背景。

4. 知覺（Perception）

知覺是對於功能刺激（F_{S2}）的推論與詮釋。F_{S2}會引發長期記憶中的基模，而賦予更多的訊息給 F_{S2}，以形成 F_{S3}。知覺包含意識與非意識（或潛意識）兩種層面，它是賦予注意內容意義化的過程。

5. 短期記憶（Short-Term Memory）

短期記憶只能短暫儲存有限的知覺性編碼訊息（包括 F_{S3} 和 F_{S3} 的更新版），儲存容量是 7±2 個串節，而且訊息必須被複述，否則容易遺忘。

6. 工作記憶（Working Memory）

工作記憶是將短期記憶中的訊息加以處理和運作（分析、精緻、摸索、推論、演繹等等）的地方，運作時必須利用到長期記憶中情節式與語意式的訊息，並透過執行控制器支配整個處理運作。處理過後的產品便送交反應製造器來執行，產品可能是一個外顯的反應（或一系列的反應、程序）、長期記憶的修改（內隱的行動或行為），可能二者皆有，也可能二者皆非（放棄 F_{S4}，回到下一個 F_{S3} 並繼續運作）。

7. 反應製造器（Response Generator）

反應製造器是將來自於工作記憶中的結果轉換成適當的反應。例如，你對於一個問題有所了解（能力），但解答的方式則可能是寫、說或模仿（表現）。因此，能力與表現的區別便如同「知」與「行」之間的區別。長期記憶基模的修改是一種內隱的反應方式，F_{S4} 的結果可能被同化進入已有的基模（擴展和精緻化），但它們亦可能引起現有基模的改組與徹底翻修（調適—增加新的概念單位和新的關係），因此長期記憶中的基模至少有兩種不同的改變方式。

8. 執行控制器（Executive Controller）

執行控制器負責監督和控制所有的處理活動，常常被稱作後設認知或後設認知的活動、技能和知識。

9. 長期記憶（Long-Term Memory）

長期記憶是先前的學習和知識較長久的儲存地，根據人類表現與神經學的研究資料，長期記憶被區分成各種不同的類型，茲介紹其中兩種最主要的類型如下：

⑴情節性或程序性的長期記憶（Episodic or Procedural Long-Term Memory）

此種長期記憶專門儲存包含有個人情緒和情感的訊息，或儲存事件訊息和一系列情節（程序和動作行為）訊息。因此，有時被稱作程序或動作記憶。訊息傾向於以行動本位、實作、程序或故事基模、劇本等方式儲存。它在特性上不是非常抽象或一般性的，而是非常特定的、具體的。它在操作上僅是半邏輯性的，而且常常是以機械的形式操作，非常自動化的。

⑵語意性或抽象性的長期記憶（Semantic or Abstract Long-Term Memory）

此種長期記憶有時也被稱作概念性、符號性、陳述性或概括性的長期記憶，它專門儲存抽象與一般的知識，諸如概念、原則、事實等知識。專家在此方面的知識結構具有階層組織的特性，是高度發展且具邏輯性，生手的知識結構則反之。Piaget 所謂的認知發展便是語意性長期記憶的高度發展。

由上述兩種模式的探討可知，訊息處理理論基本上包含有結構以及運作兩部分，整個歷程自外界刺激為起，個體反應為訖。當然它與行為學派所強調的刺激反應連結有所不同，一方面，它揭開了刺激與反應之間的黑箱，另一方面，它更著重於個體在刺激反應歷程中的主體性與認知性。Atkinson 與 Shiffrin（1968）的訊息處理模式可謂言簡意賅，揭示該種模式的主要架構與意涵，而 Carifio（1993）的模式除了在探討層面上更為完整與細緻外，更嘗試與 Piaget 的認知發展理論相結合，有助於認知理論的整合。

二、訊息處理理論在學習策略上的應用

整個訊息處理流程顯示出：人類的學習過程涉及複雜的記憶結構與訊息轉換歷程，隨時主宰著知識的獲得、保留與回憶。同時，輸入的訊息都需要花費一段時間進行處理，才能貯存或是做進一步的輸出。如果從記憶

的觀點來看，訊息處理過程中至少存在著四處記憶瓶頸：(1)一部分來自外界的訊息，經由選擇性篩檢過程就此消失；(2)短期記憶內的訊息停留短暫，且容量有限；(3)編碼過程是決定訊息是否進一步儲存於長期記憶的關鍵；(4)回憶線索若不明確，訊息提取的過程便不順暢。人類若能突破這些瓶頸，便可增進記憶與學習（張新仁，民 79，50-51 頁）。

　　由上述可知，訊息處理理論對於學習策略上的應用可區分成下列四項：

(一)注意力策略

　　注意力可就兩個層面探討，一為注意力分配，又可稱之為「選擇性注意」（selective attention），亦即能分辨出訊息中重要及不重要的部分，並對較重要的部分分配較多的認知資源，其他則忽略之。另一個層面是注意力持續（maintaining students' attention or task involvement），也就是俗稱的「專注」。

1. 在注意力分配方面

　　研究發現年齡會影響學生的注意力分配。因此年齡不同的學生，在注意力分配的能力上便有差異，對於年齡較低的學童，教師更有必要幫助其注意力做有效的分配，以掌握住重點所在。當然，要達到此點，教材內容的組織是關鍵所在。例如文章架構、文章重點提示（如標題、字體變化）、行為目標與待答問題等，均有助於注意力分配。此外，閱讀時「畫記」（underlining）及聽講時「做筆記」（notetaking），亦是掌握學習重點的有效學習策略。

2. 在注意力持續方面

　　Cobb 和 Hops（1973）曾採用行為改變技術來改善學生注意力不集中的問題，也有學者建議讓學生玩一些需要專心的遊戲（Biehler & Snowman, 1982）（引自張新仁，民 79，51 頁）。

㈡串節策略

　　人類的短期記憶只能同時處理極為少數的訊息，此點是人類記憶的極大瓶頸，但是人類可以學會使用有效的串節策略（chunking strategy），使每一串節中包含很多訊息，以克服短期記憶在容量上的缺點。例如，有一列二進位的數字：101000100111001110，一般人大約可以記住十二個二進位的數字。但是，假如你使用轉錄策略（recording strategy），以三位一數的方式將上述數列分組，使變成 101-000-100-111-001-110，然後再將三位一數轉成十進位的數，就變成 504716（林清山譯，民 80，53 頁）。

　　此種串節策略除可節省短期記憶的空間外，還可改善個體知識結構的連結性，並且有助於訊息提取的速度（Rosenshine, 1995, p.262）。

㈢編碼策略

　　較常見的編碼策略有下列三項：

1. 複述（rehearsal）

　　複述策略是指主動陳述或重複學習材料的各個刺激項名稱，依複述內容複雜度的不同，有下列幾種不同的策略（林清山譯，民80，75-76頁）：

　　⑴累積複述（cumulative rehearsal）：當刺激出現時，要把目前為止所有刺激項全部依次重新說出來。例如，要背誦美國五十個依序加入聯邦的州名時，當背誦至第四個州時，前面三個州要先依序背誦出來。

　　⑵部分複述（partial rehearsal）：當刺激出現時，重新說出先前所呈現過的刺激項中的至少一個刺激項的名稱。例如，在前例中，當背誦至第四個州時，只重新背誦第三個州。

　　⑶叫出名稱（naming）：當刺激出現時，說出該刺激項的名稱。例如，在前例中，當背誦至第四個州時，只背誦第四個州的名稱。

2.組織（organization）

所謂組織是指將學習材料（一系列名詞或事物名稱、一則故事，或一篇文章）加以分門別類，並找出各部分之間的關係。在組織的過程中，學習者勢必以主動而積極的方式處理學習內容（張新仁，民 79，52 頁）。例如，將課本所學的概念組織成樹狀組織圖，並以線條連結並說明概念彼此間的關係。

3.意義化（elaboration）

所謂意義化是指就新的學習內容做進一步聯想或引伸，目的在使新的學習內容和個人長期記憶中的知識進行有意義的連結，以增進記憶。意義化在形式上又可分為「心像意義化」（imaginal elaboration）和語文意義化（verbal elaboration）兩種，前者是將學習材料在腦海中形成一幅圖畫，例如，將「bed」想像成一張床的圖像；後者則是以語言的方式進行有意義的連結，例如，將 $\sqrt{2}=1.414$ 記成「意思意思」（張新仁，民 79，58-59 頁）。

㈣記憶提取策略

就訊息處理理論而言，複習學習內容，如能試著回憶，有助於鞏固和熟練自長期記憶中提取資料的痕跡。至於練習提取的方式，較常見的是：試著教別人，教過後記得較牢；或是與別人進行討論，也可精熟學習內容。此外，研究指出，複習時學習者若能試著回憶數遍（Hogan & Kitsch, 1977），或是念完後自行出題作答（Frase & Schwartz,1975; Duell,1977），要比一再重複閱讀遺忘較少（引自張新仁，民 79，59 頁）。

三、訊息處理理論在教學上的啟示

前節已分析訊息處理理論在學習策略方面的意涵，本節將依照相同的

架構探討訊息處理理論在教學上的啟示，惟串節策略與編碼策略中的組織
策略性質類似，本節不再單獨探討其在教學上的啟示。

(一)在注意力方面

注意力是訊息接收之始，沒有輸入，便無訊息可供處理，更遑言輸
出。所謂好的開始是成功的一半，教師必須在教學時致力於提升學生的注
意力。

Good 和 Brophy（1984）提出教師提升學生注意力的要點：⑴避免教
學活動單調、重複；⑵經常變化音調、表情和教材呈現方式（例如演講、
討論或角色扮演）；⑶教材呈現應簡潔，避免冗長；⑷眼光掃描全班而非
少數人；⑸避免為解決個別問題而置多數人於不顧；⑹以發問和討論方式
引導學生參與教學過程；⑺改變教室座位安排，把不專心的學生移至前排
或中間地帶（又稱活動地帶）（引自張新仁，民 79，52 頁）。

鄭麗玉（民 82，26頁）則認為教師最好提供難度適中的工作或教材，
才容易維持學生的注意力。此外，教師應該要促使學生的基本學習達到自
動化的程度，如此有助於學生專注於高層次的學習。

上述教學建議均著重於教師如何透過適當的教材、教學技巧與教學環
境來提升學生的注意力，這些都是屬於注意力持續的層面，至於在選擇性
注意的層面，Rosenshine（1995,p.262）建議為幫助學生發展其背景知識，
教師應提供學生廣泛閱讀的機會。當然，訊息輸入的量固然重要，但訊息
輸入的質更是訊息處理理論所強調的重點，教師必須教導學生在廣泛閱讀
時如何做筆記以掌握重點，目前社會已處於訊息爆炸的時代，但學生在這
方面的能力卻相當缺乏。

(二)在編碼方面

訊息輸入經過量的擴充與質的把關後，接下來便是編碼的工作。編碼
工作的良窳影響到輸入訊息的儲存與而後的提取，所以是整個訊息處理的

核心階段，教師必須在教學過程中設計適當的教學活動，以促進輸入訊息獲得最佳的編碼方式。

前節已述，在編碼階段的學習策略有三，以下分別敘述其在教學上的啟示：

1. 複述

複述在編碼階段的學習策略當中，是屬於較低層次的策略，適用於學生缺乏背景知識以及學習序列性材料的時候（例如小學生讀經）。有些基礎知識若能達到自動化的程度，則對於以後高層次學習有很大的幫助（例如九九乘法表）。因此，教師必須適時教導學生如何複述。研究發現，如果學童不知如何使用複述策略，可透過訓練方式直接教導（Kenney, Cannizzo, & Flavell,1967），但如果他們不知何時使用該策略，則涉及後設認知層面，雖然也可以教，但必須考慮學童的發展階段。通常應先教會他們如何複述，然後再訓練他們學會分辨何時使用複述（引自林清山譯，民80，82頁；張新仁，民79，52頁）。

2. 組織

組織在編碼階段的學習策略當中，屬於較高層次的活動。但並非僅適用於程度較高或者年紀較長的學生，教師可依照學生的發展階段提供適當的教學方式。

學者們已發展的組織策略訓練包括「分類策略」、「記憶塊法」，以及教導學生「辨認文章架構」。至於訓練學生組織文章的策略包括：將學習內容架構做條列式的整理，即「大綱」（outline）；將全篇內容要旨做濃縮性的整理，即「摘要」（summary）；或是根據各重點之間的關係繪製成層次分明的「樹狀組織圖」（networking）（張新仁，民79，53頁）。Rosenshine（1995,p.263）針對樹狀組織圖提供更細緻的教學方式，他認為教師可先提供各種樹狀組織圖，並加以示範其發展過程，讓學生藉由模仿學習，逐步學會建構自己的樹狀組織圖。此外，Rosenshine也指出，新材料的處理可透過比較、對照和引出連結等活動來進行。

3.意義化

意義化是組織學習策略當中最具效力的一種，而且可與學習內容以外的材料進行連結，但它們並不是經常會自發性的產生，因此意義化策略的教學便顯得特別重要。

意義化策略的教學也需要配合學生的發展階段，在小學低年級起便可提供心像連結的意義化練習，在高年級時，便需要鼓勵學生自行創造心像，當然除了教導如何使用意義化策略之外，也需要告訴學生此種策略使用的時機以及使用的方式，這涉及後設認知的層面（林清山譯，民 80，92頁）。

前節曾述及，意義化在形式上可分為心像意義化和語文意義化兩種。在教學時，前者可採取記憶術中所採用的位置法、字鉤法和關鍵字法；後者則包括(1)閱讀時上下文意的引伸；(2)學習概念和原則時能舉例說明；(3)對學習內容加以類推或比喻；(4)尋求學習材料的規律性；(5)把要記憶的事實，深入了解其原委；(6)運用諧音轉換學習內容；(7)把學習內容編成故事；(8)以手勢或模型幫助記憶；(9)以詩歌、韻文方式吟誦；(10)使用首字法；(11)用自己的話重新撰述學習內容等（張新仁，民 79，58-59 頁）。

Rosenshine（1995,p.263）則指出，教師在教學時必須要求學生舉出新的例子，或應用觀念到新的情境。

(三)在記憶提取方面

訊息經過適當的編碼處理之後，如果能夠透過適當的教學方式，讓學生有機會將長期記憶中的訊息提取出來，則更有助於鞏固學生知識結構的連結性。

較常見的教學方式有二：其一是解釋新材料給同學聽；其二是學生自行擬題與解題（張新仁，民 79，58-59 頁；Rosenshine,1995,p.263）。在主要教學活動完成之後，教師可令學生彼此根據單元架構圖中的重點或概

念，解釋給其他同學聽。藉由解釋的過程，學生必須重新自長期記憶中提取相關的訊息，並要經過一番整理的過程。其次，讓學生自行擬題，教師再將這些題目整理之後，讓學生進行解題，在擬題與解題的過程中，學生也必須將長期記憶中的訊息加以提取與重整，所以此二者對於鞏固學生知識結構的連結性有相當助益。

四、訊息處理理論的疑惑與討論

㈠訊息處理理論是否視個體與外在環境相互分離？

訊息處理理論論及個體接收外在刺激，容易招致個體與外在環境相互分離的質疑。筆者認為訊息處理理論所言之外在刺激，係相較於個體內在認知結構而言，不可推論為個體抽離社會情境脈絡，才能接收所謂的外在刺激。

㈡訊息處理理論是否視學習內容為靜態的實體？

訊息處理理論並未探討是否存在實體的知識，亦未言及學習內容是否為靜態的存有。筆者認為不可因為訊息處理理論論及個人接收外來訊息，便推論此外來訊息為靜態的實體。外來訊息並非一定是靜態的，個人訊息處理結束時，會產生反應行為，此反應行為便可能影響下一次所接收到的外在環境刺激。其次，外來訊息亦並非一定是實體，例如，個體所接收到的訊息可能是他人主觀的見解。

㈢訊息處理理論是否忽視個體學習的主動性？

訊息處理理論著重探討個體如何接收與處理外在環境刺激，此種內化的觀點自然容易遭人質疑個體在學習上缺乏主動性，僅能夠被動接受外在

環境的刺激。筆者認為訊息處理理論在個體內的訊息處理歷程方面,仍具有很大的學習主動性,個體能夠採取不同的注意、編碼與提取策略來處理接收到的訊息。但在個體外與環境互動的部分,訊息處理理論確實較少論述。

五、訊息處理理論的評價

訊息處理理論藉由模擬電腦訊息運作,來分析人類心理運作的結構與歷程,不僅豐富了認知心理學的內涵,而且提供學習策略堅實的理論基礎。

傳統行為主義強調環境刺激的安排可決定個體的反應,在學習與教學的啟示便是學習不涉及心智的運作,只是一連串刺激與反應的組合。教學上只要安排適當的環境刺激,便可促使學生學習,例如編序教學法應用行為主義心理學而設計的教學方法。訊息處理理論揭示人類並非被動的學習者,人類是主動的訊息接收與處理者。相同的訊息刺激並不一定會產生相同的反應結果,端視個體如何接收與處理該訊息刺激。因此,注意力、編碼,以及提取等學習策略在學習過程中便扮演重要的角色。能有效運用這些學習策略的學生才能獲致較好的學習結果,所以教學上應致力於教導學生善用這些學習策略,而非僅止於灌輸學生知識而已。

若就認知的角度來看訊息處理理論,它與認知發展理論與建構主義有異曲同工之妙。共同處為均著重於人類心智運作的結構與歷程,差異處為認知發展理論與建構主義是從生物適應環境的角度來探討,訊息處理理論則是從電腦處理訊息的方式進行分析。

再就學習與教學的層面來看訊息處理理論,訊息處理理論所長者在於個體認知的層面,但在人際間互動與社會文化層面則有所不足。因此,訊息處理理論雖然對於學習策略提供堅實的理論基礎,但在教學應用時,仍宜增加人際互動與社會文化層面的設計與活動。

六、教學實例

前面已分別探討訊息處理理論及其對於學習的意涵與教學的啟示，本節便根據前節探討所得，加以整合成一完整的教學模式。

目前一般教學流程均分為準備階段、發展階段以及綜合階段，筆者認為可與訊息處理理論當中的注意、編碼以及提取三個階段相配合，並再從各階段中選取個人認為較為重要且適當的教學活動，整合成訊息處理理論取向教學模式，如圖 10-3 所示：

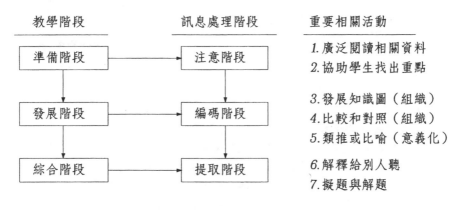

圖 10-3　訊息處理理論取向教學模式

筆者以國小自然科為例，設計「訊息處理理論取向教學模式」之自然科教案，供中小學教師在應用本教學模式時的參考。

一、單元名稱：熱從哪裡來

二、單元目標：

　(一)概念：*1.*熱源生熱的方式有很多種。

　　　　　　*2.*不同的物質主要的傳熱方式也不同。

　(二)方法：蒐集、觀察、記錄、整理、傳達。

　(三)態度：耐心、積極。

三、教學時間：共 320 分鐘，分為 8 節。

四、教學過程

階段	主要行為目標	教學活動	評量	時間
準備注意階段	1-1 能廣泛蒐集並閱讀相關資料。 1-2 能將蒐集到的資料整理出重點。	*1.* 將學生分組，以小組方式至圖書館蒐集關於生熱與傳熱的資料，並加以閱讀。 2. 各組就蒐集到的資料進行討論，並將重點記錄下來。	▲能在限定時間內廣泛蒐集並閱讀相關資料。 ▲能在限定時間內將重點分點列述。	20 分 20 分
發展編碼階段	2-1 能將整理出的重點組織成知識架構圖。 2-2 能夠依照整理出的知識架構圖逐項進行討論或實驗操作。 2-3 能夠相互比較或對照各項討論與實驗結果。 2-4 能夠將各項原理或現象類推或比喻至其他的情境。	3. 各組報告整理出來的重點，全班共同討論如何形成知識架構圖。 4. 全班依照知識架構圖討論各項活動進行方式，然後分組逐項進行。 5. 全班針對各項討論與實驗結果相互比較或對照。 6. 全班針對各項生熱與傳熱原理或現象，共同討論是否有類似的生活經驗。	▲能樂於提出自己的意見。 ▲能夠樂於參與，耐心觀察。 ▲能夠發現各項結果間的關係或異同點，踴躍發言。 ▲能夠回想自己過去的生活經驗，相互連結，踴躍發言。	40 分 120 分 20 分 20 分

	3-1 能夠將學習所得的各項原理與心得解釋給其他人聽。	7.各組由組長引導輪流報告個人學習所得的各項生熱與傳熱原理與心得。	▲能夠整理個人學習的經驗，透過語言在有限的時間內傳達給其他人。	30 分
綜合提取階段	3-2 能夠依照學習經驗進行擬題。	8.各組由組長引導分配每個組員出題的範圍與形式。	▲能夠將學習經驗轉化成題目的形式表達出來。	10 分
	3-3 能夠回憶學習經驗進行解題。	9.教師將學生所出的題目加以整理後，印製成測驗單，供學生作答。	▲能在限定的時間內作答完畢。	40 分

本章參考書目

方琰（民 78）：訊息處理理論之分析研究。**教育文粹**，8，106-125。

朱敬先（民 77）：**教學心理學**。台北：五南圖書公司。

林生傳（民 84）：**新教學理論與策略**。台北：五南圖書公司。

林生傳（民 85）：概念教學對概念發展的實驗效果──階次理論模式的概念教學實驗。**教育學刊**，12，31-70。

林清山譯，R. E. Mayer 原著（民 80）：**教育心理學─認知取向**。台北：遠流出版公司。

陳李綢、郭妙雪（民 87）：**教育心理學**。台北：五南圖書公司。

張春興（民 85）：**教育心理學──三化取向的理論與實踐**。台北：東華書局。

張新仁（民 79）：從訊息處理談有效的學習策略。**教育學刊**，9，47-66。

鄭麗玉（民 82）：**認知心理學──理論與應用**。台北：五南圖書公司。

Carifio, J.(1993). *Needed: A standard information processing model of learning and learning processes.*(ERIC Document Reproduction Service No. ED 356 258)

Joyce, B., Weil, M., & Showers, B.(1992). *Models of teaching.* Boston: Allyn and Bacon.

Lawton, J. T.(1988). *Introduction to child care early childhood education.* Glenview, Ill.: Scott, Foresman.

Rosenshine, B.(1995). Advances in research on instruction. *The Journal of Educational Research, 88*（5），262-268.

Siegler, R. S.(1986). *Children's thinking.* N.J.: Prentice-Hall.

第 *11* 章

建構主義學習理論與
教學應用

❖根本建構主義的理論基礎

❖根本建構主義的主要觀點
　　根本建構主義的基本原則
　　知識的形成與發展
　　知識的特性
　　外在環境與知識建構的關係

❖根本建構主義的學習理論
　　學習的意義
　　學習的動力
　　學習的目標
　　學習的外在環境
　　學習的能力
　　學習的結果

❖根本建構主義的教學觀
　　教學的目標
　　教師的信念與角色

教學的原則與方法

❖建構取向教學的疑惑與討論

有所謂的建構教學嗎？

學生有能力建構嗎？

建構主義取向的教學適用於程度較差的學生嗎？

不能用講述的方式教學嗎？

尊重學生所有的建構嗎？

有固定的教學流程嗎？

只能運用在數學科和自然科的教學嗎？

❖根本建構主義的評價

❖教學實例

本章學習目標

看完本章後，讀者應能達成下述目標：

1. 能說出根本建構主義的理論基礎。
2. 能說出根本建構主義的主要觀點。
3. 能說出根本建構主義對於學習的看法。
4. 能說出根本建構主義對於教學的觀點。
5. 能應用根本建構主義於實際教學情境中。

　　「建構主義」（constructivism）旨在解釋人們「如何獲得知識」，它認為知識起於人們主動的建構而非被動的接收。一九八〇年代起，它對美國的科學和數學教育產生衝擊，並於一九九〇年代影響我國的數理教育。

　　建構主義並非單一的理論，它包含不同取向的派別（Watts & Bentley, 1991）。以本世紀來說，哲學、科學哲學、認知心理學、神經心理學、認知發展心理學或人類學等領域，都對其發展產生了影響和貢獻。因此在解釋人們是如何建構知識時，各有不同說法。基於此，擷取其精神應用於實際的教學情境時，須先澄清所採取的建構主義立場，才不會產生混淆不清的現象。

　　在眾多的建構主義取向中，有的焦點放在個體的「外在」層面，從社會、歷史、文化的角度切入，說明人類如何得到知識。持此種觀點者，可歸為「社會建構」取向，前蘇聯學者Vygotsky（1896-1934）就是其中的代表人物之一。有的把重心放在個體的「內在」層面，思考個體的腦海究竟是如何運作從而獲得知識。從這個角度出發的，可歸為「個人建構取向」，其中以「根本建構主義」（radical constructivism）占有重要的影響力。本書另有專章討論Vygotsky的理論，因此本章把重心放在根本建構主義。

　　根本建構主義是由 Ernst Von Glasersfeld 提出。《根本建構主義：認識與學習之道》（*Radical Constructivism: A way of knowing and learning*）是總結其理論的一本著作。根本建構主義認為，認知的目的是要建構出能夠適應環境的知識。若所建構的知識無法適應環境的要求，個體的內在會感到困惑。為了去除困惑，個體必須修改原有的知識以求重新得到適應。在修改時，個體會檢討所面對的情境中的某些特質是否被自己忽略或誤解，因而產生錯誤的想法及行動。在檢討之後，個體可能調整原先的想法並重組出能夠適應環境要求的知識。由於所建構的知識必須符合環境的要求才能得到適應，相對來說，外在環境就有可能影響個體知識建構的方向。因此，根本建構主義雖把探討的重點放在個體的內在，但並沒有忽略外在環境與個體知識獲得間的關係。雖然如此，它仍認為個體內在的運作是知識建構的機制所在。因為個體到底要不要修改其知識或究竟要怎麼修改，決

定權在於個體的內在認知運作而非外在環境。

　　以下分就根本建構主義的理論基礎、主要觀點、學習理論、教學觀、教學上的疑惑與討論、有關之評論及教學實例等層面，逐一敘述。

一、根本建構主義的理論基礎

　　Von Glasersfeld 是奧地利人，母語是德語。約十歲時，就從生活與遊戲中自然的學會德語、英語及義大利語。之後，他被送進位於瑞士的寄宿中學，並展開八年的法語學習。此種不同於以往母語的學習經驗，讓他明白當利用母語或某種語言來學習另一種語言時，學習者無法避免的會用原有的語言經驗來詮釋及理解新的語言，因而無法掌握新語言所代表的真正意義及其中蘊含的思想和感情。此種體會，讓 Von Glasersfeld 認為人們如何看待和談論所面對的世界，有很高的程度是由母語所決定。此外，由於每個人的生活經驗各不相同，因此說出相同的話語時，所要傳達的意義、思想及情感可能都不相同。據此，Von Glasersfeld 想知道語言背後的「真正實體」（real reality）是什麼，以及一個人如何才能認識且將這個實體描述出來。

　　受到 Wittgenstein 的實體概念以及 Berkeley 的經驗主義所影響，Von Glasersfeld 認為人類並沒有通路到達位於人們的經驗之外且未曾被觸摸過的實體，因此人類無法觸及位於語言背後的實體。換言之，人類所能認識的範圍僅限於本身的經驗世界而已。此外，受到 Vico 的經驗內容主動處理觀念以及 Piaget 的認知發展理論的啟發，Von Glasersfeld（1995）認為人類是透過主動建構的方式以認識其外在世界。

二、根本建構主義的主要觀點

　　根本建構主義的重點在探討個體如何形成及發展知識。因此，根本建

構主義不是一種「認識論」（epistemology），而是「一種達到認識的途徑」（an approach to knowing）或「一種認識的理論」（a theory of knowing）（Von Glasersfeld, 1995）。

Von Glasersfeld 將他的理論和認識論區隔，是認為在認識論之下，認識的目的是要去發現或找出「早已存在」（ready-made）的實體，並在心中表徵它。例如，學數學和自然的目標在於發現或找出永恆不變的數學法則及自然法則。Von Glasersfeld 認為，此種目標並不可能達成。因為，第一，現有的數學定理和自然法則都是人類所建構，非永恆不變的真理；第二，即使存在著永恆不變的數學定理或自然法則，人類亦無法掌握到它。因此，他將其理論稱為「認識與學習之道」，重點在討論個體如何主動的建構出能夠適應經驗世界的知識。以下簡要說明根本建構主義的主要觀點。

(一)根本建構主義的基本原則

Von Glasersfeld 指出，根本建構主義的基本原則有二（Von Glasersfeld, 1995）：

　*1.*知識不能被動的接受，它是由認知主體主動「建造」（built up）而來。

　*2.*認知的功能是「適應的」（adaptive），為的是要「組織」（organize）個體的「經驗世界」（experiential world），而非發現「客觀的本體上的實體」（objective ontological reality）。

Von Glasersfeld 將那些只同意第一個原則的建構主義取向稱為「通俗的建構主義」（trivial constructivism）（註：有些國內學者稱為傳統的建構主義或一般的建構主義）。在通俗的建構主義之下，視認知是一個「發現」（discover）外在客觀不變的知識（如數學真理、自然法則）的過程。相對於此，根本建構主義認為，知識是在適應環境的過程中被建構出來的。因此，認知是一個「創造」（invent）出能使個體適應環境的知識之歷程（甯自強，民 76；Driscoll, 1994）。

　　一九七〇年代初期，Piaget 的理論在美國變得很流行。不過，此時眾人探究的焦點在於他的建構主義，而非先前已被強調過的「認知發展階段論」。當時，雖有很多人聲稱自己是建構主義取向，卻沒有察覺自己的知識論立場與 Piaget 不同。例如，許多數學教育研究者指出，兒童會逐漸建立本身的數學概念，卻沒有注意到兒童所建構的只是能適應環境的數學知識，而非永恆不變的數學真理。

　　面對這種情況，Von Glasersfeld 在教 Piaget 的理論時，就必須區別他的取向和學生在不同地方所讀到的建構主義版本之間的不同。學生所接觸到的，就是 Von Glasersfeld 所稱的通俗的建構主義。對於自己的觀點，Von Glasersfeld 用"radical"來表示。"radical"有根本、徹底之意，因此，"radical constructivism"意指知識乃徹徹底底、根本就是由個體主動建構之後而產生，非造物主所給予永恆不變的真理。

(二)知識的形成與發展

　　依 Darwin 進化論「適者生存，不適者淘汰」的觀點，有機體為了生存，在生理上會做調整以求適應環境的要求。就人類而言，除了生理之外，在認知上亦須不斷調整，才能適應自然及人為的環境而得到生存。因此，認知是個體用來適應外在環境的工具，知識是個體運用認知工具在適應環境的過程中被建造出來的（Von Glasersfeld, 1995）。

　　個體所建構的知識有時會遭受挑戰，面臨無法適應的情況（亦即無法以原有的概念結構去同化所面對的環境，以至於個體的內在產生困惑的感受，並使有機體失去平衡）。此時，個體必須「修正」（modify）其知識以重新達到適應。在修正時，個體可能精鍊原有的基模或建立新基模。透過修正的歷程，個體的知識會不斷發展和演進，往較高適應程度的方向發展。此種歷程也符合 Darwin「適者生存，不適者淘汰」的觀點（Barbara, 1994）。

　　個體的知識雖會不斷發展，但由於往後知識的發展是在先前所擁有的知識的基礎之下完成的，因此，個體知識發展的方向會受到先前知識的影

響。另外個體之所以能夠創造出知識，是因為具有從反思中抽象萃取（ab-
stract）的能力。也就是說，個體會對其感官經驗或感官經驗所激起的心理
運思做反思，並從反思中「重新組織」（reorganize）出某種概念或調整原
有的概念。

(三)知識的特性

在根本建構主義之下，知識具有如下幾個重要的特質：

1. 知識僅存在於認知主體的心中

知識既是個體在主動組織其經驗以適應外在環境的過程中被創造出
來，因此，種種的外在符號或訊息僅僅只是符號，並不具有任何意義可
言。只有在個體透過感官接觸到某種符號或訊息，並將它們組織及創造出
意義之後，知識才被建構出來。因此，知識僅存於認知者的腦海之中，沒
有認知者就沒有知識可言（Von Glasersfeld, 1995）。或有會問，真是如此
嗎？書中的那些知識難道不是知識嗎？

如果把焦點放在一個從來沒有學過國語的兒童，然後用國語念書中的
一個故事給他聽，很顯然的，這些聲音符號對他而言可說不具有任何意
義。因此，Von Glasersfeld 認為知識僅存在於學習者的心中，它是由學習
者主動且主觀的創造出來的觀點並沒有錯。不過，這是就微觀的個體內在
而言。另一方面，Vygotsky（1978; 1981）主張「高級的心理能力存在於
較有能力的他人心中」、「任何高級心理歷程在成為內在的心理歷程之
前，都是外在的和社會的」；情境認知（Brown, Collins, & Duguid, 1989）
強調知識是社會文化脈絡的產物，它存在於個人所身處的情境及該情境所
相應的活動之中，要得到知識就要不斷的從實際從事的活動中，透過與情
境不斷「折衝協調」（negotiation）的過程才能達成。Vygotsky 及情境認
知對高級心理能力及知識存在於何處的觀點亦沒有錯，不過，這是就個體
外在的層面來說。

2. 能存活的知識僅是暫時性的解釋

認知的功能是要建構出能適應環境的知識，能適應的知識就是「能存活」的知識。目前能存活的知識並不代表永遠能夠適合環境的限制或要求，在未來，它仍可能被修改或淘汰。舉例來說，Einstein 提出相對論時，物理學界認為他的想法就是對的，但沒多久，其論點中的某些地方就被修正。因此，能存活的知識僅是個體在環境適應的過程中，所創造出來的「較佳」或「較合理」的暫時性解釋。

3. 個體所建構的是獨一無二的主觀知識

由於個體會在原有知識的基礎之上對其經驗做詮釋，因此即使擁有相同的感官經驗，不同個體所建構出來的知識也不可能相同。

尤有甚者，Von Glasersfeld（1995）認為兩個個體根本不可能擁有相同的感官經驗。舉例來說，有兩個人面對面坐著，眼睛都注視著放在兩個人中間的某個物體。這個物體雙方都沒看過，也不知道是什麼。由於坐的位置不同，兩個人所接受到的感官訊號就不會相同。如果把這個物體換成「杯子」，然後向這兩個人說：「你們兩個人的感官經驗並不一樣」。這兩個人可能會不同意，並且表示我們都看到「杯子」啊。但從上一個「兩人中間放著不知是什麼的物體」的例子來看，這兩個人的感官經驗的確是不同。或有會問，如果這兩個人輪流在相同的位置看，感官經驗總會相同吧？事實上，除非經過非常嚴密的控制，否則當換一個人看時，會由於光線已有不同（此時的光線非彼時的光線），而使得兩人的感官經驗也有異。

因此，在先前知識的基礎之上組織本身獨有的經驗，使得個體所建立的知識成為獨一無二的主觀知識。

4. 知識是適應環境的工具

個體在面對環境時，會試圖用已有的知識來同化外在的環境。因此，知識是個體用以適應的工具，而非放諸四海皆準的真理（Von Glasersfeld,

1995）。

綜合上述，在根本建構主義之下，知識是指個體性、能存活性、暫時性、主觀性以及工具性的知識，而不是普遍性、先驗性、永恆性、客觀性及普效性的真理。

㈣外在環境與知識建構的關係

Von Glasersfeld（1990a; 1990c; 1995）認為，事物、語言或符號等外在環境本身，並不存在著客觀不變的知識，只有在個體的感官知覺到它們，並主動的加以組織及創造出意義之後，知識才被產生出來。外在環境本身雖不存在著客觀不變的知識，卻有可能引發個體產生困惑的感受，進而主動修改自己原有的知識。更重要的是，個體所修改的知識必須符合外在環境的要求，才能重新得到適應。此種關係，Von Glasersfeld（1984; 1990a; 1990b; 1990c）用鎖和鑰匙來說明。外在環境是鎖，個人所建構的知識是鑰匙，所建構的知識必須通過鎖孔的限制才能成功的開鎖。因此，外在環境具有促使個體調適以及限制知識建構方向的作用。

外在環境中，人際間的互動是促使個體修改其知識及影響知識調整方向的最大力量。Von Glasersfeld（1995）指出，語言（如老師的講述或引導）雖不能決定學生建構出來的概念到底為何，卻可以設定某種限制，促使學生的知識建構往某一個特定方向前進。然而，人際互動對知識的建構雖具有如上的影響力，但卻非個體知識建構的機制所在。到底要怎麼建構或修改知識，決定權仍在個體。

由於外在環境（尤其是人際互動）能促使個體修改其知識，並影響知識建構的方向，在不斷互動之後，參與溝通者可能修改原先對經驗世界的詮釋，使得彼此的建構達到「能相容的」（compatible）程度。達此地步，隱含著參與溝通者的心中都「交互主觀的」（intersubjective）同意他人對經驗世界所做的解釋，因其認為他人所做的解釋和自己的解釋是相同的。雖然如此，這並非意指彼此心中的概念是「相同的」（identical）。由於彼此的先前知識及感官經驗不同，使得對外在世界所做的詮釋就不可能一

致。只是說，彼此認為相同罷了（Von Glasersfeld, 1995）。了解此點，就可以明白知識既然具有個體性及主觀性，那何以不同個體間「似乎」擁有某些共同知識的現象。其實，也就是因為透過不斷互動及「相互」（recip-rocal）調適的過程，人際間才發展出似乎相同、能相容的知識，從而使得社會文化得以保存下來。

三、根本建構主義的學習理論

根本建構主義既是探究個體如何建立及發展其概念結構的理論，因此，亦可說是一種解釋個體如何學習的理論。以下，簡要說明根本建構主義對學習的看法。

㈠學習的意義

當個體先前的概念結構能同化外在的環境時，新的學習未發生。若同化不成，學習者主動調整其知識以求適應時，新的學習才算開始。舉例來說，面對一個數學問題時，學生會試著運用腦海中原來的概念結構來理解問題及尋求問題的解決之道。這個過程，稱作同化作用。在同化的過程中，學生會在原有概念結構的引導下，視所面對的問題是他以前解過的問題類型中的一個，並據以做出自己認為是適當的回應。若學生所做的回應符合問題的要求，亦即同化成功，則未產生新的學習，因為學生腦海中的概念結構並沒有產生變化。若回應失敗，學生試著修改原有的概念結構，並重新解讀問題及尋求問題的解決途徑時，新的學習才算展開。

或有會問，當學生覺得某個問題沒做過時，會如何解題。相同的，他亦會在先前解題經驗的帶領之下，視這個問題的「局部特徵」符合先前某種解題經驗的「局部特徵」，並據以尋求解題之道。若解題成功，學生又能進一步的區別新問題和舊問題的不同之處，並將新問題的特徵、新的解題行動和解題結果做連結，從而建立一個新的基模時，也產生新的學習。

(二)學習的動力

當學習者無法同化所面對的環境,內心所產生的困惑感受及維持有機體平衡的需要,是促使個體主動進行學習的內在動機。如學生發現他的解答有誤,並產生「到底是哪個地方有問題」的想法時,就有可能主動試著調整其概念結構。

此外,外在環境(尤其是人際間的互動)會促使個體產生困惑的感受,進而主動修改其想法,因此,它是促使學習發生的外在刺激。例如在國小四年級的自然課中問學生,「太陽的熱是怎麼傳播的?」(熱的傳播方式有三種,分別是傳導、對流及輻射。)學生回答:「用傳導的方式傳播。」再問:「什麼是傳導?」學生回答:「熱經由物體,由高溫的地方傳向低溫的地方。」在學生的回答之後接著問:「那太陽是經由什麼物體,由高溫的地方傳到地球?」學生可能回答:「空氣。」此時,抓住學生回答的「問題所在」並問:「太陽到地球之間的太空有空氣嗎?」當這樣問了以後,學生可能產生困惑的感受,發覺「咦,怎麼會這樣」,進而主動修改原先對太陽傳熱方式的解釋。這個過程中的師生互動,就是促使學生修改其概念結構的外在刺激。

(三)學習的目標

人在生理上必須適應環境,否則會瀕臨死亡之境;在認知上,亦必須適應經驗世界的要求,否則會感到困惑並使內在失去平衡。學習,即是個體適應環境的一種工具,目的在建構出能夠適應環境要求的概念結構。以國小自然科的學習來說,學習的目的不是要掌握永恆不變的自然真理,而是要建立能夠通過經驗世界要求、能夠合理解釋所知覺到的自然現象的知識。此種知識,就是能存活的概念結構,就是能讓個體適應經驗世界的知識。不過,未來面對新的環境時,原先的建構可能無法通過環境的要求,它需要被修改和重組。透過此種歷程,知識就會不斷的被推進。即使是科

學家，對自然現象所做的解釋和所建立的科學理論亦是如此。因此，調整概念結構，使所建構的知識能往較高適應程度方向不斷推進，是學習始終不變的目標。

㈣學習的外在環境

外在環境對於個體的學習可能發揮如下的影響力：⑴讓學習者產生困惑，進而主動修改其概念結構，從而使其知識適應的程度提升。⑵影響或引導學習者知識建構的方向，因為學習者的建構須符合環境的要求才能得到適應。因此，當學習者經驗到的環境不同，如經歷到不同的教材、同儕互動及師生互動，所建構出來的知識亦會不同。⑶促使不同個體彼此之間建構出能相容的知識。經由與環境或與他人不斷互動的過程，個體會不斷修改所建構的知識。最後，彼此的建構可能達到能相容的程度，並使文化得以保存及流傳。

㈤學習的能力

反思感官經驗及其激起的心理運思，然後從中抽取某種概念或重組概念結構的能力，是學習者得以建構知識的能力。就上例而言，當問學生：「太陽到地球之間的太空有空氣嗎？」學生感到困惑。此時，他可能反思自己原先的想法，並在發現自己想法的問題所在後，重建出新的概念結構。此種知識建構的歷程，就是 Piaget 所說的「認知衝突」（cognitive conflict）、「反思」（reflection）及「主動的認知上的重組」（active cognitive reorganization）（引自 Cobb, Wood, & Yackel, 1990）。

當然，不是每個學生都能如此。有的學生雖可能在反思之後發現自己的想法有誤，但卻無法提出能夠適應環境要求的解釋。如有學生反思之後，可能發現太陽熱的傳播方式不是傳導，但卻無法提出太陽的熱到底是如何傳播的解釋，以符合所知覺到的自然現象。此時，若有外在環境的引導，將能協助學生此種能力的發揮，進而建立起能夠合理解釋太陽熱的傳

播方式的想法。

㈥學習的結果

經由學習所建構出來的知識，具有個體性、暫時性、能存活性、主觀性及工具性等特質。例如國小一年級學生在聽老師解說「一面」這個詞的過程中，會以先前的知識為基礎來詮釋及重組老師所說。在詮釋及重組之後，每個人對「一面」這個詞的掌握都不會相同（個體性及主觀性）。雖然如此，學生的詮釋及重組都在試圖符合所知覺到的經驗世界的要求（工具性）。例如：使其解釋符合「我一面讀書，一面聽音樂」這個句子所代表的意涵。若學生的解釋適當，就是建構出能使其適應環境的知識（能存活性）。不過，在未來面對新的情境時，此時的解釋可能面臨不適用的情形（暫時性）。例如：在看到「前面白色高高的是一面牆」這個句子時，原先的解釋就不再適用，原有的概念結構需要作調整。

四、根本建構主義的教學觀

根本建構主義既是以個體內在運作為探討焦點的學習理論，其相對應的教學觀自然傾向個別化的要求。以下分就教學的目標、教師的信念與角色，以及教學的原則與方法等層面，說明根本建構主義之下的教學觀。

㈠教學的目標

協助學生建構出能夠適應環境限制的知識，是教學的首要目標；其次，促使學生的建構往老師或學科專家所擁有的知識方向前進，則為教學較終的目標。就後者而言，教師或專家所擁有的是「約定成俗」（instituti-onalized）且較有效率的知識（甯自強，民 82），它適應外在環境的程度高於學生所擁有的知識。因此，協助學生的知識建構往這個方向推進是必要的。舉例來說，在教兒童解「一支鉛筆要八元，買十二支要多少錢」這

個問題時,首要目標是協助學生順利解此問題。對於無法解題的學生,也許可引導他用操作花片或畫圓圈的方式慢慢解題,只要解題成功就好。不過,這不是教學的終點。配合學生運思能力的發展,逐步引導學生運用較有效率的數學算式解此問題是必需的(例如,能將問題轉換成算式 12×8=,並利用乘法解此算式)。因花片不可能隨身帶在身邊、圓圈不是要畫就隨時有紙筆。此外,當引導學生建構出約定成俗且較有效率的知識時,還能維持文化的傳承。

(二)教師的信念與角色

學習起於個體內在的困惑,暫時終於調適出能夠適應環境要求的知識。因此,教師必先肯定個體主動性的發揮(如主動的反思和抽象萃取、主動的修改及重組概念結構等)是學習產生和完成的關鍵因素。在此信念之下,教師應扮演的是協助學生學習而非傳授知識的角色。因為如此,種種的教學安排才能切合個別學生內在主動性發揮的需求,從而幫助學生學習(潘世尊,民 89)。

(三)教學的原則與方法

根本建構主義並沒有固定的教學方法與程序可言;它是一種高度仰賴教學者的敏感度、想像力以及創造力的一種藝術(Davis, Maher, & Noddings, 1990; Von Glasersfeld, 1995)。雖然如此,仍可從中抽取出一些原則或方法作為教學時的參考,說明如下。

1. 推論或臆測學生原有的概念結構

要引發學生的內在產生困惑的感受,必先了解其概念結構。由於概念結構看不見,因此必須與個別學生互動,然後從中做「推論」(infer)或「臆測」(conjecture)(Von Glasersfeld, 1995)。實際教學時,可參考如下的策略(潘世尊,民 86,民 89;Confrey, 1990; Steffe, 1991; Von Glasersfeld, 1989, 1995):

(1)從學生的角度出發做推論或臆測。學生的表現對教師而言也許沒有意義，但對學生來說，卻是他們「相信」（believe）能夠適應環境的知識。因此，必須從學生的角度出發，思考學生到底是如何想及為何這樣想，所做的推論或臆測才會較接近學生本身的想法。

(2)請學生「呈現」（present）其想法，作為推論及臆測的依據。例如請學生互相討論、口頭發表或將想法用紙筆記錄下來，再從中做推論和臆測。在課堂教學中，經常問學生「你的意思（想法）是什麼？」「為什麼要這樣做？」「為什麼你會覺得這樣？」之類的問題，是讓學生呈現其想法並加以掌握的利器。

(3)請學生檢核教師所做的推論或臆測。在推論或臆測學生的想法之後，可說給學生聽，看其是否同意所做的推論。若結果為否，則可以請學生重新陳述或加以修改。

(4)不斷與學生互動，從學生的回應中逐步修正對學生想法的了解。學生的想法有時不是在一次師生互動之後，就能確實掌握到。教師必須持續與學生互動，並修正對學生想法的了解，所做的推論或臆測才能較接近學生所擁有的概念結構。

2. 引發學生產生內在困惑

了解學生的概念結構之後，若發覺學生的想法有問題，必須引發學生產生困惑的感受，他才可能主動調整原有的概念結構（Von Glasersfeld, 1995）。教學時，可採如下的策略進行：

(1)提出問題，挑戰學生想法中的「問題之處」。如上文所舉之例，學生說：「太陽的熱是透過空氣由熱的地方（太陽）傳到冷的地方（地球）」，在發現學生想法的問題所在之後（學生沒有想到外太空中沒有空氣），接著提出「外太空中有空氣嗎？」的問題挑戰學生。在此問題提出之後，學生就發現自己的想法似乎有問題，並覺得自己原先的想法可能需要調整。

(2)安排情境，讓學生發現自己的想法有問題。如將二十個硬幣放在國

小一年級學生的面前,並十個一組的分成兩堆;其中一堆排成長條,另一堆則緊密的排成近似五角形。然後問該生:「哪一堆硬幣較多?」學生回答排成近似五角形的這一堆比較多。接著問「為什麼」,學生回答「因為它比較胖」。此時,把近似五角形的這一堆亦改排成長條形,然後問:「現在哪一堆的硬幣比較多?」這樣做了以後,學生可能發覺自己的想法有問題,並改採分別「點數」兩堆硬幣的方式,來看哪一堆的硬幣較多。

(3)讓學生說明自己的想法,進而發現本身的問題所在。學生在解完一個數學問題、設計完一個實驗或寫出一課的主旨之後,可以請學生說明他為何如此解題、安排實驗及組織課文大意。在說明的過程中,學生必須反思本身的想法。此時,他可能發現自己的解題過程、實驗設計或對課文的組織存在著某些問題;有時,還會發現自己的想法根本就模模糊糊。當察覺這些時,就有可能主動修改或調整原先的概念結構。值得注意的是,即使表面上看起來已經「會」的學生亦要請其說明,因為他可能是猜對的,或僅把教師先前的說明記憶下來而已。

(4)請學生互相提問。在學生呈現其想法之後,可以請其他學生就不懂的地方或感到有問題之處做提問。在回答提問的過程中,學生也可能察覺自己的想法需要修改。不過,由於學生比較無法找出他人想法中真正的問題所在,因此效果可能不如教師的安排。

3.假定並彈性調整學生可能發展出來的能力或知識

「學生獨立解決問題的能力」和「在外在環境的引發之下可能發展出來的能力」兩者之間的距離,稱為「最近建構區」(Zone of Proximal Construction);此概念主要受到 Vygotsky(1981)「最近發展區」(Zone of Proximal Development)概念的影響。教師在推論出學生的概念結構之後,必須「假定」(hypothesize)學生在經歷外在環境的衝擊,並主動進行調適之後,可能發展出來的概念或能力,再據以提供種種外在的環境以引導學生調適其知識,往教師假定的方向前進(甯自強,民 82;Von Glasersfeld,1995)。更具體地說,「最近建構區」的概念在教學上有下列兩點重要意涵:

　　(1)教師可推論學生可能發展出來的知識或能力，以引導師生互動、學習材料或情境的安排。舉例來說，在教導一年級的學生解「買一支鉛筆要 8 元，一個橡皮擦要 7 元，合起來要幾元？」此一問題時，有某個學生無法成功解題，在與該生互動之後，發現「如果問題中的兩個數量合起來超過 10 的話，他就無法解題」。會這樣，是因為他必須把問題中的兩個數量都逐一用手指頭來表示，然後從「一」開始點數，看總共有幾隻手指頭，然後回答問題。例如在解「姐姐有 3 元，妹妹有 6 元，兩個人合起來有幾元？」此問題時，他必須先從左手的拇指開始數 3 根手指頭；數 1，同時伸出左手拇指、數 2，同時伸出左手食指、數 3，同時伸出中指，並以此代表姐姐有三元。之後，以類似的數數和伸手指頭的方式，代表妹妹有 6 元（在過程中，伸出來的手指頭都沒有放下）。最後，再從 1 開始點數總共伸出多少手指頭，以回答姐姐和妹妹合起來有幾元的問題。因此，當兩個數量的合成超過 10 時，該生就無法以手指頭為工具來解題，因為他只有十隻手指頭。

　　在了解該生的解題方式及問題所在之後，假定該名學生應可利用操作花片或畫圓圈的方式解題（假定該生可能發展出來的能力）。因為用花片或圓圈來代表問題中的數量時，不會受到手指頭只有十隻的限制。在此假定之下，告訴該生「你可以用花片、也可以用畫圓圈的方式來算算看」（在假定的引導之下安排教學活動）。之後，該生想了一下，然後主動用畫圓圈的方式成功解題（潘世尊，民 86）。

　　(2)彈性調整期望學生建構出來的知識或能力。教師假定學生可能建構出來的知識或能力，如果超越學生的最近建構區，則學生在經歷教師所安排的互動或學習情境之後，仍會無法建構出教師希望他建構出的知識或能力。此時，教師必須彈性調降他的假定，並重新安排學習的情境（Wertsch, 1984）。如此，教學才會在最近建構區內進行。否則，種種的努力將會徒勞而無功（參下圖 11-1，請「由下往上」看）（潘世尊，民 86）。

4.提供學生反思的機會

　　從反思中發現自我的問題所在，是個體主動調整其概念結構的重要機

逾越 S 最近建構區	S 可能難以發展出來的能力 d：六（沒有用手指頭就說出六）、七（※※※※※）、八（※※※※※※）、九（※※※※※※※），九元。 教師的假定與教學：教師期望 S 發展出來的能力與能力 d 相符，並在此期望之下引導 S 解題。 結果：S 無法解題。

S 可能發展出來的能力

S 可能會發展出來的能力 c：直接比出六個手指頭代表六元，然後再運用「往上數」的方式解題。運思的過程如下：六（＊＊＊＊＊ ＊＊※※※※）、七（＊＊＊＊＊ ＊＊※※※）、八（＊＊＊＊＊ ＊＊＊※※）、九（＊＊＊＊＊ ＊＊＊＊※），九元。

教師的假定與教學：教師期望 S 發展出來的能力，與 S 實際上可能發展出來的能力 c 相符，並在此期望之下引導 S 解題。

結果：S 可能成功解題。

S 可能會發展出來的能力 b：先透過逐一點數手指頭的方式，以六個手指頭來代表六個一元的硬幣；其次把六個一元的硬幣轉換成一個整體的六元；最後再運用「往上數」的方式來解題。運思的過程如下：（※※※※※＊）（＊代表伸出左手拇指，以下依此類推）、二（※※※※＊＊）、三（※※※＊＊＊）、四（※※＊＊＊＊）、五（※＊＊＊＊＊）、六（＊＊＊＊＊ ＊＊※※※）；六（把六個一元的硬幣轉換成一個整體的六元）；七（＊＊＊＊＊ ＊＊※※※）、八（＊＊＊＊＊ ＊＊＊※）、九（＊＊＊＊＊ ＊＊＊＊＊）（「往上數」另外的三元），九元。

教師的假定與教學：教師期望 S 發展出來的能力，與 S 實際上可能發展出來的能力 b 相符，並在此期望之下引導 S 解題。

結果：S 可能成功解題。

S 可能會發展出來的能力 a：能夠獨立運用花片、圓圈或手指頭，逐步的將問題中的兩個數量表示出來，然後再以逐一點數所有花片或圓圈的數量的方式來解決問題。

教師的假定及教學：教師期望 S 發展出來的能力，與 S 實際上可能發展出來的能力 a 相符，並在此期望之下引導 S 解題。

結果：S 可能成功解題。

S 現有的能力	教師口語發問：六元和三元合起來是幾元？ 國小一年級的學生 S：──我不會。 S 現有的能力：在解以實物或圖畫形態呈現的兩個數量的合成問題時，能夠以逐一點數兩個數量的方式來解題。在解以口語方式呈現的兩個數量的合成問題時（如口頭發問「原來有 6 個小朋友在打球，又來了 3 個，現在有幾個小朋友在打球」之類的問題），無法自行以具體物或表徵來代表問題中的數量（如用花片或用圓圈代表問題中的數量），然後透過操作具體物及表徵的方式解題（如先拿出 6 個花片，再畫出 3 個花片，然後點數總共有幾個花片）。

圖 11-1　教師期望、教學行動及學生可能發展出來能力間的關係

制。因此，提升學生的反思能力及培養學生反思的態度亦是教學的重點。
在實施時，可請學生發表自己的想法、請同儕互相提問，或是請學生回應
來自教師或同儕的質疑等，都是引發學生反思自己想法的可行方法。

　　此外，讓學生的心中形成「時時反思自我想法」的概念亦相當重要。
當學生的心中存此概念時，在解完問題、設計完實驗或組織好課文大意之
後，不用他人提醒，就會主動反思自己的建構。當能反思自我的想法時，
就有可能主動設法調整自己的概念結構。實際教學時，可常問學生，「在
完成一項學習任務之後（如算完問題或完成實驗設計之後），要記得再做
什麼？」若學生無法適切的回答，則必須引導學生在心中形成「必須反思
自我想法」的概念。例如數學教學時，可引導學生「再想看看自己算得對
不對，能不能把自己的算法說出來給老師和同學聽」；自然教學時，則可
讓學生「再檢討自己設計的實驗合不合理，有沒有問題，有沒有辦法清楚
的把自己的設計說給同學和老師聽」。

5. 依據學生的表現機動性創造教學活動

　　所有的教學活動，包含教師要說的話、要做的質疑和引導、要促成的
學生互動，或是要提供的教學情境等，都必須在掌握學生的概念結構，在
教學進行的當場被創造出來。因此，教學沒有一定的進程或必須進行某種
活動，教師必須視學生的表現彈性地變動和調整。再舉數學教學的例子做
說明（潘世尊，民 86）（參下圖 11-2）。

6. 營造有助於對話的教室氣氛

　　要了解學生的想法、引發學生產生困惑的感受，或是引導學生建構的
方向，都必須以師生或學生間的「對話」（conversation）為核心（Von
Glasersfeld, 1995）。因此，教師必須創造有助於對話的教室氣氛。

7. 以學生的建構是否能存活作為評量的規準

　　若所建構的知識能適應環境的要求，也就是說得通並無法加以駁倒的
話，那麼就是能存活的知識。能存活的知識，就是有意義的知識。因此，

教學目標：為了協助國小一年級的學生發展出解「兩個數量的合成不超過
　　　　　20」、以及「原來有＊個（數量在 20 以內），拿走了＊個，還有
　　　　　＊個」（如原有 18 元，花掉 7 元之後還有幾元）類型問題的能力。

教學安排：1. 準備多樣已貼上價格的文具，並發給每個學生 19 個 1 元硬幣以
　　　　　　 進行「模擬購物」的活動。

　　　　　2. 每個學生只能買兩樣東西，以練習解兩個數量的「合成」（買兩
　　　　　　 樣東西花了多少錢）和「分解」（原有多少錢，花了幾元，還
　　　　　　 有多少錢）的問題。

　　　　　3. 每樣文具的價格都訂在 10 元之內，以使兩樣文具的價錢合起來
　　　　　　 不超過 20 元。

　　　　　4. 由老師擔任老闆，在學生付錢時以「你要付給我多少錢」、「為
　　　　　　 什麼」、「你還有多少錢」、「為什麼」等問題來了解學生的想
　　　　　　 法。若發覺學生的想法有問題，則引導學生做調整。

教學結果：在活動的過程中發現，對於「你還有多少錢」的問題，學生都是以
　　　　　直接點數手上剩下的硬幣數目的方式來回答。此種回答，在心理運
　　　　　思上，並沒有先製作原先有幾元的表徵（如用手指頭、花片、圓圈
　　　　　或數字代表原有的錢），然後從中拿走花掉的錢，並看還有多少
　　　　　錢。也就是說，學生沒有發展出教師希望他們發展出的解題能力。

教學調整：在反省後，立即將學習活動變成用「提貨券」來購物，以促使學生
　　　　　透過製作及操作表徵的方式來解題。

> **提貨券**
> 我要買（　），要（　）元、我要買（　），要（　）元；合起來要
> （　）元。
> 我原有（　）元，花了（　）元，我還有（　）元。

圖 11-2　機動性創造教學活動示例

如果學生的建構和教師心中原有的想法不一，但也能說得通並無法加以駁
倒時，亦應接納此種想法。以數學的教學來說，學生的算法若和教師不
同，但也能成功解題並且無法從中找到矛盾之處時，就應該接受。

五、建構取向教學的疑惑與討論

以下藉著幾個問題的討論，進一步說明和澄清根本建構主義的內涵及教學觀。

㈠有所謂的建構教學嗎？

建構主義在國內流行後，常會聽到建構教學或建構主義教學之類的用語。問題是，建構主義是解釋人們如何獲得知識或如何進行學習的理論，它不是教學理論。因此，所謂的建構教學或建構主義教學是指「建構主義取向的教學」，意指在建構主義之下引伸而來的教學想法與教學策略，這是第一個容易混淆的概念澄清。

其次，由於是在建構主義之下引伸而來的教學想法與教學策略，當對建構主義的掌握或任教的學科有所不同時，所引伸出來的教學觀可能就不同。不過，只要符合建構主義的原意應可接受。就教師而言，更必須在掌握建構主義的精神與理念之下，設計各種符合建構主義精神的教學活動以協助學生學習（吳璧純，民86）。教師若能做到這樣，表示他對學生知識建立與調整的歷程有所理解，並能安排適當的活動幫助學生發展其知識和能力。

㈡學生有能力建構嗎？

Derry（1992）指出：在解釋學習時，根本建構主義是目前解釋力最強的一支之一（另一支為情境認知理論）。雖然如此，在實際的教育情境中常會聽到老師問：學生有能力建構嗎？會這樣問，應是基於如下幾個因素：⑴不了解根本建構主義就是在解釋個體如何建構（如何建立及發展其概念結構）的理論。⑵誤把建構當成「獨自學會」。由於學生通常無法獨

自學會，因此推定學生沒有能力建構，並進一步否定建構主義。(3)不明白建構的意義。在根本建構主義中，建構具有組織感官經驗或感官經驗激起的心理運思，以及創造、調整及修改概念結構之意。據此，學生當然有能力建構，亦即具有能力從事上述組織、創造、調整及修改的工作。以數學的教學來說，學生即使無法解題，但也不能說他沒有能力建構，因他仍不斷的從事組織、創造、調整及修改的活動。只是說，學生的建構可能不符合要求。

(三)建構主義取向的教學適用於程度較差的學生嗎？

由於以為建構就是讓學生「獨立學會」，因此，許多教師認為，建構主義下的教學只適用於程度較好的學生。如果建構真的就是「獨立學會」的話，那麼，程度較好的學生的確較有可能做到。問題是，建構的意義並非如此。

此外，就教學目標來說，根本建構主義之下的教學是要協助學生建構出能夠適應環境的知識。只要學生的建構說得通並且無法加以駁倒的話，即使與約定成俗且較有效率的知識不同，亦應接受其價值。因此，在數學教學時，教學目標不是要讓學生學會某種特定的、最有效率的解題方式，而是要協助學生發展出適合其程度的解題策略。

以解「135 支筆共有幾打？」這個問題為例，它可能有如下四種解題方式：(1)「135÷12=11……3」；(2)「12×10 = 120，120+12=132，10+1=11」；(3)「12+12=24，24+12=36,──120+12=132，然後算看看，共加了 11 次的 12」；(4)「畫 12 個圈記 1，畫 12 個圈再記 1，將 12 和 12 相加得 24，接下來再畫 12 個圈，再記 1，然後將 24 + 12=36，── 一直做到120+12=32，然後算看看共畫幾次的 12 個圈，算的結果是 11 次」。在這四種方式中，排序在前的難度較高，無法理解的學生會較多。不過，根本建構主義下的教學不會強迫學生一定要學會某種解題方式（如用「135÷12=？」的方式解題）。它會先去了解學生的解題想法，然後設法引導學生建構出「他可能發展出來的解題方式」。因此，程度較差的學生

也可能得到不錯的學習成果。

㈣不能用講述的方式教學嗎？

用何種方法教學才最適宜，並非根本建構主義論述的重心，因它是解釋個體如何建立及發展其概念結構的理論。因此，無法說在根本建構主義之下，就不能用講述的方式進行教學。況且，教師即使用講述的方式教學，學生亦會從事建構的活動。也就是說，學生會在現有概念結構的引導之下，詮釋及組織教師所講的話、甚或修改自己的概念結構，以符合教師所講的意思。

雖然在講述教學之下學生也會產生知識建構，但卻容易面臨以下教學成效不彰的問題：(1)學生的概念結構各不相同，教師的講述不容易引起每個學生產生困惑的感受，進而主動調適其概念結構（Von Glasersfeld, 1995）。(2)學生想法中的問題所在各異，教師的講述不容易切合個別學生的需求，進而引導其修改或重組概念結構。(3)學生「可能發展出來的能力或知識」有別，教師的講述可能讓學生無法理解。以數學教學來說，教師所傳授的往往是最精簡、最有效率的解題方式。由於是最精簡和最有效率，就常常讓學生無法理解為什麼要這樣算，因而採取「記憶」和「模仿」的方式學習，如此對學生解題能力的幫助便有限。

不過，並非完全不能用講解的方法。以數學科和自然科的教學來說，當教師一再運用前述的教學原則與方法進行教學之後，若學生還是無法解決問題，則可以運用講解的方式進行教學。唯要注意的是，在講解的過程以及講解之後，仍可透過提問與學生不斷互動，以了解學生建構的情形，並據以引導其做進一步的調整。

㈤尊重學生所有的建構嗎？

Von Glasersfeld（1995）在討論教學時認為，教師有責任運用社會互動和情境來導正學生知識建構的方向；Steffe（1991）也指出在根本建構主義

之下，教學被視為是一種目標導向的交互溝通。因此，教師不但不能放任
學生主觀的建構，還應該在協助學生建構出能存活的知識的觀點之下，運
用種種的社會互動和情境，引導學生的建構往較高適應程度的方向前進。

㈥有固定的教學流程嗎？

教師必須依學生的表現，視實際需要機動性的創造教學活動。因此，
在根本建構主義之下，並沒有固定不變的教學流程。所安排的教學活動，
只要能幫助學生發展其概念結構，便是符合根本建構主義精神的教學流
程。

㈦只能運用在數學科和自然科的教學嗎？

不可諱言的，在目前根本建構主義主要影響自然科和數學科的教學。
不過，這並非意指根本建構主義僅能應用在這兩個領域的教學。舉例來
說，在國小四年級社會科有關於保護環境的教學中，學生說「使用農藥會
污染環境」。問學生：「為什麼？」（要推論學生的想法。）學生回答：
「農藥可能滲入地下水層或流入河川，因而影響水源」。此時接著問學
生：「你們的父母有使用農藥嗎？」（要讓學生感到困惑。）由於該學區
的家長主要從事農業，因此當被問到這個問題時，學生自然而然就產生困
惑的感受。在學生產生此感受之後，接著問：「你們的父母有使用農藥，
農藥會影響環境，那要怎麼辦？」（要引導學生想出問題的解決之道。）
有學生回答：「不要用農藥就好了」。在學生回答之後接著問：「不要用
農藥，那農作物被蟲吃掉，你們的父母沒有收入，要怎麼辦？」（要讓學
生感到困惑。）在這個問題之後，學生又產生認知衝突。由於學生都無法
想出合理的解決辦法，因此接著問學生：「各種農藥的強度都相同嗎？」
這樣問的用意是要逐漸引導學生建構出農藥有強效型及短效型，只要使用
短效型、不在水源區使用、並在使用後的危險期不要採收，就可以使用農
藥的想法。因此，根本建構主義不必然只適用於自然和數學的教學。

六、根本建構主義的評價

根本建構主義對於個體如何建立及發展其知識，以及個體所建立的知識的性質究竟為何，提出有力的解釋。了解其觀點，可以掌握學生內在的學習歷程，進而引導教學活動的安排。

在解釋個體是如何建立及發展其知識時，根本建構主義先從個體內在運作的角度出發，後來亦論及外在環境與知識建構間的關係。不過，它仍認為內在的認知運作是個體知識建構的核心機制所在。雖然如此主張，但個體知識建構的核心機制究竟是個體內在的運作，抑或是外在的環境，卻是一個爭論已久仍未有定論的議題。

此外，根本建構主義提出個體會在兩個情況下產生新的學習（即進行調適作用）：(1)是同化失敗後調整原有的知識，以求能夠適應新情境的要求；(2)個體創造出能夠合理解釋新情境的知識之後，回顧新情境的特質與原有的經驗或知識的差異，然後將新情境、新解釋及解釋的結果做連結，從而建立一個新的基模。雖然提出這兩個調適的途徑，但在論述的重心上偏向前者，後者談論得較少。

再者，根本建構主義認為認知的目的是為了「適應」。的確，組織出能夠適應經驗世界的知識是認知的重要目的，但卻非唯一的目的。舉例來說，某個人努力學習唱某首歌，他的目的可能是要愉悅自我，而非通過評審對於音色及音準的要求。

就教學而言，根本建構主義下的教學相當強調師生間的個別互動。因要了解學生的想法、要引發學生產生困惑的感受，或要引導學生知識的建構，都必須以師生互動為基礎。因此，可能有教師會問：教材的分量那麼重、班級的學生數那麼多，真的有可能進行根本建構主義取向的教學嗎？的確，在目前的教育環境中，要完全落實本文所提到的教學原則與方法並非易事。不過，這也非指根本建構主義就不能運用到實際的教學情境中。

　　以筆者的經驗來說，兼採「和全班學生互動」以及「和個別學生互動」的方式進行教學。所謂的「和全班學生互動」，是指向全班提問，然後運用本文所提出來的教學原則與方法和發言的學生「對話」（發言的學生可能是自願的，也可能是被指定的）。在對話的過程中，就可能了解部分學生的想法、引發部分學生產生困惑的感受、並引導部分學生調整其想法。上文所舉有關於「傳導、對流及輻射」以及「是否能夠噴灑農藥」的教學實例，就是採用此種方式進行。至於所謂的「和個別學生互動」，是指運用本文所提出的教學原則與方法和全班每個學生逐一對談，以引導學生知識和能力的發展。

　　這兩種形態所占的分量為何，須視教學的科目、教材的內容及學生的人數而定，並沒有固定的標準。就數學科和自然科教學來說，筆者的經驗是二十五名學生的班級中，每節課可和每個學生就其解題想法或所設計的實驗至少「對話」一次。在十幾人的班級中，則可以有充分的時間和每個學生就其想法做兩次以上的對話（潘世尊，民 86，89）。

　　最後，要再次強調的是，根本建構主義僅是一種解釋個體如何建立及發展其知識的理論。因此，只要符合其原意，所引伸出來的教學觀都應被接受。據此，教師可在根本建構主義的精神之下，視實際的時間、班級人數及任教科目的特性，經由不斷的嘗試和修改的歷程，逐步建構其教學想法和教學策略。

七、教學實例

　　本章所舉之例，是由鄔瑞香和「台灣省國民學校教師研習會」所發展出來的數學教學模式（通稱板橋模式），它符合根本建構主義的精神，但也融合了社會建構理論強調同儕討論的理念。舉這個例子，主要是因為它適合大班級的教學。當然，根本建構主義下的教學沒有固定的流程、方法及活動，因此本章所舉之例僅供參考。教師可在根本建構主義的精神之下，加以調整或重新建構。

　　此一教學模式包含四個主要的活動，分別是布題、小組討論、質疑辯證及共識（林文生、鄔瑞香，民 86；鄔瑞香，民 83）（參下圖 11-3）。一開始，教師考量課程目標、學生現有的概念結構及生活經驗，提出問題。在布完題之後，小組透過討論的方式合作解題。首先，各人發表自己的看法；其次，由一名組員代表將問題的意思用圖畫或算式表示，並將小組解題的歷程記錄在小白板上。在小組討論的過程中，教師可視需要參與學生的討論，以引導學生解題。學生在合作解題時，教室可能會有點嘈雜，因他們正針對問題做討論與協商，以取得解題共識。據此，要注意的重點是學生是否參與解題過程中的對話，而非學生是否保持教室中的安靜。

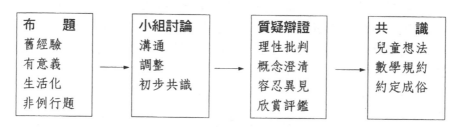

圖 11-3　板橋模式教學流程圖

　　各組解完題之後，要將其共識發表出來。在發表的過程中，發表者可能發現自己想法中的問題所在，並主動加以修正。此外，在發表完之後，聽的人若覺得有問題的話可以加以質疑，而發表者（其他組員亦行）必須針對質疑做回應。同樣的，老師亦可以加入質疑的行列，以澄清學生的想法，或引導學生調適其解題方式。經過此種質疑與回應的過程，學生可能不斷的修正自我的看法，從而取得共識（即彼此的建構達到能相容的程度）。

　　這個教學模式是以「學生間的互動」和「師生間的互動」為主，它符合根本建構主義所提，人際間的互動是促使個體調適其知識的最大力量的想法。不過，要注意的是，學生間的互動在此模式中占有相當大的比重。以筆者的教學經驗為例，鄉下學生因彼此的程度差異較大，並不容易透過

小組討論的方式合作解題。因此，教師必須有更多的介入，以引導無法解題的學生也能發展出適合自己程度的解題策略。

　　以下呈現鄔瑞香（民 83）在國小四年級「小數的認識」此單元中的教學實況作為參考（以下為小數的認識此單元教學中第四、五節的教學）。

教學方式	活動情形	備註
布題	（老師邊口述邊圖解） 林德昆把收到的羊羹分給全家人吃，每個人分到的羊羹是： 大哥和德昆分得一樣多，各是羊羹的十分之一。 二哥分到的是大哥的十分之一。 媽媽只想吃一點，她分到的羊羹是二哥的十分之二。 爸爸喜歡吃羊羹，所以他分到的是德昆的五倍。 好，現在開始討論： 1. 請用小數表示每個人吃到的羊羹。 2. 羊羹還剩多少？ 3. 如何確定你的答案是正確的？ 還有沒有問題？	約五分鐘
小組討論	（全班分成六組，每組六至七人，共四十一人） A 組工作情形（王敬仁組長） 小黑板平放在桌上一起討論。 　　　　　　　S5 S4　┌──────┐　S6 　　　│ 小黑板 │ S3　│　　　　│ 　　　│　　　　│　S7 S2　│　　　　│ 　　　└──────┘ S1 S1 和 S3 把題目圖解在小黑板上。	教師布完題後各組的活動情形

	S7 根據圖解再寫文字說明。 S5 和 S6 嘗試用小積木來驗證解法。 S4 站在一旁觀看，並提出意見。	
小組討論	B 組工作情形（王婉嘉組長） 小黑板平放在桌上討論。	同儕互動氣氛和諧
	S4　　　　　S5 S3　　小黑板 S2　　　　　S6 S1	組長參與記錄解題過程想法
	S4（組長）在說明題意和想法。 S3 在畫圖解補助組長說明。 S1 急欲插手幫助畫圖解。 S5 站著注意觀看，手拿粉筆，隨時參與作業。 S6 坐著積極表示意見。 S2 左顧右盼，幫點小忙（遞粉筆、拿板擦）。	
小組討論	C 組討論情形（朱昶龍組長） 小黑板平放在桌上討論。	教師介入引導思考方向
	S1　　小黑板　　S4 S2　　　　　　　S5 S3　　　　　　　S6	
	T（教師）介入。 T 拿著排列好的積木（方形 1000 粒）正引導 C組作思考活動。 全組趴在小黑板上專注的聽、看。	
小組討論	D 組工作情形（吳思維組長） 小黑板斜放在教室後討論。	組長動口不動手，組員寫解題過程

	小黑板 S1　S2　S3　S4　S5 S6	
小組討論	S1 和 S2 利用圖解說明題意。 S3 和 S4 列式說解法。 S6（組長）坐在後頭指揮監督，並提出看法和大家討論。 S5 站在旁邊觀看小組討論。 E 組工作情形（劉禹伸組長） 小黑板斜放在教室大黑板下討論 小黑板 S1　S2　S3　S4　S5 S1 正在仔細觀察方形盒子、積木排列情形。 S2、S3、S4 利用圖解說明題意，並列式說明想法。 S5（組長）蹲在後面觀看大家的作法，並提出看法與大家討論。	組長動口不動手，組員負責寫解題過程
小組討論	F 組工作情形（林德昆組長） 小黑板斜放在教室書櫥前討論。 小黑板 S1　S2　S3　S4 S5　S6 S1 和 S2（組長）利用圖表、方瓦說明題意及解法。 S3 和 S4 利用長條圖說明每個人分到的量。 S5 半蹲專注觀看 S1 和 S2 的作法，並提出看法	組長參與記錄解題過程

	和 S1、S2 討論。 S6 屈膝專注觀看 S3、S4 的作圖，並提出意見與 S3、S4 討論。	
共同質疑 辯證	首先 C 組提出討論成果，接受大家質疑，組長 朱昶龍負責答辯。	
	大哥吃 100/1000＝0.100＝1/10＝10/100（用 100/1000 代表，以下依此類推） 二哥吃 10/1000＝0.0010＝11/100 德昆吃 100/1000＝0.100＝10/100 爸爸吃 500/1000＝0.500＝5/10 媽媽吃 2/1000＝0.002 100/1000×2＝200/1000 10/100 100/1000×5＝500/1000 ＋ 2/1000 712/1000 答：剩下 288/1000＝0.288	11/100 可能是筆 誤
質疑	小黑板才剛好放在大黑板的前面就有人喊：我有 問題。 龍：楊凱翔。 師：還沒開始解說，你就有問題啦。 翔：羊羹不是一塊嗎，為什麼會跑出一千塊呢？ （手指小黑板上 100/1000 的分母 1000） 龍：我們把這一塊羊羹（大黑板上的題目）分成 一千等份。 大家：為什麼？ 龍：把它分成一千等份就是把它變成小塊一點， 為了計算更微小的數目，例如：媽媽分到的，若 用 100 等份，就分不到了。 師：是為了考慮到媽媽分到的太小了，是嗎？	提示要點

	龍：對。	
質疑	倫：我有問題，那你為什麼不把媽媽的分得更小，分成一萬份呢？	鼓勵一針見血的問題
	師：問得真好。	
	龍：若分成一萬份，這樣就不叫「數學簡化」，若分成一千份就比較容易嘛，這就叫作數學簡化嘛。	
	大家：我要補充。	
	龍：王和泰。	
補充說明	泰：數學有數學規則（約），那個羊羹又是個正方形，先分成 100 等份，每一等份再分成 10 等份，就是 1000 等份，所以應該照這個格式來算。	
	龍：還有沒有問題。	
	大家：有。	
	龍：王敬仁。	
質疑	仁：大哥吃 100/1000 是不是？又等於 0.100，那你又寫等於 1/10，是不是這塊羊羹變大了？	
	龍：這塊羊羹沒有變大，只是分法變少一點而已，分法不一樣，一個分成十等份，一個分成一千等份，但是容量還是一樣大。還有沒有問題。	
	大家：有。	
	師：昶龍的解釋大家聽得懂嗎？	確定小孩是否接受
	大家：懂啊。	
	龍：王敬仁。	
質疑	仁：你這裡（手指小黑板）一下分數，一下小數，又分數，在這裡分數和小數，它們到底有什麼關係？	
	龍：關係很密切啊，這裡的 100/1000=0.100 小數的零（指個位）在這裡代表分成一千份的意思。	
	師：那零（指個位）的位置也可不可以代表另外	協助澄清概念

	的一個意思呢？例如：老師有 1 塊錢，那 1 應該放在哪裡？	
	龍：應該放在這裡（個位的地方），還有沒有問題？	
	師：陳怡靜應該會有問題的——（怡靜不好意思笑笑）來，老師幫你問，為什麼要寫零點幾呢？為什麼不寫一點幾呢？	促進反省提升問題層次
	龍：寫一代表完整的一塊，寫零是代表不是完整的一塊，是分成十等份或一千等份。	
	師：你的意思是說比原來的 1 還小，是不是？	再次檢驗
	龍：是，還小 10 倍或——	
	師：是小多少要怎麼看呢？	
	龍：要看你把原來的 1 分成幾份才能決定。	
	師：這樣講，陳怡靜聽得懂嗎？	
	大家：我有問題。	
	龍：楊凱翔。	
質疑	翔：100/1000 的 1000 是指一塊羊羹分出來的對不對，那為什麼不把 1000 的 1 寫到 0.100 的 0 的位置上。	
	龍：我剛剛已經說過，羊羹是指完整的一塊，而這個 0.100 並不是完整的一塊，是從羊羹身上分下來的，就不能寫 1 在 0 的位置上。	
	大家：有問題。	
	龍：徐偉倫。	
質疑	倫：那你說這 1 不寫 1 的話，就不從這塊（羊羹）分下來，所以要寫 1 啊，代表這塊（羊羹）分下來的，寫 0 的話，就代表原本就分開的啊。	
	龍：如果寫成 1.100 就代表完整的一塊又多出一塊，意思就不通了。	

本章參考書目

朱則剛（民 85）：建構主義知識論對教學與教學研究的意義。**教育研究，**
　　49，39-45。

吳璧純（民 86）：建構取向的教學——師生交互猜測、相互成長的活動。
　　教育資料與研究雙月刊，18，17-20。

林文生、鄔瑞香（民 86）：建構主義在國小數學科教學試煉。**教育資料與**
　　研究雙月刊，18，44-50。

許良榮（民 82）：談建構主義之理論觀點與教學的爭論。**國教輔導，**33
　　(2)，7-12。

郭重吉（民 85）：建構論：科學哲學的省思。**教育研究，**49，16-24。

張春興（民 83）：**教育心理學——三化取向的理論與實踐。**台北：東華書
　　局。

黃公偉（民 76）：**哲學概論**（再版）。台北：帕米爾書店。

鄔瑞香（民 83）：我的數學教學模式、探索、反省與成果。輯於台灣省國
　　民學校教師研習會編印，**國民小學數學新課程概說**（低年級），
　　168-196。

蕭寶森譯，Jostein Gaarder 原著（民 84）：**蘇菲的世界**（上）。台北：智
　　庫文化公司。

潘世尊（民 86）：Rogers 人本教育理論與建構主義的整合教學模式在國小
　　一年級數學科教學應用之個案研究。國立台中師院國民教育研究所碩
　　士論文（未出版）。

潘世尊（民 89）：Rogers 人本教育理論與建構主義教學模式二之發展：國
　　小數學教學的行動研究。**應用心理研究，**8，209-238。

甯自強（民 76）：根本建構主義——認知研究的另一種架構。**師友，**246，
　　30-32。

甯自強（民 82）：「建構式教學法」的教學觀：由根本建構主義的觀點來
　　看。**國教學報，**5，33-39。

Barbara, T.(1994). *Investing mathematics teaching: A constructivism enquiry.*

學習與教學新趨勢

Studies in mathematics education series 5. (ERIC document # ED381350).

Brown, J. D., Collins, A., & Duguid, P.(1989). Situated cognition and the culture of learning. *Educational Research, 18*(1), 32-42.

Cobb, P., Wood, T., & Yackel, E.(1990). Classrooms as learning environments for teachers and researchers. In Robert B. Davis, Carolyn A. Maher, & Nel Noddings(Eds.), *Journal for Research in Mathematics Education(Monograph Number 4): Constructivist views on the teaching and learning of mathematics*(pp. 125-146). Virginia: The National Council of Teachers of Mathematics, Inc.

Confrey, J.(1990). What constructivism implies for teaching. In Robert B. Davis, Carolyn A. Maher, & Nel Noddings(Eds.), *Journal for Research in Mathematics Education(Monograph Number 4): Constructivist views on the teaching and learning of mathematics*(pp.107-124). Virginia: The National Council of Teachers of Mathematics, Inc.

Davis, R. B., Maher, C. A., & Noddings, N.(1990). Suggestions for the improvement of mathematics education. In Robert B. Davis, Carolyn A. Maher, & Nel Noddings(Eds.), *Journal for Research in Mathematics Education (Monograph Number 4): Constructivist views on the teaching and learning of mathematics*(pp. 187-194). Virginia: The National Council of Teachers of Mathematics, Inc.

Derry, S. J.(1992). Beyond symbolic processing: expanding horizons for educational psychology. *Journal of Educational Psychology, 84*, 413-418.

Driscoll, M. C.(1994). *Psychology of learning for instruction.* Boston: Allyn and Bacon.

Nussbaum, J.(1989). Classroom conceptual change: Philosophical perspectives. *International Journal of Science Education, 11,* 530-540.

Perkins, D. N.(1991). Technology meets constructivism: Do theymake a marriage? *Educational Technolog, 31,* 18-25.

Steffe, L. P.(1991). The constructivist teaching experiment: Illustrations and implications. In E. Von Glasersfeld(Ed.), *Radical constructivism in mathemat-*

ics education(pp.177-194). Dordrecht, The Netherlands: Kluwer Academic Publishers.

Von Glasersfeld, E.(1984). An introduction to radical constructivism. In Paul Watzlawick (Ed.), *The invented reality*(pp. 17-40). New York: Norton & Company, Inc.

Von Glasersfeld,E.(1989).*Knowing without metaphysics: Aspects of the radical constructivist position.*(ERIC Document #304344)

Von Glasersfeld, E.(1990a). Environment and communication. In Leslie P. Steffe & Terry Wood (Eds.), *Transforming child's mathematics education*(pp. 30-38). Hillsdale, N.J.: Lawrence Erlbaum Associates, Publishers.

Von Glasersfeld, E.(1990b). An exposition of constructivism: Why some like it radical. In Robert B. Davis, Carolyn A. Maher, & Nel Noddings(Eds.), *Journal for Research in Mathematics Education(Monograph Number 4): Constructivist views on the teaching and learning of mathematics (*pp. 19-30). Virginia: The National Council of Teachers of Mathematics, Inc.

Von Glasersfeld, E.(1990c). Edito's instruction. In Ernst Von Glasersfeld(Ed.), *Radical constructivism in mathematics education*(pp.xiii-xx). Dordrecht: Kluwer Academic Publishers.

Von Glasersfeld, E.(1995). *Radical constructivism: A way of knowing and learning.* Washington, D. C. : The Falmer Press.

Von Glasersfeld, E. & Richard, J.(1983). The creaction of units as a prerequisite for number: A philosophical review. In L. P. Steffe, E. Von Glasersfeld, J. Richard, & P. Cobb(Eds.), *Children's counting types: Philosophy, theory, and application*(pp.1-12). New York: Praeger Publishers.

Vygotsky, L. S.(1978). *Mind in society: The development of higher psychological process.* Edited and Translated by M. Cole, V. J. Steiner, S. Scribner, & E. Souberman. Cambridge, MA: Harvard University Press.

Vygotsky, L. S.(1981). The genesis of higher mental functions. In J. V. Wertsch (Ed.), *The concept of activity in soveit psychology*(pp.144-188). NY: M. E. Sharpe.

Watts, M. & Bentley, D.(1991). Constructivism in the curriculum: Can we close the gap between the strong theoretical version and the weak version of theory-in-practice? *The Curriculum Journal, 2*(2), 171-182.

Wertch, J. V.(1984). The zone of proximal development: Some conceptual issues. In B. Rogoff & J. V. Wertch(Eds.), *New Directions for Child Development. NO. 23: Childern's learning in the "zone of proximal development"* (pp. 7-18). San Francisco, CA: Jossey-Bass.

第 *12* 章

情境認知學習理論與教學應用

❖ **情境認知學習的相關理論**
　「合法周邊參與」理論
　「觀察社會文化活動的三個面向」理論

❖ **情境認知學習理論的主要觀點**
　學習環境方面
　學習內容方面
　學習方法方面

❖ **情境認知學習理論與行為論、建構論的比較**
　學習環境方面
　學習內容方面
　學習方法方面

❖ **情境認知學習理論的疑惑與討論**
　真實的學習情境能否產生學習遷移？
　真實的學習情境能否學習到高層次的認知技能？
　電腦建構的學習情境能否兼顧情意教育？

情境認知學習是否會增加教學時間和資源？
實務社群的概念是否忽視學習者的主體性？

❖ **情境認知學習理論的評價**

❖ **教學實例**
　錨式教學法
　認知學徒制
　其他教學應用實例

本章學習目標

看完本章後，讀者應能達成下述目標：

1. 能說出「合法周邊參與」理論的主要概念及其意涵。
2. 能說出「觀察社會文化活動的三個面向」理論的主要概念及其意涵。
3. 能比較「合法周邊參與」和「觀察社會文化活動的三個面向」兩種理論的異同。
4. 能說出「情境認知學習理論」在學習環境、內容以及方法上的主要觀點。
5. 能比較「情境認知學習理論」與行為論、建構論在學習環境、內容以及方法上的異同。
6. 能說出「錨式教學法」的教學設計原則。
7. 能應用「錨式教學法」於實際教學情境中。
8. 能說出「認知學徒制」的學習環境架構。
9. 能應用「認知學徒制」於實際教學情境中。
10. 能應用「情境認知學習理論」於實際教學情境中。

「情境認知」（situated cognition）和「情境學習」（situated learning）兩者猶如認知與學習之間的關係，難以明顯區分。「情境認知」主張知識並非獨立存在，它必須在社會文化的活動和情境當中才得以發展。「情境學習」則強調學習與社會文化情境間的密切關係，主張透過實際情境進行學習，才能獲得實用的知識。前者較偏向於認知心理學、認知科學，以及認知人類學領域探討的範疇；後者則較偏向於教育、人文，以及社會學等領域所探討的範疇。由於這兩個知識領域彼此有相互重疊之處，且學者在探討時亦未作明確的區分，因而本章採取結合兩者的方式，並嘗試以「情境認知學習」作為結合探討時的名稱。

情境認知學習領域主要源自於日常實務的觀察研究，目前發展出來的理論主要有二：第一，Lave 和 Wenger（1991）的「合法周邊參與」（Legitimate Peripheral Participation; LPP），此理論認為在實務社群（community of practice）的環境中，每個人均是以合法周邊參與的過程來進行學習。第二，Rogoff（1995）的「觀察社會文化活動的三個面向」（observing sociocultural activities on three planes），此理論主張在學徒制的環境下，個人是透過引導的參與，進行據為己有的學習過程。

本章首先介紹 Lave 和 Wenger（1991）以及 Rogoff（1995）的理論，以建構情境認知學習的理論基礎。其次，綜合其他學者的觀點，從學習的三個面向：環境、內容以及方法，說明情境認知學習理論的主要觀點。再其次，比較情境認知學習理論與行為論、建構論的異同，以了解情境認知學習理論在眾多學習理論中占有的地位。復次，對於情境認知學習理論所受到的質疑進行討論，並進行綜合評論。最後，介紹情境認知學習理論在教學上的應用與研究，包括錨式教學法與認知學徒制，以了解它目前的發展和成效。

一、情境認知學習的相關理論

先分述 Lave 和 Wenger（1991）的「合法周邊參與」理論和 Rogoff

（1995）的「觀察社會文化活動的三個面向」理論，再比較這兩個理論的
異同，以了解它們彼此間的關聯性與差異性。

(一)「合法周邊參與」理論

　　「合法周邊參與」是 Lave 和 Wenger 根據其多年來人類學的研究觀
察，所建構的情境認知學習理論架構，並整理在一九九一年出版的《情境
學習：合法周邊參與》（*Situated Learning: Legitimate peripheral participa-
tion*）一書。該理論是以「合法周邊參與」來描繪現實生活中的學習過程，
再以「實務社群」來代表現實生活中學習發生的場地，亦即在實務社群的
環境中，每個人均是以合法周邊參與的過程來進行學習。主要概念分析如
下：

1. 合法周邊參與

　　「合法周邊參與」是 Lave 和 Wenger 學習理論的核心概念，以此名詞
來闡述日常生活實務（例如接生學徒制、裁縫學徒制、海軍掌舵士官、屠
宰學徒制，以及戒酒成長團體）中的學習過程。簡而言之，「合法周邊參
與」組合了學習過程中的三個概念：「參與的合法性」（legitimacy of parti-
cipation）、「周邊參與」（peripheral participation）、「合法的周邊地
位」（legitimate peripherality）。

　　「參與的合法性」是指個人要參與在某一社會實務社群當中，必須先
取得正式加入的資格。可能是一種拜師儀式（例如在學徒制中），也可能
是登記加入（例如在成長團體）。

　　「周邊參與」是指當個人具有「參與的合法性」後，新進人員通常是
處在社群的周邊地位開始進行參與。因此，他們在剛開始只能學習一些簡
單的實務技能，他們在社群中的地位較低，所須擔負的責任也較少，當然
他們對於該社群的認同感也較低。

　　至於「合法的周邊地位」則是一個複雜的概念，它涉及社會結構中複
雜的權力關係。如果成員所處位置可朝向較密集的完全參與，則此「合法

的周邊地位」是一個被賦予權力的位置；反之，如果成員是在一個無法朝
向較完全參與的位置，則此「合法的周邊地位」是一個不被賦予權力的位
置。易言之，並不是每個成員都能從「周邊參與」逐漸邁向「完全參與」
（full participation），須視成員所處的「合法周邊地位」是否被賦予權力。

　　「完全參與」是與「周邊參與」相對應的概念。意指成員在此實務社
群中已具備專家的身分，不僅學習到各種專業的技巧，而且對於社群的責
任感和認同感均很高。當然，實務社群並非只有一個專家而已，而且在實
務社群當中，成員也並非只向某一位特定專家來學習，因此，在實務社群
當中並沒有所謂的單一核心或中心。所以，Lave 和 Wenger 認為，如果採
用「中央參與」（central participation）這個名詞，將會暗示在一個實務社
群當中有一個中心存在。此外，如果採用「完成參與」（complete partici-
pation）這個名詞，則會暗示實務社群當中所存在的知識技能類似於學校所
教導的知識技能，具有統一的進程，並可以此測量出新進成員知識或技能
獲得的程度（類似學校為學生所舉行的共同考試）。為避免上述情形，
Lave 和 Wenger 乃決定採用「完全參與」一詞來描述「周邊參與」進展的
方向，以呈現出實務社群中所存在的知識技能具有多樣化且無統一進程的
特性。

　　但「完全參與」也僅能對照出「周邊參與」概念的部分特性，「周邊
參與」本身尚有其他屬性。例如，「周邊參與」本身也是一個正向的概
念，它意味著新進成員與實務社群間具有關聯性。其次，「周邊參與」也
是一個動態的概念，顯示出成員逐漸涉入實務社群的過程（Lave & Wenger,
1991, pp.35-37）。

　　以馬雅的接生學徒制為例，由於接生實務在當地主要採取世襲制。因
此，必須母親或祖母是接生婆，個人才較有機會取得「合法參與」的資
格。當她們還是小女孩時，她們先處於「周邊參與」的地位。亦即透過耳
濡目染的方式，逐漸熟悉接生婆的生活形態，產婦的疑難雜症，產前按摩
的方式，以及接生時可能使用到的藥草等。年紀稍長後，她們開始幫忙傳
達訊息、跑腿、供應接生用具，以及陪同去做產後探訪。最後，在她們已
為人母親時，便開始實際參與分娩的工作。由於大部分的接生學徒均有機

會朝向較密集的參與,所以其「合法的周邊地位」是處在一個被賦予權力的位置(Lave & Wenger, 1991, pp.67-69)。

另以西非的裁縫學徒制為例,入門者必須透過正式的拜師儀式來取得學徒資格,亦即個人是透過此儀式來加入這個社群,以取得其「合法參與」的資格。剛進入時,學徒僅學習做帽子、口袋、兒童內衣等較為簡單的工作,雖然簡單但與整個實務具有關聯性,所以學徒已處在「周邊參與」的地位。經過五年的時間,學徒已能完成複雜衣服的整個製作過程,這說明學徒能夠有機會朝向較密集的參與,所以其「合法的周邊地位」亦是處在一個被賦予權力的位置(Lave & Wenger, 1991, pp.69-72)。

2. 實務社群

「實務社群」(community of practice)是 Lave 和 Wenger 情境認知學習理論的另一重要概念。她們認為一個實務社群包含了參與其中的人、社群中所進行的活動,以及社群所在的社會文化(Lave & Wenger, 1991, p. 98)。事實上,「實務社群」概念和「組織」的概念類似,兩者都涉及人、活動以及文化,差異之處只在於「實務社群」是建立在專家實務技能的組織,而「組織」的組成不一定要具有專家實務技能。

社會文化雖然不像實務社群中的人和活動,如此的顯而易見。但社會文化的存在,才使得實務社群中的人產生了身分與角色,也賦予實務社群中的活動有其意義與價值。此外,從社會文化的觀點來看,一個「實務社群」如同組織一樣,不可能獨立存在於社會文化當中,必定也和一些其他的實務社群之間具有密切的關係。

「實務社群」是學習專家實務時所進行的場地,若沒有「實務社群」,專家的知識技能便無法傳遞下去,人類此種知識技能便可能失傳,學習也無法進行。因此,「實務社群」的存在,除了使得專家知識技能得以保存並傳遞下去,同時也是學習發生與進行的必要條件。

以西非的裁縫學徒制為例,整個實務社群包括了參與的人、參與的活動,以及社會文化層面。在參與的人方面,包括師傅、技工、學徒,以及

生產販賣流程相關的人等;在參與的活動方面,包括縫製衣服、買賣、訊息流通等;在社會文化方面,包括器物(衣服的樣式、各項裁縫工具、買賣的單據、運送衣服的工具等)、行為(稱呼方式、術語、裝扮方式、舉止等)、儀式(入門、會議、買賣),以及制度(升遷、行規、生產販賣流程、決策機制)。當然某一個裁縫社群必定會與其他的實務社群發生互動,例如:提供原料的布料製造社群,同行競爭的其他裁縫社群或成衣製造社群,以及產銷相關的成衣配銷社群。

3. 「非集中」與「結構性」的資源

前已述及,在實務社群當中並不是只有一位專家。同時,新進成員學習的對象也並非限定於專家而已。因此,對新進成員而言,他們所能接觸到的學習資源具有「非集中」(decentering)與「結構性」(structuring)的特徵。「非集中」意指學習資源並非集中在特定師傅一人身上,而是分布在整個實務社群的組織之中。「結構性」則指實務社群中的學習資源分布具有結構性,通常新進成員間彼此建立的是一種較為鬆散的關係形式,新進成員與資深成員則是建立階層性的關係。

例如,在西非的裁縫學徒制中,學徒並非只向一個師傅學習,在工作場合中尚有其他的師傅、技工,以及資歷深淺不一的學徒,但這些學習對象(資源)並非是一種均勻分布的形態,而是與學徒本身具有垂直與平行的結構性關係。平行關係的學習資源可能是學徒間的訊息流通或者相互教導與模仿,垂直關係的學習資源則可能是專家或資深成員的示範與指導(Lave & Wenger, 1991, pp.91-94)。

4. 學習課程

Lave和Wenger(1991, pp.96-98)認為,實務社群文化所提供的是「學習課程」(learning curriculum),而非「教學課程」(teaching curriculum)。「學習課程」是從學習者的觀點為基礎,學習者在日常實務當中接觸到各種學習資源,並自行組織這些資源來進行學習。相反地,「教學課程」是以教學者的立場來思考學習的方式與內容,有預先設定好的學習

目標，透過教學者的中介參與來引發學習者的學習。

　　例如，在西非的裁縫學徒制中，並沒有正式的教學課程，學徒必須利用其周遭的資源以及機會來組織其學習，包括觀察師傅、技工，以及其他學徒所從事活動的方式。

5.接觸管道的透明程度與封閉性

　　Lave 和 Wenger（1991, pp.100-105）認為，新進成員要成為完全參與成員，必須要有「接觸管道」（access），透過管道，新進成員才能接觸各式各樣的活動、其他成員、資訊、資源以及機會。這個概念和前述「合法的周邊地位」概念是相呼應的，新進成員若有「接觸管道」，則他的「合法周邊地位」是處在被賦予權力的位置。反之，新進成員若沒有「接觸管道」，則他的「合法周邊地位」是處在未被賦予權力的位置。

　　前已述及，從社會文化的層面來看實務社群，包括器物、行為、儀式、制度等。Lave 和 Wenger 認為，器物很適合用來探討「接觸管道」的問題，因為器物的操作方式和相關知識很容易被操控，使得新進成員無法接觸。

　　新進成員接觸器物的機會有程度上的差別，換句話說，器物具有不同的「透明程度」（transparency）。所謂「透明程度」是指在實務社群中，器物的操作方式和相關知識外顯的程度。當然，在實務社群中，並沒有標準的操作方式和相關知識。因此，這些操作方式和相關知識具有多元化的性質。

　　「透明程度」可分成兩類：「可見的透明程度」（visibility）和「不可見的透明程度」（invisibility）。「可見的透明程度」所涉及的是器物的操作層面（因為眼睛看得到），「不可見的透明程度」所涉及的是器物的知識層面（因為眼睛看不到）。器物的操作（行）與知識（知）是相互關聯且不可分離的，但這兩者的「接觸管道」卻可能有各種不同的形式，亦即可能都是透明的，也可能都是封閉的（sequestered），也可能一者透明，另一者封閉，甚至可能一者未完全封閉，但有所限制。

以馬雅的接生學徒制為例，大部分的學徒都可以從其母親或祖母處接觸到真正的接生實務，所以她們在操作與知識的「接觸管道」都是透明的。

另外，在屠宰學徒制中，學徒雖然有「參與的合法性」（取得正式加入資格），但他們可能只能從事機器包裝的工作，而無法接觸到真正的屠宰實務。他們在操作與知識的「接觸管道」都被封閉，所以他們連「周邊參與」的地位都沒有，因為他們並沒有真正參與實務社群的活動。

在學校教育方面，接受學校教育的兒童雖然有「參與的合法性」，也處於「周邊參與」的地位。但由於無法接觸到專家真實的認知歷程（例如閱讀、寫作與解題歷程），因此他們在操作方式的「接觸管道」被封閉，無法從「周邊參與」朝向「完全參與」邁進。

在美國海軍航海士官學徒制的例子中，當船要出海或入港時，船上六位士官每人必須各負責一項工作，以完成從測量海深到描繪船位置圖的一系列工作。這種作業方式雖然有助於整體工作效率的提升和單項工作知識的獲得，但對於新進士官而言，雖然資深士官會利用閒暇時間教導新進士官各項工作的相關知識，但他們在出海或入港時，卻可能沒有足夠的時間去觀察其他資深士官如何實際操作其他的工作。因此，他們在操作方式的「接觸管道」受到限制，但並非完全封閉，他們仍可透過長期的觀察（雖然每次的時間短暫，而且可能只能觀察到前後位置的工作），逐漸熟悉六項工作的操作方式。

6. 學習如何談話

Lave 和 Wenger（1991, pp.105-109）認為，要學習成為一個社群中的合法參與者，便必須學習完全參與者（專家）談話的方式。換言之，在合法周邊參與的過程中，「學習如何談話」（learn to talk）是重要的學習項目。不過，這並非意指要以「從談話中學習」（learn from talk）的方式來進行學習，因為合法周邊參與還有其他的學習方式，例如觀察和模仿。

在實務社群中所涉及的談話包括兩類：「描述性談話」（talking about）和「討論性談話」（talking within）。「描述性談話」是指述說社群

文化中的故事（stories）或知識與信念（lore）；「討論性談話」則是指成員間的訊息交流。當然，有時成員在討論時，也會述說社群相關的故事。因此，「討論性談話」有時也會包括「描述性談話」在內。

在實務社群中，這兩種形式的談話所實現的功能包括：吸引成員投入實務社群（engaging）、集中或轉移成員的注意在某些重要的事物（focusing and shifting attention）、協調成員間的行動（bringing about coordination）、促使成員具有共同的記憶與反省（supporting communal forms of memory and reflection），以及傳達成員間的訊息（signaling membership）等。

在匿名戒酒成長團體（Alcoholics Anonymous）中，新進成員在參與的過程中，逐漸學會資深成員說故事的模式，表達自己酗酒和復原的整個過程，這種個人或他人故事的陳述就是「描述性談話」。在團體活動過程中，成員彼此會進行討論與訊息交流，此乃所謂的「討論性談話」。透過這兩種類型的談話，新進成員逐漸學會資深者的談話模式，而此種談話模式的習得是成為完全參與者不可或缺的技能。

7.動機和認同

Lave 和 Wenger（1991, pp.110-112）認為，在一般學徒制的實徵研究當中所提到的「內在酬賞」（intrinsic rewards），僅將焦點放在知識與技能的學習，此種觀點過於窄化。她們認為知識的獲得固然重要，但參與的價值感和歸屬感更是學習者學習動機的主要來源。在朝向完全參與的過程中，不僅要逐漸投入更多的時間和心力，擔負更多更大的責任，從事更困難與危險的任務，而且更重要的是，形成對專業人員身分的「認同感」（sense of identity）。

例如，在匿名戒酒成長團體中，新進成員必須經歷十二個階段才能成為完全參與者。剛開始他們只是一個傾聽者，或者只需要做一些簡單的動作，到最後一個階段他們必須說服一個酗酒者參與他們的團體（Lave & Wenger, 1991, p.80）。在這個過程中，他們擔負的工作愈來愈困難。但在參與的過程中，他們開始體會到他們所具有的責任感（自己對他人的影

響），以及隨著身分的逐漸轉變，也加強他們參與的價值感和歸屬感。

8.矛盾和改變：傳承和轉型

　　Lave 和 Wenger（1991, pp.113-117）認為，學徒制必然存在著「傳承和轉型」兩種發展方向上的矛盾（continuity-displacement contradiction）。這是由於新進成員與資深成員在建立與維持身分認同的方式上有所差異，以致彼此產生衝突和相對抗的觀點。這時，新進成員會陷入兩難困境，他們一方面要參與在目前現有的實務活動，以便成為完全參與者。但另一方面，他們也必須考慮要開始建立自己在未來實務的身分。剛開始，新進成員會以較順從的方式參與現有的實務活動，但隨著權力關係的重組，這種矛盾情形便會逐漸浮現。此種矛盾的存在促成實務社群的轉型，這種轉型過程（transformation）綜合了傳承和轉型，累積數代或數十代的轉型過程，便形成整個實務社群的改變。

　　例如，在西非的裁縫學徒制，已經歷了三個階段的改變。剛開始童工均只在家裡幫忙。其次，由於政治、社會的因素（培植下一代）以及經濟的因素（典當和奴隸），童工開始被交換到其他的地方工作。最後，再逐漸發展成目前的學徒制，學習者以勞力換取學習的機會（Lave & Wenger, 1991, p.70）。從這個改變的過程可以發現，實務社群並非遵循相同模式一代一代傳承下去，而是會受到整個社會轉型的影響（勞力分工）。從原料的選擇、衣服的樣式，到產銷的方式，都會受到社會大環境的影響而進行轉型，新進的裁縫學徒剛開始主要學習目前裁縫實務中的知識與技術，但隨著他們的地位漸高、權力漸大，也會開始思考未來裁縫實務的發展趨勢，以便能在未來實務中占有一席之地。

　　綜合以上概念，Lave 和 Wenger 的理論是以「合法周邊參與」來描繪現實生活中的學習過程，再以「實務社群」來代表現實生活中學習發生的場地，亦即在實務社群的環境中，每個人均是以合法周邊參與的過程來進行學習。

　　從參與者的角度來分析，在參與的過程中，學習者並非跟隨著特定的師傅進行特定的活動，而是必須自行組織實務社群中所具有的各項資源。

當成員逐漸邁向完全參與時，其所擔負的責任和工作難度也愈大。但相對而來的是他對此組織的認同感會提高，參與的動機也會更加強烈。在學習的項目方面，除了相關的知識與技能之外，完全參與者談話的方式也是重要的學習項目。當然，如果缺乏接觸管道，無法接觸到實務社群中的知識技能，合法參與者便無法邁向完全參與。

從實務社群的角度來探討，實務社群並非不斷地複製生產過程和參與者，它也會由於外在環境變化以及新進成員與資深成員的觀點差異所產生的矛盾，而緩慢地進行轉變。經由時間的逐漸累積，終至完全改變。

最後，Lave 和 Wenger 提出「合法周邊參與」理論的目的，在提供學習一個嶄新的觀點，較不涉及教學策略或技術的層次（1991, pp.39-40）。因此此理論僅是描述人類日常生活學習實務的過程，而非企圖用以改善學校教學。

「合法周邊參與」理論看似艱澀複雜，其實只是把傳統學徒制的學習特徵加以理論化，如果以我國武俠小說中的丐幫為例，可能有助於對此理論輪廓的理解。任何一位想要加入丐幫的人都必須要經過正式的入幫儀式，才能成為丐幫弟子，透過這個入幫儀式便能取得「合法參與」的資格，可以開始與其他弟子一起進行乞討或者習武的活動。一個弟子剛入門，必須學習基本的幫會儀式、幫會語言（包括暗號），以及遵守各項幫規，所能接觸到的也只是一些打雜與跑腿的工作，這種剛入門的階段便稱作「周邊參與」。有的丐幫弟子可能一直停留在低層階級，但有些弟子可能可以升到八袋、九袋，甚至成為幫主，便有機會學習降龍十八掌和打狗棍法，而且對於幫中事務也開始有較大的決定權，這種有機會朝向完全參與（成為長老或幫主）的弟子便處在「有權力的合法周邊」，那些一直停留在一袋、兩袋的弟子便處在「沒有權力的合法周邊」。

丐幫弟子並沒有特定的師父，幫中也沒有安排專門的教學課程，弟子們必須利用周遭資源組織自己的「學習課程」，當有好的表現，地位逐漸高升後，講話的分量、擔負的責任、對丐幫的認同感也都會逐漸增加。

當然，新進的丐幫弟子除了參與現有的丐幫事務外，也必須思考外在

社會環境的變化（例如朝廷對於幫派的管理態度、其他幫派勢力的擴張），以建立自己在未來的身分。

(二)「觀察社會文化活動的三個面向」理論

Barbara Rogoff也是目前情境認知學習陣營中知名度甚高的一位學者，她將多年來的研究成果整理在一九九五年所發表的文章：〈觀察社會文化活動的三個面向：透過參與據為己有、引導的參與，以及學徒制〉（Observing sociocultural activities on three planes: Participatory appropriation, guided participation and apprenticeship）。她主張研究社會文化活動應從社群（學徒制）、人際間（引導的參與），以及個人（透過參與據為己有）等三個層次來進行觀察，才能獲致完整的了解。

1. 學徒制

「學徒制」提供社群層次的分析面向，所著重者包括社群中進行的活動以及社群的文化。在活動部分，主要探討其目的與價值；在文化部分，則著眼於工具、資源和限制等。

Rogoff將技藝學徒制的概念加以擴展，她將其他文化組織的活動，諸如工作、學校教育以及家庭關係都包含在內，而不僅限於傳統技藝學徒制的組織活動而已（Rogoff, 1995, pp.142-144）。

以Rogoff針對美國傳統女童軍販賣和遞送餅乾活動的研究為例，這個活動是美國女童軍每年定期舉辦的募款活動，此活動係結合道德教育、家庭發展、學業與戶外技能，以及生涯發展。以十二人左右為一團隊，並由一至二位成年女性（經常為媽媽）作為領導者，募得的款項作為童軍活動和行政支用。童軍組織會訓練和監督這些販賣團隊，讓她們能夠開始挨家挨戶進行販賣。大部分的女童軍對此活動均極為重視，家長們還必須簽署財務虧損保證書。以往餅乾的烘焙和販賣均由女童軍負責，現在則由餅乾公司提供現成的餅乾和訂貨單，女童軍們只要負責販售即可。此外，由於此活動已實施多年，所以以往參與過此活動的成人均非常樂於購買，因為

可勾起她們的兒時回憶。在整個活動中，女童軍可利用的資源除了以往參加過的大人、親友之外，女童軍組織和餅乾公司也會提供一些協助。例如，特殊設計的訂貨單格式可以讓女童軍們易於計算貨款和追蹤販售對象。當然，此實務文化也加諸了一些限制，例如販售有時間的限制，必須在限定的時間內販售所批進的餅乾（Rogoff, 1995, pp.145-146）。

2. 引導的參與

「引導的參與」中的「引導」（guidance）乃指文化價值和他人所提供的方向指引，可能是外顯或內隱的、面對面或距離遙遠的人、事、物。「參與」（participation）係指在活動中進行觀察和積極實際（hands-on）的投入。兩者結合時，「引導的參與」則指當人們參與在具有文化價值的活動時，人際之間彼此相互溝通與協調的過程和系統（Rogoff, 1995, p.142）。

以前述美國女童軍販賣和遞送餅乾活動的研究為例，從「引導的參與」層面來分析，可將焦點置於人際間的活動安排，包括特別資源和限制的運用（例如訂單、交通、期限、日程表等），以及密切且複雜的人際互動（例如不同類型的助手可能提供不同形式的協助）（Rogoff, 1995, p.149）。

3. 透過參與據為己有

「透過參與據為己有」意指個人參與在活動中時，逐漸提升個人的知識與技能，並且在未來的活動中，逐漸擔負較重要的工作與責任（Rogoff, 1995, p.142, 150）。

Rogoff使用「據為己有」（appropriation）這個名詞，是想與訊息處理理論所使用的「內化」（internalization）來作一個區別。她認為「內化」暗示著個體與社會情境是分離的，時間也被分割成過去、現在以及未來，亦即外在訊息被輸入到個體內經過轉化並儲存在長期記憶（過去），個體從長期記憶提取並加以使用（現在），個體再進行執行的動作（未來），此種觀點將認知發展視為是靜態的、被動的，以及個體知識獲得的結果。

「據為己有」則是強調個人是社會情境中的一分子，時間是一個連續體，個人主動參與在社會情境中的活動，不僅改變自己的能力，也影響了情境中後續事件的發展。認知發展是一種動態的、主動的，以及共同參與的過程，不是靜態的、被動的，以及個體知識獲得的結果（Rogoff,1995, pp. 151-157）。

以前述研究為例，在活動初期，主要由女童軍的母親幫她們計算貨款和遞送餅乾。逐漸地，女童軍們擔負較多的責任，開始自行規畫送貨的路線，以及運用女童軍組織所設計的訂單進行貨款的運算和驗核。在這個活動的過程中，藉由引導的參與，女童軍們逐漸增加其相關知識與技能，並逐漸擔負較重的責任。從個人層面來看，此即「透過參與據為己有」的過程（Rogoff, 1995, pp.159-160）。

Rogoff的理論強調在研究社會文化活動的組織時，應交互考慮個人、人際間，以及社群三個面向，亦即尋求各事件在不同分析面向間所呈現出的關係（1995, p.161）。

以前述丐幫文化為例，若從整個丐幫組織的角度（學徒制）來分析丐幫文化，則著眼的便是丐幫的行為（術語、暗號、裝扮、舉止）、儀式（入門、會議）、制度（升遷、幫規、運作模式、決策機制）。若從人際間的角度（引導的參與）來分析，便著重在師徒間的傳授與提攜，以及師兄弟間的互助與較量。若從個人層面來分析（透過參與據為己有），則強調入門弟子如何參與在組織的活動，透過參與改變自己能力與責任的過程。將三個面向加以整合，則可分析出丐幫入門弟子如何在丐幫的文化中，透過師徒與師兄弟間引導，逐漸習得丐幫文化中的知識與技能，並逐漸擔負較重要的工作與責任。

本節所探討的兩種理論可謂是異曲同工，Lave 和 Wenger（1991）的理論，以學習發生的過程和學習發生的場地兩個層面，來分析認知、學習以及發展。Rogoff（1995）的理論則是在學徒制的系統下，藉由引導的參與，個人透過參與據為己有的過程中，來分析認知、學習以及發展。雖然彼此分析的角度不同，但實質上，兩種理論對於學習的本質、方式以及過

程，有著相同的見解。而且兩種理論均用於描述與分析學習，較不涉及教學的層次。

二、情境認知學習理論的主要觀點

本文係以 Lave 和 Wenger（1991）以及 Rogoff（1995）的理論為基礎，再整合其他學者的觀點，並根據學習的主要面向區分成三大類：環境、內容以及方法，綜合論述情境認知學習理論的主要觀點。以下分述之：

(一)學習環境方面

1. 強調情境對於學習的重要性

情境認知學習理論強調情境是學習發生與進行的必要條件，而且情境具有線索指引的功能，有助於學習知識的保留。

Lave 和 Wenger（1991）認為「實務社群」（情境）的存在，是學習發生與進行的必要條件。因為「實務社群」使得專家知識技能得以保存並傳遞下去，學習才得以發生。同時「實務社群」所提供的學習環境（學徒制與引導的參與），亦有利於新進成員逐漸習得專家的知識技能。

Brown、Collins 以及 Duguid（1988, pp.15-18; 1989, pp.35-36）主張情境具有線索指引的（indexical）功能，他們認為，情境可以幫助人在記憶時形成具有線索指引的內在表徵（個人將外在事件儲存在記憶中的形式），這些具有線索指引的內在表徵有助於未來記憶提取的工作。

以數學科速率單元為例，學生在學校學習到的是抽象的速率公式，因此學生傾向於以公式進行解題。但如果遺忘公式本身或公式的運用方式，學生便難以成功解題。例如：「甲乙兩地相距 300 公里，有一列火車，以時速 60 公里自甲地出發，問到達乙地需要多少時間？」學生會傾向於以公

式來解題,即先辨識距離、時間,以及速率變項,然後再套入公式求解。但常常發生變項辨識錯誤,如將「時速 60 公里」辨識為距離變項,或者發生公式記錯的情形,例如應該是「距離÷速度=時間」記成「距離×速度=時間」,而導致解題失敗,例如解成「300×60 = 18000 小時」。只有極少數的學生會將題意表徵成「總長 300 公里,每小時走 60 公里,那 300 除以60 就可以知道需要幾小時了」,而根本不需要依靠公式解題。事實上這個問題對於常搭火車的人而言,是絕對不可能解成「300×60 = 18000 小時」這麼離譜的答案(方吉正,民 84)。因為常搭火車的人,會注意到達不同地點所需要的時間,這些實際地點的距離與所需時間的關係,對於估算上述問題會有線索指引的功能,會引導個人朝向較可能的解題方向。

2. 強調學習活動的真實性

Brown 等人主張學習是一種涵化的過程,學習的目的則在於使個人有能力處理未來生活中所面臨的複雜工作。因此,唯有在真實的實務社群中進行學習,學習才具有意義與應用價值。他們提出這個觀念,主要在於批評學校學習活動不具真實性。他們認為學校希望塑造的是各種專家(如讀者、作家、數學家、歷史學家等)的文化,但實際上卻是讓學生從事一些不真實的活動(ersatz activity)(Brown et al., 1988, pp.9-10; 1989, p.34; Collins, 1993, p.4)。例如,在寫作方面,學生只有欣賞範文和學習到各段寫作要點,但卻很少有機會觀察專家寫作的實際歷程。

Brown 等人(1988)將學習活動的「真實性」,區分成兩類:第一,「物理真實性」(physical fidelity):是指在實際的情境當中進行學習,例如在銀行實習或者去雜貨店購物。第二,「認知真實性」(cognitive fidelity):強調專家或專業人員從事其專業活動的真正過程,例如數學家的解題思考過程、作家的寫作思考歷程,以及專業讀者的閱讀方式等。

Collins(1993, p.3)曾為文分析「認知真實性」和「物理真實性」之間在選擇上的利弊得失。他認為強調「認知真實性」的缺點有二:第一,由於學習情境與真實的物理情境不同,使得學生可能在學習情境與真實物理情境之間產生辨識上的困難。第二,由於缺乏真實的物理情境,因此較

不適用在需要真實的物理情境才能有效學習的學習內容。至於強調「認知真實性」的好處也有兩點：第一，可以把焦點置於情境中重要的認知層面，讓學生不至於迷失在複雜的物理情境之中。第二，強調「認知真實性」的成本也較為低廉。最後他建議，開始時先強調「認知真實性」，讓學生能夠掌握到情境中的重要層面，然後再轉移到「物理真實性」上。

日常實務的學習並沒有情境真實性的問題，但要在學校教學塑造情境真實性則有其實際的困難。目前有兩個變通方式：第一是強調認知真實性，意即專家（即教師）思考歷程的呈現，可參考後面所舉的認知學徒制應用研究；第二是強調物理真實性時，可以採用電腦模擬技術，目前主要以影片或電腦輔助教學（CAI）來模擬物理真實性，可參考後面所舉的錨式教學法應用實例。未來可能可以發展到虛擬實境技術的層次，但相對的情境真實性愈高，需要支出的成本也愈高。

(二)學習內容方面

1. 主張學習資源與管道的多元性

情境認知學習理論強調學習資源具有多樣性，智慧、知識以及專門技術並非集中在某一人身上，所以學習者認知和學習的對象和內容，也是分布在實務社群中的每個人身上。

在 Lave 和 Wenger（1991）的理論中，實務社群並沒有一個所謂的單一核心。她們提出「非集中」的資源概念，認為實務中的資源並非集中在單一師傅的身上，而是分布在社群中的每一個人。

事實上，Rogoff（1995）「引導的參與」和「據為己有」的觀念也具有類似的意涵。「引導的參與」觀念並未特定由某一位專家來引導個人進行參與；個人在「據為己有」的過程中，同時也有責任將自己的所知所能貢獻出來供他人據為己有。所以，在社群中，知識和專門技術並不是集中在某一個專家的身上，而且學徒或新進者其認知的對象以及智慧的增長，也不是來自於同一個人。

這個觀念後來心理與教育學家稱為「分散性的認知」（Distributed cognitions），Salomon（1993）將相關文章收錄在其所編的《分散性的認知：心理學和教育的考量》（*Distributed Cognitions: Psychological and educational considerations*）一書中。

Collins（1993, p.3）分析學習資源與管道的多元性觀念應用在學校教學的利弊得失，他認為缺點有二：第一，學生間的異質程度將提高，難以用相同的方式進行教學；第二，由於學生學習到的知識與技能各不相同，因此教師無法再使用相同的工具來評鑑學生。至於在優點方面也有兩點：第一，可以讓學生學習自己感興趣的內容，並且對於自己知道別人所不知道的部分感到驕傲；第二，教師可以根據學生個別的成果和努力，使用不同的方式來評量學生。

以數學解題為例，要達成學習資源與管道的多元性，必須善用學生資源，可以透過合作解題、解題發表、質疑討論，以及相互指導，提供教師以外的學習資源與管道。

2. 主張知識即工具

Brown 等人認為知識與工具具有一些相同的特性，例如僅能透過使用知識（工具）來了解知識（工具），而且透過知識（工具）的使用，可改變使用者對於文化所持有的信念。

他們認為知識與工具的關係，正好可用來解釋 Whitehead（1929）所提出的僵化概念。如果學習知識而不知如何使用，則所獲得的便是「僵化的知識」（inert knowledge）；反之，如果將知識當成工具主動加以使用者，則會對於他們所使用的工具（即知識）及其文化有豐富、深刻的了解（Brown et al., 1988, pp.5-7; 1989, p.33）。

英語科的學習便是一個典型的例子。語言本身就是一種工具，學習它的主要用途便是溝通，並且了解此語言所具有的文化觀點。但著重在背單字與文法規則的學習方式，不僅難以有效運用英語進行溝通，也無法將英語和當中所存在的文化觀點加以連結（例如 crazy 一字在不同的對話情境

中便有不同的意義）。在學習的過程中如果缺乏應用的機會，可能花了十幾年的時間，學習到的卻是一些僵化而無法使用的知識。

(三)學習方法方面

1. 重視涵化的學習過程

在 Lave 和 Wenger（1991）和 Rogoff（1995）的理論中，情境學習就是一種「涵化」（enculturation）的學習。個體從實務社群的周邊參與逐漸朝向完全參與，在此過程當中，成員學習行業術語、模仿行業行為，到逐漸表現出符合文化規範的行為，這便是一種涵化的學習過程。

Brown 等人（1988, pp.7-8; 1989, pp.33-34）亦提出此觀念，他們認為其目的並不是要學生成為專業的數學家或史學家，而是強調學生所需要的是一個真實活動的環境，在此環境中，教師扮演實踐者的角色，並且使用工具（及知識）來處理這個世界的問題，這樣的方式或許不夠逼真，但卻有助於學生習得文化中的工具。

簡言之，「涵化」就是個人參與社會文化實務的學習過程，透過此過程，個人逐漸習得一些專業技能並表現出應有的行為舉止，當然個人也在此過程中逐漸增加其對於該實務社群的認同感與責任感。情境認知學習理論所主張的「涵化」，不是參與在傳統學校教育的文化，而是專家實務社群的文化。

若以學校教育中的數學解題為例，在傳統的數學教室中，學生所學習到的並不是真正的數學解題專業技能（思考歷程），而是一些整理好的解題技巧與步驟。學生所表現出來的行為舉止只是反覆的紙筆練習，學生也不會在參與過程中逐漸對於整個數學班級產生認同感與責任感，因為他們只關心自己在下一次的考試成績。在後面所舉的認知學徒制應用實例中，學生所要學習的不是整理好的解題技巧與步驟，而是教師的思考歷程，重點特別在於捷思策略與控制策略運用的方式與時機。在參與的過程中，學生會逐漸學習並常常應用到一些解題術語，例如「解題目標」、「已知條

件」、「尋找規律」、「驗算」等，也會學習到解題相關的行為規範，例如合作解題、發表與討論等活動所涉及的程序、秩序以及相互尊重的禮節，在合作互助的同時，學生也逐漸關切同儕的學習。

2. 主張個體在情境中必須要有引導性的參與

引導性參與的概念與鷹架理論類似，均是在學習過程中提供一些必要的支持，以協助學習者能夠完成尚無法獨立完成的任務。此種支持的形式可以透過口語或提供一些材料。支持的來源則可能來自於教師或同儕。

在Rogoff的理論中特別強調引導性參與的重要，她認為透過與他人互動，可以幫助個人了解問題情境，引導問題解決的方向與步驟，並且幫助個人逐漸擔負起問題解決的責任（1990, p.191）。

以數學解題為例，可以在學生學習解題時，提供解題提示單，讓學生能夠在尚不熟悉解題歷程的情況下，按照提示單的逐步提示進行解題。也可以在學生解題的過程中，以口語的方式引導學生朝向正確的解題途徑。也可以透過學生合作解題與相互指導的方式，提供同儕方面的支持。

3. 重視學習的主動性

Lave 和 Wenger（1991）的「合法周邊參與」以及 Rogoff（1995）的「透過參與據為己有」觀念，均強調學習不是被動的接受，而是一種主動獲取的過程。

此外，像Brown和Duguid（1993, p.13）提出「偷」（steal）的觀念，也是認為學習的過程本身就是偷取知識的過程，而「偷」本身就是一種主動性的行為，透過偷取、據為己有，學習者逐漸充實本身知識與技能。

傳統的師生關係並無法促成主動性的學習，要達成主動性的學習必須滿足兩個要件，第一是引發學生動機；第二是提供多元的學習資源與管道。以數學解題為例，必須設計有趣且與生活相結合的問題情境，並且透過適當的示範、指導與鷹架技術，讓學生在學習過程中產生意義感與成就感，藉以引發學生的學習動機。其次，前已述及，必須善用學生資源。在

本身意願且環境相互配合之下，主動性的學習才可能發生。

三、情境認知學習理論與行為論、建構論的比較

依照前節情境認知學習理論主要觀點的分析架構，本節以行為論和建構論為參照對象，以探討情境認知學習理論在學習理論中所占有的地位。

(一)學習環境方面

行為論者強調環境主要在於提供刺激，以引發個體的反應，所以環境必須經過安排，盡可能增強個體正確或適當的行為。傳統建構論者把環境的角色界定在引發學習者的認知失調，促使個體調整其基模以適應環境（偏重在自然環境）。根本建構論者除延續傳統建構論者的主張外，另外在環境的界定上擴展至社會環境的部分。社會建構論者則特別強調社會環境與文化對於學習和發展的影響，社會環境與文化因素主要扮演中介者的角色，重心不在於引發個體的認知失調，而是在於協助個體完成尚無法獨立完成的任務。情境認知學習論者與社會建構論者觀點較為類似，都強調社會與文化環境對於學習的重要性，只是情境認知學習論者另外特別強調環境的真實性。

(二)學習內容方面

行為論者著重在終點行為的細部分析與排序，以期產生連續性刺激與反應的連結，使個體逐步邁向終點行為。傳統建構論者著重在知識的工具性（知識是個體適應環境的工具）。根本建構論者除了延續傳統建構主義所主張的工具性外，另外特別著重在知識的個體性與主觀性（知識是個體主觀的建構）、能存活性（建構出來的知識必須能夠適應目前的環境），

以及暫時性（知識並非普遍的真理）。社會建構論者則著重在知識的共識性（知識是個人與他人互動磋商所形成的共識，和能存活性性質類似）。情境認知學習論者則除了強調知識有工具性之外，亦強調其具有分散性，亦即知識是分布於社群中的每個人身上，而不是集中在某一位專家。

(三)學習方法方面

　　行為論者著重在增強與模仿，屬於一種被動的學習方式。傳統建構論者與根本建構論者較著重在學習者的主動性（學習者主動建構知識）。社會建構論者和情境認知學習論者觀點類似，前者主張巨觀的社會建構論、社會中介，以及內化（社會建構論所主張的內化和訊息處理理論的內化觀念並不相同，實際上較接近情境認知學習理論中據為己有的觀念，讀者可參考本書 Vygotsky 認知發展理論的介紹）。後者兼重涵化過程、引導性的參與，以及學習者的主動性三者，彼此相互呼應。

四、情境認知學習理論的疑惑與討論

　　任何社會科學理論都是描述某種社會實務的一種方式，情境認知學習理論亦然，雖然引起學界一陣旋風，但也招致許多質疑。以下分述情境認知學習理論所受到的質疑，並提出筆者個人的看法。

(一)真實的學習情境能否產生學習遷移？

　　由於情境認知學習理論著重在情境的真實性，因此習得的知識是否能夠去脈絡化，也就是能否產生學習遷移，常受到懷疑。

　　筆者認為從學校情境所獲得的抽象化知識與從真實情境所獲得的脈絡化知識，何者較具有學習遷移效力是一個複雜的問題。學習遷移涉及到學習與應用兩者間的情境、材料，以及表徵形式的關聯性、學習的練習量，

以及知識遷移訓練的多寡（Anderson, Reder, & Simon, 1996, pp.7-8）。因此，很難透過短期與簡單的實驗研究，來驗證情境認知學習理論的遷移效力。事實上，從前述情境認知學習理論與主要觀點的探討中，可發現情境認知學習理論所關切的並不是學習遷移的效力，而是在消除知與行之間所存在的距離。

㈡真實的學習情境能否學習到高層次的認知技能？

由於情境認知學習理論建立在日常實務的觀察研究，因此便有人質疑此理論是否僅適用於技能的學習，而較不適用於高層次的認知技能（例如批判思考）。

筆者認為實務中的技能雖然是一種實作能力，但並不意味著它不需要運用到高層次的認知思考技能。以裁縫學徒制為例，學徒在學習裁縫時，常常要比較自己的作品與專家和同儕間的差異，以監控自己學習的進展（後設認知能力）。學徒並不一定要向特定的專家學習到一模一樣的作品，他可以學習不同專家的特長，並加以融合，創造出兼具文化傳承與個人特色的作品（創造思考能力）。後面一節所談到的認知學徒制，事實上就是一種將情境認知學習理論應用在學校教學的轉化嘗試，而且特別著重在所謂的策略性知識的教學。當然，它的成效還需要更多的實徵研究去加以證實。

㈢電腦建構的學習情境能否兼顧情意教育？

由電腦科技所模擬的真實學習環境，是否會影響到學習者的情意教育，也是學者質疑情境學習理論之處。

筆者認為採取電腦科技模擬真實情境，如果僅著重在提供真實問題情境，而不重視人際間的互動時，確實會讓人憂慮學習者在情意層面的發展。情境認知學習理論所謂的真實情境，指的是專家實務社群。因此，若能利用電腦科技架構一個專家實務的網路社群，或者在利用電腦科技模擬

真實問題情境的同時，也能結合社群的概念，增加人際間互動的機會，則在情意教育方面的疑慮或許可以消除。

㈣情境認知學習是否會增加教學時間和資源？

情境認知學習理論強調真實情境中的學習，將此理論應用在學校教學，勢必遭遇到建構真實情境的問題，因此有人便質疑將會增加教學所需要的時間與資源。

筆者認為傳統學校情境是一種有效率的教育方式，當我們想要在傳統學校情境當中製造出真實的學習情境時，無論採取真實或模擬的方式，勢必都將增加教學時間與資源。但如果我們一味的執著於效率的高低，則勢必也會犧牲教學效能的表現。如何取得一個效率與效能間的均衡點，也是情境認知學習理論在應用時必須思考的課題。

㈤實務社群的概念是否忽視學習者的主體性？

有人質疑情境認知學習理論，重心集中在實務社群，容易忽視學習者在教學過程中的主體性，學習者幾乎沒有權利決定教材、教法以及教師。

筆者認為如果與學習者中心教育相比，學習者在實務社群中確實不是扮演最重要的角色。但如果與傳統學校教育相比，學習者在實務社群中卻有較大的主動性與自主性。因為學習者可以自己去整合情境中所需的資源，以建構其學習歷程，亦即學習者雖然沒有教學決定權，但卻有學習選擇權。

五、情境認知學習理論的評價

從日常實務的觀察中所建立的情境認知學習理論，偏向於從人類學與社會學的層面來描述認知與學習的歷程，在傳統心理學的角度外，提供我

們一個新的方式來了解與研究學習，其在學術上的創見與貢獻是無庸置疑的。

　　情境認知學習理論的核心概念是「專家實務社群」，本章所整理的情境認知學習理論的主要觀點，均是從這個概念所衍生出來的。在專家實務社群當中，專家技能與實務社群的情境不僅是學習發生的場地，而且也是學習發生與進行的必要條件，情境的重要性與真實性由此而來。在專家實務社群當中，專家知識技能的學習不僅要主動求知，而且要力行，因此知與行是相輔相成的，知識即工具觀點由此而來。

　　在專家實務社群當中，學習資源是分布在整個社群當中，因此，學習者有多元化的學習管道。在專家實務社群當中，學習者受到社群文化的洗禮，得到社群資源的協助，自行組織其社群中的參與學習，涵化、引導的參與、主動的學習觀點由此而來。

　　情境認知學習理論的價值也可從其核心概念「專家實務社群」進行分析。首先，專家知識技能的觀念指引出新的學習方向。行為論的學習目標著重於產生預期的行為，學習者在目標選擇上處於被動的地位。建構論強調促進認知發展以求適應環境，論點較偏於認知層面。學校教育則著重在專家知識的學習，不僅較偏於認知層面，而且忽略知識的實用性。情境認知學習理論所著重的專家知識技能，兼重認知與技能、主動與實用。

　　其次，實務社群的觀念建立社會文化本位的學習過程。從行為論、傳統建構論、根本建構論、社會建構理論，到情境認知學習理論，在學習過程的分析角度上，正好位列於微觀到鉅觀的光譜，情境認知學習理論的出現，對於從社會文化的角度來分析學習過程提供豐富的內涵。

　　當然，一個理論不可能盡善盡美，情境認知學習理論的價值也正暴露出它有所不足之處。首先，就是微觀分析的缺乏。情境認知學習理論雖然兼顧個人、人際以及社會文化三個層面來分析學習，但在個體內的部分論述較少，所以從這個理論難以看出個體內在的認知歷程。其次，就是教學應用的問題。由於其情境認知學習理論過於強調社會文化的層面，因此難以應用於學校教學。專家知識技能要如何呈現（示範）以及實務社群要如

何架構，除了教師本身需要擁有相當好的學科知識技能與教學能力之外，
也需要花費較多的教學時間與資源。

六、教學實例

前已述及，情境認知學習係一描述學習實務的理論，因此本身並不涉
及教學的層面。但已有一些學者以此理論為基礎，設計出適合應用於教學
的方法與架構，其中最著名者為「錨式教學法」（anchored instruction）和
「認知學徒制」（cognitive apprenticeship）。除了介紹這兩種教學法及其
應用實例外，另外再介紹兩篇研究實例，第一篇係整合「錨式教學法」與
「認知學徒制」兩種教學方法，第二篇則是與前述兩種教學模式無關，但
也是屬於情境認知學習理論的教學應用。茲分述如下：

(一)錨式教學法

1. 簡介

「錨式教學法」是由美國范德比爾大學認知科技小組所發展出來的
（Cognition and Technology Group at Vanderbilt; CTGV,1990, 1991, 1992a,
1992b, 1993, 1994）。此種教學主要透過複雜且實際的問題情境，讓學生從
複雜的情境中找出問題所在，運用所學設法解決問題。因此在此過程中，
學生有機會運用其知識於真實的問題情境中，而且經驗到實際問題常有多
種不同的解題途徑（CTGV, 1990, p.3）。

CTGV 整個教學改造工程共分成三個階段：第一階段是「課程精緻模
式」（The Curricular Elaboration Model），此階段的作法是僅改變課程的
某個層面。一開始，他們先借用電影「法櫃奇兵」（Raiders of the Lost
Ark），這部電影主要描述印地安那・瓊斯旅行到南美洲去奪取金製人像。
他們要求學生想像，他們回到叢林去尋找印地安那・瓊斯所遺留下來的金

製品，因而引發一連串的問題，並設法加以解決。研究結果顯示，學生確實改善他們在類似遷移問題的表現。不過，由於借用現成影片在問題的取材上會受到限制，而且也無法形成一組較有系統的問題。因此，CTGV 決定自行設計影片。他們首部自製的影片名為「河流冒險」（The River Adventure），觀看者被告知他贏得一週的遊艇之旅，並且必須開始進行籌備計畫。研究結果顯示，大學生能夠找出重要的計畫項目，並且擬定周詳的籌備計畫，但小學五年級學生無論數學程度優劣，均無此能力。這項研究結果促使CTGV發展了第二階段的計畫，以改進學生在問題界定和解決的能力（CTGV, 1994, pp.158-162）。

CTGV 第二階段稱為「班級重構模式」（The Classroom Restructuring Model），此模式的主要目的在改變班級整體的教學性質。此階段的主要工作就是製作 Jasper 系列，此系列設計的原則有七項（CTGV, 1992a, p. 69）：

(1)採取影碟呈現方式（video-based format）
採用影碟呈現方式有四項優點：

a.容易引發學生的學習動機。
b.影碟資料較容易被搜尋。
c.可將複雜的情境呈現出來。
d.使解題不受文字閱讀能力的影響。

(2)問題以真實的故事呈現（narrative with realistic problems）
採用真實故事呈現方式具有三項優點：

a.學生較容易回憶故事情節。
b.可使學生樂於投入解題。
c.可導引學生注意到數學推理和日常生活事件的關聯性。

(3)自行建構的形式（generative format）
故事中的問題涉及複雜的情境，學生必須自行建構各項相關的子問題。此種設計具有三項優點：

　　a.引發學生自行決定故事的結局。

　　b.教導學生自行發現和界定所要解決的問題。

　　c.提供學生推理的機會。

(4)**資料嵌入影片設計**（embedded data design）
所有解題所需的資料均散布於影片中，此種作法具有四項優點：

　　a.給予學生進行合理決策的機會。

　　b.引發學生去找尋相關資料。

　　c.讓學生能夠統整各種相關知識。

　　d.可澄清相關資料與特定目標的關聯性。

(5)**複雜性的問題**（problem complexity）
　　每個影碟所呈現的問題至少需要十四個解題步驟，所以不像一般數學問題僅需簡單幾個步驟即可解題。這種複雜性問題的設計具有四項優點：

　　a.改變學生錯誤的解題信念（幾分鐘便可成功解題，否則放棄）。

　　b.讓學生理解真實問題所具有的複雜特性。

　　c.幫助學生處理複雜問題。

　　d.建立學生解題能力的信心。

(6)**配對式的冒險故事**（pairs of related adventures）
　　設計同一主題領域（例如幾何）但不同情境的影片，此種設計具有三項優點：

　　a.提供學生額外練習的機會。

　　b.幫助學生澄清遷移的範圍與限制。

　　c.給予學生類比思考的機會。

(7)**課程統整設計**（links across the curriculum）
影碟中的故事常常會涉及多個領域的知識，此種作法具有三項優點：

　　a.幫助學生將數學思考擴展至其他領域，例如歷史、科學。

　　b.鼓勵學生進行知識的統整。

　　c.提供知識發現與發表的機會。

　　目前已經發展出來的 Jasper 系列有六部，第一部是「希達溪之旅」
（Journey to Cedar Creek），第二部是「布尼草原援救計畫」（Rescue at
Boone's Meadow），這兩部均是屬於複雜的旅行計畫；第三部是「大斑
點」（The Big Splash），第四部是「資本觀念」（A Capital Idea），這兩
部是屬於統計的使用；第五部是「正確角度」（The Right Angle），第六
部是「大圓競賽」（The Great Circle Race），這兩部是屬於幾何的學習。
本章以「布尼草原援救計畫」為例（請參見實例一），說明 Jasper 系列的
設計方式（CTGV, 1992b, pp.297-300）。

實例一
布尼草原援救計畫

一、Larry 駕機返回家鄉

　　影片一開始，Larry 正駕駛他的飛機返回家鄉——坎伯蘭市（位於美國
馬里蘭州西北部）。他是一個優秀的飛行員，也是一個飛行教練。

二、Larry 教導 Emily 飛行技巧

　　Emily 是 Larry 的學生，在 Larry 的教導下，Emily 學會許多飛行相關
的知識與技能，例如著陸、載重量、油量、油耗量、飛行速度，以及操控
機翼使飛機爬升等。

三、餐廳慶祝 Emily 學成飛行

　　在 Emily 學會飛行之後，她便邀請教練 Larry 和兩人共同的好友 Jas-
per，在當地一家餐廳慶祝。在慶祝時，Jasper 說他準備展開他一年一度的
垂釣之旅。

四、Jasper 的垂釣計畫

　　Jasper 計畫先把車開到 Hilda 那裡（Hilda 家開設加油站），然後徒步
走十八英里，便可抵達他最喜愛的垂釣地點——布尼草原。Emily 說她最
近也曾駕機拜訪 Hilda，並把飛機停在她家旁邊的空地。用完餐後，Emily
和 Larry 量了一下體重。

五、如何援救老鷹

　　場景拉到布尼草原，Jasper 一邊垂釣，一邊享用他的鮮魚大餐。突然

> 聽到一聲槍響，他起身前往聲音來源方向察看，發現一隻受傷的白頭鷹。他馬上以無線電尋求援助，Hilda 收到訊息，並轉達給 Emily。Emily 求助於當地的獸醫 Doc，他們從牆上的地圖發現，從他們那裡（坎伯蘭市）和 Hilda 家都沒有路可通往布尼草原。Doc 準備動身為另一位病患看診，並告知 Emily，如果想要救那隻老鷹，時間是最重要的因素。Emily 開始思考如何才能以最快的方式援救那隻老鷹？需要花多少時間呢？影片到此結束。

　　這部影片當中所呈現的問題（影碟呈現方式、問題以真實故事呈現），表面上看起來很簡單，但實際上卻非常複雜。影片當中提供所有解題所需的資料（資料藏入影片設計），但學生必須先行擬定多項解題計畫，然後以影片中所提供的資料來評估每個計畫執行時所需要的時間（自行建構的形式）。

　　從影片所提供的訊息來分析，可以來救那隻老鷹的人至少有三人（Emily、Jasper 和 Larry），可以使用的交通工具有兩種（Jasper 的車子和 Larry 的飛機），以及救援路徑則有長有短。如果選擇飛機作為交通工具，便必須考慮載重量、著陸條件和最大航程。當然，必須注意到最大航程受到載重量與油量的影響，而油量和飛行員體重又是載重量的一部分，所以這幾個因素間的關係非常複雜（複雜性的問題）。

　　當然，學生探索的焦點並不限於影片中所提出的特定問題，學生也可以探討影片相關的議題，例如飛行的原理、老鷹瀕臨絕種的問題，以及獸醫的工作性質等等（課程統整設計）。

　　CTGV 已開始籌畫要將配對式的影片設計更改成一組三片的設計，所以相同領域的影片將會包含三種不同情境的影片。此外，他們也將增加前代數和代數的單元。研究結果顯示，實驗組學生在數學標準成就測驗的部分題項、一至二個步驟的數學文字題、問題解決、擬定計畫，以及數學態度方面，均顯著優於控制組，另外在類推題方面亦表現出正向的遷移效果（張新仁，民 85，27 頁；CTGV, 1992b, pp.303-306; 1994, pp.161-186）。

CTGV 的第三階段稱為「學習社群模式」（The Learning Communities Model），其目的是要打破原有班級限制，建立一個動態的學習社群環境。他們將學習社群的觀點與第二階段的工作進行整合，設計出「改進思考的特殊多媒體環境」（Special Multimedia Arenas for Refining Thinking; SMART）。其教學步驟為：(1)解決某一個Jasper冒險，(2)解決相關聯的類推與擴展問題，(3)參與在以科技為主體的大型社群，(4)使用社群回饋來修正、精鍊以及改進自己的表現。此階段目前仍在進行中（CTGV, 1994, pp. 186-193）。

2. 應用實例

⑴國小數學科

徐新逸（民 84）設計一套本土化的「錨式教學法」影碟教材——「生活數學系列——安可的假期」。這套軟體共三十分鐘，故事起於安可與三位同學打算利用假期去郊外烤肉，影片當中包含了很多的訊息與限制，也發生了一些插曲，例如有人遲到與扭傷腳踝等，一連串的問題須待解決，包括討論活動地點、準備活動所需用品與資料、查閱交通工具，以及決定是否臨時調整活動計畫等（請參見實例二）。此套生活影碟主要涉及國小高年級數學的四則運算、時間、距離、方向等觀念與技能。這套教材以台北小學五年級學生為對象進行實驗教學，並根據其數理表現區分成高中低各兩組，研究結果顯示，錨式教學法確實可以顯著地改進各種程度學生的解題技能與數學態度。

實例二
生活數學系列——安可的假期

一、故事開始

　　阿胖和文心兩人是高中同學，又同時考上大學，因此成了好朋友。一天兩人在街上散步，因為剛考完試，所以兩人計畫出去玩，但是要玩什麼？去哪裡玩？兩人也拿不定主意，於是他們想起另一位好友——安可，打電話給他，商量要出去玩的事情。

二、討論旅遊計畫

　　阿胖和文心打完電話便直接到安可的宿舍，大家希望能夠一天來回，所以去玩的地點不能找太遠，而且考慮到怕花太多錢，所以預計每個人出350元左右。

　　最後大家決定去台北縣平溪鄉十分瀑布爬山、烤肉，地點選定之後，他們打電話給另一位好友——湘雯，邀她一起出去玩。

三、分配工作及事前準備行李等等

　　安可負責分配行前準備工作，文心負責食物部分，阿胖打點烤肉用具與器材，安可則負責所有的行程規畫，最後他們約好隔天早上9點30分在台北火車站北邊第三號門集合。

　　出發前一天晚上，安可準備這次要出去玩要帶的物品，像台北縣地圖、平溪鄉地圖、火車時刻表等等，這些東西可以讓他們隨時查閱所要搭的班車時間，以免趕不上火車，耽誤行程。同時也準備了簡單的急救箱、紙筆、當地診所和警察局的電話，以備不時之需。最後還打了116氣象台，收聽明天的天氣狀況，然後才放心的睡覺。

四、阿胖遲到

　　第二天早上，阿胖因為睡過頭遲到，所以集合完走到火車站內已經是9點57分了，他們把地圖及時刻表拿出來詳細研究，看看要搭哪一路線和幾點的火車。

五、討論去十分瀑布的主要路線及行程、班車

　　根據地圖和時刻表的指示，他們要搭往東部幹線上行的班車。因為十分是在平溪線上，所以他們必須在侯硐站下車後，再轉搭平溪線的小火車到十分車站。

　　最近一班是10點5分開往蘇澳的普通車，普通車到侯硐的票價是40元。

六、交代發票費用

　　湘雯先去買四張台北到侯硐的車票，這時文心和阿胖也把買烤肉用具的發票拿給安可，分別是50元、110元、135元、162元、150元，安可說最後再一起結算。

七、到侯硐站轉車

　　到了侯硐車站，大家準備轉搭平溪線。安可看了平溪線火車開往十分、菁桐的時刻表，最近的一班車是11點13分，票價是每張10元。他們便買了四張全票，並到月台等車。

八、幫助女孩

在等車時，他們遇到一個提滿行李的女孩，大家熱心地幫她搬行李。上車後，安可向大家介紹平溪鄉的地理環境和風景。

九、安可介紹平溪鄉的地理和風景

原來平溪鄉是位於基隆河上游，因為受到河流沖擊與侵蝕，所以形成許多斷層和瀑布。平溪鄉是全省瀑布最多的鄉，因此有「瀑布之鄉」的美稱。

平溪鄉對外的主要交通除了鐵路之外，還有一條 106 號公路，許多旅遊據點都分布在這條公路上。在附近的平溪村有座慈母峰和孝子山，風景秀麗，有「小黃山」之稱。

十、討論十分車站到十分瀑布的路程

大家在十分車站下車後，拿出地圖研究時，才發現從十分車站還要再往 106 號公路走一段路，才會到十分瀑布。安可拿了 100 元給阿胖去買飲料，阿胖買回來後，找了 20 元給安可。

十一、十分瀑布的路標指示

他們看到十分瀑布的路標。根據路標的指示，必須步行 2 公里才能到達十分瀑布。安可注意了一下現在的時間是 11 點 35 分，他想知道走路到十分瀑布需要多少時間，以便回來時可以預留時間，避免錯過火車的班車而耽誤回家的時間。

走了一段風景優美的小路後，終於到達十分瀑布。安可看了到達的時間約是 12 點左右。

十二、湘雯買門票及大家動手烤肉

湘雯去看門票的價錢，全票是 80 元，她買了四張全票，買完票大家就進去了。

到達烤肉區後，大家開始烤肉，因為安可是一位童子軍，所以火很快就生好了，吃飽喝足後，大家便坐在樹蔭下談笑。

十三、文心單獨出遊及安可交代集合時間

文心說她想自己到處逛逛，安可要她小心一點，並且交代要搭 16 點 44 分的火車往平溪，到平溪村的孝子山玩，然後就自由活動了。

文心離開烤肉區，一人往林蔭深處走去，不知不覺走遠了，到了一個風景優美的河邊，她忍不住玩起水來，以至於忘了時間。

等到文心想起安可交代要準時集合時，她看了錶，嚇了一跳！時間過得好快，於是趕快起身回去。

十四、文心發生意外及大家尋找和處理

　　由於文心心裡趕著回去，走著走著，一不小心，被石頭絆了一跤，腳好像受了傷，她一時無法走動，只好慢慢地到路邊休息，看看有沒有路人可以幫忙。可是四周一個人也沒有，不知該如何是好？

　　這時在烤肉區，大家也因為等不到文心而著急、擔心。於是安可和阿胖決定出去尋找文心，並且讓湘雯在烤肉區留守，萬一文心回來就不要再亂跑，並且告訴湘雯，他們 30 分鐘後就會回來，到時找不到文心再作打算。

　　經過一段時間的尋找，他們終於找到文心。安可稍微檢查一下文心的腳，便和阿胖扶著文心回去烤肉區包紮。

　　回到烤肉區，安可拿出急救包，幫文心上藥、包紮，把受傷的地方固定，並再休息一下，以免變得更嚴重。

十五、最後提議及討論後續的行程

　　最後休息夠了，大家討論接下去是要繼續玩，還是直接回家。文心說她還沒玩夠，湘雯則說她和她爸爸說好晚上 9 點左右回到台北，而 9 點半時，她爸爸要來接她回去，並提議大家可以搭她爸爸的車子回去，大家贊成湘雯的提議。而阿胖則提議如果不去孝子山，可以去基隆廟口吃小吃。最後安可看了一下現在時間是 16 點 40 分，要搭 16 點 44 分的火車已經來不及了，於是他拿出紙筆來，算一算時間，看看如果預計搭湘雯家的便車，接下去的行程要如何安排……。

⑵小學社會科

　　Vye、Rowe、Kinzer以及Risko（1990）將「錨式教學法」應用在小學五年級社會科的教學。他們直接引用現成影片「福爾摩斯偵探」（Young Sherlock Holmes）和「奧立佛」（Oliver）進行教學，因為他們認為這兩部影片的情節描述出十九世紀英國社會複雜且有趣的一面，他們也介紹這些作者其他的作品給學生欣賞。教學一開始，重點置於故事的結構與因果關係，大家先閱讀一則故事或觀看一段影片，然後花幾節課的時間來回顧故事當中事件的前後順序和串連方式。其次，重點轉移至角色分析，學生開始討論各個角色的特性和動機，進行角色扮演與角色描述。最後，焦點放

在故事情節的結構，學生運用情節結構來分析這個故事，並且以此結構來進行寫作。研究結果顯示，實驗組學生在社會科的知識獲得與保留方面均顯著優於控制組，而且以低程度學生獲益最大。

㈡認知學徒制

1. 簡介

　　「認知學徒制」一詞最早由 Collins、Brown 以及 Newman 等人在一九八七年所提出，三人合著之〈認知學徒制：閱讀、寫作，以及數學技能的教學〉（Cognitive apprenticeship: Teaching the craft of reading, writing, and mathematics）一文中，解釋「認知學徒制」的名稱由來時，提到所謂的「認知學徒制」，就是將傳統學徒制應用至學校學科的教學。這個名稱具有兩個意義：第一，「認知學徒制」和傳統學徒制相同，強調在情境學習的環境下，教導專家處理複雜技能的過程。第二，「認知學徒制」所著重的是認知和後設認知的層面，而不是傳統學徒制所強調的動作技能與過程（pp.3-4）。

　　「認知學徒制」為了順應學校學科教學所須著重的認知與後設認知層面，乃探討近年來在學校基礎學科教學方面特別成功的教學模式，包括 Palincsar 和 Brown（1984）在閱讀方面的「相互式教學」（reciprocal teaching）、Scardamalia 和 Bereiter（1985）在寫作方面的「過程性協助」（procedural facilitation），以及 Schoenfeld（1983, 1985）在數學解題方面的教學方法。他們從中擷取這些教學模式成功的特徵，並和傳統學徒制的示範、指導、提供鷹架與逐漸撤除等教學方式，整合成「認知學徒制」學習環境設計架構（Collins et al., 1987, p.37）。

　　Collins 等人（1987, p.37; 1989, p.476）所建立的「認知學徒制」的理想學習環境架構（表 12-1），包括構成學習環境的四個面向（dimensions）：內容（Content）、方法（Methods）、順序（Sequence），以及社會學（Sociology），在每一面向中又分別包含一些子項目，這些子項目

是建構與評鑑學習環境時應考慮的事項。

表 12-1　認知學徒制的理想學習環境架構

內容
領域知識
捷思策略
控制策略
學習策略

方法
示範
指導
提供鷹架並逐漸撤除
闡明
反省
探究

順序
由簡單到複雜
由單一到多樣化
整體技能先於局部技能

社會學
情境學習
專家實務的文化
內在動機
合作
競爭

　　(1)內容

　　近年來認知研究已辨識出專家實務技能所包含的兩種知識類型：一類是外顯易見的「領域知識」（domain knowledge），另外一類則是內隱難見的「策略性知識」（strategic knowledge），後者又可細分為捷思策略

（heuristics strategies）、控制策略（control strategies），以及學習策略（learning strategies）三種。分述如下：

　　a.領域知識：某特定學科內可顯而易見的概念性（conceptual）、事實性（factual），以及程序性（procedural）知識。例如自然科的壓力、浮力概念（概念性知識），社會科的各國首都、中外歷史事件（事實性知識），數學科的四則運算法則（程序性知識）。

　　b.捷思策略：解決問題的一般性策略，可促使解題者很快發現解題的途徑。例如數學解題常使用的簡化法、作圖法、列表法等。

　　c.控制策略：控制解決問題過程的策略，包含解題過程的監控、診斷以及補救。例如解題時是否注意到問題的條件、解題過程是否隨時評估進展的方向、解題後是否有驗證答案的正確性等。

　　d.學習策略：學習前述各種知識的策略，因此涵蓋範圍較廣，前述捷思策略與控制策略都包含在內。例如閱讀時會畫重點、摘要、質疑，或進行預測等。

　　目前學校教育較著重在領域知識的教學，在 Collins 等人（1987, p.13）的理想學習環境架構當中，則認為除了領域知識外，也應包括捷思策略、控制策略，以及學習策略等策略性知識在內。

　　⑵方法
　　要將前述專家實務技能明確顯示出來，則應該給予學生機會去觀察、參與、發明或發現專家在實際情境當中所使用的策略。這樣的方法可以讓學生觀察到策略性知識如何與領域性知識相結合，而且也能夠觀看到這些策略如何利用情境中的各項資源。

　　Collins 等人（1987, pp.16-17）提出六種方法來達成上述目標：

　　a.示範（modeling）：專家運用其專業實務技能解決實際情境中的問題，使得學習者有機會觀察到策略性知識的運作方式與時機。例如數學解題時，教師以有聲思考的方式進行解題。

　　b.指導（coaching）：學生在執行工作時，教師觀察學生進行狀況，並提供暗示、回饋、鷹架、示範、提醒，或者新的工作，使得學生的表現能

夠逐漸接近專家的表現。以寫作教學為例,由於教師的寫作示範過程可能
雜亂無章,而且運用許多的寫作策略。因此,教師必須提供適當的協助,
否則學生難以掌握要點,並且表現出教師所示範的寫作過程。教師可能會
在學生寫作進行中,再簡要示範一次,暗示或提醒學生可以採取的策略,
或者針對學生的表現給予適當的評價。

c.提供鷹架並逐漸撤除(scaffolding and fading):「鷹架」是指教師
提供必要的協助,以幫助學生完成尚無法獨立完成的工作,其目的在於協
助學生能夠盡快獨立執行工作。「逐漸撤除」則是指學生在獨立的過程
中,教師所提供的支持也逐漸減少。以前述寫作教學為例,教師可能提供
一張寫作提示卡,讓學生在寫作時能有所依循,然後再將提示卡收回,讓
學生能夠以獨立的方式進行寫作。

d.闡明(articulation):教師透過各種方式,將學生內隱的知識外顯出
來。以閱讀教學為例,教師可能詢問學生哪一種摘要方式比較好,或者請
學生解釋其預測文章情節發展的原因。

e.反思(reflection):教師透過各種方式,將教師與學生的表現重現
出來,使得學生能夠反思比較自己和教師、同儕間表現的差異。以寫作教
學為例,可以將教師與學生有聲思考的過程錄音下來,再播放給學生進行
比較。

f.探究(exploration):鼓勵學生自行去界定與解決問題。以數學解題
教學為例,教師可以讓學生自行擬題,然後再運用所學自行解題。

(3)順序

Collins等人(1987, pp.18-19)已找出三種安排學習活動所應注意的面
向或原則:

a.由簡單到複雜(increasing complexity):工作與工作情境的安排是
按照所需要概念和技能而定,愈後面階段的工作所需要用到的概念和技能
也就愈多。以閱讀教學為例,教師可以先安排描述性的短文,然後再逐漸
安排字彙較難、抽象概念較多、文章結構較複雜的論說文。

b.由單一到多樣化(increasing diversity):在安排工作時,愈後面的
工作所需要的策略或技能愈多樣化,讓學生能夠區辨這些技能與策略適用

與不適用的條件，並且促使學生的策略脫離特定情境的束縛，因而能夠遷移到不熟悉或新奇的問題上面。以數學解題教學為例，教師可以先安排各個解題策略適用的問題情境，讓學生進行解題。然後再逐漸安排需要兩種以上的解題策略才能解題的問題情境，並且不斷變化問題情境所須使用的解題策略，讓學生逐漸區辨出各個解題策略適用與不適用的情境，並且培養將解題策略運用到新問題情境的經驗。

c.整體技能先於局部技能（global before local skills）：在安排課程時，應先讓學生學習應用整組技能來解決有趣的問題，然後再逐步學習細部技巧，當然這需要一些鷹架的輔助。這種順序原則的主要目的，是要讓學生在探究細節部分之前，能夠先建立一個概念圖，幫助學生在學習細部技巧時，對於正在執行的部分產生意義感與清楚的進展目標，並可改進學生監控自己進步與自我校正的能力。以數學解題教學為例，教師可以先示範完整的解題過程，然後再逐步教導學生解題當中所運用到的捷思策略與控制策略。

(4)社會學

Collins 等人（1987, pp.20-23）提出影響學習的五個社會學因素：

a.情境學習（situated learning）：讓學生置身在知識多元用途的解題情境，以了解所學知識的目的與用途。並以主動使用知識的方式來學習，促使知識抽象化，使得學生獲得兩種形式的知識，一種是與使用情境相關的知識，一種是獨立於特定情境的知識，此種脫離特定情境束縛的知識可遷移至新的問題和新的領域。以數學解題教學為例，可以實際的購物方式來教四則運算。

b.專家實務的文化（culture of expert practice）：建立一個參與者主動共享和從事專門技術相關技能的環境。此處的專門技術意指在解決某領域問題的實用技術，主動共享則著重在專家與學習者之間的互動。以閱讀教學為例，教師必須將其閱讀歷程示範出來（閱讀實用技術），然後透過各種師生互動形式，例如共同閱讀、討論、闡明、反省，引導學生閱讀歷程趨近於教師。

c.內在動機（intrinsic motivation）：「示範—指導—提供鷹架並逐漸

撤除」的教學方法，可以讓學生有明確且實用的整體學習目標，有助於引
發學生的內在動機。此外，安排較有趣的工作，也可引發學生的內在動
機。以數學解題教學為例，可以設計較有趣的生活情境問題，例如安排畢
業旅行，來引發學生的內在動機。

　　d.利用合作（exploiting cooperation）與 e.利用競爭（exploiting compe-
tition）：採取組內合作、組間競爭的方式，學生便可從同組組員中獲得鷹
架的支持並增進其表現。以數學解題教學為例，可以採取合作學習的方
式。以小組合作來進行解題，並採取小組競爭來進行解題比賽。

2.應用實例

(1)國小數學科

　　筆者將認知學徒制的學習環境架構應用至國小數學解題教學（方吉
正，民89），筆者將 Schoenfeld（1983, 1985）的數學解題教學和認知學徒
制學習環境架構，整合成「認知學徒制數學解題教學大綱」（見表
12-2），教學大綱左半部是教學綱要，包括教學活動流程以及相對應的教
學目標、問題形式，以及教師角色，教學大綱的右半部則是與教學活動流
程相對應的認知學徒制環境架構，可從左右兩邊的對照看出筆者是如何將
認知學徒制環境架構應用至國小數學解題教學。筆者再根據「認知學徒制
數學解題教學大綱」，來設計「認知學徒制國小數學解題教學方案」（見
表12-3，其中「教師示範捷思策略並進行重點回顧分析舉例」另呈現於表
12-4），並以高雄市國小六年級學生為實驗對象，研究結果顯示：「認知
學徒制數學解題教學」在「數學解題表現」具顯著成效，且具遷移與保留
效果。在「數學解題策略」方面無立即效果，但有保留效果。在「數學控
制策略」方面，在較簡單的控制策略方面具顯著成效，在較複雜的控制策
略方面則無成效，在「數學信念」與「數學學習態度」方面亦均無效果。

(2)高中閱讀理解教學

　　Lee（1995）將認知學徒制應用至非裔美國高中生閱讀理解教學，她所
採取的教學方式主要是小組討論和全班討論，教學活動則包括 a.討論學生
所提的疑問，b.討論如何判斷文章的價值，c.討論文章中的「隱喻」（sig

表 12-2　認知學徒制數學解題教學大綱

教　學　綱　要				認　知　學　徒　制			
教學活動流程	教學目標	問題形式	教師角色	教學內容	教學方法	教學順序	社會學
步驟一： 教師示範捷思策略並進行重點回顧分析	1. 引發學生動機。 2. 建立學生正確的數學信念。 3. 讓學生透過觀察建立完整解題過程的初步概念。 4. 引導學生了解捷思策略的運用方式與時機。	1. 學生出題 由學生出題考教師，讓教師顯現出專家解題的另一面：挫折、弄得一團糟、甚至失敗。 2. 基本題 教師選擇有趣且捷思策略容易奏效的題目，以示範捷思策略的使用方式與時機。	示範者： 1. 由學生出題考教師，示範專家解題的另一面：挫折、弄得一團糟、甚至失敗。 2. 教師選擇捷思策略容易奏效的題目。 3. 教師示範完整的解題過程，將個人內隱的專家技術外顯出來。 4. 教師以重點回顧分析的方式回顧解題歷程，將學生注意焦點引導到捷思策略的運用方式與時機。	1. 數學知識 2. 捷思策略 3. 控制策略 4. 數學信念	示範與觀察	1. 問題情境由簡單漸至複雜。 2. 捷思策略由單一漸至多樣化。 3. 教師先示範整個解題過程，讓學生有個初步概念	1. 情境學習：問題與生活情境相結合。 2. 專家實務的文化：透過整個師生互動的教學過程，引導學生「思考像
步驟二： 師生共同解題並引導學生進行重點回顧分析	1. 引導學生運用所教的捷思策略進行解題。 2. 引導學生觀察教師如何運用控制策略。	1. 類似題 捷思策略與問題情境均相同，僅改變題目中的參數。	中介者： 1. 教師以提問的方式引導學生使用捷思策略。 2. 教師不再示範整個解題過程，而是以重點回顧分析的方式將學生觀察的焦點放在控制策略的運用。	1. 數學知識 2. 捷思策略 3. 控制策略 4. 數學信念	指導與練習	，再開始循序學習各項子技能：捷思策略→控制策略→獨立探究技能。	專家」。 3. 內在動機：透過問題生活化、目標明確化，以及過程連貫
步驟三： 小組合作解題與成果發表	1. 培養學生合作技能——協調、生產與批判角色的分工。 2. 讓學生在討論與澄清的過程中監控並評鑑自己的進步。	1. 類似題 單元教學時，第一題捷思策略與問題情境均相同，僅改變問題參數。 2. 變化題 第二、三題	諮商者： 1. 進行編組，以六至七人為一組，採學程度異質分組方式。 2. 教師指導學生分配各小組角色，一人擔任協調者（即主持人），一人擔任記錄，其他三至四人則共同擔任生產者與批判者的	1. 數學知識 2. 捷思策略 3. 控制策略 4. 數學信念	1. 提供鷹架並逐漸撤除 2. 闡明 3. 反省		化，來引起學生的內在動機。 4. 合作與競爭：教學過

教　　學　　綱　　要				認　知　學　徒　制			
教學活動流程	教學目標	問題形式	教師角色	教學內容	教學方法	教學順序	社會學
	3.藉由相互觀摩讓學生理解失敗是每個人都會面臨到的經驗，藉此培養其自信心，並讓學生了解大家各有所長，沒有人是全知全能的。 4.透過觀摩與比較，讓學生理解知識是分布在團體中的每個人，而不是集中在教師一人身上。	捷思策略不變，但將問題情境加以變化。 3.複合題綜合練習時，捷思策略與問題情境均加以變化。	角色。 3.教師發給各組一張「認知學徒制」國小數學解題提示單，以提供材料形式的鷹架輔助。 4.教師巡迴各組，觀察各組解題進展狀況，並給予不同的處理：提問、暗示或直接教導。 5.教師在小組解題的過程中診斷個別學生的困難與進度。 6.小組在發表時，教師引導學生進行重點回顧分析，並讓全班同學進行批判並比較各組不同的解題過程與策略。 7.教師選擇適當的時機收回提示單，撤除鷹架輔助。				程以合作為主體，評鑑方式則採組內合作、組間競爭的方式。
步驟四： 獨立探究（利用最後兩週進行）	1.引導學生學習如何擬定有趣且適合本身能力的問題。 2.培養學生獨立解題與靈活運用各種捷思策略的能力。	學生自定題目	推動者： 1.教師講解獨立探究的報告格式。 2.教師設定學生選題的範圍。 3.教師鼓勵學生選擇適合自己能力與興趣的子題。 4.教師審核並確定學生獨立探究的題目。 5.評閱學生作品。 6.訂正、檢討、補救教學。 7.佳作欣賞。	1.數學知識 2.捷思策略 3.控制策略 4.數學信念	探究		

表 12-3　認知學徒制國小數學解題教學方案（節略）

單元名稱：利用「作圖」來解題　教學時間：160 分鐘（四節）

教學步驟	教學活動流程	教學目標	教學材料	評量方式	時間分配
	壹、準備活動				
	一、教師上課前指定學生至圖書室閱讀與數學解題有關的書籍。				
	二、教師上課前準備作業單、提示單。				
	三、教師簡介課程概要以引導學生學習方向。	• 引發學生動機。			5/5
	貳、發展活動				
一、教師示範捷思策略並進行重點回顧分析	一、由學生出題考教師，示範專家解題的另一面：挫折、弄得一團糟、甚至失敗。	• 建立學生正確的數學信念。			10/15
	二、教師布題—基本題「新民每分鐘走 80 公尺，小惠每分鐘走60公尺，兩人從同一地點出發，小惠先走 2 分鐘後，新民才開始走，新民要走幾分鐘，才能追上小惠？」		投影片		
	三、教師示範完整的解題過程，將個人內隱的專家技術外顯出來。	• 讓學生透過觀察建立完整解題過程的初步概念。			15/30
	四、教師以重點回顧分析的方式回顧解題歷程，將				10/40

教學步驟	教學活動流程	教學目標	教學材料	評量方式	時間分配
	學生注意焦點引導到解題一般程序以及「作圖」捷思策略的運用方式與時機。	• 引導學生了解捷思策略的運用方式與時機。			
二、師生共同解題並引導學生進行重點回顧分析	五、教師布題—類似題「自強每分鐘走 120 公尺,文君每分鐘走80公尺,兩人從同一地點出發,文君先走 3 分鐘後,自強才開始走,自強要走幾分鐘,才能追上文君?」		投影片		
	六、教師根據「認知學徒制」國小數學解題提示單中的解題流程,以提問的方式引導學生進行共同解題。	• 引導學生運用所教的捷思策略進行解題。	提示單		25/65
	七、教師以重點回顧分析的方式回顧解題歷程,將學生注意焦點引導到控制策略的運用。	• 引導學生觀察教師如何運用控制策略。			15/80
三、小組合作解題與成果發表	八、進行編組,以六至七人為一組,採數學程度異質分組方式。				5/85
	九、教師指導學生分配各小組內的角色分配,一人擔任協調者(即主持人),一人擔任記錄,其他四至五人則擔任生產者與批判者的角色。	• 培養學生合作技能——協調、生產與批判角色的分工。			

教學步驟	教學活動流程	教學目標	教學材料	評量方式	時間分配
	十、教師發給各組一張「認知學徒制」國小數學解題提示單，並講解如何使用。		提示單		5/90
	十一、教師布題—類似題「大年每分鐘走 120 公尺，小蓮每分鐘走 70 公尺，兩人從同一地點出發，小蓮先走 5 分鐘後，大年才開始走，大年要走幾分鐘，才能追上小蓮？」		作業單 投影片		
	十二、各組開始進行解題，教師則巡視各組，觀察各組解題的進展狀況，並給予不同的處理：提問、暗示或直接教導。	• 讓學生在討論與澄清的過程中監控並評鑑自己的進步。 • 藉由相互觀摩，讓學生理解失敗是每個人都會面臨到的經驗，藉此培養其自信心，並讓學生了解大家各有所長，沒有人是全知全能的。		評量各組小組合作情形。	10/100
	十三、教師在小組解題的過程中診斷個別學生的困難與進展。		診斷記錄簿		

教學步驟	教學活動流程	教學目標	教學材料	評量方式	時間分配
	十四、進行小組成果發表，教師引導學生進行重點回顧分析，並讓全班同學進行批判，並比較各組不同的解題過程與策略。	• 透過觀摩與比較讓學生理解知識是分布在團體中的每個人，而不是集中在教師一人身上。	投影片	評量各組解題成果。	10/110
	十五、教師布題—變化題「有一位士兵爬竿時，第一分鐘上升兩公尺，但第二分鐘反而會下滑一公尺，第三分鐘又上升兩公尺，第四分鐘又下滑一公尺，依此類推，請問這位士兵要爬上五公尺的竿頂，最少需要幾分鐘？」		作業單投影片		
	十六、重複（十二）至（十四）步驟。		診斷記錄簿投影片	評量各組小組合作情形。評量各組解題成果。	20/130
	十七、教師布題—變化題「楠梓國小要舉辦班際籃球賽，賽程採用雙淘汰制，也就是輸一場就要落入敗部，輸第二場就要被淘汰，六年級總共有八個班參賽，請問最少需要打幾場才會產生冠軍？」		作業單投影片		

教學步驟	教學活動流程	教學目標	教學材料	評量方式	時間分配
	十八、重複（十二）至（十四）步驟。		診斷記錄簿 投影片	評量各組小組合作情形。 評量各組解題成果。	20/150
	參、綜合活動 一、教師歸納課程要點。 二、補救教學。				10/160

單元名稱：獨立探究　　　　教學時間：160 分鐘（四節）

教學步驟	教學活動流程	教學目標	教學材料	評量方式	時間分配
	壹、準備活動				
四、獨立探究	一、指導學生如何進行獨立探究。 ㈠講解獨立探究的報告格式。 ㈡設定學生選題的範圍。 ㈢鼓勵學生選擇適合自己能力與興趣的子題。	• 引導學生學習如何擬定有趣且適合本身能力的問題。			40/40
	二、審核並確定學生獨立探究的題目。				40/80
	貳、發展活動 學生針對個人題目開始進行探究。	• 培養學生獨立解題與靈活運用各種捷思策略的能力。	A4 白紙		
	參、綜合活動 訂正、檢討學生作品。 部分學生個別指導。 學生佳作共同欣賞。			評量學生作品。	20/100 20/120 40/160

表 12-4 認知學徒制國小數學解題教學─教師示範捷思策略並進行重點回顧分析舉例

一、教師布題

新民每分鐘走 80 公尺,小惠每分鐘走 60 公尺,兩人從同一地點出發,小惠先走 2 分鐘後,新民才開始走,新民要走幾分鐘,才能追上小惠?

二、教師有聲思考示範如何解題

這個問題給的已知條件是新民與小惠每分鐘走的距離,看起來新民走得比較快,因為他每分鐘走的距離比較長。另外,可知小惠要先走兩分鐘,新民再開始從後面追趕。

這個問題要求新民要多久時間才能追上小惠?這個問題感覺上與一般課本和習作的題目不太一樣,似乎很難直接列出算式來求解。因為我不曉得當新民追上小惠時,他們兩個人走了多少公尺?如果知道總距離的話,那我就可以把總距離除以新民每分鐘走的距離,就可以求出新民總共走了幾分鐘。例如,如果我知道當新民追上小惠時,總共走了 800 公尺,新民每分鐘走 80 公尺,那800 除以 80 等於 10,就可以得知新民總共走了 10 分鐘。

在小惠這邊,我也不曉得她總共走了幾分鐘,總共走了多少公尺,所以也是很難直接列出算式來求解。

這該怎麼辦呢。我現在所知道的只有他們剛開始出發的情形,但我不曉得他們最後走完的情形。嗯!不如就從剛開始出發的情形來推想,看看能不能發現一些有趣的結果。

在第一分鐘時,小惠走了 60 公尺,新民還沒有出發,所以兩人相差 60 公尺;在第二分鐘時,小惠又走了 60 公尺,總共已走了 120 公尺,新民還不能出發,所以兩人相差 120 公尺;到第三分鐘時,小惠又走了 60 公尺,共走了180 公尺,新民可以開始走了,他一分鐘可以走 80 公尺,這時兩人相差 180－80＝100 公尺;到第 4 分鐘時,小惠又走了 60 公尺,共走了 240 公尺,新民又走了 80 公尺,所以他共走了 160 公尺,這時兩人相差 240－160＝80 公尺,嗯!兩人差距逐漸縮小。

這樣一步一步推想下去,似乎滿有希望可以求出答案,只是感覺光在腦筋推想,愈推想到後面愈混亂,咿!不如用畫圖做記號的方式把剛剛推想的過程記錄下來,這樣就不會混亂了。

現在先把剛剛已經推想過的畫圖記錄下來:

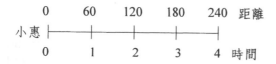

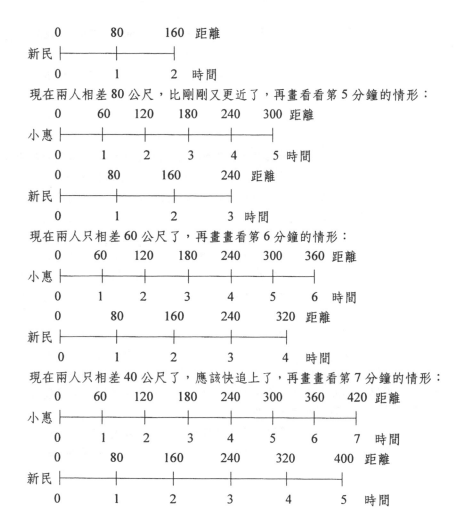

```
        0        80       160   距離
新民 ├────────┼────────┤
        0        1        2    時間
```

現在兩人相差 80 公尺，比剛剛又更近了，再畫看看第 5 分鐘的情形：

```
        0    60   120   180   240   300  距離
小惠 ├────┼────┼────┼────┼────┤
        0    1    2    3    4    5   時間
```

```
        0        80       160      240   距離
新民 ├────────┼────────┼────────┤
        0        1        2        3   時間
```

現在兩人只相差 60 公尺了，再畫畫看第 6 分鐘的情形：

```
        0    60   120   180   240   300   360  距離
小惠 ├────┼────┼────┼────┼────┼────┤
        0    1    2    3    4    5    6   時間
```

```
        0        80       160      240      320   距離
新民 ├────────┼────────┼────────┼────────┤
        0        1        2        3        4   時間
```

現在兩人只相差 40 公尺了，應該快追上了，再畫畫看第 7 分鐘的情形：

```
        0    60   120   180   240   300   360   420  距離
小惠 ├────┼────┼────┼────┼────┼────┼────┤
        0    1    2    3    4    5    6    7   時間
```

```
        0        80       160      240      320      400   距離
新民 ├────────┼────────┼────────┼────────┼────────┤
        0        1        2        3        4        5   時間
```

現在兩人只相差 20 公尺了，按照前面的情形來推想，應該再一分鐘就可以追上了，畫畫看第 8 分鐘的情形：

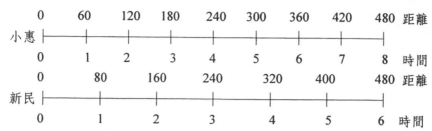

果然不出所料,到第 8 分鐘時,新民剛好追上小惠,所以答案已經解出來了,由於前面兩分鐘新民沒有走,所以新民需要 6 分鐘才能追上小惠。

現在開始來檢查看看我整個解題過程有沒有使用到所有相關的已知條件,新民每分鐘走 80 公尺,小惠每分鐘走 60 公尺,小惠先走 2 分鐘後,嗯!全部在圖中都有表示出來。

再來,將答案代入原來的問題當中,驗證看看是否正確?新民走 6 分鐘,他每分鐘可走 80 公尺,所以總共走 80 乘以 6 等於 480 公尺。小惠先走兩分鐘,所以走了 8 分鐘,她每分鐘走 60 公尺,所以共走 60 乘以 8 等於 480 公尺。嗯!沒錯!兩人走的距離都相同。

從剛剛推想的過程我發現到,從新民開始出發後,兩人之間相差的距離,每經過一分鐘,就會減少 20 公尺,例如新民出發前,兩人相差 120 公尺,新民出發 1 分鐘後,兩人相差只剩 100 公尺,出發兩分鐘後,兩人相差 80 公尺,所以似乎可以先把兩人的最大差距來除以新民每分鐘所追的距離,這樣就可以求出新民需要幾分鐘才能追上小惠。

好!我來開始列式,先把新民尚未出發前,兩人的最大差距求出來,60 乘以 2 等於 120 公尺,再來求出新民每分鐘可以追多少公尺,80 減 60 等於 20,最後再用最大差距的距離除以每分鐘可以追的距離,120 除以 20 等於 6,嗯!沒錯!和我先前用作圖方法求出來的答案一樣。

三、教師進行重點回顧分析

好吧!現在讓我們回頭來看一看剛剛老師是怎麼解這一道問題的。首先,在分析問題的已知條件與解題目標之後,發現並不是自己熟悉且可以立即列出算式來求解的問題。但我發現到已知條件所給我的都是出發時的條件,我缺乏各種結束時的訊息。因此,我決定採取由前往後推想的方式,看看能不能推想出一些有用的訊息。當我推想至第四分鐘時,發現到這個推想方法似乎可以找出答案,只是光在腦中推想,容易產生混亂的情形,於是我採用作圖的方法,讓推想的過程可以清清楚楚,一目了然。透過作圖的方法,果然讓我求出了答

案。為了驗證答案是否合理、正確，我先檢查看看在解題的過程中，有沒有使用到所有相關的已知條件，結果確實都有使用。其次，我再將求得的答案代入原來的問題中來驗算，結果也完全正確。最後，由於我在解題的過程中，發現兩人的差距在縮小時具有規律性，因此，我想到只要先求出兩人最大差距，再找出每一分鐘追趕的距離，兩者相除就可以求出追趕所需要的時間。這是解題過程中的另一發現，我找到解這道題目的另外一個方法，而且非常簡單就可以求解。

---

nifying），d.討論文章中的人物或作者，e.討論個人如何運用其背景知識進行閱讀理解，f.進行寫作。在教學過程當中，她會示範推論語言的用法、文章結構辨析的思考過程、理解隱喻的策略、質疑文章困惑的策略，以及畫線與標記的技巧。在學生進行閱讀與討論時，她也會指導上述策略的應用時機，並提醒學生隨時分析與批判反省自己的想法。此外，她也會隨時注意學生的表現，以決定鷹架是否要逐漸撤除。研究結果顯示：實驗組學生在閱讀理解的表現顯著優於控制組。

(三)其他教學應用實例

下面所介紹的兩篇研究各有其特色，第一篇是整合前述「錨式教學法」與「認知學徒制」兩種教學方法，第二篇則是與前述兩種教學模式無關，但也是屬於情境認知學習理論的教學應用。

1. 國中物理科

李美瑜（民 83）整合「錨式教學法」與「認知學徒制」，設計「情境學習環境電腦輔助教學軟體課程」（設計架構見表 12-5），來教導國中二年級學生物理壓力概念。在教學第一階段，以教師的示範與說明為主。螢幕中的教師利用日常生活中壓力概念運用的事實（例如水壩底部較厚），以喚起學生的舊有經驗，並且了解壓力概念運用的時機和原理。在第二階段，以學生探索與練習活動為主。螢幕中會出現一些可主動操弄的壓力問題情境（例如在容器底部鑽一個洞，學生可自由調整容器內水量，以觀察

水柱噴出的情形），在探索與練習的同時，螢幕中的教師也會根據學生不同的學習情形給予不同的回饋，同時也會對壓力概念作進一步的分析與解釋。最後一個階段，以培養學生整合性思考與問題解決能力為主。螢幕會出現一些較複雜的問題（如須用多少的力量才能防止裂縫的船艙進水），學生必須整合其所學，找出問題所在，考慮相關資訊（例如體重、裂縫面積、船身深度等），以發展適當的解題策略。在此階段螢幕中的教師逐漸撤除，學生必須逐漸獨立進行解題。研究結果顯示：在「記憶計算題組」方面，實驗組與控制組表現無顯著差異，但在「應用問題型題組」方面，實驗組高程度學生在整體表現、基本事實與公式的記憶表現，以及整合所學表現方面，均顯著優於控制組高程度學生，但在中低程度學生部分，兩組學生則無顯著差異。

表 12-5　「情境學習環境電腦輔助教學軟體課程」設計架構

學習環境設計	1. 採故事形式敘事架構
	2. 鑲藏資料的設計
	3. 採複雜的問題解決導向式學習活動，並逐次加深問題的複雜性
	4. 提供成雙的相關情境
	5. 提供學習者與環境間的互動機會
	6. 以真實生活中的事例取材
教學方法	1. 示範與說明
	2. 督導與提供鷹架式協助
	3. 逐漸隱退
學習活動	1. 觀察
	2. 探索與練習
	3. 精熟整合
教材安排	1. 由易而難
	2. 由整體至局部技能

2. 小學數學科

　　美國佛羅里達州 Pinellas 郡的教育委員會所設立的企業村（Enterprise Village），其目的在於希望透過班級與真實世界的連結，以塑造有意義的教育。企業村設立的對象是小學五年級學生，整個村莊有十八種企業，包括麥當勞、電力公司、電信公司、銀行、家具公司、倉庫、家庭購物網路等。在六週的班級準備期後，這些學生花一整天在企業村擔任職員，例如經理、記帳員、銷售店員、抄錶員，以及銀行出納等。記帳員會發給每一位職員三次的薪水支票，但這些薪水必須先存入銀行，在三次休息時間便可利用開支票的方式購買真的物品。

　　在一九八九至九〇年第一次實施便獲得成功，學生不僅獲得經濟方面的技能，而且也對企業村活動相當熱中，四到八人的團隊發揮團隊精神以達成獲利的目標。鑑於該計畫的成功，該委員會已考慮擴展實施的範圍（Zepp, 1991, pp.10-14）。

本章參考書目

方吉正（民84）：**國小六年級學生速率文字題的解題研究**。國立屏東師範學院初等教育研究所未出版碩士論文。

方吉正（民89）：**認知學徒制在國小數學解題教學成效之研究**。國立高雄師範大學教育學系未出版博士論文。

李美瑜（民83）：**情境學習環境與去情境學習環境對國二學生物理壓力概念學習成效影響之研究**。國立淡江大學教育資料科學研究所未出版碩士論文。

徐新逸（民84）：**「錨式情境教學法」教材設計、發展與應用之研究（II）**。行政院國家科學發展委員會專題研究報告 NSC84-2511-S032-001。

張新仁(民85）：認知教學革新。發表於國立高雄師範大學教育學系主辦之「中小學教學革新」研討會，15-31。

Anderson, J. R., Reder, L. M., & Simon, H. A.(1996). Situated learning and education. *Educational Researcher,25(4)*,5-11.

Brown, J. S., Collins, A., & Duguid, P.(1988). *Situated cognition and the culture of learning.*(ERIC Document Reproduction Service No. ED 342 357)

Brown, J. S., Collins, A., & Duguid, P.(1989). Situated cognition and the culture of learning. *Educational Researcher,18*(1),32-42.

Brown, J. S. & Duguid, P.(1993). Stolen knowledge. *Educational Technology,33*(3),10-15.

Cognition and Technology Group at Vanderbilt.(1990). Anchored instruction and its relationship to situated cognition. *Educational Researcher,19*(6),2-10.

Cognition and Technology Group at Vanderbilt.(1991). Technology and the design of generative learning environments. *Educational Technology,31*(5), 34-40.

Cognition and Technology Group at Vanderbilt.(1992a). The Jasper experiment: An exploration of issues in learning and instructional design. *Educational*

Technology Research and Development,40(1),65-80.

Cognition and Technology Group at Vanderbilt.(1992b). The Jasper series as an example of anchored instruction: Theory, program description, and assessment data. *Educational Psychologist,27*,291-315.

Cognition and Technology Group at Vanderbilt.(1993). Anchored instruction and situated cognition revisited. *Educational Technology,33*(3),52-70.

Cognition and Technology Group at Vanderbilt.(1994). From visual word problems to learning communities: Changing conceptions of cognitive research. In K. McGilly(Ed.), *Classroom lessons: Cognitive theory and classroom practice*(pp.157-200). Cambridge, MA: MIT Press.

Collins, A.(1988). *Cognitive apprenticeship and instructionaltechnology.*(ERIC Document Reproduction Service No. ED 331 465.)

Collins, A.(1993). *Design issues for learning enviroments.*(ERIC Document Reproduction Service No. ED 357 733.)

Collins, A., Brown, J. S., & Newman, S. E.(1987). *Cognitive apprenticeship: Teaching the craft of reading, writing, and mathematics.*(ERIC Document Reproduction Service No. ED 284 181.)

Collins, A., Brown, J. S., & Newman, S. E.(1989). Cognitive apprenticeship: Teaching the crafts of reading, writing, and mathematics. In L. B. Resnick (Ed.), *Knowing, learning, and instruction: Essays in honor of Robert Glaser* (pp.453-494). Hillsdale, NJ: Lawrence Erlbaum.

Lave, J. & Wenger, E.(1991). *Situated learning: Legitimate peripheral participation*. Cambridge University.

Lee, C. D.(1995). A culturally based cognitive apprenticeship: Teaching African American high school students skills in literary interpretation. *Reading Research Quarterly,30*(4), 608-630.

Rogoff, B.(1990). *Apprenticeship in thinking: Cognitive development in social context*. NY: Oxford University.

Rogoff, B.(1995). Observing sociocultural activities on three planes: Participatory appropriation, guided participation and apprenticeship. In J. V.

Wertsch, P. Del Rio, & A. Alvarez(Eds.), *Sociocultural studies of mind*(pp. 139-164). Cambridge: Cambridge University Press.

Salomon, G.(1993). No distribution without individuals' cognition: A dynamic interactional view. In G. Salomon(Ed.), *Distributed cognitions: Psychological and educational considerations*(pp.111-138). Cambridge: Cambridge University Press.

Schoenfeld, A. H.(1983). *Problem solving in the mathematics curriculum: A report, recommendations, and an annotated bibliography.* Washington, D.C.: The Mathematical Association of American.

Schoenfeld, A. H.(1985). *Mathematical problem solving.* CA: Academic.

Vye, N. J., Rowe, D., Kinzer, C., & Risko, V. J.(1990). *The Effects of anchored instruction for teaching social studies: Enhancing comprehension of setting information.*(ERIC Document Reproduction Service No. ED 317 984.)

Zepp, R. A.(1991). Real-life: Business math at enterprise village. *Arithmetic Teacher,39(4),*10-14.

第 *13* 章

合作學習理論與教學應用

❖**合作學習的基本概念**
　　合作學習的發展背景
　　合作學習的意義
　　合作學習的特色

❖**合作學習的理論基礎**
　　民主教育理論的觀點
　　社會互賴理論的觀點
　　動機理論的觀點
　　認知學習理論的觀點

❖**合作學習教學法**
　　學生小組成就區分法（STAD）
　　小組遊戲競賽法（TGT）
　　小組輔助個別化學習法（TAI）
　　合作整合閱讀與寫作法（CIRC）
　　拼圖法第二代（Jigsaw II）
　　共同學習法（LT）
　　團體探究法（GI）

❖合作學習教學法的疑惑與討論

為何要實施合作學習？

合作學習在國內可行嗎？

如何調整教師角色？

如何進行分組？

如何改善班級秩序？

如何控制教學進度與時間？

如何培養合作技巧？

如何進行教學評量？

❖合作學習教學法的評價

❖教學實例

合作學習小組建立活動

學生小組成就區分法

拼圖法第二代

本章學習目標

看完本章後，讀者應能達成下述目標：

1. 能說出「合作學習」的意義與特色。
2. 能說出「合作學習」的相關理論及其主要觀點。
3. 能說出「合作學習」的各種教學法及其實施要點。
4. 能比較「合作學習」的各種教學法的特色及適用科目。
5. 能應用「合作學習」於實際教學情境中。

　　自一九七〇年代以來，合作學習備受矚目，因而發展出許多不同方法
並廣為運用。從國外大量的實證研究可發現，合作學習可廣泛地應用於各
年級和各種不同的學科，從小學、中學、大學，以至於成人的學習；從基
本的讀寫算，到自然科、社會科，以至於新近的電腦輔助教學；且能運用
於不同種族、社會階層的學生，及回歸主流的特殊學生。此外，實證研究
結果大都發現合作學習對學生的學習成就、學習保留效果、學習動機與學
習態度都有積極的效果，甚至在班級氣氛、人際關係、種族關係、社會技
巧、學生自尊、控制信念等方面，均有莫大助益（Johnson, Johnson, & Hol-
ubec, 1994; Pantiz, 1999; Slavin, 1990, 1995）。由於多數實證研究結果支持
了合作學習能增進學生各方面的學習成效，使得合作學習教學法愈來愈受
重視。

　　本章首先介紹合作學習的基本概念，包括其發展背景，合作學習的意
義和其特色，有助於讀者對合作學習有進一步的認識。其次，探討合作學
習的理論基礎，包括民主教育理論、社會互賴理論、動機理論，和認知學
習理論，以了解合作學習的本質。再其次，介紹數種較常被應用的合作學
習教學法，分別說明其特色與教學流程。復次，對於實施合作學習可能遭
遇的問題，進行討論；並就合作學習的教學設計問題進行評論。最後，介
紹「合作學習小組建立活動」及「學生小組成就區分法」和「拼圖法第二
代」的教學實例。

一、合作學習的基本概念

㈠合作學習的發展背景

　　「合作」是人類賴以生存的法則，人類自古即有合作的行為，然而有
系統地加以探討卻是晚近的事。在十九世紀早期，社會心理學家開始探討
個別、競爭、合作等不同情境對人類行為的影響（Maller,1929）。一九

四○年代，更進一步研究合作和競爭在不同教學方式的表現，結果發現在合作的情境下，學生表現更好（Deutsch,1949）。雖然社會心理學家對人類合作行為的研究可溯自一九二○年代，但真正將合作的原理應用於班級教學，而有系統地發展成主要的教學法，則是起於一九七○年代。

「合作學習」可說是美國近二十餘年來蔚為風潮的創新教學策略之一。根據調查研究結果顯示：在美國約有百分之六十二的中學教師使用合作學習教學法（Slavin, 1996）。由於「合作學習」已被視為增進學生學習成就最重要的教學方法之一，因而在教學研究的領域中累積了豐碩的研究成果，且有大量實證研究證明其增進學生成就的成效（Orlich, 1990）。合作學習不但可廣泛地運用於各個年級、學習階段、不同學科及學習任務，同時也可增進教學效果，包括認知、情意和技能各方面的學習成效（Johnson, Johnson, & Holubec, 1994; Panitz, 1999; Slavin, 1995），此為合作學習之所以逐漸受重視而蓬勃發展的主要原因。

(二)合作學習的意義

「合作」係指一起工作以達成共同目標，在合作的情境下，個人貢獻一己之力，並且幫助他人共同完成工作。而「合作學習」是一種利用小組分組學習以增進個人和小組其他成員學習成效的教學方法，可用來教導特定內容，強化學習的認知過程，並提升學業成就（Johnson, Johnson, & Holubec, 1990）。實施合作學習時，教師須提供一個合作的學習環境，透過小組內的分工與合作的方式，增進成員彼此間的學習成效，同時在此合作的學習環境中培養更多的合作行為。

Slavin（1985）認為合作學習是一種有結構、有系統的教學策略，在學習中教師將不同能力、性別、種族背景的學生，分配到四至六人的異質性分組中一起學習，同一小組學生共同分享經驗，接受肯定與獎賞。此種教學法可適用於大部分的學科及各個不同的年級，而且合作學習的進行會因程序、預期結果及獎賞方式的不同，而有不同的學習方法。

綜合上述，可知合作學習是一種有結構、有系統的教學策略，教師依

照學生能力、性別、家庭背景……等不同因素，將學生分配成若干異質性的小組，透過小組獎勵及個人獎勵方式，使學生在合作的學習情境下互相幫助，共同學習，以提升個人的學習成效，並達成團體的共同目標。

從上述定義的探討，可了解到合作學習的構成包含三項要素（林生傳，民 77）：(1)任務結構（task structure）：包括社會團體結構及工作結構兩方面；在合作學習中，其任務結構是利用異質性的小組合作方式，採用各種不同的學習活動來進行學習。(2)酬賞結構（reward structure）：是指運用何種方式來增強學習行為的結果；合作學習的酬賞結構是利用正性增強來激發與增進學習活動。(3)權威結構（authority structure）：係指何人及如何控制學習活動或行為的進行。在合作學習中，係以學生自己的內發動機及同儕的激勵來控制自己的行為，努力進行學習。

(三)合作學習的特色

合作學習的方式已愈來愈受重視，可應用於各個年級及各個學科，然為因應不同教育階段及學科的特性，乃發展出許多不同的設計。雖然所強調的重點互異，但不管何種的合作學習，大都包含下列五項基本要素（Johnson & Johnson, 1989）：

(1)**積極的目標相互依賴**（positive goal interdependence）：學生了解到團體工作間的相互依賴關係，個人對整個團體的學習是有貢獻的。換言之，學生了解到他們必須要為自己及其所屬小組成員的學習負責。

(2)**面對面的積極互動**（face-to-face positive interaction）：學生有機會相互解釋如何得到答案或解決問題，且小組成員間共同討論並互相幫助，藉以了解並完成指定作業。

(3)**個人的績效責任**（individual accountability）：每位學生必須精熟所指派的作業，且幫助小組成員達到同等的精熟程度。

(4)**社會技巧**（social skill）：學生在團體間能有效溝通且彼此互相尊敬、信任，且學會如何領導他人或是接受領導。

(5)**團體歷程**（group processing）：學生必須反省自己在團體中的學習過程和表現，且從觀察結果中進行回饋，以增進團體效能。

合作學習的教學方式與傳統單向傳授的講演式教學法有很大的差異，以下簡要比較二者的差別，如表 13-1 所示：

表 13-1　合作學習教學法和傳統教學法之比較

合作學習教學法	傳統教學法
1. 相需相成互動較多	1. 沒有相需相成的關係
2. 強調個別的績效	2. 不講求個別的績效
3. 異質性的小組組成	3. 同質性的小組組成
4. 分擔式領導	4. 指派式領導
5. 分擔責任	5. 自行負責
6. 強調工作及關係的維護	6. 強調工作
7. 直接教學生社會技巧	7. 假定社會技巧與生俱有而不予重視
8. 教師觀察和介入	8. 教師忽略團體運作
9. 小組檢討績效	9. 沒有小組檢討

資料來源：Johnson & Johnson(1987). *Learning Together and Alone: Cooperative, competitive, and individualistic learning.*

二、合作學習的理論基礎

合作學習的理論基礎，主要可從民主教育理論、社會互賴理論、動機理論、認知學習理論等四方面來探討。民主教育理論的觀點說明了合作學習的重要性，認為在民主社會中，實施合作學習更能幫助學生主動學習，並培養出具有社會責任感的現代公民。而社會互賴理論則說明了合作學習能奏效的主要原因，在於合作學習中，小組成員由於團體目標一致，且在學習過程中相互依賴，形成一種合作的激勵結構，以促進學習。至於動機理論與認知理論，則說明了合作學習何以能影響學生的學習表現，然二者

卻有不同的主張。動機理論強調團體目標、團體規範和實際影響能促進學習成效；而認知理論則不管團體是否設法去達成一團體目標，認為學生在一起學習（即學生之間的互動），本身即能增進學習成就。以下簡要說明上述四種觀點：

(一)民主教育理論的觀點

合作學習並非是新的觀念，從中外的教育史中可見端倪。若以學校教育的發展來看，十九世紀的美國教育家 C. Parker 是在學校中倡導合作學習最成功的先驅。他認為合作是民主社會的要素，也是學童內在的學習動力，而且兒童是天生的合作者（nature collaborators）。因此，教師應善用兒童喜好合作的本質，建構合作學習環境，使班級充滿民主與合作氣氛，促使學生主動學習（Johnson & Johnson,1991）。

二十世紀初，J. Dewey 繼 Parker 之後，力倡合作學習的重要性，認為在民主的社會中，學校應訓練學生具有解決問題的能力，並使之成為能一起工作、解決問題、具有社會責任感的公民。而班級的生活即是民主歷程的縮影，民主生活的核心即是在團體中合作，因此，應鼓勵學童在團體中一起學習，透過社會性的發展，以習得民主歷程的理解及參與民主歷程的技能。此一看法反映出從事小組教學的重要目的：促進學生認知的發展、社會／民主素養的發展，以及道德的發展（Noddings,1989）。

民主教育理論的觀點，說明了學生喜好合作的天性及實施合作學習的必要性。學校教育的目的之一，即在培養學生適應未來社會生活的能力，而在民主社會中，合作是不可或缺的要素，因此學校教育應提供合作學習的機會，使學生了解合作的真諦，並學習如何與人合作，才能適應民主社會生活，並成為具有社會責任感的現代公民。

(二)社會互賴理論的觀點

社會互賴理論（social interdependence theory）源於二十世紀初期完形

心理學派創始人 Kafka，他提出了團體動態理論，認為小組即是動態的團體，而團體中成員間的互賴程度有其差異性。而後 Lewin 在一九四八年提出了「場地論」（field theory），他認為：團體的本質是其成員基於共同目標而形成的互賴，而相互依賴的形成有賴團體目標的建立，小組成員藉由內部的緊張狀態，促使團體朝向小組共同目標的達成。其後，Lewin 的學生 Deuctsh 延續其研究，對「合作」與「競爭」進行探討，從目標的結構建立了合作和競爭的理論，對於了解班級中合作和競爭的行為有所貢獻。隨後，Deuctsh 的學生 D. Johnson 繼續推演 Lewin 的場地論，發展成為「社會互賴理論」（social interdependence theory），認為社會依賴的組織方式決定了個人之間的互動，進而決定了結果。基本上，相互依賴有兩種類型：「結果的相互依賴」與「方法的相互依賴」；前者係指個體所要努力達成的共同目標與獎勵，後者係指團體成員達成目標所採取的行動。因此，成員必須透過積極的相互依賴，才能達成團體目標。

　　Johnson 兄弟（1994）指出，在合作學習的情境中，有效的團體表現的合作情境，必須建立在積極的相互依賴、面對面的互動和社會技巧上，才可能達成團體目標。因此，在實施合作學習時，除了使學生了解並建立成員間的積極相互依賴外，並須培養學生具有有效的合作技巧，才能發揮合作學習的成效。

　　從社會互賴的觀點，說明了合作學習必須建立在成員間積極的相互依賴關係，才能達成團體目標。然而，即使小組成員了解到彼此相互依賴的重要性，並不能保證合作學習成功，必須讓小組成員有足夠的動機維持合作學習的方式，而動機理論適足以補充不足之處。

㈢動機理論的觀點

　　如何提高學生的學習動機，一直是教育者所關心的問題。實證研究發現，合作學習能增進學生的學習動機。而合作學習之所以有助於提高學生的表現，是因為外在的獎勵和目標結構二者，刺激了內在的學習動機。

　　就獎勵結構而言，Slavin（1990, 1995）認為，合作學習包含兩項重要

因素：⑴個人的績效責任：小組的成績是由小組每一成員的學習表現所累計的總成績而得，因此，每個人都必須盡最大的努力，為小組爭取最好的成績。⑵小組獎勵：給予優秀的小組獎勵是提供小組成員共同完成目標的誘因，此種公開的誘因是增進學習表現的重要因素。有關研究指出，合作學習的獎勵結構可增進學生學習的內在動機，使得學生全力以赴達成團體目標，而增進了學業成就（Graves ,1991）。

　　就目標結構而言，Deutsch（1949）界定了三種不同的目標結構：⑴合作的目標結構：指個人的目標導向將致力於幫助他人達成目標；⑵競爭的目標結構：個人的目標導向將會阻止他人達成目標；⑶個別的目標結構：個人的目標導向與他人目標的達成無關。在班級情境中，合作行為是合作學習結構目標達成的關鍵。若干實證研究（Johnson & Johnson, 1989; Slavin, 1983）證實，學生互相幫助的合作行為是一種合作學習影響學習成就表現的動機要素。

　　就動機理論的觀點而言，合作的目標結構營造了一種唯有使團體成功，個人才能達成自己目標的情境。因此，為了達成個人的目標，團體成員必須盡可能互相幫助，更要鼓勵團體中的同伴盡最大的努力。換言之，根據團體表現（即個人表現的總合）的團體獎勵，營造了一種人際的獎勵結構，使團體成員得以對同伴在作業的努力，給予社會性的增強（如讚賞、鼓勵）。

　　綜而言之，動機理論強調合作學習中，小組成員必須共同努力學習、互相教導達成團體目標，才能獲得獎勵。「合作目標」和「獎勵結構」，增強了小組成員的學習動機，因而能提升學生的學習成就。也有研究指出，長期使用團體獎勵會降低學生長期的內在動機，反而影響學習成效（Damon,1984）；且對於高層次認知的學習和中學高年級的學習，成效似乎有限（Cohen, 1994）。認知學習的觀點則補充了動機理論的不足，說明了學生在合作學習中如何增進學習成效。

㈣認知學習理論的觀點

　　合作學習之所以有助於學生的學習表現，認知學習理論的觀點有別於動機理論強調內在動機或外在獎勵的觀點，而認為學生之間的互動本身，即能增進學習的成就。而認知理論中最能說明合作學習中的認知表現的，是「認知發展理論」（cognitive development theory）和「認知精緻化理論」（cognitive elaboration theory）（Slavin,1990,1995）。

　　認知發展的觀點以 Vygotsky 的理論為基礎，認知發展理論對合作學習的基本假設是，當學生以適當的作業進行互動時，在互動的歷程中便能熟悉重要的學習概念。Vygotsky（1978）認為，知識的形成是個體在社會互動的結果，將外在的社會互動結構內化到個人的心智基模；特別強調社會互動（social interaction）對學習的重要性，因而合作學習情境特別重視成員間的互動，強調透過成員間的討論與反省，建立個人的新知識。他並提出「最近發展區」（zone of proximal development）的概念，來說明社會活動何以能內化為個體的心理活動。所謂「最近發展區」，係指個人獨立解決問題所代表的「實際發展水準」，與在成人輔導下或是與能力較強的同儕合力解決問題所代表的「潛在發展水準」之間的距離。依其觀點，學生間的合作互動之所以能促進認知的成長，是因為年齡相近的兒童其基本發展區運作相似，因此學生在合作的情境中所表現較個別的好（Slavin,1990）。

　　此外，認知精緻化理論認為不同的認知發展，主要是因學習者對資訊的處理不同而影響認知的精熟度。認知心理學的研究發現，如果習得的資料要保留於記憶，並與記憶中的舊有知識產生連結，則學習者必須以某種方式對教材進行認知的再建構或精熟。例如：作摘要和整理綱要不同於作筆記，而是必須重新組織教材，分門別類加以整理；而最有效的方法即是向他人解說一遍，在表達與傾聽的過程中，不僅對被指導者有利，更有利於指導者（Slavin,1990; Webb,1985）。在合作學習中，學生透過小組討論的過程，增進互動的機會，同時透過同儕教導，使得學生有更多機會對學

習教材進行認知的再建構或精熟，而增進了學習成就。

就認知學習理論的觀點而言，合作學習對學生學習成就的影響，是因採用合作作業之故。因為合作的情境，提供學生互相討論、爭辯、陳述與聆聽他人觀點的機會，學生彼此之間的互動促進了知識的發展，因而能增進其學習成就。

三、合作學習教學法

自一九七〇年代以後，合作學習備受矚目，且發展出許多不同方法，有關合作學習的教學策略有數十種之多（Nattiv, 1994），各有其適用範圍與特色。較常被採用的教學法大致區分為下列數種：

㈠美國約翰霍普金斯大學Slavin等人（1986）所發展之「學生小組學習法」（Student Team Learning; STL），在所有合作學習實驗研究中，超過半數皆涉及學生小組學習法（Slavin, 1995）。包括以下五種：

1.「學生小組成就區分法」（Student Team Achievement Division; STAD）：可適用於各個學科、年級。

2.「小組遊戲競賽法」（Team-Games-Tournaments; TGT）：可適用於各個學科、年級。

3.「小組輔助個別化學習法」（Team Assisted Individualization; TAI）：適用於三至六年級的數學科教學。

4.「合作整合閱讀與寫作法」（Cooperative Integrated Reading and Composition; CIRC）：適用於三至五年級的閱讀與寫作教學。

5.「拼圖法第二代」（Jigsaw II）（Slavin,1995）：適用於社會學科、文學或自然科的概念。

㈡美國德州大學 Aronson、Stephan、Sikes、Blaney 和 Snapp（1978）所提出的「拼圖法」（Jigsaw）：對於增進不同種族關係和情意方面有其成效。

㈢美國明尼蘇達大學Johnson兄弟所提出的「共同學習法」（Learning Together; LT）：特別強調面對面互動與團體歷程（Johnson & Johnson, 1987）。

㈣以色列特拉維夫大學 Sharan 等人所提出的「團體探究法」（Group Investigation; GI）（Sharan ed.,1990）：特別強調高層次認知能力的學習。

㈤美國學者 Kagan 提出的「協同合作法」（Co-op Co-op）（Kagan, 1985）：強調彈性的合作學習技術。

㈥美國史丹福大學Cohen所提出的「複合教學法」（Complex Instruction; CI）：著重發現導向的學習（Cohen,1986）。

合作學習雖然包含很多不同的方法，但各種方法皆有其適用範圍與特色，教師宜根據學生程度、教材性質、年級或其他特殊需要採取不同的設計。本文僅就其中較常應用於教室中的方法，介紹如下：

㈠學生小組成就區分法（STAD）

學生小組成就區分法（STAD）是 Slavin 於一九七八年所發展，它是最容易實施的一種方法，適合於初次嘗試採用合作學習者，此法可普遍適用於各學科與各年級，因其所使用的內容、標準及評鑑均和傳統方法無異，且應用的範圍最廣，實施效果最顯著。在教學活動進行之前，教師須事先準備作業單、作業答案單、小考單、小考答案單、小組總分單、合作技巧觀察表等，以利教學實施。其教學流程說明如下（Slavin, 1990,1995）：

1. 全班授課（class presentations）

由教師以講述法直接進行教學或引導課堂討論，亦可利用視聽媒體介紹教材內容。

2. 分組 (teams)

　　教師必須依學生的能力水準、性別或其他社會背景、心理特質,將學生分成若干四至五人的異質性小組。當全班授課後,通常教師會提供作業單或其他教材,讓小組同學共同討論問題、完成作業單、比較作業答案,並相互訂正錯誤,以建立正確觀念。小組成員必須一起學習以精熟單元教材,共同完成學習目標。

3. 小考 (quizzes)

　　教師藉由小考來評鑑其學習成果。在教師進行教學及小組練習後,每位學生必須參加小考,以評鑑其學習成果。在小考中成員不得彼此互相幫助,每位學生都必須為自己過去所學的負責。此外,亦可以小組表演、報告等其他方式作為評鑑方式。

4. 個人進步分數 (individual improvement scores)

　　進步分數是每位學生的「小考分數」減去各自的「基本分數」而得。通常以每位學生過去的成績記錄(如數次小考的平均分數)作為「基本分數」,將每次合作學習的「小考分數」與「基本分數」之間的差距分數換算成「積分」。同一組每位成員的進步積分的平均數即代表小組分數,有關個人進步分數之換算如表 13-2 所示(Slavin, 1995),而其中之「積分」與「優異者」之標準,可由教師根據學生的實際表現自行訂定。例如:小組積分二十五分以上為優秀小組;個人分數為九十分以上者為表現優異者。

5. 小組表揚 (team recognition)

　　對於優秀小組和表現優異的個人,教師可利用獎狀、獎賞、班級公布欄或班刊等方式,以表彰表現優異的個人和高積分的小組,同時也可考慮將小組分數作為學生學習成績的一部分。

表 13-2 進步分數與積分之換算表

進步分數（A）	積　分
A <-10	5
-10≦ A < 0	10
0≦ A ≦ 10	20
10 < A	30
A 為優異者	30

資料來源：Slavin（1995）.*Cooperative Learining.* p.80

(二)小組遊戲競賽法（TGT）

　　小組遊戲競賽法（TGT）是由 DeVries 和 Slavin（1978）所發展的，其實施方式與 STAD 相似，除以學業遊戲競賽（academic game tournament）代替 STAD 中的個別小考，以能力系統取代進步分數外，其餘有關小組的組成、教材的學習以及獎勵方式等教學流程，皆與 STAD 類似（Slavin,1990,1995）。在教學活動進行之前，教師須事先準備教材、進行分組和分配競賽桌；準備教材包括：作業單、作業答案單、小考單、小考答案單、小組總分單、合作技巧觀察表和競賽規則等，以利教學實施。其教學步驟如下：

1. 全班授課

　　首先由教師進行全班授課，提示教材要點，而後分派各組一張作業單，由小組成員共同學習，並確定各組成員皆已精熟教材內容，在每一單元完成後，舉行每週一次的學業遊戲競賽。

2. 分組

　　與 STAD 相同。

3.學業遊戲競賽

　　學業遊戲競賽是以該學習單元教材為內容，採抽題回答方式進行，以測驗學生的學習成就。每位學生依其程度代表其所屬小組至指定的遊戲桌，與程度相當的其他小組同學競賽，其進行方式係由學生輪流就所抽到的問題回答，或就他人不會的問題進行搶答。每一桌分別依各小組代表答對題目多寡來計算其得分。遊戲結束後，回到原先小組計算競賽所得分數，並比較各組得分，若超過預設標準，則可獲得表揚或獎勵。

　　競賽時採能力系統，即每組的第一名在第一桌比賽，第二名在第二桌比賽，以此類推；而第一次比賽係由教師根據學生成績指派學生到不同的競賽桌，而後依競賽表現重新調整能力系統，採跳桌方式（bumping），讓學生依實際表現調整遊戲桌，即依照每次競賽結果，將各桌的最後一名在下次競賽時調至下一桌與能力較低者比賽，最後一桌的最後一名仍在原桌，而將每桌的第一名調至上一桌與能力較高者較勁。

4.個人進步分數

　　就個人所得分數轉換成團體分數，以決定優勝小組，並予以獎勵。

5.小組表揚

　　與 STAD 相同。

㈢小組輔助個別化學習法（TAI）

　　小組輔助個別化學習法（TAI）適用於三至六年級的數學科教學，其特色是結合合作學習與個別化教學，試圖以合作學習小組的團體獎勵結構，來解決個別化教學中諸如班級管理或學習動機等方面的問題，以使教師有更多時間來教導學生，並處理學生學習程度差異的難題，而不必浪費太多時間於班級管理上。其教學準備工作包括準備教學單元學習手冊、進行分組與安置測驗；其實施步驟如下（Slavin,1995）：

1. 分組

TAI 之實施如同 STAD 一般，首先須建立四至五人的異質性小組。

2. 安置測驗（placement test）

在學習前先進行安置測驗，以便配合個別化方案，了解學生的起點行為，來決定每位學生學習個別化的編序單元教材。

3. 學習教材內容

學生在自己的小組內依照數學教學單元學習手冊（包括學習指引頁、技巧練習頁、形成性測驗、單元測驗及解答等部分）進行自我教學。

4. 小組學習

每次上課中，教師會召集各小組相同程度學生組成教學小組，利用十至十五分鐘時間進行同質組教學，介紹一些主要概念並幫助學生解決問題。在小組研究時間，小組成員使用答案單檢查彼此的習作與練習測驗，共同討論問題，並且幫助其他成員精熟學習內容，每一位學生必須通過形成性測驗後，才能進行單元測驗。若未能通過，教師則再進行測驗、訓練與補救教學。

5. 小組評分和表揚

通常教師會事先告知學生，並給予練習作業單，使之用心準備測驗，最後在每週的單元學習之後，以合作學習小組每位學生最後的單元測驗分數平均作為小組分數，以決定優勝小組，給予獎勵和表揚。

6. 全班性的單元教學

每三週進行一次，教師停止個別化的教學，進行為期一週的全班教學，以綜合整理學習單元。

㈣合作整合閱讀與寫作法（CIRC）

　　合作整合閱讀與寫作法（CIRC）是針對傳統小學語文科教學中，閱讀（reading）、寫作（writing）及語文（language art）三種課程相互孤立，缺乏聯繫與統整，因而融合有效的認知策略與合作學習而發展出來（Stevens, Madden, Slavin, & Farnish, 1987）。CIRC 課程包括三項重要活動：讀本相關活動（basal-related activities）、閱讀理解的直接教學（direct instruction in reading comprehension），以及語文、寫作的統整（integrated language art and writing）。所有活動的進行都在異質性的學習小組中進行，依照教師授課、小組練習、個別練習、同儕預評（peer preassessment）、課外練習，以及測驗等教學流程反覆進行（Slavin,1995），其實施要點如下：

1. 閱讀小組

　　在實施 CIRC 之前，教師根據學生的閱讀程度，將整班學生分成二至三個閱讀組，每組約八至十五人。

2. 分組學習

　　而後在每個閱讀組中再分若干個二至三人的配對組，而每一配對組再與其他閱讀組的配對組混合編成異質性的學習小組，進行教學與學習活動。小組成員依個人在所有小考、作文、讀書報告的分數可得到若干積分，而成員得到的積分決定了各小組分數高低和得到獎勵與否。

3. 讀本相關活動

　　先由教師介紹讀本內容並引導學生學習，包括：訂定閱讀目標、介紹生字、複習舊詞彙，並於學生閱讀後進行討論。而後學生於各小組中進行學習活動，包括配對閱讀、故事結構和寫作練習、生字朗讀、字義說明、故事重述、生字練習、同伴預評和測驗等項。

4.閱讀理解的直接教學

教師每週進行一次直接教學，教導特定的閱讀理解技巧，如確認內容要點、了解因果關係、作推論等。每單元結束後，小組成員共同完成閱讀理解作業單。

5.語文寫作的統整

在語文課中，教師實施特別設計安排的語文寫作課程，此課程強調寫作過程，語文分析技巧只作為寫作的輔助，而不特別強調。在寫作時，除練習指定題目外，還須學會自己選取主題，也學習不同的寫作技巧，如報章、小說、書信等方式。當學生與教師、組內同學就其觀點與計畫進行討論後，即擬定草稿，再和組內同學交換意見並修正文章，最後由小組共同進行編輯工作，再行發表。

6.獨立閱讀和讀書報告

每單元結束後，教師可安排一獨立閱讀時間，檢驗閱讀記錄表（學生每晚最少須閱讀二十分鐘），和定期的讀書報告，按時完成作業者，可為小組爭取分數。若提早完成者，則可於教室中自行閱讀書籍。

㈤拼圖法第二代（Jigsaw II）

「拼圖法」（Jigsaw）原係 Aronson 和其同事所發展（1978），其實施方法是讓學習小組每位學生學習教材的部分內容，而後互相教導其他成員，以增進同學間的相互依賴。拼圖法後經 Slavin（1986）的改良，加入如 STAD 的「小組獎勵結構」和「進步分數」等要素，以增強其結構的相互依賴，稱之為「拼圖法第二代」（Jigsaw II）。Jones 和 Steinbrink（1988）又提出了「拼圖法第三代」（Jigsaw III），即在「小考」階段前，加入了「考前合作複習」（cooperative test review），即由小組成員共同複習學習內容，並互相提問，以精熟教材內容，為小考作準備。實證研究結果顯示：拼圖法第二代的學習成效，優於原始拼圖法；而拼圖法第三

代的學習成效，又高於拼圖法第二代（Jones & Steinbrink, 1989）。

　　在國內，簡妙娟（民88）曾實施合作學習拼圖法第二代實驗教學，發現拼圖法的實施大都以學生為中心，使得教師「解惑」的角色難以完全發揮。因此，在「考前合作複習」之前，加入「教師回饋」，以解答學生所提出之疑難問題，增強教學效果，稱之為「拼圖法第四代」。

　　各種拼圖法均適用於社會學科、文學或自然學科的概念學習。以下簡要說明較常使用的「拼圖法第二代」（Jigsaw II）教學前準備工作和教學流程。實施拼圖法第二代，教師事先的準備工作如下（Slavin, 1990）：

1. 準備上課所需資料

　　包括：(1)選擇、決定教材內容，可直接利用現有教科書之教材內容；(2)擬定「專家單」，其內容須涵蓋該單元中的重要主題；(3)準備小考題目，題數最好為主題數的倍數，並平均涵蓋各主題；(4)準備「討論大綱」，供小組進行相關問題的討論，但實際之小組數和各組人數，可依照不同的教材特性，作彈性調整。

2. 分配學生到學習小組

　　將全班學生分派成異質性小組，作法如 STAD 一般，而此學習小組的每組人數最好不要超過六人，且最好將學生分成五組。而教材亦配合分為五個主題，小組內每人分配一主題，另安排一人為候補人員，以備有人缺席時，各小組子題仍有人負責。

3. 分配學生到專家小組

　　教師主觀決定或以隨機方式，將學習小組學生分配到不同的專家小組，而每專家小組最好包括不同能力的學生。若學生人數超過二十四人，則可讓兩個專家小組同時研究同一專家主題。

4. 決定分數的計算方式

　　教師必須事先定出學生的基本分數，以及分數的換算方式。其作法亦

如 STAD。

準備好上述工作，即可進行拼圖法的合作學習，其教學流程說明如下（Slavin, 1990）：

1. 全班授課

此階段學生集合至所屬的學習小組，教師先進行全班性之授課，包含教師教學及學生閱讀教材兩部分。教師授課係在提綱挈領地說明學習目標和大綱，並指導學生學習要點。而後分配學生到各學習小組研讀全部的學習單元，並加強閱讀指定主題的相關教材內容。若相關教材資料較多時，可指定為家庭作業，事先預習。每位學生皆可依據所分配之專家主題取得一張「專家單」，若小組人數超過專家主題的數目，則其中兩人可研讀相同主題。

2. 分組學習

先到專家小組討論，負責相同主題的各組代表集合成立專家小組，共同研究該專家主題的教材內容，以達精熟程度。同時指定某位同學擔任討論領導者，以督促每位成員參與討論內容，且所有成員在討論過程中必須將討論重點作成筆記，以作為回原小組報告之依據。在專家小組進行討論時，教師必須巡視各組，以協助討論順利進行。

而後各專家小組成員回到原來的學習小組，向同組成員報告其在專家小組的討論結果，並使各成員互相協助熟悉所有的教材內容。此階段教師亦應巡迴於各小組之間，以了解學生的學習狀況。

3. 進行小考

每位學生皆須參加個別的測驗，測驗時發給每位學生一份小考單，由學生獨立完成小考試題，藉以了解學生的學習情況。小考時間最好不要超過十分鐘，但必須讓學生有足夠時間作答。而後由學生互相訂正，並將個別分數依據進步分數與積分之換算表，再轉換為小組分數。

4.小組表揚

　　表揚方式亦如 STAD 一般，對於表現優異的個別學生或成績最好的小組分別表揚。

㈥共同學習法（LT）

　　共同學習法（LT）是 Johnson 兄弟於一九七五年所發展出來的合作學習策略，是最簡單的合作學習法，應用上相當普遍。此方法是使學生在四至五人的異質性小組中，根據教師分派的工作單一起學習，而後每小組繳交一份代表成員努力成果的工作單，以此作為小組獎勵的依據。其實施特別強調共同學習前的小組建立（team-building）及小組運作中的團體歷程。到了一九八四年，Johnson 兄弟修改上述方法，並將之稱為「學習圈」（Circles of Learning），提倡建立二至六人的異質小組，小組成員彼此分享資源和互相幫助，考試成績採個別計算，當小組整體表現或是成員個別表現達到預設標準，即可獲得獎勵，但小組和小組之間的關係可以是競爭，也可以是合作，其形式由教師決定。Johnson 兄弟提出了十八項教學步驟，但在實際應用時，教師可依所面對的教學情境與需要，調整或選擇合宜的步驟與策略（Johnson & Johnson,1994）。

1.說明教學目標

　　在上課之前，教師應向學生說明學業目標和合作技巧目標，幫助學生了解學習所應達成的目標。

2.決定小組人數

　　教師根據教學時間、教材、學生能力和合作技巧等因素，決定小組的人數。一般而言，每組人數以不超過六人為宜。

3.進行分組

　　為增進學生的思考、專注學習行為，以異質性分組為佳，並維持較長

期的分組方式。

4.安排教室空間

小組間座位安排以不相互干擾討論，且便於教師到各組參與為原則。小組內座位安排以圓形為佳，以方便學生面對面的討論。

5.規畫教材以增進相互依賴

教師須妥善規畫教材，以促進組間和組內的相互依賴。教師通常可藉由教材相互依賴、資訊相互依賴以及組間競爭的相互依賴等三種分配方式，視實際情況選擇運用。

6.分派角色以增進相互依賴

為有效達成小組目標，可分派每一成員一角色（例如報告者、協調者、觀察者、記錄者等），以協助組間成員產生積極的相互依賴。

7.解說學科作業

教師向學生解說作業內容，對於課程內容的重要概念、原則與程序，和作業的方式，都必須向學生交代清楚。此外，可採問答方式，以了解學生的學習情況。

8.建構目標的積極相互依賴

小組內的每個成員都必須負起學習完指定的教材、確認組內其他成員和全班所有同學也都學會指定教材等三項責任。而教師經由要求小組成員共同完成一份作品或一篇文章、報告，且對優異小組提供小組獎勵方式，來增進積極的相互依賴。

9.建立個人的績效責任

合作式的小組學習，除強調小組的團體績效外，最重要的是建立個人的績效責任，每位學生都必須努力學習，以完成團體目標。在學習過程中，為避免小組成員投機取巧「搭便車」，影響組內的合作學習，教師除

提供鼓勵與協助外，應經常評量每位小組成員的表現水準。

10. 建構組間合作

藉由每一小組的合作方式，推展至組間的合作和全班性的合作。當有小組完成任務時，教師應鼓勵該小組去幫助其他小組以完成其任務。班上所有小組都達到預定的目標時，教師則應給予全班鼓勵。

11. 界定成功的標準

課程開始時，教師即應提出評量學習成果的標準，並解釋清楚，而評量必須是客觀、標準參照，且是合理可接受的標準。

12. 界定理想的行為

教師必須具體的界定學生在學習小組中，適當而理想的合作行為，並指導學生表現出理想的行為。

13. 督導學生的行為

合作學習小組開始進行時，教師必須透過各種方式，如觀察，來督導學生合作地完成指定的工作。

14. 提供作業上的協助

各小組的學習有困難時，教師宜使用較具體的說明，澄清教學，答覆問題，鼓勵討論，以增強其學習效果。

15. 介入教導合作的技巧

除開始進行合作學習前的合作技巧教導外，在實際運作時，若學生仍欠缺合作的技巧，教師可以諮詢的方式適時介入，提供有效的社會技巧，以協助學生有能力解決困難，但避免直接替學生解決問題。

16. 提供課程單元的總結

當某一單元課程結束時，可由師生共同整理所學的教材，以掌握教材

重要概念；或由教師整理教材重點，並由學生回憶或舉例說明等方式，來統整教材重點。

17.從質量兩方面評量學生的學習

合作學習特別重視合作技巧的學習與運用，因此，學習成效的評量，除學業成就的評量外，亦應評量其合作技巧，並將其合作成效回饋給小組成員。評量方式，除傳統的紙筆測驗外，應特別注重質的評量，以了解學生真正的學習成果。

18.評估團體運作的績效

任何合作學習小組都有兩個主要目標，其一為成功地完成工作，其二要建立與維持良好的工作關係。因此，教師可就此二項來評量學生的團體運作情形，並給予適當的指導。

㈦團體探究法（GI）

團體探究法（GI）是由Sharan等人於一九七六年發展出來的。它主要根據 Dewey「學生為中心」的教育理念，提供學生廣泛而多樣的學習經驗。團體探究法的班級教學結構有四個主要特性（Knight & Bohlmeyer, 1990）：(1)將學生依其興趣編組成「研究小組」，讓各個小組選擇不同的研究主題。(2)使用多樣的學習作業，由學生分工合作探究，增進小組成員的相互依賴。(3)學生間進行主動、多向的溝通，除搜集資料外，學習尚須運用主動學習技巧，與小組同學共同進行計畫、協調、評鑑、分析與統整活動。(4)教師必須採用間接的班級領導方式，與小組溝通並輔導小組探究。

採團體探究法其事前的教學準備工作非常重要。教師要從教材中挑選適合探究的主題，準備團體探究作業，向學生引介探究計畫，以及引導學生的探究歷程，協助維持合作的學習。其教學過程共包含了六個連貫的階段（Knight & Bohlmeyer, 1990; Sharan & Sharan,1994）：

1. 全班決定次主題，並編組成研究小組

　　教師先解說大的主題，在師生共同提出問題後，透過全班討論將問題歸類為次主題（subtopic）。而後學生依其興趣，選擇探究的次主題，而後逐漸形成二至六人的研究小組。

　　此階段有三個目標必須考慮與注意：教學目標要使學生研究的次主題切合大的主題；組織目標要使研究小組能維持與交換資訊；社會目標要能使學生相互幫助，建立協助與支援形式。

2. 小組計畫探究活動

　　小組成員合作共同計畫所要探討的內容、採用的方法及決定如何分工。此階段注重從合作計畫的過程激發學生的個人參與，並協助學生了解學習的重要性。

3. 小組進行探究

　　教師須安排各種校內外的資源，小組成員藉由資料的搜集、組織、分析，進行討論、交換觀念、澄清並整合發現，且作成結論。此階段須有較多的時間讓學生完成他們的研究計畫。必要時，教師亦可暫時停止小組研究工作，以教導團體歷程或研究的技巧。

4. 小組計畫成果發表

　　小組成員合力分析與評鑑其所搜集之資料，各組須提出其探究主題的摘要，由各組代表所組成的班級指導委員會（steering committee）審議各組發表的內容，並協調發表時間。

5. 小組向全班發表探究成果

　　小組成員可採用短劇、猜謎、辯論、角色扮演、口頭報告等有創意的方式，向全班發表探究的結果。而班上其他同學可就各組發表情況給予評鑑。

6. 師生共同評鑑計畫

　　學生可向個別的同學與其他小組同學提供回饋，或向教師提出問題作為考試題目等方式，並由教師共同參與評鑑的過程。教師可就學生在全部探究活動中所使用的探究與合作技巧，進行個別評鑑。團體獎勵包含教師與同儕的表揚與讚美。

　　不同的合作學習方法各有其不同特色與適用情況，因此，教師在選用合作學習方法時，除必須考量科目、課程、學生程度，以及教學目標等因素外，更須了解不同合作學習方法的特色，方能選用適當的合作學習方法。以下茲就各主要合作學習方法的適用範圍及特點列表（表 13-3）說明之（林佩璇，民 81；Slavin,1995）：

表 13-3　合作學習方法的適用範圍及特點分析

方　　法	適　用　範　圍		特　　點
	年級	學科	
學生小組成就區分（STAD）	國小～高中成人	1. 任何有單一正確答案的學科	1. 經常性的小考提供師生立即性的回饋 2. 以進步分數鼓勵學習 3. 適用於大部分學科
小組輔助個別化學習法（TAI）	國小 3～6 年級	1. 數學科	1. 滿足學生個別差異 2. 教材完整提供練習機會 3. 有效增進數學技巧
合作統整閱讀與寫作（CIRC）	國小 3～5 年級	1. 語文	1. 設計一系列活動並提供練習機會，能增進學生語文能力 2. 統整閱讀、寫作和語文
小組遊戲競賽（TGT）	國小～國中	1. 任何有單一正確答案的學科	1. 學生享受競賽的樂趣 2. 提供公平競爭的機會 3. 適用於大部分學科

方　　法	適　用　範　圍		特　　　點
	年級	學科	
拼圖法 （Jigsaw）	國小 4 年級以上	1.社會 2.文學 3.科學	1.強調成員間的相互依賴 2.發揮同儕教導的功能 3.增進討論表達能力 4.適用於自由研究的學科
拼圖法第二代 （Jigsaw II）			5.經常性的小考提供師生立即性的回饋 6.加入團體獎勵增進學習
共同學習法 （LT）	國小高年級～高中	1.數學 2.科學	1.強調建構合作學習環境 2.重視互動、團體歷程 3.教導合作技巧 4.以團體作業方式進行，共同完成並呈現團體學習成果
團體探究法 （GI）	國小高年級～高中	1.文學、語文 2.科學 3.社會	1.提供多方面的學習作業活動 2.學生進行主動多向的溝通 3.增進高層次的認知能力

四、合作學習教學法的疑惑與討論

　　由於許多實證研究支持了合作學習的成效，使得合作學習被視為增進學生學習成效的「萬靈丹」，事實上，並非所有的合作學習教學都能達到合作的效果（Blumenfeld, Marx, Soloway, & Krajcik,1997）。合作學習實施的成功與否，除受到小組成員凝聚力、成員完成小組任務的意願及任務本身的特性等因素的影響（Leonard & McElroy, 2000）外，亦與教師本身的實施意願、專業素養與教學風格有關。以下就實施合作學習可能面臨的相

關疑惑提出討論。

(一)為何要實施合作學習？

在民主社會中欲使學生能適應民主生活，必須教導學生有與他人一起工作達成民主教育目標與合作的能力與責任，使之學習如何推理、思考不同觀點、發展個人見解。Rolheiser 與 Glickman（1995）認為，「合作學習」是達成民主教育目標最有效的教學策略之一，此為合作學習在民主社會中受到重視的主要原因。再者，大量的實證研究證實了合作學習能增進學生各方面的學習成效，因此，在提升學生學習成效的教學改革中，合作學習便成為教師的最佳選擇之一。

(二)合作學習在國內可行嗎？

有人質疑合作學習是否受文化、歷史背景或地理環境等因素而影響其適用性。儘管我國的文化背景與社會環境與美國大不相同，但國內已有一些教師開始嘗試實施合作學習，進行班級教學實驗研究或是行動研究，並提出合作學習在國內實施的實際問題和困難，可作為實施之參考。國內實施合作學習在應用對象上，涉及所有教育階段對象，並包括特殊教育學生（何素華，民85；謝順榮，民87；林雅芳，民91）。研究範圍非常廣泛，包括國語的閱讀理解（湯平冶，民90；陳淑絹，民84）、英語（余光雄，民84；杜紹萍，民88；賴美雯，民91）、數學（黃政傑等人，民84；張景媛，民84；劉錫麒，民80）、社會（周立勳，民83；游惠音，民85）、地理（李日順，民90）、公民與道德（張秀雄、吳美嬌、劉秀嫚，民87）、地球科學（吳育雅，民84；邱美虹、林妙霙，民85）、理化（陳瓊森，民85；黃建瑜，民88）、生物（李嘉祥，民87）、化學（楊宏衍、段曉林，民87）、音樂（葉淑真，民82）、體育（熊明禮，民85）、電腦（鍾樹樑、林菁，民83；鍾樹樑，民85）、會計（陳美紀、徐敏芳，民88）、藝術與人文領域（林意梅，民90）等科目。在實施方法上，亦嘗試採用各種不同的合作學習法，其中以採用 STAD 者居多（黃政傑、林佩

璇，民 81；周立勳，民 83）。在學習成效上，對於認知、態度和情意、行為和技能等方面都有所探討，且見成效（簡妙娟，民 89），足見在國內推展合作學習是可行的。

(三)如何調整教師角色？

在實施傳統教學的教室中，是以教師為中心，教師是知識的提供者、傳遞者，唯一的資源者、評鑑者。合作學習使得教師和學生都有新的角色，在合作學習的教室中，是以學生為中心，因此，教師必須放棄原有的主導地位，成為學習的促進者。在決定實施合作學習時，教師的角色有別於傳統教學教室中的角色而有所改變，包括：(1)教學前的決定：包括決定教學目標、教材、分配學生的各小組、指定學生角色和安排教室空間。(2)確認小組工作：包括說明學科任務、建立積極的相互依賴，以及列舉行為目標。(3)實施合作學習：包括觀察學生的互動行為，並提示每階段教學活動結束時間。(4)教學後活動：包括從質和量兩方面評鑑學生的學習，分析團體合作的成效（Johnson & Johnson,1994）。

(四)如何進行分組？

合作學習強調異質性小組的組成，因此進行分組時，除考慮課業成績外，尚須考慮性別、家庭背景、同儕關係等因素，通常是依其成績高低順序排列後，再依序（S 形排列）分配於各組，若遇有同分情形時，則同時考慮學生家庭背景或同儕關係加以調整，將學生分派成異質性小組。至於每組人數的多寡，並無一定的準則，通常為二至八人，須視所採取的合作教學法和教學目標來決定，團體大小會影響其互動的情形，一般以五至六人為宜。至於合作學習分組時間，最少須維持六週時間，以建立組內合作關係；通常合作學習分組以六至十週較為理想，以避免時間過久造成組員之間彼此厭煩（Aronson & Patnoe, 1997）。因此，合作學習在實施六至十週後，應進行第二次分組。

㈤如何改善班級秩序？

　　教室管理問題是教師實施合作學習會面臨的另一個挑戰。在實施傳統講述法的教室中，學生靜坐原位，仔細聆聽教師授課；但在實施合作學習的教室中，學生必須透過小組討論來進行溝通與學習，討論的聲音此起彼落，且教室座位改變，因此其教室秩序必不如實施講述法一般容易控制。教師對於教室秩序改變的情況應坦然接受，且應注意教室秩序的管理，例如：除隨時提醒各小組降低音量，以免干擾他人學習外；巡迴各小組了解其討論情形，以避免學生聊天、浪費時間；進行組內互評，對於認真參與討論的學生，給予表揚或獎勵；對於順利運作的小組，給予回饋以增強其合作行為。然而最終的目的則在進一步培養學生自律精神，以改善教室秩序。

㈥如何控制教學進度與時間？

　　教學時間的控制亦是實施合作學習常會面臨的問題。教師慣用的講述法是最能控制教學時間與進度，但卻剝奪了學生思考和討論的機會，合作學習的教學設計提供學生更多思考、討論和發表的機會，因此所需時間必多於傳統的講述法，且在教材內容豐富和學校教學進度的要求下，教師在嘗試實施合作學習初始時，會面臨時間不足的壓力，但在師生皆熟悉教學流程後，此一情形會逐漸改善。同時，可藉由鼓勵學生回家先行預習下次教材內容、有效掌控活動進行和討論時間、指導學生善用小組時間等方式，來改善教學時間不足的問題。

㈦如何培養合作技巧？

　　合作技巧是合作學習成功的要素之一，在傳統教學中，學生少有機會進行同儕互動與練習合作技巧，合作技巧是必須適當教導的，而且整合至所有課程中，才能使合作學習成功（Pirrello,1994）。因此，教師在實施合

作學習之前，必先教導學生認知合作技巧的重要性、了解合作技巧的內容
（包括工作技巧和社會技巧），甚而熟練合作技巧而自然表現，才能達成
合作學習的教學目標。此外，教師在教導學生合作技巧時，必須注意以下
要點，方能事半功倍（Johnson, Johnson, & Holubec,1994）：(1)讓學生了解
合作技巧的必要性；(2)清楚界定這些技巧，並確定學生了解合作技巧；(3)
鼓勵學生練習這些技巧；(4)提供團體歷程讓學生有時間討論，並自我反省
應用這些技巧的情形；(5)鼓勵學生持續練習這些技巧，直到完全內化。合
作技巧必須透過不斷的練習，才能熟練，完全內化後而自然表現。

(八)如何進行教學評量？

合作學習的教學方式有別於傳統的教學方式，所採取的評量方法亦應
有別於傳統的紙筆評量方式。但是實施合作學習的多數教師仍採用傳統以
教師為中心的評量方式，忽略了讓學生參與評量過程而導致過於主觀的缺
失，實有待改進（Guzzio,1996）。因此，合作學習成效的評量如同多元化
評量方式一般，強調歷程而非僅著重結果的評量，同時採用多元的評量方
式，包括「評量者的多元」──評量者除了教師以外，也可以是家長、同
儕或學生自己；以及「評量方式的多元」──報告、表演、資料蒐集、作
品設計製作、實作、欣賞等方式。此外，在每個教學階段都必須予以評
量，例如：教學前，要求學生蒐集相關的教學資料的過程，並納入評量項
目中；教學中，可採觀察方式來評量；教學後可採研究報告、口頭報告、
演示、實作或利用檢核表、評定量表等方式進行教學評量，以了解學生的
實際表現（Johnson & Johnson, 1996）。

五、合作學習教學法的評價

自七〇年代以來，合作學習因應著時代潮流及社會趨勢而發展，備受
矚目且廣為運用，也因而在教學研究的領域中累積了豐碩的研究成果。由
於合作學習的教學成效並不亞於傳統講述法，甚至優於傳統講述法，因而

使得合作學習深受教師青睞，並成為研究的焦點。然而一味強調合作學習的優點，卻常忽略其弱點，以下試就合作學習的教學設計的不足之處，提出討論。

就教學設計而言，為增進成員合作學習的動機，教師通常會採用團體計分的方式，以團體合作結果（小考、作業、報告等）作為獎勵基準，即同一小組中的成員分數相同。事實上，上述計分方式並不公平，每一個成員的努力不同，學習成果當然有所差異，且為避免「搭便車」（free-rider）的情形產生，學生宜有其個別成績。改進之法即是除了考慮小組成績之外，可透過教師觀察或組內互評方式，對於表現較好或是較努力的成員給予加分。

其次，團體目標（或團體獎勵）被視為合作學習成功的主因，值得進一步探討的是：在沒有團體獎勵的情形下，學生是否願意繼續合作學習；而且不同的獎勵結構對合作學習成效的影響是否不同，值得進一步探討。再者，合作學習強調個人績效責任，其前提是團體成員必須為每一個人的學習負責，這對學生來說是一項沈重的負擔，學生們是否有能力來為教學成敗負責任，亦是值得考慮的問題。

再者，就合作學習小組的組成設計來看，基本上，每一合作學習小組皆包含高、中、低能力學生，為一異質性小組；理論上，高能力學生比其他成員懂得多，必須教導其他成員，共同合作學習；但是，如果教材內容過於抽象或艱深，這些學生如何教導他人，或者高能力學生無法勝任教導的工作，誰來負責教導。因此，教師在設計合作學習教材時，必須同時考慮教材的難度與學生的能力問題；此外，進行教學時，教師必須時時觀察各小組學習情形，針對互動不佳的小組進行調整。

最後就教學應用而言，雖然實施合作學習能提升學生的學習成效，但有些教師仍未能勇於嘗試，除了因為現行教育方式仍強調學習內容的記憶和學生的個別表現等外在因素影響外，還受教師本身的內在因素影響，包括教師個人的教育哲學與實施合作學習的技巧。其中最主要的原因是：許多教師無論在師資養成訓練過程或是在職進修中，從未接受過合作學習的相關訓練，不知如何實施合作學習。而了解合作學習的實施方法的教師，

面對費時準備合作學習教材與教具、教室管理困難、教學時間不足、學生
缺乏合作技巧等問題，無法有效解決而卻步。合作學習包含許多不同的教
學模式，且各有其理論基礎、教學結構、特色與適用情境，教師若能了解
每一教學模式的特質，善加運用，將有助於教學成效的提升。

六、教學實例

　　實施合作學習之前必須先進行分組，教導學生合作技巧，並說明合作
學習教學流程，以利教學活動的進行。以下有關合作學習的教學實例，首
先提供合作學習小組的建立活動教學設計，其次分別介紹學生小組成就區
分法（STAD）與拼圖法第二代（Jigsaw II）的教學實例，內容包括：教學
流程與相關教學資料。

(一)合作學習小組建立活動（簡妙娟，民89）

單元名稱：小組建立活動　　　　　　　　　　　設計者：簡妙娟老師
主題：破方塊遊戲及合作學習教學流程簡介　　　教學時間：100分鐘

教學目標	教　學　活　動	教學材料	時間	備註
·引發學習動機	壹、準備活動 一、教師依據法律知識前測成績，將學生分成八個異質性小組，每組五至六人。 二、準備八張色紙（四種不同顏色），製成八種不同形狀之拼圖，並將每組成員之座號書寫於拼圖的每一片背後，而後依其形狀剪開。 三、說明本活動的意義與實施方法。 四、教師簡要介紹本學期將採用「合作學習─拼圖法第二代（Jigsaw II）」。	前測成績 學生名單 分組名單 色紙八張 投影片	 10分	

教學目標	教 學 活 動	教學材料	時間	備註
	貳、發展活動			
	一、小組建立活動			
·建立合作學習小組	1.教師將事先準備之拼圖紙片,依背後之座號分派給每一位學生。			
	2.在不能交談的情況下,學生根據手中紙片的顏色、形狀,自行尋找夥伴,完成拼圖者,即同組成員。	色紙八張	10分	移動桌椅同組成員坐在一起
·能和同學共同進行討論	二、小組討論活動			
	教師指示各小組進行四項工作:			
	1.分享上述小組建立活動中的合作經驗。			
·能發表討論結果	2.討論「合作」的意義,和如何達成團體目標的方法。			
	3.選組長,並討論組名、組呼。		30分	將確定的組名寫於黑板上避免重複
	4.填寫小組成績記錄表。	白紙小組成績記錄表		
	～第一節終了～			
·了解合作學習的教學流程	三、小組發表時間		20分	
	1.發表組名、組呼。			
	2.各組至少提出一個「合作」的意義,和一個達成團體目標的方法。			
·了解如何培養合作技巧	四、教師講評。		5分	
	五、教師介紹合作學習 Jigsaw II 的教學流程。	投影片講義	10分	
	六、教師說明合作技巧的重要性和內容,並引導如何培養合作技巧。		10分	
	參、綜合活動			
	一、教師鼓勵同學培養互助合作精神,並提示下週教學進度,請同學事先預習。	投影片講義	5分	

㈡學生小組成就區分法（STAD）

在實施學生小組成就區分法之前，除設計教學活動外，必須事先準備各小組所需之作業單、作業單答案、小考單、小考單答案。茲列舉數例如下：

實例一：高中公民科政治單元（簡妙娟，民89）

1.教學流程

單元：第六章　政治的概念　　　　　　　　設計者：簡妙娟老師
主題：政治、國家、政府與國際政治　　　　授課時間：100分鐘

流程	教　學　活　動	教學材料	時間	備註
全班授課	一、說明政治在現代社會的重要性 二、介紹政治單元教材大綱 三、說明政治、國家、政府與國際政治的關係 四、觀賞教學錄影帶	投影片 錄影帶	30分	
分組學習	一、各小組進行討論 1.政治的意義是什麼？ 2.現代國家具有哪些特徵？ 3.何謂民族？何謂民族國家？ 4.國旗和國歌有何重要性？ 5.現代民主國家政府的政策，期望達成哪些社會目標？ 6.何謂國際政治？近年來有何重大變化？ 7.國際法和國際組織的效力如何？ 二、討論作業單 三、核對作業答案單	作業單 作業答案單	45分	

流程	教 學 活 動	教學材料	時間	備註
小考	一、學生進行個別小考 二、批改小考單	小考單	10 分	由學生立即交換批改
小組表揚	一、登記個人小考分數 二、計算進步分數 三、小組得分 四、表揚優勝小組和個人優勝者	成績記錄單 優勝卡	15 分	優勝小組歡呼

2. 作業單

單元名稱：　第六章　政治的概念
討論大綱： 　　　　　一、政治的意義 　　　　　二、國家 　　　　　三、政府 　　　　　四、國際政治
討論要點： 　　　　　一、政治的意義是什麼？ 　　　　　二、現代國家具有哪些特徵？ 　　　　　三、何謂民族？何謂民族國家？ 　　　　　四、國旗和國歌有何重要性？ 　　　　　五、現代民主國家政府的政策，期望達成哪些社會目標？ 　　　　　六、何謂國際政治？近年來有何重大變化？ 　　　　　七、國際法和國際組織的效力如何？

作業練習：

一、是非題：
（　）1. 政治有維持社會秩序的消極功能，及謀社會大眾福利的積極功能。
（　）2. 國家是屬於政治單位，而非文化生活單位。
（　）3. 大部分的現代國家都屬於民族國家。
（　）4. 民族是基於血統、歷史、文化、語言、宗教等因素所形成的，而與民族意識無關。
（　）5. 國旗和國歌是國家的象徵，且隨國家情勢之轉變改變而具時代性。

二、選擇題：
（　）1. 政治決策與經濟、宗教等決策之不同，在於？
　　　　A. 根本性　B. 尊嚴性　C. 權威性　D. 合法性。

（　）2.任何國家政府的首要任務？
　　　　A.安全　B.秩序　C.公正　D.自由。
（　）3.下列有關「國際政治」的敘述，何者「錯誤」？
　　　　A.國與國之間的政治關係
　　　　B.國際間沒有真正的權威決策機構
　　　　C.一國的政治決策可能影響到其他國家的國民
　　　　D.國際法庭可用合法性的武力去強制執行。
三、簡答題：
　1.國父對「政治」所下的定義為何？
　2.現代國家最少須具備哪些特徵？

3.作業答案單

單元名稱：　第六章　政治的概念

一、是非題：
　1.○
　2.×
　3.○
　4.×
　5.×

二、選擇題：
　1. C
　2. A
　3. D

三、簡答題：
　1.國父說：「政就是眾人之事，治就是管理，管理眾人之事便是政治。」
　2.⑴有一定的土地，
　　⑵有固定的人口，
　　⑶有一個政府，
　　⑷享有主權。

4.小考單

單元名稱	第六章 政治的概念	姓　名		得　分	
主　　題	政治、國家、政府、國際關係	座　號		組　別	

一、是非題：48%（每題 6 分）

（　）1.政治學上討論「政治」的概念時，都將國父「管理眾人之事便是政治」的說法，奉為圭臬，作為唯一的定義。

（　）2.政治決策與經濟、宗教決策最大的不同，在其「權威性」。

（　）3.權威性的決策主要是由政府做的，所以討論政治問題，以討論政府問題為中心。

（　）4.政治有維持社會秩序的積極功能，及謀社會大眾福利的消極功能。

（　）5.現代人類關係日益密切，一國之政治決策會嚴重影響他國人民的生活，所以對於國際政治，我們亦應有所了解。

（　）6.當前的國際政治幾乎處於無政府狀態，換言之，國際間並無真正的權威性決策機構。

（　）7.國際法庭設於荷蘭海牙，所謂「國際法」是由國際法庭所制定的。

（　）8.國際法庭對於違背國際法原則之各個國家，具有強制執行之能力。

二、選擇題：49%（每題 7 分）

（　）1.「國家」為一政治組織，下列何者不是其必備條件？

　　　　A.一定的土地　B.強大的軍備　C.固定的人口　D.獨立的主權

（　）2.形成「民族」最重要的因素是何者？

　　　　A.民族意識　B.宗教　C.文化　D.語言。

（　）3.下列有關國旗國歌的敘述，何者「錯誤」？

　　　　A.國旗國歌是代表國家象徵

　　　　B.尊敬國旗國歌可表現出愛國心

　　　　C.國旗國歌具有歷史性，通常不因情勢轉變而改變

　　　　D.戲院必須播映國歌，以維繫國民對國家的向心力。

（　）4.一個國家所具有對內是最高、對外是獨立的權力，稱為

　　　　A.政權　B.治權　C.主權　D.統治權。

（　）5.現代民主國家政府的決策，必須達成若干社會目標，而其中以何者最重要？

　　　　A.自由　B.公正　C.安全　D.福利。

（　）6.第二次世界大戰後，成立的國際組織是？

　　　　A.國際聯盟　B.國際法庭　C.國際法院　D.聯合國。

（　）7.「民族國家」通常是指？

　　　　A.一個民族組成一個國家　B.一個民族組成數個國家

　　　　C.一個國家包含數個民族　D.數個民族組成一個國家。

5.小考答案單

單元名稱：第六章 政治的概念

一、是非題：

1. ×
2. ○
3. ○
4. ×
5. ○
6. ○
7. ×
8. ×

二、選擇題：

1. B
2. A
3. D
4. C
5. C
6. D
7. A

實例二：國中地理科（李日順，民 90）

1. 教學流程

單元：第一冊第十五課 都市　　　　　　　　　　設計者：李日順老師

流程	教 學 活 動	教學材料	時間	備 註
全班授課	一、主題：都市 二、講解、問答、板書 三、單元重點簡列	課本 掛圖 相關圖片 幻燈片	20 分	教師可利用各種方法授課 事先蒐集相關資料 善用學習單
分組學習	一、各組依活動單進行討論 二、另採配對學習，互相問答，討論問題等方式精熟單元教材 三、完成合作技巧記錄表	討論學習單 社會技巧觀察表	20 分	教師觀察各組的學習情形並指導 注重各小組合作學習的精神 觀察員觀察組員社會技巧情形
小組報告	一、小組推派人員報告		10 分	
測驗	一、學生個別測驗	小考測驗卷	8 分	小考時小組成員不可互相協助
團體歷程	一、檢討小組活動情形	進步分數轉換表 隨堂測驗得分單	4 分	檢討小組活動學習情形 發表角色的任務或意見 能說出他人或自己的優點
學習表揚	一、發表 二、表揚 　　1. 團體 　　2. 個人	獎勵卡	3 分	

2. 小組學習單

單元名稱	第一冊第十五課 都市	班級		隊名	
角色分配（簽名）	主席： 報告員： 記錄員：	資料員： 觀察員： 檢查員：		日期	
活動一：討論問題	一、「都市化程度」的意義？ 二、「都市機能」的意義？ 三、列舉中國主要都市的機能類型？（以鞍山、桂林、上海、北京為例） 四、中國都市主要分布在東半部的原因？ 五、以自己居住地為觀察對象，你發現有哪些嚴重的問題有礙都市的發展？應如何解決？（請舉兩個問題加以說明）				
活動二：問題練習	一、下表是兩個地區人口聚集分布情形，請問：哪一區都市化程度較高？並列出計算過程。 	項目＼地區	甲	乙
---	---	---
住在都市人口	40	40
住在鄉村人口	55	45
總人口	95	85 | 二、一九九六年大陸地區都市化程度（都市人口百分比）約為30%，人口以 12 億計算，算算看，該年大陸地區的都市化人口總數約為多少人？ 三、都市化程度是指一國或一地_____人口在總人口中所占比例的高低。 四、都市化程度通常和_____發展程度相關聯。 五、鞍山的主要機能是：_____。 六、中國都市集中在_____部；而百萬人口以上的大都市，主要集中在_____、_____和_____流域。				

3.小組問題練習答案單

單元名稱	第一冊第十五課 都市

一、1.略
　　2.乙
二、360000000 人（三億六千萬人）
三、都市
四、經濟
五、工業
六、東（半）部、東北、華北、長江

4.隨堂測驗單

單元名稱	第十五課 都市		
隊名		班 別		得
姓名		日 期		分

一、選擇題：（60%）
　（　）1.若說 B 國都市化程度甚高，這是指 B 國 (1)面積廣大 (2) 信仰普及 (3) 人口稀少 (4) 經濟繁榮。
　（　）2.某國人口總數為 750 萬，而都市人口所占比例為 42%，則其都市人口為 (1) 375 萬人 (2) 351 萬人 (3) 315 萬人 (4) 275 萬人。
　（　）3.台北市是一個具有政治、金融、工商、交通等多項機能的都市。判別這些機能種類的主要依據是 (1) 都市人口的密度 (2) 都市人口的數量 (3) 都市人口的年齡組成 (4) 都市人口的產業結構。
二、填充題：（40%）
　1.桂林的主要都市機能：＿＿＿＿＿ 。
　2.中國百萬人口以上的大都市，主要集中在東北、華北和＿＿＿＿流域。

5.隨堂測驗單答案單

單 元 名 稱	第一冊第十五課 都市
一、　1. 4 　　　2. 3 　　　3. 4 二、　1. 觀光 　　　2. 長江	

實例三： 國中國文科（修改自李咏吟，民83）

1.教學流程

單元：樂府歌行選㈡木蘭詩

流程	教 學 活 動	教學材料	時間	備　註
全班 授課	一、課文簡介 二、講授教材大綱 三、主旨及各段要旨提示	課本 主題單	20分	事先編撰教材大綱
小組 活動	一、各組就主題單進行討論 二、各小組完成作業單	作業單 答案單	30分	教師觀察各組的學習 情形並指導 注重各小組合作學習 的精神 觀察員觀察組員社會 技巧情形
小組 報告	一、小組呈現討論結果		15分	包括教師、學生對報 告的回饋
測驗	一、學生個別測驗	測驗卷 答案單	10分	
團體 歷程	一、小組討論、反省活動情 　　形及提出改進建議		5分	
小組 表揚	一、個人小考分數 二、小組得分	小考得分單 小考總分單	5分	

2. 主題單

單元主題：樂府歌行選㈡木蘭詩
㈠依圖片試述木蘭征戰之前因後果。 ㈡試述此詩出處及特色。 ㈢指出描述木蘭軍中生活，思念雙親的句子。

3. 作業單

單元主題：樂府歌行選㈡木蘭詩						
組　別	角色分派	主　持	記　錄	報　告	查字典	觀　察

㈠木蘭詩是：(1)古體詩 (2)律詩 (3)樂府民歌。

㈡討論各段中描寫聲音的詞。

㈢寫出生難詞卡上各詞的解釋。

㈣哪些句子是描述木蘭軍中生活的？

㈤為何作者要再加上最後一段「撲朔迷離」的比喻？

㈥試述讀了本文之後的感想。

4.作業答案單

單元主題：樂府歌行選㈡木蘭詩
㈠ (3) ㈡唧唧、啾啾、霍霍、濺濺 ㈢ 1.機杼：織布機。 　2.可汗：古代西域和北方各國對君王的稱呼。 　3.鞍韉：馬背上的座墊及墊褥。 　4.撲朔：腳不前貌。 　5.金柝：用金屬做的梆子。 　6.戎機：有機密性的軍事行動。 ㈣萬里赴戎機，關山渡若飛。朔氣傳金柝，寒光照鐵衣。將軍百戰死，壯士十年歸。 ㈤這是一段作者對木蘭頌揚的話，一方面暗指木蘭女扮男裝未被察覺，一方面凸顯女性的智慧與勇氣。 ㈥可就女性能力、孝心、親情、勇氣等角度發揮。

5.小考測驗卷

單　元		木　蘭　詩			
隊　名		姓　名		得　分	

一、配合題：24%

（　）1. 唧唧　　　　　A. 鳥叫聲
（　）2. 啾啾　　　　　B. 磨刀聲
（　）3. 霍霍　　　　　C. 蟬鳴聲
（　）4. 濺濺　　　　　D. 水流聲
　　　　　　　　　　E. 嘆息聲
　　　　　　　　　　F. 雨滴聲
　　　　　　　　　　G. 馬群聲

二、選擇題：21%

（　）1. 可「汗」的汗，音同於下列何字？
　　　　　(1)旱 (2)寒 (3)喊 (4)酣
（　）2. 下列何句是描寫木蘭軍中生活的？
　　　　　(1)可汗大點兵 (2)對鏡貼花黃 (3)寒光照鐵衣
（　）3. 願借明駝「千里足」，用的是什麼修辭？
　　　　　(1)倒裝 (2)譬喻 (3)象徵 (4)誇飾

三、填充題：35%

　　1. 雄兔腳_____，雌兔腳_____。
　　2. 寫出一組對偶句：_____，_____。
　　3. 木蘭詩出自_____。

四、問答題：20%

　　寫出文中你最欣賞的句子，並說明原因。

實例四：國小數學科

1. 教學流程

科目：國小數學第七冊　　　　　　　　設計者：簡妙倩老師、簡妙娟老師
單元：乘法　　　　　　　　　　　　　　授課時間：40 分鐘

流程	教 學 活 動	教學材料	時間	備註
全班授課	一、複習二位數乘以二位數的乘法 二、示範三位數乘以二位數的乘法 三、試做課本練習題並共同訂正	課本	10 分	
分組學習	一、各組依作業單進行討論 二、組員共同學習，互相教導，以精熟單元教材 三、完成合作技巧觀察表 四、師生共同訂正作業單答案	作業單 合作技巧觀察表	15 分	教師觀察各組的學習情形並指導 記錄組員合作學習情形
個別小考	一、學生個別測驗	小考測驗卷	7 分	小組成員各自測驗
個人進步分數	一、共同訂正 二、登記分數	小組成績記錄表 各組成績記錄總表	5 分	
小組表揚	一、發表 二、表揚：最優小組及個人	獎勵卡	3 分	

2.作業單

單元：乘法

一、填填看：
    1. $16 \times 4 = ($ $)$
    2. $20 \times 5 = ($ $)$
    3. $100 \times 6 = ($ $)$
    4. $480 \times 2 = ($ $)$

二、用直式算算看：
    1. $28 \times 35 = ($ $)$ *2.* $112 \times 4 = ($ $)$

    3. $160 \times 10 = ($ $)$ *4.* $213 \times 17 = ($ $)$

    5. $364 \times 12 = ($ $)$

    6. 一箱礦泉水 119 元，張先生買了 15 箱，要付多少錢？

3.小考測驗卷

單元：乘法

一、比比看，先算出下面各算式的答案，並比較大小，最大的請打 '○'，最小的請打 '×'：30%

	最大	最小
1. 12 ×10 ＝（　）	＿＿＿＿	＿＿＿＿
2. 6 ×28 ＝（　）	＿＿＿＿	＿＿＿＿
3. 100 × 2 ＝（　）	＿＿＿＿	＿＿＿＿
4. 20 ×16 ＝（　）	＿＿＿＿	＿＿＿＿

二、用直式算算看：70%

1. 35 ×48 ＝（　）　　　　　　2. 256 ×7 ＝（　）

3. 125 ×30 ＝（　）　　　　　4. 242 ×18 ＝（　）

5. 396 ×33 ＝（　）

6.小華每個月可存 150 元，一年共可存多少元？

7.一部腳踏車的成本是 990 元，吳老闆買進 15 部，一共要付多少錢？

(三)拼圖法第二代（Jigsaw II）

　　在實施拼圖法第二代之前，除設計教學活動外，必須事先準備各小組所需之專家單、小考單、小考答案單。茲列舉如下：

1. 教學流程

單元：第四章 其他重要法律　　　　　　　　　　設計者：簡妙娟老師

主題：其他重要法令　　　　　　　　　　　　　授課時間：100 分鐘

流程	教 學 活 動	教學材料	時間	備 註
全班授課	一、各組領取「專家單」 二、解說專家單並說明學習目標 三、各組分配專家主題 四、各組研讀專家主題和相關教材	專家單	20 分	事先預習專家單內容
分組學習	一、分別集合至專家小組討論專家主題和相關教材內容 二、回到原學習小組，教導其他成員學會各自所負責專家主題之教材內容	專家單	25 分 30 分	記錄討論內容
小考	一、學生進行個別小考 二、批改小考單	小考單	10 分	由學生立即交換批改
小組表揚	一、登記個人小考分數 二、計算進步分數 三、小組得分 四、表揚優勝小組和個人優勝者	成績記錄單 優勝卡	15 分	 優勝小組歡呼

2.專家單

單元名稱：第四章 其他重要法律

專家小組	討 論 主 題	討 論 要 點
A	一、戒嚴的意義 二、戒嚴法的意義 三、戒嚴令的實施	一、何謂戒嚴？ 二、戒嚴與國家安全有何關係？ 三、我國「戒嚴法」的主要內容為何？ 四、我國於何時曾實施戒嚴？
B	一、國家安全法 二、解嚴的實質意義	一、「國家安全法」於何時頒布？ 二、「國家安全法」的內容為何？ 三、從民主憲政的發展而言，解嚴有何實質意義？ 四、解嚴與國家安全有何關聯？
C	一、懲治盜匪條例 二、槍砲彈藥刀械管制條例 三、社會秩序維護法	一、制定「懲治盜匪條例」的主要目的為何？ 二、「槍砲彈藥刀械管制條例」對社會安寧有何意義？ 三、「社會秩序維護法」的內容為何？對處罰的規定如何？ 四、「違警罰法」與「社會秩序維護法」有何不同？
D	一、經濟法 二、公平交易法 三、消費者保護法 四、稅法 五、勞動基準法	一、經濟法包括哪些？ 二、「公平交易法」有何作用？ 三、「消費者保護法」對消費者的權益有哪些保護？ 四、稅法包括哪些？ 五、「勞動基準法」適用於哪些行業？
E	一、空氣污染防治法 二、水污染防治法 三、噪音管制法 四、廢棄物清理法	一、「空氣污染防治法」的內容為何？ 二、「水污染防治法」的內容為何？ 三、「噪音管制條例」對噪音有何約束？ 四、「廢棄物清理法」約束哪些行為？

3.小考單

單元名稱	其他重要法律	姓　名		得　分	
主題	重要法律的內容	座　號		組　別	

一、是非題：42%（每題 7 分）

（　）1.「國家安全法」的主要內容，包括：人民集會、結社，不得違背憲法或主張共產主義，或主張國土分裂。

（　）2.現代國家為維護國民健康，確保舒適衛生的生活環境，莫不制定環境維護法加以管制。

（　）3.為保障人民權利，維護秩序及社會安寧，政府目前訂有規定違反社會秩序行為及處罰的「違警罰法」。

（　）4.未經消費者要約而對之郵寄的商品，依公平交易法的規定，消費者不負保管義務。

（　）5.在信用合作社服務的女職員，結婚生子後，必須自動離職，此一不成文的規定違反了勞動基準法。

（　）6.勞動基準法是保護勞工的基本法，對各行各業勞工權益的維護，一律適用。

二、選擇題：56%（每題 8 分）

（　）1.「社會秩序維護法」屬於何種領域的法律？
A.商法　B.民法　C.刑法　D.行政法。

（　）2.下列有關戒嚴的敘述，何者「不正確」？
A.戒嚴是指國家遭遇戰爭或發生叛亂力量，限制戒嚴區內人民之自由或其他權利
B.戒嚴時由當地最高司令官指揮，必要時，得以軍事行使權力
C.我國早在訓政時期已有戒嚴法
D.台澎地區已解除戒嚴，金馬地區仍實施戒嚴中。

（　）3.我國稅法採取下列何種原則立法？
A.各稅統一　B.各稅分別　C.課稅習慣　D.各地分別。

（　）4.總統依法得宣布戒嚴，但須經由下列何機關通過或追認？
A.國民大會　B.行政院　C.立法院　D.司法院。

（　）5.簡老師打算利用寒假期間到美國觀光，依規定須向何機關申請許可後，方能出境？
A.觀光局　B.入出境管理局　C.中正機場海關　D.警察局。

（　）6.小明在市政府廣場前隨地便溺，其行為觸犯何項法律？
A.社會秩序維護法　B.水污染防治法
C.廢棄物清理法　D.純屬個人道德問題，法無明文規定。

（　）7.以下哪些屬於經濟生活的法令？　甲.公平交易法　乙.社會秩序維護法　丙.消費者保護法　丁.勞動基準法　戊.國家安全法。
A.甲丙戊　B.乙丙丁　C.甲丙丁　D.乙丁戊。

4.小考答案單

單元名稱　第四章　其他重要法律
一、是非題： 　1.○ 　2.○ 　3.× 　4.× 　5.○ 　6.× 二、選擇題： 　1. C 　2. D 　3. B 　4. C 　5. B 　6. C 　7. C

本章參考書目

吳育雅（民 84）：「合作思考」對高一學生科學知識學習的影響。國立台
　　灣師範大學地球科學研究所碩士論文。

何素華（民 85）：**國小普通班和啟智班兒童合作學習效果之研究**。台北：
　　文景書局。

余光雄（民 84）：**國中常態編班英語科合作教學式的教學實驗**。行政院國
　　科會專題研究計畫成果報告，NSC 83-0301-H017-008。

李日順（民 90）：**國中地理科合作學習教學法實驗成效之研究——以台中
　　縣立順天國中為例**。國立彰化師範大學地理研究所碩士論文。

李咏吟（民 83）：合作學習的技術層面。**國立台灣師範大學教育研究所集
　　刊**，35，151-168。

李嘉祥（民 87）：**合作學習對國中學生生物學習動機之影響**。國立高雄師
　　範大學科學教育研究所碩士論文。

杜紹萍（民 88）：**合作學習對成人英語學習成就、行為及滿意度影響之實
　　驗研究**。國立中正大學成人及繼續教育研究所碩士論文。

林生傳（民 77）：**新教學理論與策略**。台北：五南圖書公司。

林佩璇（民 81）：**台灣省高級職業學校合作學習教學實驗之研究**。國立台
　　灣師範大學教育研究所碩士論文。

林雅芳（民 91）：**在有聽障生的普通班中實施合作學習——一位國小教師
　　專業成長之質性研究**。國立台北師範學院特殊教育研究所碩士論文。

林意梅（民 90）：**國小六年級藝術與人文學習領域合作學習教學法之實驗
　　研究**。國立台灣師範大學美術研究所碩士論文。

邱美虹、林妙霙（民 85）：合作學習對國三學生學習「地層記錄地質事
　　件」單元成效的影響。**教育研究資訊**，4（6），108-128。

周立勳（民 83）：**國小班級分組合作學習之研究**。國立政治大學教育研究
　　所博士論文。

張秀雄、吳美嬌、劉秀嫚（民 87）：「合作學習」教學在國中公民與道德
　　科之實驗研究。國科會專題研究計畫成果報告。NSC87-2413-

H003-024。

張景媛（民84）：國中生建構幾何觀念之研究暨統整式合作學習的幾何教
　　學策略效果之研究。**教育心理學報**，28，99-144。

陳美紀、徐敏芳（民88）：合作學習法應用在實用技能班會計科目學習研
　　究。**商業職業教育季刊**，74，12-20。

陳淑絹（民84）：**「指導──合作學習」教學策略增進國小學童閱讀理解
　　能力之實徵研究**。國立台灣師範大學教育心理與輔導研究所博士論
　　文。

陳瓊森（民85）：**合作學習對國中學生的理化學習成就、科學過程技能、
　　社會態度與技能的影響：以社會認知心理學為基礎的研究**。行政院國
　　科會專題研究計畫成果報告。NSC 84-2511-S018-022。

游惠音（民85）：**同儕交互發問合作學習對國小學生社會科學習成就表
　　現、勝任目標取向及班級社會關係之研究**。國立台灣師範大學教育心
　　理與輔導研究所碩士論文。

湯平治（民90）：**小組合作學習對國小中年級學童識字能力閱讀理解能力
　　暨閱讀態度影響之研究**。國立嘉義大學國民教育研究所碩士論文。

黃政傑、林佩璇（民81）：**台灣省高級職業學校合作學習教學實驗之研
　　究**。國立台灣師範大學教育研究中心。

黃政傑、李宜堅、吳清基、黃王來、林佩璇、詹惠雪、張嘉育（民84）：
　　台灣省國民小學合作學習實驗研究。國立台灣師範大學教育研究中
　　心。

黃政傑、林佩璇（民85）：**合作學習**。台北：五南圖書公司。

黃建瑜（民88）：**國中理化教師試行合作學習之行動研究**。國立高雄師範
　　大學科學教育研究所碩士論文。

葉淑真（民82）：**高中音樂科合作學習教學法實驗研究**。國立台灣師範大
　　學音樂研究所碩士論文。

楊宏衍、段曉林（民87）：高中化學教學的行動研究：合作學習。**科學教
　　育**，8，87-100。

熊明禮（民85）：傳統學習教學法與合作學習教學法在飛盤擲遠效果之比
　　較。**大專體育**，27，48-60。

劉錫麒（民80）：合作反省思考的數學解題教學模式及其實徵研究。國立台灣師範大學教育研究所博士論文。

賴美雯（民91）：合作學習在國中英語教學之調查研究。國立中正大學外國語文研究所碩士論文。

簡妙娟（民88）：合作學習對高二學生學習公民「政治」單元之影響。台灣省教育，5，227-239。

簡妙娟（民89）：高中公民科合作學習教學實驗之研究。國立高雄師範大學教育研究所博士論文。

謝順榮（民87）：合作學習對輕度智障學生閱讀學習成效及同儕關係之研究。國立台灣師範大學特殊教育研究所碩士論文。

鍾樹椽、林菁（民83）：問題引導式電腦合作學習在槓桿學習成就上之研究。嘉義師院學報，8，57-92 。

鍾樹椽（民85）：性別和能力分組在電腦合作學習成就和態度上之研究。國民教育研究學報，2，81-105。

Aronson, E., Stephan, C., Sikes, J., Blaney, N., & Snapp, M. (1978). *The Jigsaw classroom*. Berverly Hills, CA: Sage.

Aronson, E. & Patnoe, S.(1997). *The Jigsaw classroom: Building cooperation in the classroom*. MA: Addison-Wesley.

Atkinson, A. H. & Green, V. P.(1990). Cooperative learning: The teachers' role. *Childhood Education, 67* (1), 8-11.

Bohlmeyer, E. M. & Burke, J. P.(1987). Selecting cooperative learning techniques: A consultative strategy guide. *School Psychology Review, 16* (1), 36-49.

Blumenfeld, P. C., Marx, R., Soloway, E., & Krajcik, J.(1997). Learning with peers: From small group cooperation to collaborative communities. *Educational Researcher, 25*, 37-40.

Clarke, J., Wideman, R., & Eadie, S.(1990). *Together we learn.* Englewood Cliffs, N.J.: Prentice-Hall.

Cohen, E. G.(1986). *Designing group work: Strategies for the heterogeneous classroom*. N.Y.: Teacher College Press.

Cohen, E. G.(1994). Restructuring the classroom: Conditions for productive small groups. *Review of Education Research, 64,* 1-35.

Cox, J. et al.(1984). *Cooperative learning: An innovative approach to teaching reading theory and practice.* ERIC Document, ED 140979.

Damon, W.(1984). Peer education: The untapped potential. *Journal of Applied Developmental Psychology, 5,* 331-343.

Dutsch, M.(1949). A theory of cooperation and competition. *Human Relation, 2,* 129-152.

Graves, T.(1991). The controversy over group rewards in cooperative classroom. *Educational Leadership, 48(7),* 77-79.

Guzzio, T. C.(1996). *Collaborative conclusion: Involving students in the evaluation process.* ERIC Document, ED 399566.

Hadderman, M.(1992). *Cooperative learning in elementary school.* ERIC Document, ED 342088.

Hilke, E. V.(1990). *Cooperative learning.* Bloomington: Phi Delta Kappa Educational Foundation.

Johnson, D. W. & Johnson, R. T.(1987). *Learning together and alone: Cooperative, competitive, and individualistic learning (2nd ed.).* Englewood Cliffs, NJ: Prentice-Hall.

Johnson, D. W. & Johnson, R. T.(1989). Toward a cooperative effort: A response to Slavin. *Educational Leadership, 46(7),* 80-81.

Johnson, D. W. & Johnson, R. T.(1990). Cooperative learning and achievement. In S. Sharan(Ed.), *Cooperative learning: Theory and research(pp.23-37).* New York: Preager.

Johnson, D. W. & Johnson, R. T.(1994). *Learning together and alone: Cooperative, competitive, and individualistic learning(4th ed.).* Edina, MN: Interaction Book Company.

Johnson D. W. & Johnson, R. T.(1996). *Meaningful and manageable assessment through cooperative learning.* Edina, MN: Interaction Book Company.

Johnson, D. W., Johnson, R. T., & Holubec, E. J.(1994). *The newcircles of learning: Cooperation in the classroom and school.* Alexandria, VA: Association for Supervision and Curriculum Development.

Jones, R. M. & Steinbrink, J. E.(1989). Using cooperative groups in science teaching. *School Science and Mathmatics, 89*(7), 541-551.

Joyce, B. & Weil, M.(1992). *Models of teaching*(4th ed.). N.J.: Allyn and Bacon.

Kagan, S.(1985). Co-op co-op: A flexible cooperative learning technique. In R. Slavin, S. Sharan, S. Kagan, R.Hertz-Lazarowitz, C.Webb, & R. Schmuck (Eds.), *Learning to cooperate, cooperating to learn(pp.437-462).* New York: Plenum.

Knight, G. P. & Bohlmeyer, E. M.(1990). Cooperative and achievement: Methods for assessing causal mechanisms. In S.Sharan(Ed.), *Cooperative learning.*(pp.1-22). New York: Preager.

Lenard, J. & McElroy, K.(2000). What one middle school teacher learned about cooperative learning. *Journal of Research in Childhood Education, 14(2),* 239-245.

Lotan, R. A.(1997). Complex instruction: An overview. In E. G.Cohen & R. A. Lotan(Eds.). *Working for equity in heterogeneous classroom: Sociological theory in practice.* NY: Teachers College Press.

Maller, J. B.(1929). *Cooperative and competition.* New York: Columbia Teacher College.

Nattiv, A.(1994). Helping behaviors and math achievement gain of student using cooperative learning. *The Elementary School Journal, 94(3),* 285-297.

Nodding, N.(1989). Theoretical and practice concerns about small groups in mathematics. *The Elementary School Journal, 89(5), 607-623.*

Orlich, D. S.(1990). *Teaching strategies: A guide to better instruction.* Lexington, M.A.: C.D. Heath.

Panitz, T.(1999). The motivational benefits of cooperative learning. *New Directions for Teaching and Learning, 78,* 59-67.

Parker,R.E.(1985).Small-group cooperative learning improving academic, social gains in the classroom. *NASS Bulletin, 69(479),* 48-57.

Pirrello, K.(1994). *Improving student social skills through cooperative learning and the second step violence-prevention curriculum.* ERIC Document, ED 378 476.

Rolheiser, C. & Glickman, C. D.(1995). Teaching for democratic life. *Educational Forum, 59(2),* 196-206.

Sharan, S.(1980). Cooperative learning in small groups: Recent methods and effects on achievement, attitudes, and ethnic relations. *Review of Educational Research, 50,* 241-271.

Sharan, S.(Ed.)(1990). *Cooperative learning: Theory and research.* N.Y.: Prea ger.

Slavin, R. E.(1983). *An introduction to cooperative learning.* New York: Longman.

Slavin, R. E.(1985). An instruction to cooperative learning research. In R. E. Slavin, et al.(Eds.), *Learning to cooperative, operating to learning.* New York: Plenum Press.

Slavin, R. E.(1990).*Cooperative learning: Theory and research, and practice.* N. J.: Prentice-Hall.

Slavin,R.E.(1995).*Cooperative learning: Theory and research, and practice*(2nd ed).N.J.: Prentice-Hall.

Slavin, R. E.(1996). Research on cooperative learning and achievement: What we know, what we need to know. *Comtenporary Educational Psychology, 21,* 43-69.

Stahl, R.J.(1994). *Cooperative learning in social study: A handbook for teachers.* New York: Plenum Press.

Steinbrink, J. E. & Stahl, R. J. (1994). Jigsaw III = Jigsaw II + Cooperative Test Review: Applications to the social classroom. In R.J. Stahl(Ed.), *Cooperative learning in social studies: A handbook for teachers.* MA: Addison-Wesley.

Webb, N. M.(1985).Student interaction and learning in small groups: A research summary. In R.Slavin, S.Sharan, S.Kagan, R.Hertz-Lazarowitz, C.Webb, &

R. Schmuck(Eds.). *Learning to cooperate, cooperating to learn*(pp. 147-172). New York: Plenum Press.

第 *14* 章

動態評量理論與教學應用

❖ 動態評量的緣起與理論基礎
　緣起
　理論基礎

❖ 動態評量的意義與特性
　意義
　特性

❖ 動態評量的中介模式
　Budoff 的學習潛能評量
　Feuerstein 的學習潛能評量設計
　Carlson 和 Wiedl 的上限評量
　Campione 和 Brown 的漸進提示評量
　Embretson 的心理計量動態評量
　Burns 等人的連續評量

❖ 動態評量理論的評價
　效益
　局限

❖ 教學實例
　國語科
　數學科
　自然科

本章學習目標

看完本章後,讀者應能達成下述目標:

1. 能說明動態評量的起源及理論基礎。
2. 能解釋動態評量的意義及特性,區辨其與傳統靜態評量的差異。
3. 能比較各類動態評量中介模式的異同。
4. 能分析動態評量在實際應用上的功能與限制。
5. 能有效應用動態評量於實際教學情境中。

　　動態評量是近年來新興的評量方式，這個名詞由 Feuerstein 於一九七九年正式使用，並於八○年代以後，由認知能力的一般性評估，逐步結合學科領域，進行特定概念（含數學、國語、自然科學等）的發展。所謂「動態」包含兩層意涵：一是著重持續觀察受試者在多個時間點認知能力的「動態改變歷程」，連續採用「測驗－教學－測驗」的實施程序；二是重視在評量過程中，給予受試者充分的「協助性互動」，藉之診斷受試者的認知歷程、學習潛能，並試探符合個體所需的協助策略。由於它強調深入、協助性的互動，使得評量功能進一步的擴展，同步具有區辨個別差異、提升認知能力及預測未來表現等三項功能。

　　一般而言，動態評量的良窳，關鍵繫於中介系統（即協助系統）的有效性，此中介系統由於須對受試者的先前經驗、學習動機、認知發展水準（含語言、符號、圖示等理解，以及抽象思考等）、解題策略等進行深入的考量，才能發揮引導思考、調整概念及激發學習功能，因此動態評量的中介提示，不僅具有診斷的功能，其對教學成效的提升，更具有不容忽視的參考性與啟示性。

　　截至二○○二年為止，動態評量的中介模式，主要概分為六大類型，而應用於學科領域，大都採用 Campione 和 Brown（1985）的漸進提示模式來進行設計。該模式由於極重視融入解題策略，結構性並系統性的規畫中介系統，因此可直接應用於實際教學中，發揮「問題取向」個別化精緻教學的精神與成效。此外，電腦科技的融入（如：莊麗娟、邱上真、江新合、謝季宏、羅寶田，民 90），將有效降低人力及時間耗損，使其經濟性與實用性更形提升，在教學設計上似具有參考價值。為進一步了解它的內涵，本文擬就動態評量的「緣起與理論基礎」、「意義與特性」、「中介模式」、「實效評析」加以說明，最後並引用各學科「實例」，期幫助讀者理解其理念精神，並有效應用於實際教學中。

一、動態評量的緣起與理論基礎

(一)緣起

　　古典智力理論，一直將智力視為一個穩定的實體（fixed entity），用因素分析的方法，將智力分成若干個靜態因子，並以常模參照的方式，去評定個體智力的高低。然而這種以靜態因素來詮釋智力的說法，早在二〇年代起，就受到 Dearborn（1921）和 Penrose（1934）等學者的質疑。他們認為智力應涵蓋「學習能力」（the ability to learn），透過學習能力的評估，才能反映出真實的智力（引自 Lidz, 1991）。Rey（1934）也有類似的看法，他認為在測驗過程中，去評估受試者的可塑性（modifiability）是相當重要的（引自 Jitendra & Kameenui, 1993）。

　　一九五〇年 Piaget 更提出「智力的可變性」（changeability of intelligence）（引自林敏慧，民 81），點出智力動態的本質，六〇年代以後，由於認知心理學的興起，使智力理論更趨多元化。這些理論認為智力不單受生物、基因、生化因素的左右，它同時受整個社會文化的影響，並可透過教學與訓練加以改變，智力本身是一個「發展性」的過程。

　　在此之際，傳統心理計量取向的評量方式，自是不敷使用，再加上心理計量法，在基本假設、測驗編製、實施與解釋上有若干缺失，使得傳統測驗常低估受試者的能力，產生錯誤分類、安置等現象，這種情況尤以來自非主流文化、社經地位低、動機低、易焦慮等受試者為然。而這些受試者一旦被錯誤安置在特殊班級裡，他們能回歸普通班級的可能性只有百分之十九（Utley et al., 1992）。因此傳統測驗在人本化、民主化、認知化的浪潮下，受到不少抨擊。動態評量即在此背景下應運而生，尤其在 Vygotsky（1978）提出社會認知發展論以後，更啟發各國學者展開一系列有關動態評量的實徵研究，使這種新興的評量模式日趨成熟，逐漸受到重

視。

(二)理論基礎

動態評量主要是植基於俄國心理學家 Vygotsky 的社會認知發展論，以「社會中介」（social mediation）、「內化」（internalization）及「最近發展區」（zone of proximal development）等觀點加以建構，藉之評估學習潛能。茲說明如下：

1. 社會中介及內化

Vygotsky 深受 Marx 歷史唯物論及 Engles 辯證方法論的影響，反對行為學派機械式的制約法則及用 S—R 來解釋高層次認知歷程的觀點，同時他也反對觀念學派在認知發展上過分依賴成熟因素及心靈的內省（intro-spective methods），他認為高層次的認知功能，都是起源於社會互動的結果，個體的認知活動，起初需要透過中介者（例如父母、教師或能力較好的同伴）的協助，而後漸漸內化，成為自己認知結構的一部分，最後獨立，不再需要外在的支持。Vygotsky 對認知活動與認知發展的論點，往後經 Gallimore 和 Tharp（1990），Jensen 和 Feuerstein（1987）進一步的擴充詮釋如下：

第一、高層次的認知活動是 S—H—O—H—R 的歷程，而非 S—R 機械性的連結。也就是說，個體認知能力的發展需要中介者（mediator）來加以促成。中介者（H）從環境中選擇刺激（S），並依照特定的目標，將此刺激傳達給學習者（O），而後，中介者（H）再度篩選學習者的反應，塑造並轉換它，以發展學習者獨特的反應形式（R）（Jensen & Feuerstein, 1987）。

第二、學習先於發展（非發展先於學習）。個體認知能力的發展是依照「他人支持→自我支持→內化（自動化）→去自動化」的循環歷程，不斷的提升（Gallimore & Tharp, 1990）。學習不需要完全依賴成熟因素，在外界有效的引導下，學習可以促成認知的發展。

2. 最近發展區

以往對於能力的評估，常常著重在受試者「目前所能表現的水準」上，而 Vygotsky 以更前瞻性的眼光去審視個體「未來可能發展的水準」。最近發展區（以下簡稱 ZPD）是指個體的「實際發展水準」（the actual development level）（指在不經協助下所能表現的水準）和潛在發展水準（the potential development level）（指在協助下所能表現的水準）之間的差距，而這種差距就代表一個人的學習潛力。Vygotsky（1978）指出，「潛在發展水準」就是那些正在成熟而未成熟的心智功能，我們可將它視為蓓蕾（buds）或花朵（flowers），它本身並非果實（fruits），而是一種前瞻性的（prospectively）心理功能。反之，「實際發展水準」是一種回溯性的（retrospectively）心理能力，代表一個人過去的能力水準。雖然 Vygotsky 生前並未設計有效的評量方式，來評估一個人的 ZPD，但他這種理念，卻啟發以後的學者投入這方面的研究，如：Brown 和 Ferrara（1985）；Brown 和 Campione（1986）；Campione 和 Brown（1987）；Embretson（1987b）；Gerbe、Semmel 和 Semmel（1994）等。這些學者以動態評量的方式，分別從學習能力、保持能力（保留所學，不遺忘）及遷移能力（推廣應用）三方面來評估（Day, 1983）。施測者透過試探性的協助，去了解受試者這三方面的水準，並評估如果要提升這三方面的能力到某一水準，需要給予多少協助量，藉之作為區辨個別差異，提供診斷處方的依據。他們指出 ZPD 有兩項特性：(1)具領域特定性（同一個人，在不同領域，可能會有不同的 ZPD）。(2)具發展性（ZPD 並非固定不變，它具有極短的衰退期，可經由外界訓練、引導，來促使其發展）（Campione & Brown, 1987）。此外，根據他們的研究發現：ZPD 較能區辨受試者間能力上的差異，同時對未來的表現具有較高的預測力，可提供診斷及處方的訊息。

總之，Vygotsky 的社會認知發展理論，強調社會互動的重要性，並提出「潛在發展水準」、「最近發展區」等突破性的觀點，促成了以色列 Feuerstein 的學習潛能評量設計（learning potential assessment device）、德

國的學習測驗運動（the learntest movement）及美國 Campione 和 Brown 的漸進提示模式等一連串的研究，使動態評量的理論與實施逐漸成熟（Haywood et al., 1990）。

二、動態評量的意義與特性

(一)意義

　　「動態評量」是針對傳統「靜態評量」的本質，所提出的改良模式。這個名詞由 Feuerstein 於一九七九年正式使用。所謂「動態」有兩層含義，第一是跨多個時間點觀察受試者的進步與改變情形，即連續應用「測驗－教學－測驗」的程序；第二是受試者答題時與施測者間有大量的互動，而這份互動是歷程、診斷，更是協助導向，可了解受試者的學習歷程及發展脈絡（吳國銘等，民 84；Haywood et al., 1990）。

(二)特性

　　綜合 Campione（1989）；Carlson 和 Wiedl（1978）；Day（1983）；Embretson（1987a）；Haywood 和 Wingenfeld（1992）；Jitendra 和 Kameenui（1993b）；Lidz（1992）的觀點，動態評量具有下列特性：

1. 兼重學習結果的評估與學習歷程的探析───以試探性的協助進行診斷

　　傳統評量模式，為了求標準化、客觀，在施測過程中，除了例題的示範外，並不給予受試者任何額外的協助，這種方式在常模參照，區分能力等級方面，固然有它的優點，但是，當受試者在某方面遭遇困難時，卻無法知道他的問題究竟出在哪裡，是不了解題意？或是缺乏先前知識？還是缺乏能力？若是缺乏解題能力，是缺乏哪一方面的解題能力？或是根本不

是這方面的問題，而是動機低落、情緒干擾、感官缺陷。動態評量在評量的過程中，根據實際的需要，給予受試者必要且充分的協助。在這種評量的過程中，充滿了人性化。透過漸進式的協助，使施測者較易了解受試者的思考歷程，認知缺陷以提供診斷及處方的訊息。

2. 兼重回溯性的評量與前瞻性的探討———測試最佳表現以評估學習潛能

傳統標準化測驗，一直強調讓受試者獨自去完成試題，在這種情況下，測驗的結果所反映的，主要是受試者目前擁有的典型水準，而這種水準又常受文化背景、社會地位、人格因素、成就動機等因素的干擾，使得對能力的偵測，易發生低估的現象。相反的，動態評量以較前瞻性、客觀性的角度，試著透過逐步的協助，減少無關因素的干擾，去偵測受試者可能達到的最高表現，反映他真正的潛能，降低錯誤安置、分類的可能性。此外，動態評量呼應晚近智力轉化論者的觀點，強調個體認知的可塑性，透過「前測—教學—後測」的程序去評估受試者的獲益（gain）情形，作為能力的另一項指標。這種獲益力並不全然由智商決定，根據 Budoff（1967）、Supanchek（1989）的實證指出，受試者間即使智商相當，他們的獲益力未必會相同，而且獲益能力與未來表現有顯著相關。可見動態評量檢視了另一種新的能力，正視人類未被充分發掘的潛能。

3. 兼重鑑定、診斷與處方———診斷與介入同步化，使評量與教學融為一體

動態評量巧妙的結合評量與教學，在評量的過程中，進行教學（意即伺機針對個別需求、個別缺陷，給予必要的指導與協助）。也在教學的過程中，進行評量（意即經由協助，評估受試者對協助的反應，了解他需要哪種協助？需要多少協助？經由協助他可達到何種程度？如何達到這種程度？）。並透過上述歷程，提供未來教學處方性的訊息，使評量與教學有效連結。

為了進一步了解動態評量的特性，茲將動態評量與傳統評量的差異整

理如表 14-1 所示。

表 14-1　動態評量與傳統評量之比較表

	動　　態　　評　　量	傳　　統　　評　　量
1. 理論取向	認知心理學派	行為心理學派
2. 基本假定	主張給予相等的學習機會，根據個體學習與遷移的表現，作為潛能的指標。	認為個體已具有相等的學習機會，因此以過去的學習經驗作為預測未來的指標。
3. 評量目的	a 評估學習潛能 b 分析認知歷程 c 提供處方性訊息	a 分類 b 預測
4. 評量重點	a 學習歷程 b 未來發展的潛在水準 　（前瞻性） c 對教學的反應（所需要的協助種類與協助量）	a 學習結果 b 目前的表現與成就 　（回溯性）
5. 實施方式	個別施測為主 以「前測—教學介入—後測」的程序實施。施測者與受試者間有充分的互動，二者如同教師與學習者的關係	團體施測為主 評量過程中無「教學介入」階段，採用標準化的實施程序，評量者與受試者是觀察者與表現者的關係
6. 參照標準	與自己在不同時間的表現相比較	與常模相比較
7. 主要限制	a 耗時 b 較缺乏信度及效度	a 較缺乏對文化背景、情境及人格因素的考量 b 較缺乏對能力深入、質化的分析

資料來源：修改自江文慈，民 82; Utley, Haywood, & Masters, 1992

三、動態評量的中介模式

　　近年來有關動態評量的相關研究，陸續在國內外展開，各派學者分別針對不同受試類群及不同內容領域，設計不同評量模式以評估受試者認知能力，並考驗動態評量的實際效益。目前動態評量主要有六大模式，這些模式大致均採用「前測－訓練－後測」的程序來進行，其間最主要的差異是在「訓練階段」的中介系統（即協助策略），今分別就各模式的主要內容扼要說明。

㈠ Budoff 的學習潛能評量（以下簡稱 LPA）

1. 模式內涵

　　該模式主張「智力」本身具有可訓練性（trainability）、非固定不變（fixed, unmodifiable），因此在評量學習潛能時，重視獲益能力（ability to profit from learning experiences）的評估。

　　LPA 模式以非語文作業，例如：瑞文式補充圖形測驗（Raven's Pro-gressive Matrices）、柯氏方塊（Kohs blocks）、系列學習測驗（Se-ries Learning Test）等為題材，採用「前測－訓練－後測」的程序，評估受試者的一般能力。在訓練階段，以近乎標準化的介入方式，使受試者對相關作業的熟悉度及經驗盡量相近，讓他們了解作業的性質、要求，並透過鼓勵、讚美等方式，激發動機，同時訓練受試者自行去檢查解題策略，獲得成功的經驗。在後測階段，本模式計算殘差獲益分數（residualized gain score）〔所謂殘差獲益分數，是指利用回歸法，先求出前測分數(X)與後測分數(Y)之間的回歸方程式：Y'=bX+a。residualed gain=Y-Y'。用這種計分方式來評估獲益情形，比直接用後測分數減去前測分數（Y-X）精確，可降低受試者在兩次測驗間回歸現象的干擾〕，並且依照此分數，將受試者

區分成三大類：(1)高分者（high scores）（指前測及後測的成績都不錯者）。(2)獲益者（gainers）（指後測成績有明顯進步者）。(3)無獲益者（nongainers）（指後測成績沒有明顯進步者），藉之了解受試者的學習潛能。

2. 簡評

LPA 模式在能力的評估及預測未來的表現方面比傳統測驗精確，可降低受試者被錯誤分類、安置的可能性。此外，由於介入的方式近乎標準化，使之較易實施，同時也較易與其他研究相結合。一般而言，LPA 仍偏向學習結果的評量，作業分析（task analysis）的成分多於思考歷程的分析（Lidz, 1991）。此外，受試者在前後測間，其改變的信度（reliability of change）如何，尚未有效驗證（Laughon, 1990）。

(二) Feuerstein 的學習潛能評量設計（以下簡稱 LPAD）

1. 模式內涵

Feuerstein 認為中介學習（mediated learning）是認知發展的重要條件。一個有經驗的成人，將環境中的種種刺激加以建構、選擇、集中焦點、回饋，形成適當的學習組合，將可促使未成熟個體改變認知結構，促成認知發展。他同時認為中介學習經驗可克服遺傳因素，改善認知功能的缺陷（Harth, 1982）。

該評量模式採用「前測—中介（mediation）—後測」的程序，以(1)視覺—動作組織作業（visual-motor organization tasks）、(2)高層認知歷程和心智運作作業（higher cognitive processes and mental operation tasks）、(3)記憶技巧作業（memory tasks）來評估受試者的一般能力。在中介階段，其以非標準化的臨床介入方式，訓練一般技巧，並給予特定回饋，從中了解受試者認知功能的缺陷、認知的可塑性、所需要的協助量與協助類型，並根據後測分數來評估訓練的成效。

一般而言，LPAD 有三個核心成分，即：作業、評量者及學習者三部分（Lidz, 1991）。說明如下：

(1)**作業**

借助「認知圖」（cognitive map）來建構評量作業，認知圖包含內容（content）、形 態（modality）、運 作（cognitive operations）、階 段（phase of the mental act）、複雜程度（level of complexity）、抽象程度（level of abstraction）、效率程度（level of efficiency）等七個參數。該模式透過這些參數去診斷受試者的認知功能、認知缺陷及認知歷程。

(2)**評量者**

LPAD 強調評量者在中介過程中應盡量符合中介學習經驗（mediated learning experience; MLE）的十一項標準，而其中有六項尤為重要：

a.**意向與互動**（mediation of intentionality and reciprocal）：是指評量者積極去引發受試者參與評量的意願，使他樂意接受中介訓練。

b.**意義性**（mediation of meaning）：是指評量者幫助受試者去了解情境及作業本身的意義性，同時協助他去區辨什麼資料是重要的，什麼資料是次要的。

c.**超越**（mediation of transcendence）：是指評量者幫助受試者超越目前具體經驗，去連結過去、現在及未來事件，並發展其假設性及因果推理的思考能力。

d.**能力的知覺**（mediation of feeling of competence）：是指評量者透過讚美、鼓勵去建立受試者的自信心。

e.**行為的規範**（mediaton of regulation of behavior）：是指評量者幫助受試者去自我規範及自我調整。

f.**分享**（mediation of sharing）：是指評量者與受試者共同分享經驗、知覺、責任，建立彼此情誼及一體感。

(3)**受試者**

由於透過教學介入，評量者可較深入的了解受試者的認知缺陷。Feuerstein 將認知缺陷分成輸入（input）、精緻化（elaboration）及輸出（output）三個階段。所謂「輸入階段」的缺陷，是指受試者在解決問題時，無法有效的蒐集資料。所謂「精緻化階段」的缺陷，是指受試者無法有效的應用所蒐集來的資料解決問題。而「輸出階段」的缺陷，意指受試者無法有效表達他的解決歷程、策略並呈現解答。Lidz（1991）曾依Feuerstein的觀點，發展出一系列評量表，來評估作業選擇之適切性，施測者中介之有效性及受試者認知缺陷之向度，使 LPAD 更加完整。

2. 簡評

　　LPAD 模式由於採用多元化臨床的介入方式，使得它在診斷受試者的認知歷程方面，顯得深入而敏銳，再加上它在中介歷程中，十分重視後設認知的訓練，因此有助於提升受試者的解題及遷移能力。然而該模式，由於介入技巧非標準化、較為複雜，故在實施上不易推廣，在評分上不易客觀，評分者信度不高，至於認知圖的七個參數方面，其建構效度如何，仍受質疑，再加上本模式偏重一般能力的評估，一般技巧的訓練，少涉及學科領域及特定技巧的訓練，因此對未來學科學習的助益性仍不算高。

(三) Carlson 和 Wiedl 的上限評量

1. 模式內涵

　　Carlson 和 Wiedl 認為，一個人訊息處理的能力主要是受智力及人格因素的影響，因此在七〇年及八〇年代間展開一系列的研究，透過不同施測情境的操弄，以瑞文式補充圖形測驗、卡泰爾文化公平測驗（Cattell's Culture Fair Test）、熟悉圖形配對測驗（Matching Familiar Figures）及哈特的知覺能力測驗（Harter's Perceived Competency Scale）等，來了解受試者人格因素與測驗情境間的交互作用，評估其一般性能力。

　　上限評量模式主要的重點，並不在改變傳統測驗的內容及結構，而是在改變施測的情境。該評量模式採用「測驗中訓練」的方式，以標準化的介入，使受試者更加了解作業的性質，降低焦慮，表現出較佳的能力水

準。其施測的情境共分六種：

　C1：標準化施測。

　C2：受試者在解題中口語說明題目的要項、作答的方法，並在作答後
　　　說明他做此選擇的原因。

　C3：受試者在作答後說明他做此選擇的原因。

　C4：簡單回饋，告知受試者他是否答對。

　C5：受試者作答後，評量者說明對或錯的原因，並和受試者共同討論
　　　解題原則。

　C6：結合 C2 和 C5 兩種情境。

　　透過以上六種情境的操弄及後測分數，分析受試者的實際智能（actual intelligence），並評估訓練策略的有效性。此外，Carlson 和 Wiedl（1980）並設計出一套理論模式，這個模式包含⑴個人因素、⑵作業要求、⑶診斷方法等三個層面，用以分析受試者在測驗中的表現及改變的情況（引自 Carlson & Wiedl, 1992）。

2. 簡評

　　上限評量模式，由於考量了種族文化、經驗背景及人格動機等因素對測驗表現的影響，因此對普通智力的評估較為精確，能降低評量過程中「非認知因素」的干擾。然而，由於該模式僅著重一般能力的評估，與特定學科領域的關聯不大，因此不易直接提供有用的教學訊息。

㈣ Campione 和 Brown 的漸進提示評量

1. 模式內涵

　　漸進提示模式主要植基於 Vygotsky 的社會認知發展理論，強調評量中的協助與互動，期藉之評估受試者的 ZPD，並提升其認知能力。

　　本模式在評量的形式方面，採用「前測—學習—遷移—後測」四個階段的程序進行。在前、後測階段實施靜態評量，用以了解受試者的最初能

力，及實施動態評量後所能表現的水準；而學習及遷移階段實施動態評量，給予一系列標準化的協助。此外，遷移階段又根據題型的難易程度，分成保持（maintenance）、近遷移（near transfer）、遠遷移（far transfer）及極遠遷移（very far transfer）四種層次，用以評估受試者的遷移效率。

　　其次，在評量的領域與重點方面，本模式初期透過邏輯推理作業〔如：字母系列完成測驗（letter series completion）、瑞文氏測驗（Raven's-type matrix problems）〕去評估受試者的一般認知能力，而後期逐漸跨入學科領域（數學、閱讀），去探究學生在學科學習上的困難及所需要的協助量，使評量與教學密切結合。本模式評量的重點，有別於其他模式，主要並不在評估受試者的獲益情況（how much improvement takes place），而是在評估欲達到某一個特定標準，受試者需要多少協助量（how much help students need to reach specified criterion）（Campione, 1989），透過標準化的提示系統來分別偵測學習量數（在學習階段時所需的提示量）及遷移量數（在遷移階段時所需的提示量）。尤其是遷移量數更是本模式評量的重點，藉之了解學習潛能、區辨個別差異並預測未來的表現。

　　至於提示系統的建構是依照「由一般、抽象逐漸特定、具體」的順序來排列。提示系統在編製前，須經過作業分析及認知分析，設計出解題的策略與步驟，作為提示時的參考。在評量時，施測者按照事先預定的提示系統，依循固定序階給予提示，但在必要的情況下，可允許跳階。而在計分時，以提示量的多少來核算，每提示一次計點一次，提示量愈多代表能力愈低。

　　總之，漸進提示模式透過上述程序與原則，去評估受試者的學習量數及遷移量數，並且以這兩個數值來作為個體間能力差異的指標，提供教學處方的訊息，並預測未來表現。

2. 簡評

　　漸進提示模式是所有動態評量模式中，介入方式最系統化，同時也最強調遷移力及學科導向的評量模式。分析其優點有四：第一、採用「標準

化」的提示系統，可降低施測時評分者的主觀性，提高評分信度。第二、
強調遷移力的評估，而遷移力的高低，是區辨能力差異、預測未來表現的
一項重要指標，有助於未來的診斷與處方。第三、提示系統事先分析擬
定，其序階井然明確，因此在施測時較為簡便，毋需太多事前的訓練，有
利於普遍採用。第四、著重與學科領域結合，並訓練特定技巧，使評量與
教學結為一體。然而，本模式若應用在複雜度過高的學科領域，可能會遭
受到某種程度的困難。一般而言，愈是複雜的學科，其解題歷程及思考歷
程會愈多元，如此一來，其工作分析、認知分析、提示系統的建立及實施
會愈不容易，因此，如何在介入標準化之餘，仍能同時兼顧多元的診斷與
協助，是將來努力的一項重點。

㈤ Embretson 的心理計量動態評量

1. 模式內涵

　　心理計量動態評量模式（psychometric approach）強調「認知能力之可
變性」。在評量中，以空間推理測驗為題材，透過「前測－訓練－後測」
的程序，來評估受試者的一般能力，在訓練階段中，該模式以標準化的介
入方式，提供具體圖版，讓受試者經由具體操作，去比對具體摺疊物與選
項之間的關係，進而增進空間處理技巧。

　　由於傳統測驗理論在評估「改變」方面，常遭遇到三大難題：第一、
「改變」的分數未必等距（在極端分數處改變一分，與在平均分數處改變
一分，它們的意義並不相同）。第二、無法真確的解釋「改變」的本質
（因前、後測之間，其分數的分配未必相似，於是在解釋上有所困難）。
第三、對於不同獲益者，其評量上的誤差未必相等（極端分數之誤差可能
較大）。因此，本模式在資料分析上，改用試題反應理論（Item Response
Theory）來進行計分，透過潛在特質模式（Latent trait model）的運用，強
化評量本身的信度及建構效度，以評量受試者在前後測間「改變」的本質
（Embretson, 1987a），減少對獲益能力估計上的誤差，藉之了解訓練後學

習能力的最大估計值。

2. 簡評

　　心理計量動態評量由於聯合潛在特質理論，因此在評估「改變」及獲益情況方面，是所有動態評量模式中，最具有信度及效度的一種。將來若進一步發展成電腦適性動態評量模式，可降低時間耗損，對大幅推廣應用，助益頗大。然而本模式尚須進一步往學科領域發展，建立課程基礎的評量導向，使動態評量能在學科中落實，有效的診斷並引導教學。

㈥ Burns 等人的連續評量

1. 模式內涵

　　連續評量模式，係整合 Feuerstein 的「學習潛能評量設計」與 Campione、Brown 的「漸進提示模式」而成，該模式主張針對不同程度的受試者，分階段實施不同的評量方式〔即中介評量（mediation assessment）或漸進提示評量（graduated prompting assessment）〕。該模式透過「知覺領域作業」，分兩大階段去評量受試者的認知能力及認知缺陷。在第一階段中又分成兩節，第一節採用靜態評量的方式，去評估受試者的一般能力；而第二節則實施漸進提示，而後再測其獨立的表現水準。若受試者在此階段中，無法達到預定標準（百分之七十五的正確率），則繼續進入第二階段，分別實施漸進提示或中介訓練，並進行一連串評量，了解其保留能力及遷移能力。

　　其次，在評量的領域方面，該模式除了評量一般能力，並同時針對特定學科（如：數學科之計算、文字題及閱讀理解等）進行學習能力的評量。該模式的中介訓練，包含⑴使受試者熟悉作業材料，訓練基本認知功能。⑵教導特定的解題原則及解題程序。⑶回饋（並包含後設認知技巧的訓練）三種。此外，Burns 亦發展出行為缺陷分類表，以記錄並了解受試者究竟欠缺哪些技能，進而作為設計未來教學的依據。

　　Burns 等人的連續評量模式雖然結合了 Feuerstein 的「學習潛能評量設計」及 Campione、Brown 的「漸進提示評量」，但它與此二者仍然有若干差異。首先，在介入的方式上，它的中介協助較 LPAD 簡潔且標準化，而且它的提示主要是視受試者的表現而定，不似 Campione 和 Brown 的「漸進提示評量」，偏向依循事前所建立的序階來進行協助（Jitendra & Kameenui, 1993a）。其次，在評量的目的上，該模式除了著重認知功能的診斷外，它同時檢視不同介入方式（如中介，漸進提示等）的效益，以作為未來設計教學策略參考。

2. 簡評

　　連續評量模式，由於主張因應個別差異，分階段採用不同的評量方式來診斷受試者的認知缺陷，使得它在區辨個別差異及預測未來表現方面，具有不錯的功效，此外，它重視評估不同教學介入的效益，並分析有效教學介入的因素，更促使評量與教學結為一體。然而該模式由於評量的程序複雜，再加上中介提示兼含標準化及臨床式兩種特質，因此在設計上難度較高，耗時耗力。

　　茲將上述六種動態評量模式整理分析，列表如表 14-2 所示。

　　從表 14-2 的比較中，我們可以了解六種模式在不同層面的異同。各模式間的相同點，是它們都強調中介訓練，都採用「前測－訓練－後測」的程序；而不同點，主要在介入方式的差異。介入方式有兩種取向：一種是非標準化，採用臨床法（如：Feuerstein 的 LPAD），另一種是標準化介入（如：Budoff 的學習潛能評量，Carlson 和 Wiedl 的上限評量，Campione 和 Brown 的漸進提示評量，Embretson 的心理計量動態評量，及 Burns 等人的連續評量）。前者對於學習及思考歷程的分析極為詳盡，可提供豐富診斷性的訊息，但限於信度、效度的缺乏及施測技術的複雜性高，因此不利於普遍採用。而後者由於標準化、量化，因而在採行上較為簡便，雖然此種標準化的介入方式，可能會流失某些深入、個別性的珍貴訊息，但從實用性及整體效益兩方面來評估，這種標準化的動態評量模式，其價值性可能較高。

表 14-2　六種動態評量研究模式之主要特色表

	Budoff 學習潛能評量	Feuerstein 學習潛能評量設計	Carlson & Wiedl 上限評量
1. 理論依據	智力是可訓練的	中介學習是認知發展的 重要條件	個人訊息處理的差異主 要是受智力和人格因素 的影響
2. 評量目的	1. 鑑別被錯誤分類的智 能不足兒童 2. 鑑定在特殊教育班級 中，經由適當教學後 的獲益者	1. 診斷認知功能的缺陷 （輸入、精緻化、輸 出） 2. 評量學生對教學的反 應	1. 提供普通智力的敏感 指標 2. 探討學習者特徵及人 格因素在各種施測情 境中的交互作用效果
3. 研究設計	前測—訓練—後測	前測—中介—後測 （或教學—後測）	測驗中訓練
4. 評量重點	評量受試者從訓練中的 獲益能力	評量中介教學後的認知 改變	評估不同施測指導的最 佳表現
5. 教學介入	標準化教學 （幫助受試者了解作業 的要求、給予讚美與鼓 勵、引導其檢查解題策 略等）	非標準化臨床介入 （以中介學習經驗 MLE 的十一項原則為標準）	標準化介入 （改變測驗情境分成： 標準化、指導語說明、 簡單回饋、精緻回饋等 六種）
6. 計分	前、後測間的殘差獲益 分數	1. 改善兒童認知功能缺 陷所需的教學介入類 型與數量 2. 後測分數	後測分數
7. 作業領域			
a. 一般領域	非語文作業測驗，例 如：瑞文氏補充圖形測 驗	1. 視覺—動作組織作業 2. 高層認知歷程和心智 運作作業	1. 瑞文氏補充圖形測驗 2. 卡泰爾文化公平測驗 3. 熟悉圖形配對測驗 4. 哈特的知覺能力測驗
b. 學業領域	---	---	---
8. 評量結果	1. 區分出獲益者、無獲 益者及高分者 2. 獲益力和人格動機、 學業成就有關	經簡短的中介訓練後， 個體有較佳的表現且能 將所獲得的技巧運用至 新的情境中	1. 受試者說明答題緣由 ，評量者給予詳細解 說後的測驗表現較佳 2. 後測分數比前測分數 更能預測未來表現

表 14-2（續）　六種動態評量研究模式之主要特色表

	Campione & Brown 漸進提示評量	Embretson 心理計量動態評量模式	Burns 等人 連續評量模式
1. 理論依據	Vygotsky 的社會認知發展論	認知的可改變性	有效的中介學習是促成認知發展的重要條件
2. 評量目的	1. 鑑別學業學習有困難者 2. 發展有效的學習能力量數來改進分類的方式	1. 發展適當的心理計量模式來測量認知改變 2. 提供特定能力較佳的估計	1. 檢視不同教學介入的效益（如中介或漸進提示） 2. 確認有效介入的成分
3. 研究設計	前測—學習—遷移—後測	前測—訓練—後測	前測—訓練—再測—訓練—後測
4. 評量重點	學習與遷移歷程的評量	訓練後學習能力的最大估計	訓練後（中介或漸進提示），在保留及遷移作業上的表現
5. 教學介入	標準化的漸進教學支持（特定作業取向的介入，按照一系列事先建立的提示系統來協助受試者，可採分支的提示方式）	標準化介入（透過具體操作，增進空間處理技巧）	標準化與臨床介入二者合用（1. 熟悉材料，強化基本認知功能。2. 教導特定技巧。3. 回饋）
6. 計分	達到標準所需要的教學支持量（含學習量數及遷移量數）	後測分數及前後測改變分數	訓練後之獨立表現分數
7. 作業領域			
a. 一般領域	邏輯推理作業例如：字母系列完成測驗、瑞文氏補充圖形測驗	空間推理測驗	知覺領域作業（如：Sencil design test）
b. 學業領域	數學、閱讀	---	數學、閱讀
8. 評量結果	從學習與遷移歷程可以了解兒童認知能力的個別差異。而學習與遷移的動態能力量數是預測未來表現的較佳估計值	1. 透過動態測驗介入，空間能力有顯著的進步 2. 前後測間的改變分數可預測文書編輯的表現	1. 中介比漸進提示更能促進遷移 2. 受試者在動態評量中的表現優於靜態評量

資料來源：修改自江文慈，民 82; Jitendra & Kameenui, 1993a

在五種標準化的動態評量中，對於思考歷程的探析，其著力程度有所不同，其中學習潛能評量、心理計量動態評量及上限評量三種模式，仍偏屬學習結果的評量，而另外二者（漸進提示評量及連續評量則兼顧思考歷程與學習結果的評估，此二者由於兼含量的計數與質的分析，再加上深入學科領域，進行教學策略的探究，因此所提供的訊息量較豐富。Burns 等人的連續性評量，雖然不失為良好的評量模式，但由於實施程序複雜，再加上介入系統多重多元，因此在設計上倍覺困難。相形之下，Campione 和 Brown 的漸進提示評量模式，則顯得較易設計，較易實施，尤其用於學科領域，一般教師只要有足夠的學科知識及教學經驗，自行設計一套針對某個教學單元的介入系統，應不致過艱過鉅，無法完成。此外，這個模式雖然著重「量」的計數（學習量數及遷移量數），卻可得到「質」的訊息（學習上有何困難？遷移上有何限制？），再加上它的提示系統序階明確，可降低評量過程中，無謂的時間耗損及主觀臆測，因此用於實際教學領域中，此模式顯得最為可行。

四、動態評量理論的評價

茲從效益和局限兩個層面，對動態評量理論作評價。

(一)效益

筆者收錄一九七四至二○○一年有關動態評量的實徵研究，歸結出動態評量具有下列三項效益：

1. 區辨力：動態評量能較敏銳的區辨個別差異，鑑定學習潛能

透過動態評量的方式，可進一步區辨同一智商或同一起始表現水準的受試者，在獲益力或特殊認知功能方面的差異（Budoff & Corman, 1974;Sa-

muels, Tzuriel, & Malloy-Miller, 1989; Swanson, 1996；莊麗娟，民85；莊
麗娟等，民90）。對於低成就者（如數學、閱讀），採用動態評量方式能
更精敏的區分出多種能力組型，評估受試者的提示類型與提示量，作為進
一步教學的參考（江秋坪，民84）。

其次，動態評量涵蓋學習能力及遷移能力兩個層面的評量，藉此評估
受試者的 ZPD，作為進一步區辨能力差異的指標。據 Ferrara、Brown 和
Campione（1986）的實證指出，學習能力、遷移能力與智商間約有百分之
六十七的一致性，然而仍有百分之三十三的歧異，換言之，同一個智商水
準的受試者，其學習能力及遷移能力未必相同，再者，同一個學習能力水
準的受試者，其遷移能力也未必一樣，因此，以動態方式進一步評估受試
者的學習能力與遷移能力，將可更精敏的區辨個別差異。

此外，由於動態評量在評量過程中，透過指導語說明、作業材料的操
作、讚美與鼓勵，使受試者盡量免除先前不利文化及人格動機的干擾，因
此在評量中，可較正確評估認知力（Burns et al.,1987; Embretson, 1987b;
Swanson, 1996；江秋坪，民84）。

2. 助益力：動態評量的中介訓練，可增進受試者的解題 能力與學習情意

動態評量的中介訓練，是屬於切合認知缺陷或作業需求的協助，因此
在簡短的訓練階段後，往往能提升受試者的解題能力，並增進學習情意
（如降低焦慮感、有興趣、積極性的能力感）（Bethge、Carlson, & Wiedl,
1982；簡月梅，民87），即使是低能力者（如可教育性智能不足、發展遲
滯或學習障礙）或特殊缺陷者（如聽障者），仍可從中獲益（Burns et al.,
1987; Campione et al., 1985; Feuerstein, 1979; Samuels, Tzuriel, & Malloy-Mil-
ler, 1989; Supanchek, 1989；江秋坪，民84；吳國銘等，民84；徐芳立，民
87；許家驊，民90；莊麗娟等，民90）。

3.預測力：聯合使用動態評量與靜態評量，可更精確的預測未來表現。

動態評量對未來表現的預測力與靜態評量相比，毫不遜色，甚至高於靜態評量。如：Embretson（1987b）指出，「改變」分數（動態量數）比「前測」分數（靜態量數）更能有效預測未來「文書編輯」的表現；Bryant（1982）指出，認知能力及先前知識（靜態量數）可解釋教學獲益力的百分之三十七變異，而學習與遷移量數（動態量數），可增加百分之四十一的預測力；Thorpe（1999）亦指出，成長速率（動態量數）可有效預測受試者對知識的保留及遷移能力。此外，若干實證顯示，聯合使用動態與靜態評量，將可大幅提高對未來表現的預測力，尤其是「遷移量數」更是良好的預測指標（Bryant, Brown, & Campione, 1983; Ferrara, 1987）。

此外，有關動態評量對學業成就的預測力，相關研究中多數支持動態量數可預測學業成就（Carlson & Wiedl, 1979; Embretson, 1987b; Supanchek, 1989; Swanson, 1996；吳國銘等，民 84；江文慈，民 82；莊麗娟，民 85；莊麗娟等，民 90），少數持保留態度（Speece, Cooper, & Butterfield, 1990）。

綜合上述可知，動態評量在區辨力、助益力及預測力三方面均有不錯的表現，它可補充傳統靜態評量的不足，與靜態評量互補互用。一般而言，動態評量特別適用於低程度、非主流或特殊缺陷的受試者，由於這些受試者無法在一般評量中發揮真正實力，因此，往往不能精確評估其潛能，造成錯誤分類、安置的現象，而動態評量正可用來彌補這個缺失，發揮再鑑定、再確認的功能。

㈡局限

筆者分析五十餘篇動態評量模式之具體設計，發現此評量取向應用於學科領域上，仍存有下列疏失：

1. 理論模式方面：提示系統的深入度與引導性仍嫌不足

(1)對學科概念核心的深入度

動態評量模式的發展，主要源於對「智力」的新詮釋，即使到九〇年代末期，仍是以「智力的評估」為主軸，因此其理論模式往往是針對某類型認知能力測驗（如瑞文氏測驗、字母系列完成測驗、空間推理測驗）來規畫「中介系統」（即提示系統），基於此，與多元多樣的學科知識相比，其提示系統的架構常過於簡化。以 Budoff 和 Corman（1974）學習潛能評量、Carlson 和 Wiedl（1978）上限評量、Embretson（1987a）心理計量動態評量為例，其提示系統架構不外乎兩大類別，即「測驗熟悉度的增加」（主要為：確切說明測驗的要求、性質，以及具體操作實物）及「自我規範力的提升」（主要為：引導注意力、讚美、要求檢查並說明選答的理由），此類型提示系統架構，對學科解題而言，不免流於浮泛，未能深入學科的概念核心。

(2)對概念學習的引導性

動態評量實際應用於學科領域大致起自於八〇年代中葉，在六大模式中僅 Campione 和 Brown（1985）的漸進提示模式較為後進者援用，且大都應用於數學科，少數用於閱讀及自然科學，在這些為數不算多的學科領域動態評量的研究之中，很遺憾的產生下列幾種現象。

首先是「學科主題過於簡單」。為了較精密的設計提示系統，許多研究者往往只能選擇難度淺、解題步驟單純的單元作為研究主題，從這些主題所發展出來的提示序階，也許比較精緻流暢，但由於策略淺易、推理性低，可能無法適用於其他難度高的學習主題。

其次，如果研究主題難度較高，提示系統又產生了另一種缺失，那就是過度簡化提示序階，如簡月梅（民 87）只採用二階提示，至於林素微（民 85）為了精簡施測的時間及人力的花費，採用書面式團體動態評量，立意雖然不錯，但若仔細分析，其評量中的提示性偏向於提供一個思考機會（提供四種解題法，讓受試者思考並說明它的意義），然後依據受試者回答的完整性分段計分，這種方法在區辨個別差異上可能還好，但受試者

並不容易單從評量中就提升解題能力，尤其是低程度者更不適用，嚴格說來，這種提示屬於一階式。這類型「試題難但提示序階反而少」的情況，將影響受試者產生意義性學習（真正理解，而非記憶學習）的可能性。

2. 實用性方面：經濟、精緻與準確性仍須加強

(1)人力時間的耗損

動態評量的實施隨提示系統的設計而有別。一般而言，愈精密的提示序階，在區辨力、助益力及預測力上可能較好。然而，一旦提示分階精細，其評量實施的複雜度及人力時間的花費量必然可觀。從某個角度來看，目前學科領域動態評量的價值仍然有限，因為它的效率及經濟性未能達到理想的境界。

(2)計分診斷的功能

由於動態評量的實施程序複雜，以有限的人力並無法精確的記錄受試者在解題歷程中的各項反應，因此，目前學科領域動態評量對於受試者能力的評估，最常採用的方式就是計數提示量。提示量的累計固然比傳統「對－錯」兩段式的計分來得精確，但由於目前所有的動態評量模式對於提示序階的等距性，都沒有把握，該類問題即使有辦法透過試題反應理論、潛在特質模式來解決，但提示「量」一樣，也未必表示提示「質」相等，由於不同的受試者可能會有不同提示類型的需求（如題意不明、粗心、不會運算、不知思考方向），在這種情形下，欲以提示總量來區辨受試能力的差異，並診斷受試者認知的缺陷，可能無法充分達成。

(3)信度與效度

雖然Embretson（1987a、b）、Swanson（1996）的實證中指出：動態評量可以提升內部一致性、建構效度及預測效度，Ferrara、Brown和Campione（1986）指出，該類評量具有跨作業的信度（字母系列完成作業與補充圖形作業），Thorpe（1999）也指出：若採用階層線性模式分析可提高動態評量的信度，但動態評量在施測時的主觀性，對評量信效度所造成的影響，仍是不爭的事實；雖然，目前學科動態評量在實施的過程中，會盡量採用標準化的提示序階，並建立檢核表提升客觀性，但採用人工施測總

無法去除評量者認知、技術及情緒的不當介入。在此之際，評量的精準性與信效度仍受到質疑與批判。

綜言之，雖然動態評量在提示系統的設計及實用性上仍未臻完善，但此評量模式能兼具區辨、助益及預測等三項功能，對於評量效益的擴展，似值得肯定。由於動態評量之提示系統，頗含激發學習的引導性質，依筆者之見，此提示系統若能彈性援用於教學中，對學習者認知的發展、概念的調整、解題策略的習得必有所助益。基於此，筆者在現有學科領域的動態評量研究中，依學科類別，擇取較具參考價值的提示系統實例，該類提示系統，主要是參考 Campione 和 Brown（1985）的漸進提示模式加以建構，提示序階均由普遍、抽象而逐步特定、具體，頗符合一般教學流程，筆者並從中分析有效的教學策略，以幫助讀者理解與應用。

五、教學實例

(一)國語科：徐芳立（民 87）文章閱讀理解

1. 提示系統實例

含自問及自答兩類提示系統，其序階分別如下：

(1)自問提示系統

a.簡單回饋
　「你提出的問題很好，請仔細想想還可以提出哪些問題？」
b.提示基本發問句型（含字面、推理、評鑑三種層次）
　字面：例「故事中主要提到哪些人物、地點、事件？」
　推理：例「故事中……代表什麼意思？比喻什麼意思？」
　評鑑：例「你同意故事中的……嗎？為什麼？」
c.提示基本發問句型與文意概念圖（含全文文意概念卡、語意關係卡）

全文文意概念卡

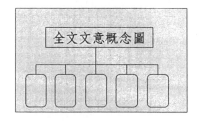

語意關係卡

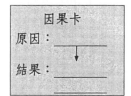

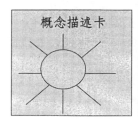
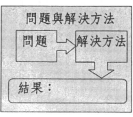
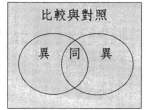

d.實例說明與示範一次
e.實例說明與示範二次
f.直接教學

(2)**自答提示系統**

a.簡單回饋

　　當受試者回答符合主要概念時，正向回饋：「回答得很好」。

b.釐清題意

　　當受試者回答不符題意或僅符合次要概念時：「請注意聽，這個題
　　目的意思是……，現在你再試著回答看看」。

　　c.口頭提示線索

　　　受試者仍無法回答時，提供間接線索：「在文章中，作者已經告訴
　　　我們什麼？」「你認為……的關係如何？」

　　d.口頭提示線索並呈現文意概念圖及語意關係圖

　　e.直接說明答案或提供經驗

2.教學策略分析

　　此提示系統之最大特色，在於援用不同層次的發問句型卡（字面、推
理、評鑑）與不同形式的圖示卡（全文文意、因果、序列、比較對照、概
念描述、問題解決）。一般而言，圖卡形式對於思考主題的精緻化與系統
化，十分有效，同時可大幅降低工作記憶負荷量，對於閱讀生手或學習能
力較弱者而言，頗具價值性。

㈡數學科：吳國銘、洪碧霞、邱上真（民84）文字題解題

1. 提示系統實例

　　阿隆收集玩具汽車 34 部，阿嬌收集玩具汽車 46 部，如果兩人的玩具
汽車要一樣多，問阿嬌要給阿隆多少部玩具汽車？

　　⑴提供對錯之回饋

　　　答錯時：「請你把題目再看一次，想一想，再試試看！」

　　⑵提供題意理解之協助：提供解題的策略

　　　「我們可以算出阿隆和阿嬌共有多少部汽車？現在如果兩人的汽車
　　　要相等，應該把所有的汽車平分成幾等份？算出每個人應有多少部
　　　汽車後，再看阿嬌會減少多少部汽車，就可以知道阿嬌要給阿隆多
　　　少部汽車了。」

(3)提供平行題目教學：提供數值較小的平行題目教學

　　將上述 34 改為 14，46 改為 26。

　　解題步驟如下：

a.阿隆有多少部車？

　14 部

b.阿嬌有多少部車？

　26 部

c.兩人共有多少部車？

　14+26=40 部

d.若平均分成 2 等份，每個人各有多少部車？

　40÷2=20 部

e.阿嬌的汽車減少多少部？

　原來阿嬌的汽車數是 26 部

　兩人相等了以後是 20 部

　減少了 26−20=6 部

　表示阿嬌要給阿隆 6 部汽車，他們的汽車數就會相等。

(4)提供與提示三對應連結的原題目教學：揭示完整的原題解題過程

2. 教學策略分析

　　透過「數值的簡化」，並作解題策略的「平行示範」，是該提示系統的主要特色。據筆者多年教學經驗發現，數值簡化的確有助於數學解題的抽象思考，唯在本例中，筆者建議將數值再縮小，簡化至可心算的範圍（例如 4 與 2），如此可能有助於受試者自行發現解題方法，對受試者思考能力的提升可能更具功效。

㈢自然科：莊麗娟等（民 86、90）浮力概念

1. 提示系統實例一〔莊麗娟、邱上真、江新合（民 86）〕

冰塊的密度為 $0.9g/cm^3$，水的密度為 $1g/cm^3$，油的密度為 $0.7g/cm^3$，今若將冰塊放入油和水混合的杯中，會有什麼現象？請選出正確的答案。

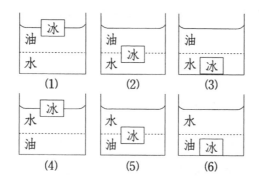

⑴簡單回饋

「答案對嗎？要不要再檢查一遍？」讓受試者再重新作答。

⑵題意說明

「了解題目的意思嗎？」受試者若不明題意則說明題意。

⑶關鍵提示：提供一系列的解題步驟

a.「判斷浮沈要比較什麼？」
b.「密度愈大，愈在（　）層，密度愈小，愈在（　）層」
c.「水的密度最大，在（　）層，冰的密度第二，在（　）層，油的密度最小，在〔　〕層」

⑷**直接教學**

「水的密度最大，在下層，冰的密度第二在中層，油的密度最小，在上層，所以答案是 2。」

2. 提示系統實例二〔莊麗娟、邱上真、江新合、謝季宏、羅寶田（民90）〕

以多媒體電腦化來呈現提示系統，解題歷程中並出現提示卡，可跳階提示。

⑴**自評式題意支援**

出現試題，並詢問受試者是否需要題意說明？

如果受試者要求題意說明時，電腦會以語言說明題意，並同步標示重點。

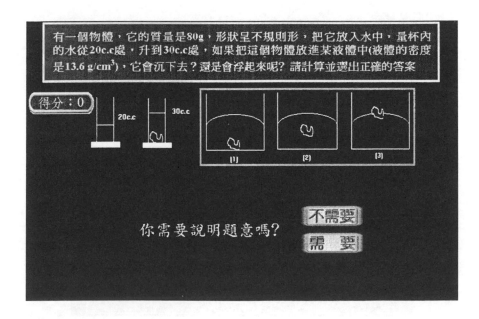

(2)簡單回饋

第一次選答錯誤時，電腦會提示重新選答。

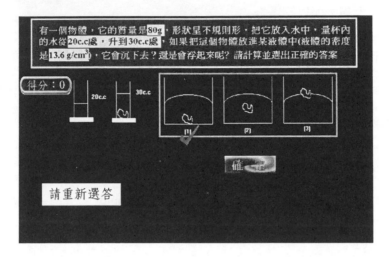

(3)關鍵提示

a.第二次選答錯誤時詢問：「判斷浮沈要比較什麼？」
　若答錯則直接告知答案「密度」。

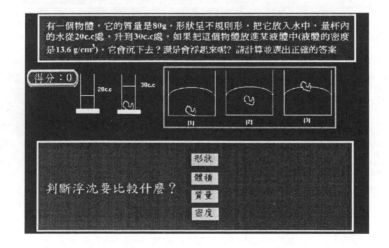

b. 接著進入提示卡一，詢問：「物體的密度是多少？」

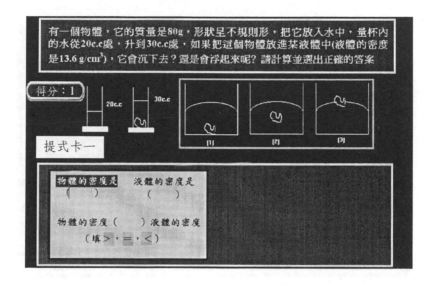

c. 若物體的密度答錯時，則詢問：「密度要怎麼算？」
　　選答完，告知正確答案。

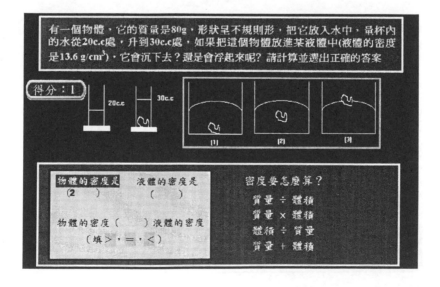

d.接著進入提示卡二，詢問：「物體的質量是多少？體積是多少？」

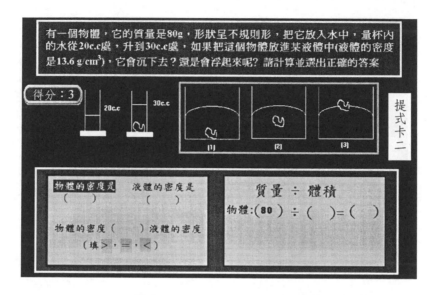

e.如果體積答錯，才出現提示卡 3，並以實景動畫作相似題「體積」
的計算說明，而後要求重算，「物體的體積是多少？」

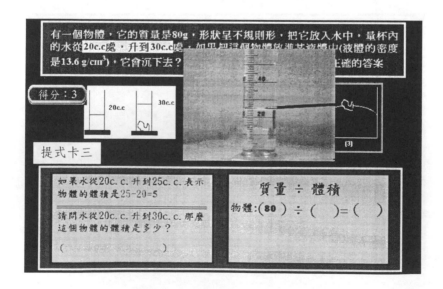

f. 重算體積後，告知正確答案，並請受試者根據質量及體積，重算「物體的密度是多少？」。計算完後並告知密度值，回到提示卡一。接著詢問：「液體的密度是多少？」

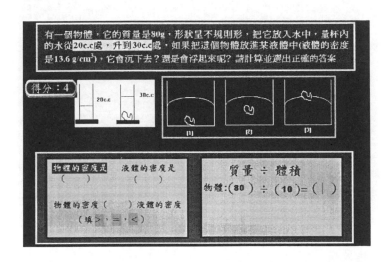

g. 密度值填完後，告知正確答案，並詢問：「物體的密度比液體大或小？」

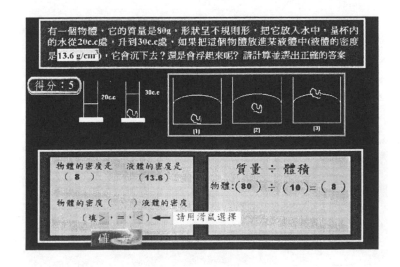

h.當填入物體與液體密度的大小關係時，告知正確答案，並根據此關係，要求受試者回原試題重新選答。

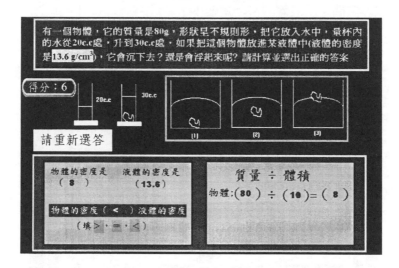

(4)**直接教學**

選答完後，若答對，會配合音效並出現「完全正確」的字眼。若答錯，則以口語直接教學。

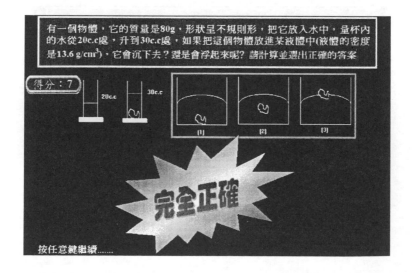

3.教學策略分析

　　此提示系統具多項特性，首先是思考程序的簡化，莊麗娟等（民86）的提示系統中，以「先問水、油、冰三樣物質密度的大小關係，（　）＞（　）＞（　），再問密度最大的會在最下層還是最上層？」的提示方式，促使解題程序簡化、易懂，此法比「水的密度(1)＞油的密度（0.7），所以油會浮在水上。冰的密度（0.9）＜水的密度(1)，所以冰會浮在水上。冰的密度（0.9）＞油的密度（0.7），所以冰會沈入油中」的提示方式，更為流暢，對於低程度受試者的思考將更具引導性。其次，莊麗娟等（民90）強調以提示卡協助解題，此提示卡可協助運算解題的定向與結構化，並降低記憶的負荷量。此外，運用影音動畫，作示範性的操作，以提升注意力與理解，同時配合計分卡給予立即性增強，此等策略對學習成效均有不容忽視的效果，可作為實際教學的參考。

本章參考書目

江文慈（民82）：**槓桿認知能力發展的評量與學習遷移歷程的分析──動態評量的應用**。國立台灣師範大學教育心理與輔導研究所碩士論文。

江秋坪（民84）：**動態評量對國語資源班學童鑑別與協助效益之探討**。國立台南師範學院初等教育研究所碩士論文。

林素微（民85）：**國小六年級學童數學解題彈性思考動態測量之研究**。國立台南師範學院國民教育研究所碩士論文。

林敏慧（民81）：**國小輕度智障兒童學習潛能評量之研究**。國立台灣師範大學特殊教育研究所碩士論文。

吳國銘、洪碧霞、邱上真（民84）：國小學童在動態評量中數學解題學習歷程與遷移效益之探討。**中國測驗學會測驗刊**，42，61-84。

徐芳立（民87）：**提示系統對增進國中一年級學生自問自答策略與閱讀理解能力之成效分析**。國立高雄師範大學特殊教育學系碩士論文。

許家驊（民90）：**國小三年級多階段動態評量之研究**。國立高雄師範大學教育學系博士論文。

莊麗娟（民85）：**國小六年級浮力概念動態評量的效益分析**。國立高雄師範大學教育系碩士論文。

莊麗娟、邱上真、江新合（民86）：國小六年級浮力概念動態評量的效益分析。**測驗年刊**，44 (1)，71-94。

莊麗娟（民90）：多媒體動態評量模式之效益分析──以自然科學浮力概念為例。**測驗年刊**，48 (1)。

簡月梅（民87）：**互動式提示多點計分電腦化適性測驗**。國立台灣師範資訊教育研究所碩士論文。

Bethge, H. J., Carlson, J. S., & Wiedl, K. H.(1982). The effects of dynamic assessment procedures on raven matrices performance,visual search behavior, test anxiety and test orientation. *Intelligence*, 6 (1), 89-97.

Brown, A. L. & Campione, J.(1986). Psychological theory and the study of learning disability. *American Psychological*, 14 (10), 1059-1068.

Brown, A. L. & Ferrara, R. A.(1985). Diagnosing zones of proximal development. In J. V. Wertsch(Ed.), *Culture, communication, and cognition: Vygotskian perspectives*(pp. 273-305). New York: Cambridge University Press.

Bryant, N. R.(1982). *Preschool children's learning and transfer of matrices problems: A study of proximal development*. Unpublished master's thesis, University of Illinois.

Bryant, N. R., Brown, A. L., & Campione, J. C.(1983). *Preschool children's learning and transfer of matrices problems: Potential for improvement*. Paper presented at the meeting of the Society for Research in Child Development.

Budoff, M.(1967). Learning potential among institutionalized young adult retardates. *American Journal of Mental Deficiency, 72,* 404-411.

Budoff, M. & Corman, L.(1974). Demographic and psychometric factors related to improved performance on the Kohs learning potential procedure. *American Journal of Mental Deficiency, 78,* 578-585.

Burns, M. S., Vye, N. J., & Bransford, J. D.(1987). Static and dynamic measures of learning in young handicapped children. *Diagnostique, 12* (2), 59-73.

Campione, J. C.(1989). Assisted assessment: A taxonomy of approaches and an outline of strengths and weaknesses. *Journal of Learning Disabilities, 22* (3), 151-165.

Campione, J. C. & Brown, A. L.(1985). *Dynamic assessment: One approach and some initial data*. Teachnical report No.361. Nation Inst. of Child Health and Human Development, Washington, DC.(ERIC Document Reproduction Service No.ED 26973).

Campione, J. C. & Brown, A. L.(1987). Linking dynamic assessment with school achievement. In C. S. Lidz(Ed.), *Dynamic assessment: An interactional approach to evaluation learning potential*(pp.82-115). New York: Guiford Press.

Carlson, J. S. & Wiedl, K. H.(1978). Use of testing-the-limits procedures in the assessment of intellectual capabilities in children with learning difficulties. *American Journal of Deficiency, 82*, 559-564.

Carlson, J. S. & Wiedl, K. H.(1979). Toward a differential testing approach: Testing-the-limits employing the Raven matrices. *Intelligence, 3*, 323-344.

Day, J. D.(1983). The zone of proximal development. In M.Pressley & J.R.Levin (Eds.), *Cognitive strategy research: Psychological foundation*(pp. 155-175).

Embretson, S. E.(1987a). Toward development of a psychometric approach. In C. S. Lidz(Ed.), *Dynamic assessment: An interactional approach to evaluation learning potential*(pp. 141-170). New York: Guiford Press.

Embretson, S. E.(1987b). Improving the measurement of spatial aptitude by dynamic testing. *Intelligence, 11*, 333-358.

Ferrara, R. A.(1987). *Learning mathematics in the zone of proximal development : The importance of flexible use of knowledge* [CD-ROM]. Abstract from: ProQuest File: Dissertation Abstracts Item: 8803037

Ferrara, R. A., Brown, A. L., & Campione, J. C.(1986). Children's learning and transfer of inductive reasoning rules: Studies of proximal development. *Child Development, 57*, 1087-1099.

Feuerstein, R.(1979). *The dynamic assessment of retarded performers: The learning potential assessment device, theory, instrument, and techniques.* Baltimore, MD: University Park Press.

Gallimore, R. & Tharp, R.(1990). Teaching mind in society: Teaching, schooling, and literate discourse. In L. C. Moll(Ed.), *Vygotsky and education* (pp. 175-205). Cambridge University Press.

Gerber, M. M., Semmel, D. S., & Semmel, M. I.(1994). Computer-based dynamic assessment of multidigit multiplication. *Exceptional Children, 61* (2), 114-125.

Harth, R.(1982). The Feuerstein perspective on the modification of cognitive performance. *Focus on Exceptional Children, 15* (3), 1-12.

Haywood, H. C., Brown, A. L., & Wingenfeld, S.(1990). Dynamic approaches to psychoeducational assessment. *School Psychology Review, 19* (4), 411-422.

Haywood, H. C. & Wingenfeld, S. A.(1992). Interactive assessment as a research tool. *Journal of Special Education, 26* (3), 253-268.

Jitendra, A. K. & Kameenui, E. J.(1993a). Dynamic assessment as a compensatory assessment approach: A description and analysis. *Remedial and Special Education(RASE), 14* (5), 6-18.

Jitendra, A. K. & Kameenui, E. J.(1993b). An exploratory study of dynamic assessment involving two instructional strategies on experts and novices' performance in solving part-whole mathematical word problems. *Diagnostique, 18* (4), 305-325.

Jensen, M. R. & Feuerstein, R.(1987). The learning potential assessment device: From philosophy to practice. In C. S. Lidz(Ed.), *Dynamic assessment: An interactional approach to evaluation learning potential.* New York: Guiford Press.

Laughon, P.(1990). The dynamic assessment of intelligence: A review of three approaches. *School Psychology Review, 19* (4), 459-470.

Lidz, C. S.(1991). *Practitioner's guide to dynamic assessment.* New York: Guiford Press.

Samuels, M., Tzuriel, D., & Malloy-Miller, T.(1989). Dynamic assessment of children with learning difficulties. In R. T. Brown & M. Chazan(Eds.). *Learning difficulties and emotional problems*(pp.145-165). Calgary: Detselig Enterprises.

Speece, D. L., Cooper, D. H., & Kibler, J. M.(1990). Dynamic assessment, individual differences, and academic achievement. *Learning and Individual Differences, 2* (1), 113-127.

Supancheck, S. P.(1989). Effects of dynamic assessment approach with developmentally delayed children. *Doctor of philosophy in special education,* CSULA-UCLA University of California(microform). Ann Arbor, Mich.: UMI.

Swanson, H. L.(1996). Classification and dynamic assessment of children with learning disabilities. *Focus on ExceptionalChildren, 28*, 1-19.

Thorpe, P. K.(1999). *A hierarchical linear modeling approach towards the dynamic assessment of mathematical conceptual learning.* [CD-ROM]. Abstract from: ProQuest File: Dissertation Abstracts Item: 9835543.

Utley, C. A., Haywood, H. C., & Masters, J. C.(1992). Policy implications of psychological assessment of minority children. In H. C. Haywood & D. Tzuriel(Eds.), *Interactive assessment*(pp.445-469). New York: Springer-Verlag.

Vygotsky, L. S.(1978). *Mind in society: The development of higher psychological processes.* Cambridge: Harvard University Press.

*本章內容部分已發表於《中華民國特殊教育學會八十四年年會專輯：教學與研究》，511–531 頁。

第 *15* 章

Gardner 多元智能理論與教學應用

多元智能的教學模式

❖多元智能理論的評價

❖教學實例

多元智能單科統整教學實例

多元智能科際統整教學實例

多元智能專題研究實例

本章學習目標

看完本章後，讀者應能達成下述目標：

1. 能理解多元智能理論的內涵。
2. 能理解多元智能和學習的關係。
3. 能理解多元智能理論所蘊含的教學理念。
4. 能理解多元智能的應用方式和教學模式。
5. 能理解多元智能理論的優點和限制。
6. 能應用多元智能進行教學活動設計。

　　「多元智能理論」（The theory of multiple intelligences；MI 理論），是由美國哈佛大學教授 Howard Gardner 在一九八三年所提出。他突破了單一量化的傳統智能觀，以及人類認知的一元化論點，反對一般標準化測驗和智商模式只依賴語文與數理能力來測量智能，窄化了人類智能的範圍。Gardner（1999a）提出：「智能是一種處理訊息的生物性心理潛能，這些潛能在某種文化情境中，可能被激發來解決問題或創作該文化所重視的產品。」多元智能理論目前提出的八種智能，包括：語文智能、邏輯數學智能、視覺空間智能、肢體動覺智能、音樂智能、人際智能、內省智能、自然觀察者智能（Gardner, 1999a）。

　　Gardner 主張我們每個人具有八種智能的潛能，只是強弱程度不同。智能是可以教導和提升的，大多數人的智能能發展到適當的水準，而且每個人有各自獨特的智能組合。八種智能其實也是八種人類認知的方式，因此在教學上，教師必須了解學生的心智特性，採取多元化的智能管道來教學，提供各種不同的智能表現機會，運用優勢智能來促進學生學習，讓學生達到真正的理解。目前多元智能理論被應用在課程和教學革新上，已有研究發現可以增進學生的學業成就，改變教師的教學信念，改善學校的對話，增進班級的實務，以及提升學生的自尊。

　　本文主要探討多元智能理論對學習與教學的理念和應用方式，首先闡述多元智能理論的內涵，其次指出多元智能的學習方式和學習活動，接著說明多元智能理論的教學理念，然後介紹多元智能理論在教學上的應用，最後提出兩個多元智能教學實例設計，供教師參考。

一、多元智能理論的內涵

　　大部分學者從心理測驗的傳統角度來解釋智能，也就是由心理學家用測驗施測，來檢驗得分結果的相關形態。如果得分之間相關高，心理學家就認為智能是單一運作，構成一般的智能（稱為 g 因素）。如果相關矩陣顯示多種因素，心理學家就承認人類可能有各種分離的能力。心理測驗所

探討的智能範圍，都限制在以口頭問答或紙筆測驗可測得的能力。然而 Gardner 不依靠心理測量工具的結果，而是先訂出八個標準，然後從相關的科學文獻中，找出一些可能存在的能力的證據，如果達到標準，就稱之為一種人類智能；如果未達到，就尋求另一個概念化的方式或把它暫放一邊（Gardner, 1999a）。以下說明他所訂定的八項挑選智能的標準。

(一)挑選智能的標準

　　Gardner 依照不同學科發展出一套候選智能的標準。從生物科學的兩項標準：(1)由腦傷分離的可能性。從腦傷病人可以發現喪失許多能力，但是某種智能還是完好的，或者病人喪失某種智能，但是其他能力仍不受影響。(2)進化的歷史和進化的合理性。大部分證據來自對人類及其祖先的推論或現代物種方面的知識。如果我們能找到特定智能進化的前例，則特定的智能就更有可信度。從邏輯分析的兩項標準：(1)可以確認出一項或一套核心運作過程。例如語文的核心運作包括音素區分、造句、語用敏覺和語意獲得。(2)在一個符號系統下解碼的感受性。每一種人類智能都有社會的和個人的符號系統，允許人類在某種特別意義下進行溝通。從發展心理學的兩項標準：(1)一個顯著的發展歷史，以及一套可清楚定義專家最終狀態（end-state）的表現。智能本身擁有自己的發展歷史。想要成為數學家就必須以某些特別的方式去發展它的邏輯數學智能。(2)白癡專家、天才和其他有特殊能力者的存在。有些專家在某一個領域表現出驚人的能力，但在其他方面卻表現平常，甚至有很顯著的缺陷。有些天才在某一方面有非常特殊的表現，而在其他方面也很傑出或表現正常。從傳統心理學研究的兩項標準：(1)來自實驗心理學工作的支持。心理學家從研究人們如何同時進行兩項活動的表現，可以區分出這兩項活動運作的相關程度。如果兩項活動不互相影響，研究者就可以假設這兩項活動由大腦不同部分在操縱。此外有關遷移或不正當干擾的研究，也可以辨識不同智能的區別。(2)來自心理測驗結果的支持。當心理學家逐漸擴展對智能的定義，並增加測量智能的工具時，自然也增加支持多元智能理論的心理測驗證據。例如研究空間和語文智能的結果，發現這兩種能力關係非常弱（Gardner, 1999a）。

㈡多元智能的含義

　　Gardner 在早期的著作《心智的結構》（*Frames of Mind: The Theory of Multiple Intelligences*）（1983）一書中，將智能定義為：「解決問題的能力，或是在各個文化背景中創造該文化重視的產品的能力。」他特別指出，大部分現有智能理論重視問題解決，而忽視了創造產品的缺點。同時，他也指出，智能在不同地方、不同文化、不同時代都具有同樣的特點，是一種錯誤的假設。近來 Gardner 又提出一個更精確的定義，認為智能是：「一種處理訊息的生物性心理潛能，這些潛能在某種文化情境中，可能被激發來解決問題或創作該文化所重視的產品。」（an intelligence as a biopsychological potential to process information that can be activated in a cultural setting to solve problems or create products that are of value in a culture）。這個定義進一步指出智能是看不見、也無法測量的，它可能是許多不同的神經方面的潛能。這些潛能也許會、也許不會被激發出來。這要看那個文化所重視的價值觀、所提供的機會，以及自身、家庭、老師和其他人影響下所做的選擇和決定（Gardner, 1999a）。

　　以下綜合 Gardner（1999a）本人的說法，以及其他學者（王為國，民89；李平譯，民88；張稚美，民88；郭淑賢、陳淑惠譯，民89；魏美惠，民85）的闡釋，將八大智能的含義列表 15-1 加以說明。

㈢多元智能理論的基本主張

　　多元智能理論關於智能的發展和表現，提出一些重要的基本主張，大致可包含以下幾項（李平譯，民88；郭俊賢、陳淑惠譯，民89；White, Blythe, & Gardner, 1995）：

表 15-1　八大智能的定義和內容

智　能	定　義	主要內容
語文智能	有效運用口頭語言和書面文字的能力	結合語言的結構、發音、意義、修辭和實際使用，並運用自如。
邏輯數學智能	有效運用數字和推理的能力	計算、分類、分等、概括、推論和假設檢定的能力，及對邏輯方式和關係、陳述和主張（若一則、因果）、功能及其他相關抽象概念的敏感性。
視覺空間智能	能以三度空間思考，準確的感覺視覺空間，並表現內在的空間世界的能力	對色彩、線條、形狀、形式、空間和它們之間關係的敏感性，以及能重現、轉變或修飾心像，隨意操控物件的位置，產生或解讀圖形訊息。
肢體動覺智能	運用肢體表達想法和感覺，生產或改造事物的能力	特殊的身體技巧，如彈性、速度、平衡、協調、敏捷，及自身感受的、觸覺的和由觸覺引起的能力。
自然觀察者智能	分辨觀察生物的能力，對自然景物敏銳的注意力以及對各種形態的辨認力	適應環境、了解動植物關係、喜愛大自然、了解環境、辨認大自然的事物、發現、調查、觀察等。
音樂智能	能覺察、辨別、改變和表達音樂的能力	對音調、節奏、旋律或音質的敏感性，及歌唱、演奏、作曲、音樂創作等。
人際智能	覺察並區別他人情緒、動機、意向及感覺的能力	對表情、聲音和動作的敏感性，辨別不同人際關係的暗示，對暗示做出適當反應，以及與人有效交往。
內省智能	正確自我覺察的能力	了解自己的優缺點，認識自己的情緒、動機、興趣和願望，以及自尊、自省、自律、自主，達成自我實現。

1. 每個正常的人都具有八種智能，只是強弱的程度不同

有些智能較發達，有些普通，有些較不發達。在接觸和解決問題的方法上，每個人表現出獨特的智能。因此，標準化取向的教育方式，必然會忽視許多學生在其他智能的表現。

2. 智能是可以教導和發展的

傳統上我們的文化重視語文和邏輯技巧，因此，教育課程和方法偏愛在這兩方面表現優異的學生。根據多元智能理論的看法，在語文和邏輯數學並不優異的學生，可以依靠他們的強勢智能來增進這些領域。Gardner 把智能看作是一組能力，並隨著人的一生持續擴展與改變。我們可以透過教育、學習和練習，在各方面變得更有智能。

3. 每種智能為了不同任務和目標可以相互流通

智能幾乎從未獨立運作，大多數的任務和目標包含一些智能一起工作。多元智能理論區分出不同的智能，是為了觀察它們的特點，以學習如何有效利用它們。其實在日常生活中，它們並非獨立存在，而是以複雜的方式統整運作，來達成目標或完成任務。

4. 大多數人的智能能得到適度的發展

有的人認為智能是天生的，因此對於某些弱處消極面對。Gardner 認為如果給予適度的鼓勵與指導，每個人都有能力使八大智能發展到適度的水準。但是我們在成長的過程中，可能受到來自社會文化、家庭、學校或本身麻痺化經驗（paralyzing experiences）的影響，而阻礙了某些智能方面的發展。

5. 每項智能有多種表現智能的方式

強調人類是以豐富的方式在各項智能之間，表現其特有天賦才能。例如：一個人可能作文能力不佳，但語文智能很高，因為他能講生動的故事；有的人可能不會彈奏任何樂器，但音樂智能極佳，因為他有一口好嗓

子。

6. 智能以特定的材料和問題形式顯現在特定領域

我們不能透過另一種智能的媒介，充分發展或精確的評估一種智能。例如一個人的音樂智能不可能只經由討論音樂獲得發展，學生需要經驗各種樂器，組合一種旋律，或打拍子。相同的，我們也不能只透過紙筆測驗來評估學生音樂的發展。

二、多元智能和學習的關係

從多元智能理論的觀點，八大智能就是八種人類學習的方式。每個學生在八大智能的發展各有不同的優勢和弱勢，也有不同的組合運作方式，因此，教師必須先了解各種智能的學習方式，並根據學生的智能發展情形，提供最佳的學習活動，才能有效增進學生的學習效果。

㈠八大智能的學習方式

以下說明八大智能的學習方式，並描述各種智能優勢學生的表現（郭俊賢、陳淑惠譯，民 89；鄭博真，民 89；DeAmicis, 1999）：

1. 語文智能（linguistic intelligence）

透過書寫、口頭語言、閱讀等各個語文方面的系統。此方面優勢的學生常常用語文思考；喜歡閱讀和寫作、玩文字遊戲；成功的論辯和討論某個議題；熱愛學習新詞彙；書寫作業表現良好；擅長記憶語意性知識；對閱讀內容能透徹理解。

2. 邏輯數學智能（logical-mathematical intelligence）

透過尋找和發現形態的歷程，以及問題解決的歷程。此方面優勢的學生能做概念化和抽象化思考；喜歡做實驗；喜歡數字運算；喜歡概述要點或列出觀念；喜歡邏輯的、系統的和順序的觀念；熱愛挑戰解決複雜的問題；容易接受可測量、歸類、分析的事物；喜歡設計文字謎題（word puzzles）讓同學解答，例如：R/E/A/D，答案是 read between the lines；HEART，答案是 broken heart。

3. 視覺空間智能（visual-spatial intelligence）

透過運用肉眼對外在的觀察與運用心眼對內在的觀察。此方面優勢的學生習慣使用心像和圖畫來思考；對環境中的物體、形狀、顏色和形態具高度的覺察力；喜歡畫畫、著色和設計有趣的圖案；喜歡玩拼圖、讀地圖、作模型；愛作白日夢；喜歡看書中的插圖；能想像生動的故事心理圖像；擅長發現新場所的路線。

4. 肢體動覺智能（bodily-kinesthetic intelligence）

透過身體移動和表現（作中學）。此方面優勢的學生對自己身體的覺醒狀態有敏銳的感受。喜歡肢體律動、跳舞、角色扮演、用手製作或發明事物；常用手勢或其他肢體語言作溝通，表達自己；很會模仿動作；喜歡各種肢體遊戲，喜歡演練示範怎麼做事情；喜歡戶外活動。

5. 自然觀察者智能（naturalist intelligence）

透過接觸大自然，包括認識和欣賞動植物、辨認物種的成員，以及連結生命組織的能力。此方面優勢的學生很喜愛戶外活動；接近和研究動植物以及大自然的景物；能注意天氣、季節變化；喜愛蒐集大自然的東西；喜歡養寵物，並尊重生命。

6. 音樂智能（ musical intelligence ）

透過傾聽、聲音、震動形態、節奏以及音色的形式，包括聲帶所能發出的所有聲音。此方面優勢的學生喜歡音樂和節奏的形態；對周遭聲音很敏感；對各種聲音、音調與韻律有明顯反應；喜歡創作音樂；愛唱歌或聆聽多種音樂；在樂曲中辨識不同的樂器；擅長模仿聲音；喜歡操弄樂器；喜歡在有音樂的環境下學習；能透過歌謠或歌詞獲得知識。

7. 人際智能（ interpersonal intelligence ）

透過與人的互動中學習。此方面優勢的學生通常有很多朋友，能為他人設想；對他人的想法或感受很敏感，能理解不同的觀點；熱愛參與團體活動；會解決衝突，進行協調；經常是團體中的領導者，喜歡教導別人做事；喜歡猜測別人的想法和感覺；清楚自己的想法和感覺並能表達出來。

8. 內省智能（ intrapersonal intelligence ）

透過內省、後設認知、自我反省以及提出有關生命意義的問題。此方面優勢的學生喜歡獨自工作；能夠自我反省和自我覺察；有很強的直覺；行為經常是內發的；具有強烈的意志和自信；同學會找他問意見，但有時覺得難接近。

㈡八大智能的學習活動

透過八大智能的學習方式，教師可以設計一系列的學習活動（教學活動），提供多樣化學習材料，作為生動的切入點（entry point）（Gardner, 1999a、1999b），讓學生運用優勢智能來進行學習，亦可運用其優勢智能來促進弱勢智能的學習。例如一位語文智能較強的學生，他的音樂智能較弱，我們可以透過安排詩歌吟唱、課文朗誦、老歌換新詞、數來寶表演等，來提升他的音樂智能。

以下列舉八大智能的學習活動，教師可以靈活加以運用（李平譯，民

88；封四維；民 88；郭俊賢、陳淑惠譯，民 87;鄭博真，民 89；羅吉台、
席行蕙，民 90）：

1.語文智能

　　口頭發表、討論、閱讀、朗讀、寫作活動、演講、寫日記、講故事、
錄下自己的話、投稿、設立班報、腦力激盪、文字遊戲、訪問、報告、製
作有聲書、廣告詞、相聲、電腦文書處理、參加讀書會、編笑話和謎語、
查字詞典。

2.邏輯數學智能

　　解數學問題、蘇格拉底式問答、歸納法、演繹法、分類與分等、比
較、計算、測量、心算、幾何圖形、機率、電腦程式語言、解決邏輯性問
題練習、主題事物邏輯序列呈現、故事性應用問題、邏輯拼圖與遊戲、抽
象形態和關係的活動。

3.視覺空間智能

　　看或畫圖表、畫重點、教材視覺化、視覺化筆記、攝影、錄影帶、幻
燈片、藝術欣賞、視覺思維練習、思維速寫、圖解符號、電腦繪圖、漫畫
對白、運用心智圖和群聚法、用顏色標示作記號、視覺難題與迷宮、美術
剪貼、製作視覺化報告、玩拼圖和迷宮。

4.肢體動覺智能

　　操作學習、課堂戲劇表演、比手畫腳、用身體寫字、角色扮演、舞
蹈、實地參觀考察、肢體圖解、概念動作化、體育活動、勞作、想像身體
動作、玩拼圖遊戲、觸覺材料和經歷、將有創意的動作應用到基本技能、
以身體語言和他人溝通、使用肢體回答問題。

5.自然觀察者智能

　　分辨形態、觀賞自然界事物、蒐集貝殼或石頭等自然界物品、製作昆
蟲標本、飼養小動物、種植植物、觀察動植物生長過程、觀賞自然錄影

帶、田野調查。

6. 音樂智能

　　概念音樂化、傾聽音樂討論問題、用音樂激發創作想像、心情音樂、歌唱、饒舌歌、吟唱、詩歌朗誦、數來寶、樂器演奏、使用背景音樂、分組合唱、創作歌曲、把以前的歌曲和某個概念結合、為某概念設計一段新旋律。

7. 人際智能

　　訂班規、合作學習、人際互動、衝突調解、同儕交互教學、團體探究、同理心訓練、團體腦力激盪、與他人分享、社會參與、社區服務、參加社團、學習團體、讀書會、培養多元觀點、指導溝通技術、接受建議。

8. 內省智能

　　獨立研究與計畫、自我契約、情緒調整時刻、自我調整訓練、一分鐘反省時段、興趣中心、不同作業選擇、寫日記、思考技巧教學、練習擬定目標、培養自尊活動、提供學生可選擇時間、自我指導學習。

三、多元智能理論的教學理念

　　經驗豐富和成功的教師，經常會藉由許多不同的方式，教導課程的每個部分，以符合學生的程度。他們傾向經常重新探究主要概念或主題，並且以各種變化，提供學生許多機會，從不同觀點去接近一個概念。從多元智能來看，這種變化能夠提供增進學習理解的多元途徑（White, Blythe, & Gardner, 1995）。

　　當學生在語文和邏輯數學智能方面較弱，從他們較強的智能之一學習某個科目，他們不只可以學得更快和保留更多，而且也可以強化剛開始較弱的智能部分。課程如統整較多的智能，更可以促進學生理解和學習，而

且使用多元智能取向確信學生能獲得均衡的發展（DeAmicis, 1999）。

　　根據 Gardner（1993、1999a）、Blythe 和 Gardner（1995）的論點和其他學者（江雪齡，民 89；林進材，民 88；封四維，民 88；郭淑賢、陳淑惠譯，民 87；陳杰琦，民 87；馮建華，民 85；梁雲霞譯，民 89；簡紅珠，民 87）的闡述，多元智能理論的教學理念可歸納出以下幾點：

(一)學生觀

　　每個學生都擁有獨特的智能結構，強弱不盡相同，所以每個學生的學習方式也有所不同。在相同科目以相同教材和方法教育所有學生，是需要質疑的。多元智能強調人類學習高度的個別化方式，教師要先了解學生的心智特性，使教學方法與學生的智能特點相配合。例如一個時代的歷史，對於高空間智能的學生，最好透過藝術建築和地理來介紹；而對於高語文或人際智能的學生，傳記和戲劇表演可能提供更好的策略。

(二)教師觀

　　有技巧的教師能為相同的概念開啟不同途徑，而有效能的教師如同「學生和課程間的經紀人」（student-curriculum broker），經常注意有助於傳遞相關內容的教育輔助器材，如文章、影片、軟體等；盡可能符合學生表現的獨特學習模式，來選擇有效的方式。採用多元智能取向教學，使教師的專業角色從傳統的資訊傳播者，轉變成為協助者、教練、資源提供者、學習促進者、個別家教、激勵者、聯繫人。並且以持續的學習者自居，和其他教師共同組成學習與教學小組，努力去從事智能和學術的探討，積極尋求以不同的教學方式開展學生的潛能。

(三)教學觀

　　教學的目的在使學生對學習材料達到真正的理解，並能將所學應用到

新的情境。有效的教學應該根據學生的特質和教學內容，採取多元化的教學方法，發展他們的優勢智能，激發他們的弱勢智能，幫助他們把優勢智能的特點遷移到其他學習領域中。並提供各種不同的表現機會，肯定不同的表現方式，讓學生表現出他們所理解的學習內容。

㈣課程觀

Gardner 建構了個別中心的課程觀，讓學校能完善的針對學生的個別需求，提供適性的教育選擇。根據多元智能的觀點，除了大多數學校主要重視的語文和邏輯數學智能以外，教育的重點在培育學生其他方面的能力和才能。多元智能理論協助教師把現有的課程或單元轉換成多元方式的學習機會。課程設計最好的方式，是將各種多樣的教學方法結合運用，擴大課程範圍，以納入更廣泛、更多元的學科。

㈤評量觀

多元智能理論強調「智能公平」（intelligence fair）的評量，挑戰依賴語文和邏輯數學智能來評估學生的知識，如標準化的效度、機械式評分、選擇式評量等，認為每種智能需要直接在它運作的脈絡中加以直接評估。多元智能取向著重「真實性評量」（authentic assessment），認為教學與評量是結合在一起的，強調在教學情境中，直接去評量學生參與學習活動時的種種表現。

㈥學習環境觀

藉由肯定廣泛價值領域的多樣性，多元智能理論喚醒了教學情境的改變。一般的教室程序強烈依賴語文和邏輯數學符號系統。然而，我們不能只經由說和寫音樂來發展音樂智能，有關程序、材料和問題的操作練習對於獲得深度知識是主要的。多元智能強調學徒制和博物館的學習模式，讓學生在具有豐富資源的真實情境脈絡中進行學習。轉變以教師為中心的傳

統教學，成為以學生為中心的開放學習環境。

四、多元智能理論在教學上的應用

㈠多元智能的教學應用方式

　　張稚美（民 88）提出運用多元智能理論在教學的情境，有三種方式：
⑴利用各種資源來啟發或培育某種特定的智能，⑵以多元管道來增強某教
學單元的內容和學習效果，⑶配合上述兩項綜合應用多元管道，既加強智
能的發展，也強化學習的內容。

　　Lazear（1999）提出多元智能在教學上的應用方式可分為三種：⑴後
設智能（meta intelligence），以智能為教導內容，注重教導學生有關於他
們自己的智能，幫助學生了解、強化自己的多元智能，及如何使用智能去
學習和解決生活中的問題；⑵以智能為手段去獲取知識（teaching with mul-
tiple intelligence），每一種智能都可以作為獲得知識的方式，例如用肢體
動作來學習字彙，用音樂教科學概念；⑶以智能為教學主題（teaching for
multiple intelligence），把智能當作一個科目來教學，例如語言、數學、音
樂、藝術等課程，這些科目的教學須與每個智能的發展階段密切配合（引
自王為國，民 89）。

　　Jasmine（1999）提出教導多元智能的方式有四種，並分析其優點和缺
點：⑴融入式（infusion），此種教學方法是採取一個課程領域或一個主
題，設計可能包含每種智能的學習途徑。這種取向把課程轉化成智能。它
的優點是不會增加另外的領域到課程，缺點是它可能是無關緊要的和強制
的，需要持續性和創新的計畫。⑵中心本位（center-based），課程建立在
一個主題，中心關聯到智能。它的優點是中心可以持續進行，活動傾向建
立在相互關係；缺點是最初的準備相當耗時間，課表安排複雜。⑶專題研
究（project-based），這種類似合作式學習的拼圖法（jigsaw），每個學生

對同一主題做不同的回應。它的優點是可以促進每種智能，評量是公平的；缺點是不能期待學生經驗完整的主題。⑷作為單獨的學科（as a separate subject），此種教學方法可以採取一種或多種智能並教導它，在這種方式下，環境可以促進具體化經驗，這種取向把智能轉化成課程，允許典型的經驗。它的優點是材料不是強制的、人為的，或無關緊要的；自動包含後設智能的歷程；缺點是在課程中增加另一領域。

Campbell（1997）指出：有多少教師，就有多少多元智能教學模式。實施多元智能並沒有唯一可行的正確方法。多元智能可以讓教師更有效的協助學生學習，這需要教師投入精力和時間來了解多元智能理論，然後決定如何運用多元智能在課程、教學與評量（陳佩正譯，民 90）。

民國八十七年教育部引進多元智能理論，試辦國民中小學補救教學實驗，希望開闢多元管道教學與評量方式，以幫助不適應學校中既定課程的中小學生重拾學習的樂趣（教育部，民 87）。目前國內運用多元智能理論在教學上，大都採單科多元智能統整和跨學科多元智能統整（王為國，民 89；李珀，民 89；林月榮，民 89；陳智弘，民 89；黃若玲，民 88），這種方式是把多元智能當作學習管道，來教導原有教科書的教材內容，比較不會增加課程的負擔。

以下介紹四種多元智能理論在國外常見的應用方式，供國內教師參考。

1. 多元智能統整教學

多元智能統整教學可分為單科統整教學和科際統整教學。多元智能單科統整教學是指在單一學科內統整運用多項智能來教學。這種課程統整的方式打破了一般教師傳統的觀念，以為語文課只是在教導學生語文智能，或只能運用語文的教學方法。其實在語文課也可同時教導學生八種智能，或可運用八種智能的管道來教學（鄭博真，民 89）。

王萬清（民 88）《多元智能創造思考教學國語篇》、Barkman（1999）《透過多元智能探究科學形態》（*Science through Multiple Intel-*

ligences）、Martin(1996)《多元智能在數學教室》（*Multiple Intelligences in Mathematics Classroom*）等書，就是介紹在各學科運用多元智能的方法和範例。例如王萬清將國立編譯館第三冊國語科課文「截竿進城」設計成統整語文、空間、邏輯數學、肢體動覺、音樂、人際和內省智能的教學活動。Barkman 設計包含視覺空間、語文、肢體動覺、內省和邏輯數學智能等活動，教導學生認識魚的移動形態。Martin 在「你的消化系統有多長？」單元中，融入肢體動覺、語文、邏輯數學、人際和內省智能等活動，教導學生測量。

科際統整教學，是指同時連結幾個學科，統整多項智能來進行教學。例如，在西雅圖的一所中學進行了一項「認識國際」的多元智能統整教學週（Campbell, 1997）。在這一週學生透過幾個學科的學習，如文學、數學、科學、體育、健康教育、音樂、藝術等等，經歷了多種智能的學習管道，如語文、邏輯數學、音樂、空間和自然觀察者智能等等，學習了「認識國際」這個主題的相關課程知識（詳見鄭博真，民89）。

2. 學習中心

學習中心讓學生沈浸在探究式的或結構化的情境中，它提供學生操作課程內經驗來練習、再教導、發現、充實並促進學習。學生在活動時應用他們所有的智能，幫助他們學習內容，發展思考和問題解決技巧。當他們在學習中心完成任務時，在小組或各自活動中，學生經驗了一種智能的自然統整。學習中心提供學生機會，透過多樣化操作與智能去學習和探究內容，刺激學生所有智能，並鼓勵終身學習技巧的發展（Chapman & Freeman, 1996）。

Chapman 和 Freeman（1996）把學習中心分為「探究式中心」和「結構式中心」兩種。在「探究式中心」，教師分派材料和活動場所給學生，學生負責創作、發現、發明、操弄和探究的歷程與結果。所有中心主要的焦點放在學生發展的歷程與結果，教師可以經由日記或討論提問學生某些訊息，發現學生的思考歷程。在「結構式中心」，教師設定管理規則，提供活動場所，解釋工作的目標和程序，提供學生應用所學概念和獨自練習

技巧的機會。學習中心的設置可依學校擁有的資源、場所而定,每種智能可設一個或多個學習中心,也可以一兩種智能合併設一個學習中心。在教學上,有時可讓學生自由選擇幾個學習中心,有時則指定學生到某些學習中心,或採輪流的方式。

在美國肯塔基州的羅素小學用主題的方式來組織「學習角」(與學習中心相同)為主的教學,學習角以該智能有極高成就的名人為名,如音樂智能-惠妮・休斯頓;內省智能-海倫・凱勒。有一年一個學生因火災喪生,教師們就以「防火安全」作為主題設置多元智能學習角,指導學生展現防火安全和求生的能力。在多元智能學習角中,學生學會唱防火歌,模擬編寫報導火災新聞,閱讀房屋平面圖並畫出逃生路線,拼裝消防車紙模型,用角色扮演體驗生還者的經驗,編演一齣以防火安全為題的歌劇(梁雲霞譯,民 89)。從這個例子我們不難發現,學習中心教學可以使學生透過多種學習方式,學習到有關主題的知識,同時可以獲得多方面智能的啟發。

3.專題研究

專題研究讓學生沈浸在學習的內容,學生使用智能的結合,選擇如何呈現他們的知識和使用資訊的能力。專題研究使得教室內的教學更有意義,將教室內使用的訊息擴展到真實世界的經驗,也可以把真實世界帶到教室,同時發展學生的批判思考、創造思考和社會技巧(Chapman & Freeman, 1996)。

Jasmine(1996)把專題研究的教學分為兩種取向:「主題法」(theme method)和「拼圖法」(jigsaw method)。在前者,每位學生被期望創作一個專題研究,來顯示它對學科領域的知識和理解,學生被教導和發展他們自己的專題研究;在後者,每個人參與相同單元或主題,但自由的選擇最符合自己的興趣或才能的題目或途徑,因此,專題研究允許學生從他們自己智能的優勢去探究知識。

在結束一個主題學習時,多元智能專題研究是一種特別好的方法。儘管學生選擇他們的專題集中在不同的智能,教師也能肯定從學習一個主題

獲得很多方面的知識。這種方式需要引導學生計畫和獲得知識的過程,最後的成品可以在課外時間完成。在進行多元智能專題研究時,教師需要提供參考資源和材料,並協助學生規畫時間表(Chapman & Freeman, 1996)。在評量上可以採取教師、自己、同儕和家長評量。

在美國印地安那州的一所公立中小學「奇異學習社群」,是美國第一所採用多元智能理論設立的學校。該校一年探討三個主題,學校要求每位學生必須做與主題有關的專題研究,每個主題期間結束後,學生就運用多元管道展示專題研究,讓學生彼此觀摩,並加以錄影,累積成學生的成長檔案。Gardner指出,專題研究能讓學生懂得如何運用已有的概念與理解,來迎接新目標、新事物、新挑戰。從設計專題、收集資料、排練、試驗性的組合成最後形式、回答問題、到批判性的觀賞錄影帶,都能幫助學生深入了解專題的內容與自己對完成專題的貢獻(陳瓊森譯,民 88;梁雲霞譯,民 89)。

*4.*學徒制

Gardner(1993)非常重視學徒制的教學方式,他認為在學徒制學習中,可以保持主動且持久的參與,提供更佳的學習理解的機會。在長期的關係中,新手(學生)每天可以觀察到為何要使用各種技巧、程序、概念與象徵及符號系統,可以看到專家成人敏捷的以各種外在的或內在的方式表徵知識,直接經驗錯誤引導或錯誤想法分析的結果,當他們構想出適當的運作程序,他們會獲得快樂。他們經歷了從依據成人模式到嘗試自己的途徑,此時專家會給予支持或批評。

Gardner 建議學校提供三種「學徒制」來發展學生的天賦,包括藝術領域、學術領域和肢體動覺領域。學徒制的方案可以作為正式課程的一部分,也可以作為課外的延伸學習活動。如果能把學徒制變成學校教學的一部分,學生就有機會沈浸在豐富多元的學習脈絡裡,和擁有各種不同智能的專家互動,從解決問題的歷程中,活化在教室裡所學的知識,突破學校教學與實際生活世界的隔閡,真正學到「帶得走的能力」。

在美國明尼蘇達州的卓越示範磁石小學,採用兩種形式的學徒制,一

個是由建築專家所提供，他們扮演「智能專家」的角色，輪流出現在音樂、肢體、數學和視覺藝術智能的「家庭小組」中，教導學生各種表現的形式。這些專家提供了學校少見的深度教學。另一種是「學習舞台」，「舞台」是選修課程，學生選擇參加強調不同智能的舞台。學生們在學徒制的學習中，超越了教科書和學習單，經驗到獲得真實生活的知識、為自己思考、有發明潛力和有創意的樂趣（梁雲霞譯，民 89）。此種作法與「認知學徒制」的教學主張頗為相似。

(二)多元智能的教學模式

1. Lazear 的四階段模式

Lazear（1991）針對利用多元智能為手段進行教學，提出了四階段模式，包括喚醒智能（awaken intelligence）、擴展智能（amplify intelligence）、多元智能教學（teach with/for intelligence）、遷移智能（transfer intelligence）等。

(1)喚醒智能
每種智能都與我們的五官感覺密切相關。一般來說，特定的智能可以視、聽、嗅、味、觸覺為基礎，經由適當的活動或演練將它喚醒；也可經由與人溝通的行為反應以及內在感覺如直覺、高層認知及心靈領悟來引發。

(2)擴展智能
我們的智能就像任何能力，一旦被引發之後還要加強練習、培養，橫向擴展、縱向深入。學習智能運作的方式，了解這些能力和技巧形成的原因，獲得這些能力和技巧的途徑，運用及了解不同智能形式的方法，才能使智能獲得強化。

(3)多元智能教學
教師採用多元化方式來教導學生，促進學生具有較多的智能；教師也必須讓學生利用多種學習方式，達成學習課程內容的目的。

(4)遷移智能

讓學生能運用各種智能去增進處理問題的能力，解決日常生活中遭遇的實際問題，以及創造有社會價值的產品（封四維，民88）。

2. Campbell 的四階段模式

Campbell（1995）提出一個四階段教學模式，此種教學計畫融合運用多元智能學習中心和專題研究，建立在四個步驟的教學順序：主要課程→多元智能學習中心→分享和複習→多元智能專題研究。

(1)主要課程

每天上課以主要課程開始，十五至二十分鐘以多種形式概覽學習的主題。每天的主要課程來自學習的主題，這些主要單元的發展建立在學生的興趣，組織成相關的領域。例如：主題包括外太空、動物、外國和傳說。這些主題單元不只有一組興趣。假如在圖表上有一些國家和不同的藝術形式，可能發展一個單元「世界的藝術」；又如動物和環境被列出，可能出現「環境問題對動物的影響」單元。

當單元確定後，教師和學生將這個單元區分成主要課程，每天的課程可能集中在一個單元「彗星」；一個單元「有袋動物」；一個單元「動物和環境」，水污染如何影響鯨魚。一般來說，每天的課程遵循一個主題引導到下一個主題的順序，每個主要課程由教師或學生準備和呈現的講述所組成，包括視覺的、動覺的活動和具挑戰性的問題。有些問題可能在主要課程解答，其他留給學生自行探究。

(2)多元智能學習中心

學生在學校的時間大都花在八個學習中心，這些領域反應八種學習形式。在主要課程教學以後，學生分成幾個小組在中心活動。在每個中心的學習活動以八種不同的方式探究課程主題。所有中心的活動連結到主要課程，提供學生持續性和重點性學習。這些組別一起停留約一個月，在每個中心活動約二十五分鐘，當鐘響就移到下一站。每天每個學生的責任是完成個別的和小組中心的作業。未完成的作業可利用課堂空檔時間或自由活動時段來完成。

(3)分享和檢討

在中心活動後，安排學生時間分享學習，分享最好採自願的，每個人享受這個時間，學生可以從他們專長的領域呈現成果。學生也可以寫日誌來記錄每天他們所學的和所完成的。另外，也可以透過討論來檢討每天所學的課程。

(4)多元智能專題研究

在中心學生經由不同的形式發展許多技巧。接著學生進行他們選擇的獨立研究。每個下午的專題研究時間是中心時間的延伸，主要差別是專題研究一般和正在學習的單元無關，這種形式完全是學生中心和自我導向的。在這時候，學生可以應用他們在中心發展的策略和技巧。大約每三週學生單獨或兩人一組，開始一個他們選擇的主題研究。包括作獨立研究，學習五到十個概念，準備多種形式來教班上同學他們研究的主題。在三週結束時，學生以在學習中心所從事的多元智能活動的類型，來展現他們的研究。

簡要來說，此種教學模式典型的一天，是由教師或學生呈現主要課程開始，接著給予八個中心活動的引導，把學生分組，在每個中心活動十五至二十五分鐘，然後在這些中心作簡短的分享和檢討，最後大約安排一小時作獨立研究。

五、多元智能理論的評價

多元智能理論在國外已儼然成為教育的口號，許多學校革新或教師教學都會標榜是運用多元智能理論。多元智能理論改變教師對學生的覺察方式與信念，所有學生都是聰明的，他們以不同的方式展現他們的聰明，每個學生都有成功的機會。過去的教學要學生適應既定的課程，多元智能的運用將會配合每個學生的優勢智能而創造新課程。同時也代表著評量的重點和方式將會改變（陳佩正譯，民 90）。然而，多元智能理論也不是萬靈丹，當我們想要在教育上運用時，也需要了解它的限制和不足之處，以免

曲解和誤用。

David Dai（2000）指出，Gardner 雖然綜合大量科學研究成果，但這只能在宏觀的哲學意義上支持他的觀點，而不是在理論的具體命題上，他的理論基礎是建立在思辨基礎上的，至今缺乏系統的科學研究，尤其是實驗性研究。嚴格來說，多元智能理論還不是科學理論。他提醒我們多元智能本身並不是教育理論，從心理學的一般原理到教育實踐，需要很長的探索過程，並非輕而易舉，牽強附會從多元智能理論引伸出種種教育方法，只會將多元智能理論作庸俗化的實踐演繹，而無益於提升教育。

Armstrong（1998）提出有些教師對多元智能理論的應用，如同舊瓶裝新酒，只是簡單的將目前的教學重新命名為多元智能，並未在教學上做許多的改變，更未思考對學生、發展、學習、學校改革的基本態度及教育本身的最終目的。

多元智能理論在教學上的應用，有幾點可能造成的誤用值得我們注意：一是把多元智能當作目的，而不是手段；二是把多元智能理論作為唯一的指導依據；三是用此理論作為不盡力協助學生提高讀寫算能力的藉口；最後是用不同的智能給學生貼標籤（陳杰琦，民87）。

六、教學實例

㈠多元智能單科統整教學實例

多元智能可以應用在各種學科的教學，把各種智能當作教與學的活動或策略。以下列舉國語、數學、自然、社會、英文等五個學科的教學設計及學習單。

實例一、國語科

設計者：李淑櫻、姜懿珊；修正者：鄭博真

適用年級：二年級上學期

單元名稱：第六課　卑南族的兒童節（康軒版）

運用智能：語文智能、視覺空間智能、人際智能

學習目標：

1.能說出台灣原住民族群的名稱。

2.能分組討論說出卑南部落的小男孩報告佳音的方式和內容。

3.能說出主人感謝報佳音小男孩的方式。

4.能畫出「ㄏㄚ ㄉㄚ ㄅㄚ ㄍㄞ」活動的情形。

時間：一節課（40 分鐘）

材料：台灣原住民圖片

教學流程：

1.教師展示台灣的原住民圖片。

2.指導學生參考事先蒐集的資料，說出台灣的原住民共有哪幾族？

3.引導學生根據課文內容，分組討論卑南部落的小男孩如何報告佳音？

4.指導學生根據課文內容，分組討論主人怎樣感謝報佳音的小男孩？

5.指導學生根據課文的敘述，畫出「ㄏㄚ ㄉㄚ ㄅㄚ ㄍㄞ」的情形。

評量方式：

評量項目	優	甲	乙	丙
1.正確說出台灣原住民族群的名稱				
2.清楚說出卑南部落的小男孩報告佳音				
3.清楚說出主人怎樣感謝報佳音的小男孩				
4.有創意畫出「ㄏㄚ ㄉㄚ ㄅㄚ ㄍㄞ」活動情形				

多元智能融入國語科學習單

配合單元：第六課　卑南族的兒童節（康軒版）
運用智能：語言智能、視覺空間智能、人際智能
年　　班　　號　　　　　姓名：

惜 福 感 恩

一、 請你查資料，說說看台灣的原住民總共有哪幾族？

二、 卑南部落的小男孩他們報告什麼佳音？他們會怎麼說？

三、 主人怎樣謝謝報佳音的小男孩？

四、 請你根據課文的敘述，畫出「ㄏㄚ ㄌㄚ ㄅㄚ ㄍㄞ」活動的情形。

設計者：李淑櫻、姜懿珊　　　　　　家長簽名：

實例二、數學科

設計者：蘇麗雲；修正者：鄭博真

適用年級：五年級下學期

單元名稱：第三單元　梯形（南一版）

運用智能：語文智能、自然觀察者智能、邏輯數學智能

學習目標：
1. 能說出觀察到的梯形形狀。
2. 能說出梯形的定義。
3. 能計算梯形的面積。
4. 能說明梯形公式的由來。

時間：40 分鐘

材料：梯形的圖片

教學流程：
1. 教師展示梯形的圖片，引導學生思考日常生活中的梯形。再請學生自由發表觀察到梯形的物體。然後指導學生為觀察到的圖形下定義。
2. 請學生發表梯形的定義。
3. 教師提示長方形、正方形、平行四邊形等面積的算法，引導學生思考梯形面積的算法。
4. 教師指導學生證明或說明自己的計算方法。

評量方式：

評量項目	優	甲	乙	丙
正確說出梯形的定義				
正確畫出梯形的形狀				
正確計算出梯形的面積				
詳細的說出自己的方法				
與別人分享的態度				

多元智能融入數學科學習單

配合單元：第三單元　梯形的面積（南一版）
運用智能：語文智能、自然觀察智能、數學邏輯智能、視覺空間智能

年　　班　　號　　　　　姓名：

1. 在日常生活中，你看到過哪些東西的形狀是梯形形狀？請寫下來！

2. 你能畫出三種不同形狀的梯形圖形嗎？
（圖一）　　　　　　　（圖二）　　　　　（圖三）

3. 你能根據你的觀察為梯形下一個定義嗎？

4. 你知道梯形的面積怎麼計算嗎？舉例。

5. 請用自己的方法說明或證明你是怎麼計算梯形的面積。（可畫圖佐證、說明）

評量項目	優	甲	乙	丙
正確說出梯形的定義				
正確畫出梯形的形狀				
正確計算出梯形的面積				
詳細的說出自己的方法				
與人分享的態度				

設計者：蘇麗雲　　　　　　　　家長簽名：

實例三、自然科

　　設計者：李淑櫻、姜懿珊；修正者：鄭博真

　　適用年級：二年級上學期

　　單元名稱：第二單元　小動物（南一版）

　　運用智能：自然觀察者智能、視覺空間智能、音樂智能、肢體動覺智能

　　學習目標：
　　1.能實地觀察昆蟲並說出其特徵。
　　2.能畫圖表示兩種不同昆蟲的運動方式。
　　3.能配合音樂，隨著音樂模仿昆蟲的動作，跳一支昆蟲舞。
　　4.能蒐集整理資料，並做成昆蟲小檔案。

　　時間：兩節

　　材料：捕蟲網、鏟子、昆蟲標本及圖片

　　教學流程：
　　1.帶領學生實地到校園觀察昆蟲，並說明觀察時應注意的事項。
　　2.指導觀察昆蟲標本及圖片，並請學生說出昆蟲特徵。
　　3.分組討論各種不同昆蟲的運動方式，讓學生畫出一種喜歡的昆蟲的運動方式。
　　4.指導學生配合音樂，模仿昆蟲的動作，跳一支昆蟲舞。
　　5.指導學生蒐集整理資料，利用課外時間做一個昆蟲小檔案。

評量方式：

評　量　項　目	優	甲	乙	丙
用心觀察昆蟲並作記錄				
正確說出昆蟲的特徵				
適當描繪出昆蟲的運動方式				
認真蒐集資料，整理製作昆蟲小檔案				
配合音樂模仿昆蟲動作，有創意的跳昆蟲舞				

補充說明：

　　1.希望家長能利用空閒與小朋友一起觀察小動物，了解昆蟲的特徵，並與小朋友同樂，一起跳一支創意十足的昆蟲舞。

　　2.請家長協助指導孩子蒐集昆蟲的資料，並製作成昆蟲小檔案。

多元智能融入自然科學習單					
配合單元：第二單元 小動物（南一版）					
運用智能：自然觀察者智能、視覺空間智能、音樂智能、肢體動覺智能					
年　班　號　姓名：			日期：　年　月　日		

一、小朋友，在校園中可以找到什麼小動物呢？

　　草叢：

　　花園：

　　樹葉、樹幹：

　　泥土裡：

二、選一隻你最喜歡的小動物，說說看：

　　小動物的名稱：

　　牠的家在哪裡：

　　牠是怎麼運動的：

　　請你畫圖表示這種小動物的運動方式：

三、我喜歡的昆蟲家族：

　　＊說出你所認識的昆蟲名稱和牠們的特徵：

　　　名稱：

　　　特徵：

　　＊找一隻你最喜歡的昆蟲，為牠做一個昆蟲小檔案。（使用剪貼簿或資料簿製作）

四、在家裡和爸爸媽媽選一首好聽的音樂，再選一種你喜歡的昆蟲，隨著音樂模仿牠的動作，跳一支昆蟲舞。

老師的話　希望家長能與小朋友一起觀察小動物，了解昆蟲的特徵，並與小朋友同樂，一起跳一支昆蟲舞。

家長的話：

實例四、社會科

設計者：蘇麗雲；修正者：鄭博真

適用年級：五年級上學期

單元名稱：第三單元　民主與法治（新學友版）

運用智能：語文智能、人際智能、邏輯數學智能、內省智能

學習目標：
1.能明白立法委員的職務權限。
2.能說出立法院與人民的關係。
3.能分析每週四十二工時的利弊。
4.能和他人分享自己的看法。

時間：40 分鐘

材料：最近一、二週有關工時案的新聞資料（至少兩種報紙）。

教學流程：
1.課前請全班學生收集最近一、二週有關工時案的新聞資料。
2.教師說明每週四十二工時案的內容，引導討論爭議的工時案。
3.請學生就所收集的資料中，說明贊成或反對所持的理由。
4.請學生自由發表自己的想法，分析利弊得失。完成學習單第一題。
5.教師說明立委職務的重要性，請學生分組討論立委制定的有關法案，完成學習單第二題。

評量方式：

評　量　項　目	優	甲	乙	丙
1.認真收集工時案新聞資料				
2.詳細分析工時案的利弊				
3.正確說出立法委員的職務				
4.意見合理可行且符合需求				
5.樂於與同學分享自己的見解				

多元智能融入社會科學習單

配合單元：第三單元　民主與法治（新學友版）
運用智能：語文智能、人際智能、邏輯數學智能、內省智能
年　　班　　號　　姓名：

我是立法小專家

一、行政院要將每週四十二工時翻案，本週將送立法院重新立法，執政黨和在野黨的看法不一，你對此一法案的看法又如何？贊成或反對？它的利弊如何？請你詳細分析一下！並和兩位同學分享自己的想法。

	利	弊
每週 42 工時	1.　2.　3.　4.　5.	1.　2.　3.　4.　5.

基於以上的分析，所以我

評量項目	評量	評量項目	評量
措詞合理通順		能分析主題	
能和同學分享		理由充足	

二、如果你是一位立法委員，你最想訂定什麼法律？為什麼？

法律：

原因：

評量項目	評量	評量項目	評量
有創意		認真思考	
合理可行		符合需求	

設計者：蘇麗雲　　　　　家長簽名：

實例五、英語科

設計者：許怡婷；修正者：鄭博真

適用年級：二年級上學期

配合單元：英語科　第五單元（Wonderland-Red 版）

運用智能：語文智能、肢體動覺智能、邏輯數學智能、人際智能

學習目標：
1. 能運用八個以上所學過的單字編寫故事劇本。
2. 能自己製作配合表演的簡易道具。
3. 能與小組成員合作，共同完成戲劇的演出。

時間：160 分鐘

材料：教材課本及單字卡、各組小朋友自己準備的道具、學習單

教學流程：
1. 教師先在課堂上共同複習這學期所學習過的單字。
2. 將班上小朋友分成五至六組，發下學習單。
3. 讓小朋友分組討論，共同完成學習單的故事劇本創作。
4. 教師從旁指導各組小朋友製作道具。
5. 抽籤決定小組演出的順序，並進行表演。

評量方式：

項目 ＼ 等第	真優秀	你好棒	加油
學習單書面表現	保持乾淨，色彩優美，字體工整優美	字跡工整	潦草，不認真
上課態度及表演	態度認真，並能完成表演	態度尚可，不妨礙其他的同學	妨礙其他的同學，不認真

補充說明：這是屬於較大型的教學成果演出，比較適合在學期最後或學期初來複習及運用上學期所學過的內容。教師宜仔細安排，並可邀請家長前來觀賞。

多元智能融入英語科學習單		
配合單元：第五單元（Wonderland-Red）		
運用智能：語文智能、肢體動覺智能、邏輯數學智能、人際智能		
年　　班　　號　　姓名：		

Make a Story

　　小朋友，請你們小組利用這學期學過的一些單字，如：apple、banana、cake……等，設計一個有意義的故事（至少要用到八個單字），並且把故事表演出來。

1. Please write down your short story:（請寫下你們的小故事）

◇我們這組用到的單字是：

◇我們的故事開始了……

2. Who are your partners? Please write down their English names:
　　（用英文寫下你們小組成員的名字）

3. What are your properties?（你們用了哪些道具？）

4. After all the shows, which one do you like best? and why?
　　（大家表演過後，你最喜歡哪一組的表演呢？為什麼？）

5. Next time, we can make it better:（假如下次有機會再表演，我們可以做得更好，方法是：）

評量：

項　目 ＼ 等第	真優秀	你好棒	加油
學習單書面表現			
上課態度及表演			

　　設計者：許怡婷老師　　　　　　家長簽名：

(二)多元智能科際統整教學實例

　　以下這個實例是以三年級道德與健康「環境與我」這個單元為主題，統整八大智能和美勞、音樂、輔導活動、自然、社會等學科設計而成。有關多元智能統整課程設計流程及更多實例，請參見鄭博真（民 89）編著《多元智能統整課程與教學第一、二冊》。

實例六

　　適用年級：三年級

　　單元名稱：愛我們住的地方

　　統整主題：環境保護

　　教學時間（節數）：約十二節課

　　課程統整架構：

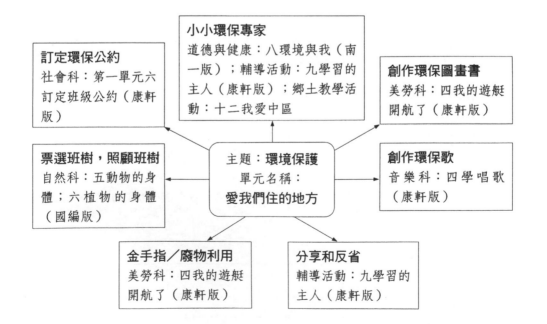

教學設計表：

活動名稱	教學目標	實施日期任課教師	教學資源	評量方式	運用智能
小小環保專家	＊能訂定研究計畫 ＊能按時完成研究報告 ＊能向同學報告研究成果	1/3/、1/17 5、6 節 鄭博真	學習單一、二、三	檔案評量口頭報告	語文、人際內省、自然觀察者
創作環保圖畫書	＊能創作環保圖畫 ＊能和同學、家人分享創作的環保圖畫書 ＊能學習他人作品的長處	1/3，7 節 1/5，1、2 節 陳琿瑛	學習單四、五、圖畫書	作品評量	語文、視覺空間、人際內省
訂定環保公約	＊能訂定班級環保公約 ＊能遵守班級環保公約	1/7，3、4 節 許怡婷	學習單六	行為觀察	人際、內省、肢體動覺
票選班樹照顧班樹	＊能寫出自己喜歡的樹的相關資料 ＊能表現照顧班樹的行為	1/11，6、7 節 鄭博真	學習單七、植物牌	作品評量、行為觀察	人際、內省、自然觀察者
創作環保歌	＊能創作環保歌 ＊能演唱環保歌	1/11，3 節 鄭博真	學習單八、環保錄音帶	作品評量	語文、音樂
金手指	＊能應用流程圖畫出創作構想 ＊能利用廢物創作	1/17，7 節 陳琿瑛	學習單九、廢物利用作品	作品評量	視覺空間、肢體動覺、人際、內省
分享和反省	＊能和他人分享學習的成果 ＊能反省自己的學習情形	1/19，導師時間 鄭博真	學習單十	口頭報告、行為觀察	人際、內省

教學活動流程：

活動一：小小環保專家

㈠教學準備：

1. 教師事先設計研究計畫和研究結果記錄的學習單。
2. 教師準備環境污染的新聞報導。

㈡教學流程：

1. 教師展示環境污染的新聞報導，問學生：「你們有沒有在電視或報

紙看過環境污染的新聞？」請學生發表。

　2.教師請學生就七個研究主題，選擇自己要研究的主題。

　3.指導學習單一研究計畫的訂定方法。

　4.學生回家進行專題研究，教師隨時針對學生遇到的問題加以指導。

　5.三週後學生分組分享專題研究的成果（學生可以用多種方式呈現）。

　活動二：創作環保圖畫書

　㈠教學準備：

　1.教師事先設計製作環保圖畫書的學習單。

　2.教師和學生蒐集有關環境保護的圖畫書。

　㈡教學流程：

　1.讓學生閱讀教師和學生帶來的環境保護圖畫書。

　2.教師解說圖畫書的格式，如大小、橫直式、立體或平面。

　3.教師提問學生有沒有發現圖畫和文字配合的方式。如圖畫在上面，文字在下面。

　4.學生個人完成圖畫書的創作，可先畫圖，也可先寫文字。

　5.學生和家人分享完成的環保圖畫書，完成學習單四。

　6.同學相互欣賞彼此的環保圖畫書，並完成學習單五「好書大家讀」票選活動。

　活動三：訂定班級環保公約

　㈠教學準備：

　1.教師事先設計學習單。

　㈡教學流程：

　1.複習社會科第一單元六、訂定班級公約的方式。

　2.分組討論，並提出班級環保公約的內容。

3.全班透過表決方式，決定班級環保公約的內容。

4.每位學生完成學習單六的記錄。

5.大聲朗讀：我是○○○，願意遵守班級訂定的每項環保公約，做好環境保護工作。

活動四：票選班樹、照顧班樹

㈠教學準備：

1.教師事先設計好學習單。

2.教師準備數張校園植物牌。

㈡教學流程：

1.教師揭示校園植物牌，講解植物的基本資料，如：名稱、原產地、生態特性、辨識特徵、用途等。

2.學生逛校園一圈，填寫自己喜愛的植物三種。

3.統計票選結果，公布「班樹」名稱。

4.學生分組討論並提出照顧班樹的方法。

5.將所有作法分為 A、B、C 三種行動計畫，並分配負責同學。

6.學生自我承諾願意負責照顧班樹，並利用課餘時間具體實踐。

活動五：創作環保歌

㈠教學準備：

1.教師事先設計好學習單。

2.教師準備有關環境保護歌曲的錄音帶。

㈡教學流程：

1.教師放環境保護歌曲的錄音帶給學生聽。

2.學生創作有關自己研究主題的環境保護歌曲。

3.學生演唱自己創作的歌曲。

活動六：金手指

㈠教學準備：

1. 教師設計廢物利用的創作學習單。
2. 教師準備利用廢物創作的作品。
3. 學生準備創作的材料。

㈡教學活動：

1. 教師展示利用廢物創作的作品。
2. 向學生解說：只要你有心，垃圾變黃金；化腐朽為神奇；亂丟是垃圾，回收即資源的含義。
3. 學生利用廢物自行創作，並寫出創作想法的說明。
4. 學生作自我評量，並請家長作評量。

活動七：分享與反省

㈠教學準備：

1. 教師準備學習成果反省學習單。
2. 學生準備學習手冊相關學習檔案資料。

㈡教學流程：

1. 教師先作整個統整課程學習的回顧。
2. 學生自己反省並填寫學習單，並和組員分享。
3. 請幾位學生上台報告，分享學習心得。

㈢多元智能專題研究實例

　　這個實例取自 Chapman 和 Freeman（1996）《多元智能學習中心和專題研究》（*Multiple Intelligences Centers and Projects*）一書，主題是「我們世界的顏色」。教師可以讓學生從各種智能的專題研究活動中，選擇自己優勢智能的管道來進行學習。也可以參考這個實例，設計符合自己班級課

程及學生的專題研究活動。

1. 語文智能

(1)色彩豐富的外衣

調查動物使用保護色的各種方法，另外像擬態或偽裝也可以考慮。調查完成後，將顏色保護動物的方法記在小冊子上，並用實例解釋，也可以考慮使用圖例，最後替小冊子加上標題「色彩豐富的外衣」。

(2)最滿意的成就

選八位在某些方面有令人滿意成就的人，製作一本大書，並在每一頁的最下面寫上一個智能的名稱。你可能會考慮像：Michael Jordan、超人（Superman）、Abraham Lincoln、校長、老師。接著想一想這些人有哪些成就，然後在智能名稱上方的空白處，用圖例說明每個人的成就，再把成就寫在這頁的背面。現在你的書可以拿來玩「猜猜我最滿意的成就是什麼？」，去考考你的同學。

2. 視覺空間智能

(1)我最喜歡的顏色

選一個最喜歡的顏色，然後再找二十至二十四張的圖片，證明在你的周遭環境中，有很多地方可以發現這個顏色。可以從大自然、房子、廣告招牌、花床、交通工具等來找顏色。圖片可以是相片、圖畫或雜誌的圖。當你把圖片收集完後，配合你與這個顏色的故事，將它們編輯成一本圖畫短文書。

(2)藝術風格

調查並學習一位畫家使用顏色的方法。仔細檢查他在一些畫作上運用顏色的方式，然後想想看如何選擇其他會影響畫風的顏色。把畫家的作品都學過以後，選其中一幅畫，用你的想法來畫這幅畫，也可以使用和畫家相同的顏色。比較原畫和你的作品，解釋你如何運用顏色來畫出原作者的風格。

3.音樂智能

(1)歡樂的顏色

將 Mary O'Neill 寫的 *Hailstone and the Halibut Bones* 這本探討各種情感顏色的書，全部或部分看完。用顏色來描述自己和你對各種事物的感覺，然後創作成一首歌，再用大家耳熟能詳的曲調（如：Battle Hymn of the Republic）來唱你的歌詞。

(2)我是藍色（憂鬱）的嗎？

想一想顏色與聲音、情感之間的關聯，選擇六至八種情緒，然後用有節奏的聲音和各種顏色來編舞。接著，選擇數段最適合這些情緒的音樂，將它們錄到錄音帶上，再配合各種情緒與它的音樂，製作不同顏色的面具。配合你錄製的音樂帶，戴上各種面具，用姿勢或手勢來表現各種情緒，呈獻給你的班級欣賞。

4.肢體動覺智能

(1)自然拼貼畫

在每個季節中，尋找、蒐集代表此季節顏色的自然物品，然後利用這些收集來的物品做出美術貼畫。作品完成後，替作品取名並裝框展示，另外還要附上你所使用的所有材料明細表。

(2)顏色的動作

準備八到十種不同顏色的紙條或布條，選幾段三十二小節的音樂。用這些紙條編一些舞蹈動作，表現出每一種顏色會如何依照節奏而運動，另外要注意行進速度和顏色的配合。

(3)季節性動物

選一種動物，研究牠如何適應棲息地的季節變化，牠的顏色如何受各種季節的顏色影響。將這隻動物棲息的四季畫出來，然後告訴大家這隻動物在一年中如何適應牠的生活形式。

5. 自然觀察者智能

(1)偽裝地帶

拿一個全新的硬幣，可以用黏土或選一種顏色替硬幣上色來改變它。上完色後，想一想你如何將你的硬幣歸類，接著製作一個地方，並讓硬幣混雜在環境中，偽裝、保護硬幣避開其他人的發現。

(2)遠離藍色（憂鬱）

找出環境中的光線和顏色如何使人有不同的感覺，然後依下面的主題創造一個擁有理想顏色和光線的環境，並用實例或圖例解釋，對下面的每一個主題來說，為何你設計的環境是最適合的。在設計你的示範場所時，記得找室內設計師和燈具銷售員商量，找出一個可考慮的構想。依以下的主題製作一個示範場所：育嬰房、醫院的病房、搖滾音樂會的舞台、學校教室。

6. 邏輯數學智能

(1)創造顏色

發明幾個可以配出三種不同顏色的公式，用蛋黃塗料或壓克力顏料來實驗你的公式，確定它們可以被複製。替新顏色命名，然後選一個顏色用在一項新產品的推銷上。不過請記住有些顏色在某些東西上看起來不怎麼好看，比如藍色就很少用在推銷食物上，因為它會使人們喪失食欲。

(2)編織

用顏色編織出花樣來，材料可以選用塑膠繩、繩子、椰樹纖維線、紙或蘆葦來做變化設計。研究編織的步驟，讓自己熟悉經線和緯線，另外，纏線的方法也可能用得上，然後將你設計的東西編出來。最後的成品可能是籃子、腰帶、頭帶或是鞋墊。展示你的成品，並解釋你的設計和用了哪些材料。

(3)數學棋盤

研究並應用鑲嵌畫使用顏色和多邊形幾何學的方法。熟悉正多邊形的定義之後（每邊邊長相等，每個角都全等），研究那些多邊形嵌飾。利用

各種不同多邊形的海綿塊，印出四幅不同的鑲嵌畫。這些嵌飾花紋應該可以毫無間隙地，擴大到覆蓋滿 18 吋×18 吋大小的範圍。

7.人際智能

(1)顏色家族

四到五人組成一個工作小組，研究顏色的特性。討論色輪是不是像一個家庭，而個別的顏色就像是家族成員。決定小組中每一個人的代表顏色各是什麼（比如：最富色彩的、暖色系的、冷色系的等）。看看你的小組裡面是不是包含了主要及次要的顏色？或者是有互補的顏色？每一個小組成員展示自己的顏色，並列舉這個顏色被用來象徵和聯合人民的方式。例如：紅、白、藍代表美國國旗及全美國。全組想出十九至二十五種例子，來呈現你們的顏色給全班。你們可以用圖畫、標語、詩、雜誌上的照片來展示你們的顏色。

(2)我的顏色是什麼？

研究流行顧問如何利用顏色分析服務，來建議個人哪些季節最適合他們穿著的顏色。依照你的研究，對八到十位同學提供你的顧問服務。記錄並收集你做顏色分析所需要的資料，包括髮色、膚色、眼睛的顏色等。展示你的發現與建議，包括你替「顧客」選擇的顏色樣本，及詢問顧客們對你的建議的反應。

8.內省智能

(1)綠色是羨慕

研究顏色的心理學，以及顏色如何對我們的心情及情緒造成影響，並將發現的實證列出十至十五項，例如：紅色象徵權力。選十到十二項你發現的實證再加上一些例子，製作一本「顏色與我」的小冊子，來解釋顏色對人們造成什麼影響。例如：「實例：紅色是權力的一種象徵」。企業家有時候會在重要的會議上戴紅色的領帶。

(2)顏色智能

讓自己了解多元智能，選擇數種不同顏色的布料樣本來作為各項智能

的象徵，然後想一想你為什麼選這些顏色來代表這些智能。準備展示你的顏色樣本，並解釋每個智能的意義。你可以穿能與每種智能相配的服飾來加強介紹，讓你選的顏色和智能更相稱。例如：戴一條藍色的頭巾來表示邏輯─數學智能，而紅色的緊身衣則表示音樂智能。

本章參考書目

王為國（民89）：國民小學應用多元智能理論的歷程分析與評估之研究。國立台灣師範大學教育學系博士論文。

王萬清（民88）：多元智能創造思考教學國語篇。高雄：復文圖書公司。

江雪齡（民89）：從多元智能談課程設計。中等教育，51(1)，43-52。

李平譯，Armstrong, T.原著（民88）：經營多元智慧——開啟以學生為中心的教學。台北：遠流出版公司。

李珀（民89）：多元智慧與教學。教師天地，106，22-31。

林月榮（民89）：多元智能教學在永建。教師天地，106，61-71。

林進材（民88）：多元智慧的課程與教學設計。師友，388，22-25。

封四維（民88）：多元智慧教學之實踐。國立台灣師範大學教育學系碩士論文。

張稚美（民88），第八種智慧與多元智慧教學。輯於李平譯，經營多元智慧——開啟以學生為中心的教學。台北：遠流出版公司。

陳杰琦（民87）：鑑別培養與發展兒童的多元智慧能力。文教新潮，3(5)，6-17。

陳佩正譯，Hoerr, T.R.原著（民90）：多元智慧融入教學與領導。台北：遠流出版公司。

陳智弘（民89）：多元智能與國文教學。教師天地，106，51-55。

陳瓊森譯，Gardner, H.原著（民88）：開啟多元智能新世紀。台北：信誼出版公司。

梁雲霞譯，Campbell, L. & Campbell, B. 原著（民89）：多元智慧和學生成就：六所中小學的成功實例。台北：遠流出版公司。

馮建華（民85）：試分析MI理論及其教育意義。文教新潮，1(4)，12-18。

郭俊賢、陳淑惠譯，Campbell, L., Campbell, B.,& Dickinson, D.原著（民87）：多元智慧的教與學。台北：遠流出版公司。

郭俊賢、陳淑惠譯，Lazear, D.原著（民89）：落實多元智慧的教學評量。台北：遠流出版公司。

教育部（民 87）：**國民中小學補救教學示範教學計畫**(1)(2)。台北：教育
部。

黃若玲（民 88）：多元智慧的主題學習。刊於**國語日報** 8 月 17 日 13 版。

鄭博真（民 89）：**多元智能統整課程與教學第一二冊**。高雄：復文圖書公
司。

魏美惠（民 85）：**智力新探**。台北：心理出版社。

簡紅珠（民 87）：多元智能理論對課程與教學的啟示。**教師天地**，93，
23-27。

羅吉台、席行蕙譯，Armstrong, T.原著（民 90）：**多元智慧豐富人生**。台
北：遠流出版公司。

Armstrong, T.（1998）. *Awakening genius in classroom.* VA：ASCD.

Barkman, R.（1999）.*Science through multiple intelligences.* Tucson, Ariz.:
Zephyr Press.

Blythe, T. & Gardner, H.（1995）.A school for all intelligence. In R. Fogarty
& J. Bellanca （Eds.）, *Multiple intelligences： A collection.* Palatine, Il-
linois：IRI/Skylight .

Campbell, B.（1995）. Multiple intelligences in action. In R. Fogarty & J. Bel-
lanca （Eds.）, *Multiple intelligences: A collection.* Palatine, Illinois： IRI/
Skylight .

Campbell, L.（September 1997）. How teachers interpret MI theory. *Education
Leadership, 55* (1),14-19.

Chapman, C.& Freeman, L.（1996）. *Multiple intelligences centers and pro-
jects.* Palatine, Illinois：IRI/Skylight .

Dai, D.（2000）. 多元智力理論：背景、意義、問題。**文教新潮**，5 (3)，
38-43.

DeAmicis, B.（1999）.*Multiple intelligence made easy：Strategies for your
curriculum.* Tucson, Ariz.：Zephyr Press.

Gardner, H.（1983）.*Frames of mind：The theory of multiple intelligences.*
New York：Basic Books.

Gardner, H.（1993）.*Multiple intelligences：The theory in practice.* New

York：Basic Books.

Gardner, H.（1999a）.*Intelligence reframed*：*Multiple intelligence for the 21st century*. New York：Basic Books.

Gardner, H.（1999b）.*The disciplined mind: What all students should under-stand*. New York：Basic Books.

Jasmine, J.（1999）.*Multiple intelligences activities*. Westminster：Teacher Created materials.

Lazear, D.（1991）. *Seven ways of teaching*：*The artistry of teaching with multiple intelligences*. Palatine, Illinois：IRI/Skylight.

Martin, H.（1996）. *Multiple intelligences in mathematics classroom*. Palatine, Illinois：IRI/Skylight .

White, N., Blythe, T., & Gardner, H.（1995）.Multiple intelligences theory：Creating the thoughtful classroom. In R. Fogarty & J. Bellanca （Eds.）, *Multiple intelligences: A collection*. Palatine, Illinois：IRI/Skylight .

索　引

十一畫

十四畫

國家圖書館出版品預行編目資料

學習與教學新趨勢／張新仁等合著.
--初版. -- 臺北市：心理, 2003（民 92）
　　面；　　公分. --（一般教育系列；41048）
含索引
ISBN 978-957-702-573-9（平裝）

1.學習心理學　　2.教育心理學

521　　　　　　　　　　　　92002262

一般教育系列 41048

學習與教學新趨勢

策畫主編：張新仁
作　　者：張新仁、邱上真、張酒雄、方吉正、莊麗娟、
　　　　　簡妙娟、鄭博真、吳慧珠、潘世尊、李長燦
責任編輯：呂佳真
總 編 輯：林敬堯
發 行 人：洪有義
出 版 者：心理出版社股份有限公司
地　　址：231026 新北市新店區光明街 288 號 7 樓
電　　話：(02) 29150566
傳　　真：(02) 29152928
郵撥帳號：19293172　心理出版社股份有限公司
網　　址：https://www.psy.com.tw
電子信箱：psychoco@ms15.hinet.net
排 版 者：辰皓國際出版製作有限公司
印 刷 者：辰皓國際出版製作有限公司
初版一刷：2003 年 3 月
初版十一刷：2023 年 1 月
I S B N：978-957-702-573-9
定　　價：新台幣 600 元